從張騫鑿空到阿拉伯貿易盛世，探索建構於絲路的國際互動

# 絲路五道全史

## 已過萬重山

楊富學 主編

收錄罕見文獻，追溯文化交融真實樣貌
深入少數民族世界，解讀語言與文化多樣性
學者合力，補全絲路研究拼圖

# 目錄

序 …………………………………………………………… 005

總論 ………………………………………………………… 007

第一章　絲綢之路的開通 ………………………………… 093

第二章　兩漢時期的絲路與東西方關係 ………………… 153

第三章　西南絲路的開通 ………………………………… 221

第四章　魏晉南北朝時代的東西方交流 ………………… 279

第五章　隋唐絲路的繁榮 ………………………………… 335

# 目錄

# 序

與以往著作不同的是，在學界，絲綢之路一般指綠洲絲綢之路和海上絲綢之路，偶爾會提到草原絲綢之路和唐蕃古道等，該書不落窠臼，特別提及了如唐蕃古道在內的西南絲綢之路、草原絲綢之路，甚至學界很少提及的東北亞絲綢之路，將其與綠洲絲綢之路和海上絲綢之路相提並論，不僅使絲綢之路的概念更為明確、豐富，而且更具有全史的性質。

本書有以下幾個特點：

其一，立意新穎，選題得當。絲綢之路是近幾年學術研究的焦點問題，近期湧現的相關圖書甚多，但多有雷同者。本書角度新穎，將綠洲絲綢之路、海上絲綢之路、草原絲綢之路、西南絲綢之路、東北亞絲綢之路熔於一爐，為此前同類著作所無，既在學術上擁有新成就，同時行文優美，雅俗共賞，圖文並茂，勢必有助於推動絲綢之路歷史文化的研究。

其二，作者陣容強大。本書除總論之外，共有正文十六章，每章有一個主題，各章之間又互相連結，構成一個有系統的整體，內容涵蓋了絲路五道中極重要的領域，詳略得當。總論部分論述了絲路五道的特點，尤其是多元文化在絲綢之路上交會的問題，立意高遠，資料豐碩，足以啟發今後的絲綢之路研究。與役其事者有十幾位學者，分別來自不同的大學與研究機構，大都學有所成。作者團隊強大、涉獵面向廣博，確保了本書的學術價值。

其三，極具特色。本書特別留意傳世文獻資料與出土文獻、考古資料，大凡敦煌吐魯番文書、黑水城文書乃至墓誌碑銘和墓葬壁畫等，尤其

序

是近期新發現的資料；編寫團隊除多次考察絲綢之路沿線外，還先後分頭赴絲綢之路沿線十餘國進行學術調查，蒐集到大量難得一見的新資料；本書也特別留意挖掘絲綢之路沿線各民族的史料和當地學者的研究成果，關注國際學術的最新資訊。

其四，本書特別重視絲綢之路沿線，大凡是新疆、敦煌、黑水城等地出土的不同民族文字的文獻資料，佉盧文文書、突厥盧尼文碑銘、回鶻文寫本、粟特語文書、西夏文文書、蒙古文文書在書中多有引用，此外，還涉及波斯語、梵語、敘利亞語、希臘語等多種外語文獻。研究與利用少數民族的語言文書，一直是中國絲綢之路研究的不足之處，此書能夠大量利用這些資料、與漢文資料互證，非常值得提倡與讚賞。

本書主編是我多年至交。數十年如一日，我們一直致力於敦煌學、吐魯番學、絲綢之路歷史文化的研究，幾乎每年都會見面，在敦煌、吐魯番，在蘭州、武漢，或在海內外其他不同場合。

本人應邀撰寫推薦時，就對該書抱有很高的期望。今其大作完稿，洋洋百萬言，結構清晰、論點堅實、探幽發微，與海內外現刊的絲綢之路研究著作迥然有別。今邀我寫序，卻之不恭，欣然為之序。

# 總論

## 第一節 絲路五道概說

### 一、絲綢之路概念的形成

「絲綢之路」這一名詞是近代以來西學東漸的產物,在古希臘、古羅馬的著作中,有一個比印度更遠的國家——賽里斯(Seres)盛產絲綢,其出產的絲綢經由中亞、西亞到達羅馬,羅馬人為之痴迷。但絲綢的生產工藝、絲綢之路東段的具體走向,在西方人眼中則一直蒙著神祕的面紗。近代以降,隨著歐洲資本主義的發展、殖民地的擴張,以歐洲人為視角的地理大發現不斷拓展其對中國、對中亞的了解。西元1868年,德國地理學家、東方學家李希霍芬(Ferdinand von Richthofen)來到中國,在中國14個省進行了為期長達4年的地理考察。從1877年開始,李希霍芬陸續將他在中國收集到的資料整理為五卷著作——《中國:親身旅行和據此所作研究的成果》。在這一著作中,李希霍芬首次提出了「絲綢之路」(德文原作 Seidenstrasse[001] 或 Sererstrasse[002])的概念。有時,他又命之曰「商業之路」(德文原作 Handelsstrassen[003])。由此可見,「絲綢之路」這一概念的

---

[001] Ferdinand von Richthofen, *China, Ergebnisse eigener Reisen und darauf gegriindeter Studien*, Bd. 1,Berlin, 1877, S. 496.

[002] Ferdinand von Richthofen, *China, Ergebnisse eigener Reisen und darauf gegriindeter Studien*, Bd. 1,Berlin, 1877, S. 491.

[003] Ferdinand von Richthofen, *China, Ergebnisse eigener Reisen und darauf gegriindeter Studien*, Bd. 1,Berlin, 1877, S. 458.

提出，和連接中國與西方、印度等的古代貿易密切相關。學術界普遍的說法是，李希霍芬將自西元前 114 年至西元 127 年連接中國與河中以及印度的絲綢貿易的西域通道稱為「絲綢之路」，其實並不準確，這一說法並非出現在《中國：親身旅行和據此所作研究的成果》一書中，而見於李希霍芬於 1877 年 6 月 2 日所做演講〈論截至西元二世紀為止的中亞絲綢之路〉中。李希霍芬之演講依時間先後將絲綢之路的歷史劃分為前後兩個階段。第一階段為間接絲綢貿易階段，指絲綢離開中國後經過不止一次的中間交易，方到達中亞。而直接絲綢貿易則為第二階段，指絲綢從中國直接交易到「圖蘭低地」（即中亞）。第二階段「開始於西元前 114 年……結束於西元 120 年，斯時統治著整個第二個階段的漢朝勢力已黯淡下來」[004]。值得留意的是，在李希霍芬眼中，第二階段結束於 120 年而非 127 年。其後，德國歷史學家赫爾曼（Albert Hermann）在二十世紀初出版的《中國與敘利亞之間的古代絲綢之路》一書中，根據新發現的文物考古資料，進一步把絲綢之路延伸到地中海西岸和小亞細亞，確定了絲綢之路的基本內涵，即它是中國古代經過中亞通往南亞、西亞以及歐洲、北非的陸上貿易交流通道。在此書中，赫爾曼說：「『絲綢之路』一詞蓋由李希霍芬始用，專指那條中亞絲綢之路，即西元前 114 年至西元 127 年間中國與烏滸河（即阿姆河）、藥殺水（錫爾河的古稱）附近的國家及與印度之間進行絲綢貿易的中亞絲綢之路。」[005] 李希霍芬所謂的西元 120 年在這裡變成了西元 127 年。這是赫爾曼有意如此處理還是不小心出錯，現已無法判斷，但 127 年之說成為學界的共識。

在李希霍芬、赫爾曼之後的一百多年間，尤其是最近半個世紀，絲綢

---

[004]　Ferdinand von Richthofen, Über die centralasiatischen Seidenstrassen bis zum 2. Jahrhundertn. Chr., *Verhandlungen der Gesellschaft für Erdkunde zu Berlin IV*, Beilin, 1877, S. 104.

[005]　Albert Hermann, *Die alten Seidenstrassen zweschen China und Syrien*, Berlin：Weidmann, 1910, S. 10.

第一節　絲路五道概說

之路成為國際史學界的一門顯學，其研究的時代由兩漢時期延伸至自張騫出使西域到明代西北國際貿易的衰落，其研究的地域由河中、印度等地延伸至古羅馬帝國，其研究的內容也由單純的絲綢之路貿易延伸至古代東西方經濟、文化、人物、宗教等的交流、借鑑與融合。

其實，早在張騫「鑿空」之前，絲綢之路即已存在。早在張騫第一次出使西域時，就看到大夏有經印度輸入的中國邛竹杖、蜀布。因此在中國與中亞還不相通時，絲綢也是透過印度運往大夏。邛竹，又名方竹、羅漢，主要產地在中國雲南東北部，也產於廣西、福建等地。漢代時，中國的邛竹杖已經透過身毒傳到了大夏。此外，在大約西元前二世紀至西元前一世紀時，中國的桃種已經傳入波斯，後來又輸入亞美尼亞、希臘等地。西元一世紀時，桃樹種子輸入羅馬，被羅馬史家老普林尼（Gaius Pliny Eleder）稱為「波斯樹」。

河西史前墓葬中出土的海貝、蚌殼、玉石、瑪瑙、綠松石等，原本都不產於河西，要麼來自西域，要麼來自東南沿海，都是經過間接交換而來。據學界研究，海產品之西傳，應由東南沿海經貴州、四川而入青海，又進入甘肅中部，並折而向西，進入河西走廊。[006] 同時，經過河西走廊，還存在著一條由西向東延伸的玉石之路，這條道路由新疆和田直達河南安陽。[007] 法國學者蒂埃里·扎爾科內（Thierry Zarcone）甚至認為傳統的「絲綢之路」之謂名不副實，應該改稱「玉石之路」。[008] 來自河西周邊地區的瑪瑙、綠松石等，都是沿著這條道路在東西方穿行。西方文化東輸與東方文化西進，兩條傳播道路交會於河西，孕育了絲綢之路的雛形，誠如嚴文明先生所言：「早先是西方的青銅文化帶著小麥、綿羊和冶金技術，不久

---

[006]　張朋川：《黃土上下——美術考古文萃》，山東畫報出版社，2006年，第112頁。
[007]　楊伯達：《巫玉之光——中國史前玉文化論考》，上海古籍出版社，2005年，第170－181頁；張雲德：〈中國和田玉的歷史地位及生命力〉，《西域研究》2009年第3期。
[008]　Thierry Zarcone, *La Route du Jade: Un voyage de vingt siècles Année*, Paris: Autrem, 2001, pp. 9-14.

又趕著馬匹進入新疆，而且繼續東進傳入甘肅等地；東方甘肅等地的粟和彩陶技術也傳入新疆，甚至遠播中亞。這種互動傳播的情況後來發展為著名的絲綢之路。」[009] 即本書所說的綠洲絲綢之路，或曰沙漠絲綢之路、陸路絲綢之路。絲綢之路最早指的就是這條道路。至於本書所說的其餘四條道路，都可以說是這一概念的延伸。

## 二、綠洲絲綢之路的形成及其走向

先秦古籍載：「黃帝遊乎赤水，登於崑崙之丘」（《莊子·天地》）；「舜教乎七戎」（《墨子·節葬下》）；「禹學於西王國」（《荀子·大略》）；「穆王十七年，西征崑崙丘，見西王母」（《竹書紀年》），「至於西北大曠原，一萬四千里」（《穆天子傳》卷四），可看出上古時代中西交往的蹤跡。《逸周書·王會解》的記載最為具體：

伊尹受命於是為《四方令》曰：「臣請……正西崑崙、狗國、鬼親、枳已、闟耳、貫胸、雕題、離丘、漆齒，請令以丹青、白旄、紕罽、江歷、龍角、神龜為獻；正北空同、大夏、莎車、姑他、旦略、貌胡、戎翟、匈奴、樓煩、月氏、孅犁、其龍、東胡，請令以橐駝、白玉、野馬、騊駼、駃騠、良弓為獻。」湯曰：「善。」

《四方令》反映了商湯時代關於西域、中亞、西亞、歐洲諸國物產知識，以及制定的朝獻計畫。

無獨有偶，上古時代西方也有相應的史書記載。西元前八世紀成書的《舊約·以賽亞書》第 49 章中這樣記述：

我必使眾山成為大道，我的大路也被修高。看哪，這些從遠方來，這些從北方從西方來，這些從希尼來。

---

[009]　韓建業：《新疆的青銅時代和早期鐵器時代文化》，文物出版社，2007 年，第 1 頁。

「希尼」是古代西亞對中國的指稱,「聖經公會」1919年中譯本就直接譯作「秦國」。

西元前四世紀希臘人克特西亞斯（Ctesias）和西元前一世紀羅馬地理學家史特拉波（Strabon）的著作中稱中國為「Seres（賽里斯）」，意即「產絲之地」。其實，在克特西亞斯和史特拉波之前1,000多年，中國絲綢就已經遠銷西域了。在烏茲別克以南的20多座墓穴中發現了中國絲綢製作的衣物碎片，這些衣物的製作年代，大約在西元前1700年到前1500年。這也表明早在張騫西行之前中國與中亞之間就已經有一條古老的中西貿易通道。

在綠洲絲綢之路上，絲綢是最具代表性的商品，而作為交換的主要商品有皮毛、玉石、珠寶、香料等。隋唐時代，絲路空前繁榮，胡商雲集京師長安，定居者數以萬計。唐中葉，戰亂頻繁，絲路被阻，貿易規模遠不如前，海上絲路逐漸取而代之。

北方陸上絲路指由黃河中下游通達西域的商路，包括草原森林絲路、沙漠綠洲絲路。前者存在於先秦時期，後者繁榮於漢唐。沙漠綠洲絲路延續千餘年，沿線遺有許多文物，是絲路的主幹道。草原森林絲路從黃河中游北上，穿蒙古高原，越西伯利亞平原南部至中亞分兩支，一支西南行達波斯轉西行，另一支西行翻烏拉爾山越窩瓦河抵黑海濱。兩路在西亞會合抵地中海沿岸國家。沙漠綠洲絲路是北方絲路的主幹道，全長7,000多公里，分東、中、西三段。東段自長安至敦煌，較之中、西段相對穩定，但洛陽、長安以西又分三線：

①北線由長安（東漢時往東延伸至洛陽）沿渭河至虢縣（今寶雞），過汧縣（今隴縣），越蕭關（圖1）六盤山固原和海原，沿祖厲河西行，在靖遠渡黃河至姑臧（今武威），路程較短，沿途供給條件較差，是早期的路線。

圖1：慶陽西峰區蕭關道遺址

②南線由長安（東漢時由洛陽）沿渭河過隴關、上邽（今天水）、狄道（今臨洮）、枹罕（今河州），由永靖渡黃河，穿西寧，越大斗拔谷（今偏都口）至張掖。

③中線與南線在上邽分道，過隴山，至金城郡（今蘭州），渡黃河，溯莊浪河，翻烏鞘嶺至姑臧。南線補給條件雖好，但繞道較遠，因此中線後來成為主要幹線。

南、北、中三線會合後，由張掖經酒泉、瓜州至敦煌。由敦煌向西，進入絲綢之路中段，即由敦煌至蔥嶺（今帕米爾高原）或怛羅斯（今哈薩克的江布林城）。

絲綢之路自玉門關、陽關出西域有兩道：從鄯善，傍南山北、波河西行，至莎車為南道，南道西逾蔥嶺則出大月氏、安息；自車師前王庭（今吐魯番），隨北山，波河西行至疏勒（今喀什）為北道。北道西逾蔥嶺則出大宛，康居，奄蔡（黑海、鹹海間）。北道上有兩條重要岔路：一是由焉耆西南行，穿塔克拉瑪干沙漠至南道的于闐；一是從龜茲（今庫車）西行過

姑墨（阿克蘇）、溫宿（烏什），翻拔達嶺（別疊里山口），經赤谷城（烏孫首府），西行至怛羅斯。由於南、北兩道穿行在白龍堆、哈順和塔克拉瑪干大沙漠，條件惡劣，道路艱難，東漢時在北道之北另開一道，隋唐時成為一條重要通道，稱新北道。新北道由敦煌西北行，經伊吾（哈密）、蒲類海（今巴里坤湖）、北庭（吉木薩爾）、輪臺（半泉）、弓月城（霍城）、碎葉（托克瑪克）至怛羅斯。

西段東起蔥嶺（或怛羅斯），西至羅馬。絲路西段涉及範圍較廣，包括中亞、南亞、西亞和歐洲，歷史上的國家眾多，民族關係複雜，因而路線常有變化，大致可分為南、中、北三道：

南道由蔥嶺西行，越興都庫什山至阿富汗喀布爾後分兩路：一線西行至赫拉特，與經蘭氏城而來的中道相會，再西行穿巴格達、大馬士革，抵地中海東岸西頓或貝魯特，由海路轉至羅馬；另一線從白沙瓦南下抵南亞。

中道（漢北道）越蔥嶺至蘭氏城西北行，一條與南道會，一條過德黑蘭與南道會。

新北道也分兩支：一經鈸汗（今費爾干納）、康（今撒馬爾罕）、安（今布哈拉）至木鹿與中道會西行；一經怛羅斯，沿錫爾河西北行，繞過鹹海，裏海北岸，至亞速海東岸的塔那，由水路轉克赤，抵君士坦丁堡（今伊斯坦堡）。

## 三、海上絲綢之路的發展歷史

與綠洲絲綢之路齊名的是海上絲綢之路，1913 年由法國東方學家沙畹（Édouard Émmannuel Chavannes）首次提及。這是古代中國與外國交通貿易和文化交流的海上通道，因為其貨物以陶瓷居多，故而又稱「陶瓷之

路」，又因為香料貿易頻繁，故而得名「香料之路」。海上絲路萌芽於商周，發展於春秋戰國，形成於秦漢，興於唐宋，轉變於明清，是已知最為古老的海上航線。[010] 中國海上絲路分為東海航線和南海航線兩條線路，其中以南海為中心。大致而言，這條道路從廣州、泉州、杭州、揚州等沿海城市出發，從南洋到阿拉伯海，甚至遠達非洲東海岸。

與綠洲絲綢之路相比，海上絲綢之路的路線大致固定，雖有變化，但差異不大，可分為三大航線。其一為東洋航線，由中國沿海港至朝鮮、日本；其二為南洋航線，由中國沿海港至東南亞諸國；其三為西洋航線，由中國沿海港至南亞、阿拉伯和東非沿海諸國。

廣州、泉州在唐、宋、元時，僑居的外商多達萬人，乃至 10 萬人以上，其中尤以大食人居多。

大食是唐代中國對西亞地區的阿拉伯帝國的稱呼，音譯自波斯語 Tazi 或 Tajik。此外，北宋初年蔥嶺一帶的喀喇汗王朝，在漢文史籍中多稱之為「大石」，有時也稱之為「大食」。本書所探討的「大食」即為前一個意義上的「大食」。

七世紀至八世紀，大食人立國，在「滅波斯，破拂菻」後，「南侵婆羅門，併諸國，勝兵至四十萬。康、石皆往臣之。其地廣萬里，東距突騎施，西南屬海」。[011] 短短幾十年間便成為西臨大西洋，東至印度河，地跨亞、非、歐三大洲的龐大封建軍事帝國。大食歷代統治者總是很重視發展手工業和商業貿易，以充國用與享受之資。杜環《經行記》記載說，當時大食國「四方輻湊，萬貨豐賤，錦繡珠貝，滿於市肆」[012]。反映了阿拉伯手工業的發展和貿易的興旺。經濟的繁榮，也刺激了大食帝國海外貿易的

---

[010] 陳炎：《海上絲綢之路與中外文化交流》，北京大學出版社，1996 年，第 256 — 260 頁。
[011] 〔宋〕歐陽脩、宋祁：《新唐書》卷二二一下〈大食傳〉，中華書局，1975 年，第 6262 頁。
[012] 〔唐〕杜佑撰，王文錦等點校：《通典》卷一九三〈邊防典·九大食〉，中華書局，2003 年，第 5279 頁。

發展。在政府的鼓勵下，阿拉伯商人梯山航海，無遠弗至，東至中國，西至歐洲，大大促進了中西方的經濟文化交流。西元 651 年大食滅波斯後，控制陸上絲路並取代了昔日波斯的地位，與唐朝交往密切，躍居與中國貿易的首位。大食向唐朝遣使多達 40 次，[013] 當時長安西市便是大食商旅的聚居之地。他們有的在長安久居不返，達 40 年之久，與中國人通婚繁衍，常在長安、洛陽等地開店列肆，鬻賣酒食、香藥。[014]

大食帝國存在了 600 多年（西元 632～1258 年），主要有正統哈里發的神權共和（西元 632～660 年）、奧瑪亞王朝（西元 661～750 年）和阿拔斯王朝（西元 750～1258 年）三個時期。其中，阿拔斯王朝（黑衣大食）與宋朝相偕並存了 300 年。

阿拔斯統治者非常重視與中國的貿易，為了便於統治及發展同東方的貿易，於西元 762 年遷都巴格達。遷都完成的第二任哈里發說：「這個地方是一個優良的營地，此外還有底格里斯河能使我們聯繫像中國那樣遼遠的國家……幼發拉底河可以把敘利亞、拉蓋及其四周的物產運給我們。」[015] 在埃及歷史學家艾哈邁德·本·阿里·蓋勒蓋珊迪（1355～1418 年）所著的《文牘撰修指南》(ubu al-'A'sh in'ahal-'Insh) 中，留存了第三任哈里發曼蘇爾（Mansur）時期公牘局的一件文書，內容如下：

> 凡得到此函，居住在葉門、印度、中國、信德等地的商人，即可準備動身前來埃及。他將看到「我們」做的比說的更多，將發現他遇到的忠誠的善行比這些保證更多，將來到一個生命財產能夠得到充分保障的國度。[016]

---

[013] 大食向唐朝入貢，有說 36 次，有說 37 次，但根據張星所編《中西交通史料彙編》（第 2 冊，中華書局，1977 年，第 707－712 頁）統計，實應為 40 次。
[014] 楊懷中：〈唐代的蕃客〉，《伊斯蘭教在中國》，寧夏人民出版社，1982 年，第 107－138 頁。
[015] [美] 希提著，馬堅譯：《阿拉伯通史》，商務印書館，1995 年，第 129 頁。
[016] 葛鐵鷹：《阿拉伯古籍中的中國》（十一），《阿拉伯世界》2004 年第 3 期。

文書反映了阿拔斯王朝統治者迫切希望中國等地的商人到其國內經商的事實。正是由於這種政策上的鼓勵，才促進了大食海外興盛的貿易。唐代大食人葉耳古卜（？～897年）記述說，當時在亞丁建有中國商船（Marakib al-Sin）的碼頭。元代大食人阿布肥達（西元1273～1331年）指出：「阿曼是個巨大的城市，該城有一港口，信德、中國、贊吉的海舶皆停泊在那裡。」[017] 這反映了唐至元時期大食海外貿易業的繁盛。十世紀至十三世紀，在埃及先後興起的法蒂瑪（Fātimid）和埃宥比（Ayyubid）兩個王朝，都十分重視貿易的發展。法蒂瑪王朝從工商業和貿易中獲得巨大的收益，物資豐足，國力強盛。

海上絲綢之路雖以貿易為開端，但其意義卻遠遠超過絲綢貿易的範圍。它把世界各地文明古國，如希臘、羅馬、埃及、波斯、印度和中國，把世界各地的文明起源都連接在一起，形成了一個連接亞、非、歐、美各洲的海上大動脈，使這些古代文明經過海上大動脈的交流而大放異彩，影響深遠。[018]

## 四、草原絲綢之路的雛形與早期交流

草原絲綢之路是指蒙古草原地帶溝通歐亞大陸的商貿大通道，是絲綢之路的重要組成，主要路線由中原地區向北越過古陰山（今大青山）、燕山一帶長城沿線，西北穿越蒙古高原、中西亞北部，直達地中海歐洲地區。

在環地中海一帶分布著許多非常重要的古代文明，特別是希臘文明，對絲綢之路的影響可謂既深且巨。

---

[017]　宋峴：〈古代泉州與大食商人〉，《泉州港與海上絲綢之路》，中國社會科學出版社，2002年，第158頁。
[018]　陳炎：《海上絲綢之路與中外文化交流》，北京大學出版社，1996年，第261頁。

## 第一節　絲路五道概說

自亞歷山大東征開始，希臘人在中亞的統治持續了 300 年之久。最終，塞琉古帝國（Seleucid）的將領歐西德莫斯（Euthydemos）據大夏、粟特獨立，他和他的兒子德米特里（Demetrios，？～西元前 167 年）向四周塞迦人（Saka）的地區、安息和大宛擴張領土，繼續沿著亞歷山大過去的道路向西拓展。在大夏國王歐西德莫斯執政時期，他們的軍事勢力已經到達喀什，這是有史以來可考的最早連接中國與西方的活動。古希臘歷史學家史特拉波曾這樣評價：「他們甚至將自己國家的國土拓展至塞里斯（中國）和弗林尼。」[019]

因此，遠古時期的歐亞大陸之間並非人們想像的那樣相互隔絕，在尼羅河流域、兩河流域、印度河流域和黃河流域之北的草原上，當時出現了一些斷斷續續的小規模貿易路線大致串聯而成的草原之路。這條路就是最早的草原絲綢之路的雛形。其大致路線，誠如徐蘋芳先生所言：「從新疆伊犁、吉爾薩爾、哈密，經額爾濟納、河套、呼和浩特、大同、張北、赤城、寧城、赤峰、朝陽、義縣、遼陽，東經朝鮮而至日本。」[020]

這一漫長的路線，是適應農、牧民族交換的需求所開闢出來的。早在商周時期，中原商人就已經出入塔克拉瑪干沙漠邊緣，購買新疆的和田玉，如 1976 年安陽殷墟婦好墓中出土的 755 件玉器中就有不少是用新疆和田玉琢成的。[021] 1989 年，江西新干大洋洲一座商墓出土 150 餘件各類玉器及近千件小玉珠、玉管、小玉片等，初步鑑定玉料中有大量新疆和田玉，此外還有藍田洛翡玉、南陽密玉和獨山玉等。[022] 三門峽虢國墓出土

---

[019]　[古希臘]斯特拉博著，李鐵匠譯：《地理學》，上海三聯書店，2014 年，第 768 頁。
[020]　徐蘋芳：〈考古學上所見的中國境內的絲綢之路〉，《燕京學報》新一期，北京大學出版社，1995 年，第 322 頁。
[021]　中國社會科學院考古研究所：《殷墟婦好墓》，文物出版社，1980 年，第 114－115 頁。
[022]　趙朝洪：〈先秦玉器和玉文化〉，《中華文明之光》，北京大學出版社，1999 年，第 150－152 頁。

玉器達上萬件，以和田玉居多。[023]

與此同時，中原商人還向內陸地區出售海貝等沿海特產，並與中亞地區牧民進行小規模貿易，而良種馬及其他適合長途運輸的動物也開始成為交換對象。阿拉伯民族培育的耐渴、耐旱、耐餓的單峰駱駝在西元前一千年就用於商旅運輸，亞歐大陸的游牧民族於西元前四千多年即開始養馬。歐亞大陸腹地是廣闊的草原和肥沃的土地，商隊運輸的牲畜可以隨時隨地歇息，就近補給淡水、食物和燃料。我們認為，早期中原的水稻、小米、大豆很可能是由這樣的商隊輾轉馱運出境，傳播到印度河流域、兩河流域、尼羅河流域，而早期兩河流域的小麥也是由這些商隊輾轉馱運到西域後再傳播到中原。因為，無論是駱駝還是馬都有負重跋涉的能力，既然能馱玉石，就能馱糧食；無論水稻、小米、大豆或小麥都可作為駱駝和馬的飼料，尤其在馱運絲綢、玉石、海貝等重貨物的情況下更需要吃精飼料，所以，即使當時不販運糧食作物的商隊也必須帶足到達目的地的糧食，否則就很危險，就可能半途而廢。這就是說，哪怕商隊到達目的地後剩下一丁點糧食，這點糧食種子在異地都顯得十分珍貴，人們會把它播入土壤，讓它發芽、開花、結果。何況，在夏商周時期，中原先民把西域傳來的小麥奉若神靈。由此可知，當時商隊販運糧食是有利可圖的，先秦的糧食作物就這樣被帶到了異國他鄉。

## 五、西南絲綢之路

西南絲綢之路，形成於 2,000 多年前的漢代，是一條深藏於高山密林間的全球化貿易、文化通衢，是溝通中、印兩個文明古國最早的連結紐帶。西南絲綢之路主線全長 6,000 多公里，在中國境內由三大幹線組成：

---

[023]　王治國、李清麗：〈虢國墓地出土玉器簡述〉，虢國博物館編著《虢國墓地出土玉器》，科學出版社，2013 年。

一條是從西安到成都再到南亞、東南亞的山道崎嶇的陝康藏茶馬古道，通向南亞、東南亞、中亞、歐洲國家。這是西南絲綢之路的主線。一條是從成都出發，經宜賓、曲靖、昆明、楚雄。上述兩條路線大理會合後西行，經漾濞、永平、保山、騰衝出緬甸，從保山至緬甸段稱為「永昌道」，這就是第三條路線。

本書所指的西南絲綢之路還包括唐蕃古道在內，這是當時中原地區通往吐蕃的最主要的道路，其大致走向為：從陝西西安出發，過咸陽，沿絲綢之路東段西行，越隴山，經甘肅天水、隴西、臨洮至臨夏，在炳靈寺或大河家渡黃河，進入青海民和官亭，經古鄯、樂都、西寧、湟源，登日月山，涉倒淌河，到恰卜恰（公主佛堂），然後經切吉草原、大河壩、溫泉、花石峽、黃河沿，繞扎陵湖、鄂陵湖，翻巴顏喀喇山，過玉樹清水河，西渡通天河，到結古巴塘，溯子曲河上至雜多，沿入藏大道，過當曲，越唐古拉山口至西藏聶榮、那曲，最後到達拉薩。

唐蕃古道的驛站不少於 14 個，驛站之間的距離不等，同時在途中，至少有 6 座有名的橋梁，每座橋梁的建材都不一樣，跨度和寬度也因水流不同而異。吐蕃在沿途設立驛站的同時，還進一步拓展道路，「度悉結羅嶺，鑿石通車，逆金城公主道也」。[024] 在唐蕃古道上，除了中原地區的交通運輸工具外，吐蕃的交通運輸工具馬、犛牛、駱駝，還有毛驢、綿羊、皮舟等，扮演了重要的角色。

另外，甘州回鶻與中原王朝開展貢使交通的時間始於唐朝晚期，從唐末到五代末，甘州回鶻貢使進出中原地區的主要路線有 4 條：涼州－靈州路，甘州－天德軍路，涼州－蘭州路，甘州－青海路。[025] 根據敦煌 P.

---

[024] 〔宋〕歐陽脩、宋祁：《新唐書》卷二一六下〈吐蕃傳下〉，中華書局，1975 年，第 6163 頁。
[025] 陸慶夫：〈論甘州回鶻與中原王朝的貢使關係〉，《民族研究》1999 年第 3 期，第 64 頁。

2992號文書，可以勾勒出後唐使節與甘州、沙州使團西行的路線圖，而這條路線是五代中原王朝控制和經營河西地區的交通主要動脈。[026]

## 六、東北亞絲綢之路

古代的「東北亞」一詞是以歷史考古學為基礎的地域劃分，並不是如現在作為經濟地理學名詞。東北亞絲綢之路以遼代最為切要。遼朝西與回鶻關係密切，透過草原道而聯繫；向東則透過東北亞絲綢之路與周邊連接。

遼東向發展，交通路線大致有六條，即日本道、新羅道、營州道、朝貢道、契丹道以及黑水靺鞨道。其中日本道和新羅道是渤海通往高麗、日本的道路。李孝聰先生認為，遼朝與高麗的交通路線為：「在高麗境內，是自開京（今朝鮮開城）經西京（今朝鮮平壤），北至龍州（今朝鮮龍川），由此進入遼境內的保州來遠城（今鴨綠江南岸的朝鮮義州）；在遼朝境內，是從來遠城經開遠城（今遼寧鳳城）至東京遼陽府；在東京至中京之間遼朝設有專門的驛道，高麗朝貢使團可以憑藉這條驛道從遼朝東京而進入中京；再分途去上京或南京。」[027] 就遼與日本的交通而言，大致有3條航線可達：一者北線，從龍原（渤海東京龍原府，今琿春市八連城）東南行至鹽州（即毛口崴，今俄羅斯哈桑地區波謝特灣克拉斯基諾港口）出海到日本；二者筑紫線，從龍原出發，沿朝鮮半島東海岸南下，到達日本的筑紫（今日本北九州）；三者南海府線，從渤海南海府（今朝鮮北青古城）「吐號浦」出發，沿朝鮮半島東海岸南行，到達筑紫。使團可以透過這些線路在日本筑紫、能登、加賀、隱岐、但馬、長門、出雲、伯耆、若狹等地

---

[026]　蘇哲：〈伯二九九二號文書三通五代狀文的研究〉，《敦煌吐魯番文獻研究論集》第5輯，北京大學出版社，1990年，第437－469頁。
[027]　李孝聰：《中國區域歷史地理》，北京大學出版社，2004年，第462頁。

登陸。[028] 唐代日本高僧圓仁於唐文宗開成三年（西元 838 年）從日本到中國，是從筑紫（今日本九州福岡）的博多港出發，經朝鮮半島而到達中國的。在鹽州曾出土唐產瓷器片和新羅陶器，見證了其作為交通線的重要位置。遼朝滅渤海之後，東京龍原府和南京南海府歸遼朝版圖，因而遼朝自然繼承了以上三條道路。

遼上京通往生女真、五國部的道路被稱為「貢鷹道」，指從遼代上京臨潢府（今內蒙古赤峰市巴林左旗波羅城）至黑龍江下游乃至庫頁島的線路。至於其起點，學界有不同說法，一種意見認為起點在黃龍府[029]，另一種意見認為起點在寧江州[030]。這條路既是五代後晉皇帝石重貴及其母李太后被遼太宗耶律德光流放之路，也是宋徽宗、宋欽宗的流放之路。這條路從庫頁島（今俄羅斯薩哈林島）向東可達千島群島、堪察加半島、阿留申群島，直至北美洲。[031]「貢鷹道」一詞首次出現於遼代。早在唐朝時，貢鷹道就已延伸至流鬼國，根據《通典》卷兩百記載，流鬼國國君長孟蜬遣其子可也余志於貞觀十四年（西元 640 年）「三譯而來朝貢」[032]。流鬼國學界一般認為是在今天的堪察加半島上，而可也余志應為阿留申先世，居美洲。則唐代已經透過鷹路與美洲地區有所交往。

## 七、絲路五道與東西方交流之初始

早在商末周初，周武王封箕子於朝鮮，教其民以「田蠶織作」，中國的栽桑養蠶和繰絲織帛技術，開始傳入朝鮮。西周時周穆王西巡，就有中原商旅與國外商隊在途中以絲綢交換。他們經新疆，沿塔克拉瑪干沙漠

---

[028]　王俠：〈渤海使者訪日起航時間考〉，《東北亞考古資訊》1993 年第 1 期。
[029]　景愛：〈遼代的鷹路與五國部〉，《延邊大學學報》（社會科學版）1983 年第 1 期。
[030]　吳樹國：〈遼代鷹路起點考辨〉，《北方文物》2016 年第 3 期。
[031]　傅朗雲：〈東北亞絲綢之路初探〉，《東北師範大學學報》1991 年第 4 期。
[032]　〔唐〕杜佑撰，王文錦等點校：《通典》卷兩百〈流鬼傳〉，中華書局，1988 年，第 5491 頁。

南緣前進，然後越過蔥嶺，止於中亞的吉爾吉斯，開闢了橫貫歐亞的草原通道。這條路線屬西域南道，實際上是中外商隊經過數百年的艱苦跋涉才共同開拓出來的，其歷史成果已得到證實。在德國南部斯圖加特西北（Stuttgart）的霍克杜夫村，出土了西元前六世紀的中國絲綢織繡衣服殘片。在俄羅斯境內阿爾泰山北麓的帕茲里克（Pazyryk），也出土了西元前五世紀的中國絲綢，其中已有細絲加捻的平紋織物、提花織物和絲繡品。在西元前五—前四世紀時，古希臘的歷史學家們就多次提到，當時的波斯（今伊朗）市場上，已有中國蠶絲和絹衣。後來在希臘、埃及和羅馬的古代經典史書中，都稱中國為「絲國」。其中還記述了在黑海地區居住的斯基泰（Scythia）商人東來通商的路線，他們繞黑海、鹹海之北，橫跨中亞，來到阿爾泰山以南和天山以北的地區，這是西域北道的西段。

在西元前四世紀以前，中國蠶絲已輸入印度。其路線有西域道、西藏道、緬甸道、安南道和南海道等五條。其中以西域道和南海道的使用時間最長，以緬甸道的開闢為最早。這條通向西南方的絲路古道，是從長安、咸陽起始，經成都，南下宜賓，西出雅安，再經雲南大理至永昌（今雲南保山），到達緬甸和印度。

西元前三世紀的秦朝，江浙一帶已有人東渡黃海，到達日本，傳授養蠶織綢和縫製吳服方法。秦始皇二十八年（西元前219年）曾派方士徐市（即徐福），發童男童女數千人，入海求仙，至日本富士山教民養蠶。當時，也有不少中國人為逃避戰亂和苦役，泛海遷往朝鮮，傳授蠶織技術。這就是最早形成東傳朝鮮、日本的海上絲路。據史書記載，西元前一世紀以前，絲綢蠶織技術已傳入哀牢族地區（今緬甸、寮國邊境）；中國的羅織物和織羅技術，透過朝鮮傳入日本。中國絲綢在西元120年時，透過撣國（今緬甸），傳入海西（即大秦，指羅馬）。羅馬和波斯是歐洲和西亞最早發展蠶絲業的國家。西元166年，大秦王安敦，就遣使經海道首次直通

中國。西元 199 年，秦始皇十一世孫功滿王避亂歸化日本，獻蠶種。其孫融通王也經朝鮮到日本，率民從事養蠶栽桑。

經先秦絲路外傳的中國絲綢物資有蠶種、桑種、蠶絲和各類絲織絹帛，以及養蠶、栽桑、繅絲、織綢、刺繡和衣服縫製等一系列的工藝技術。從國外換回的物資，主要是馬匹、毛皮、香料、藥材和奇珍異寶等。絲路的東線通向朝鮮和日本，北線通向蒙古和俄羅斯，西線通向中西、西亞、歐洲和北非，南線通向南印度、中印度半島和南洋群島。

與此同時，大約從西元前 1000 年，中國和日本之間也隱約呈現出兩條農業文化交流的路徑：一條是經中國東北到朝鮮半島，再渡海到達九州；另一條從長江下游浙江南部渡海直接到達日本九州西北。日本學者在九州西北地下考古中發現了這一時期從中國傳入的水稻、葫蘆、構樹、芋頭、菱角、白蘇等植物，也有原產印度經中國栽培的綠豆。

總之，絲路五道經歷了漫長的歷史發展，對促進歐亞大陸乃至非洲、美洲大陸的政治、經濟、文化交流溝通影響深遠，值得認真總結研究。

## 第二節　絲綢之路上異質經濟的溝通與交融

### 一、北方游牧經濟與南方農業經濟在絲路上的交融

恩格斯曾說：「在長期的征服中，比較野蠻的征服者，在絕大多數情況下，他們為被征服者所同化，而且大部分甚至不得不採用被征服者的語言。」[033] 這是經典作家根據世界歷史發展而總結出的一般規律，也適用於中國，最典型的如進入中原的鮮卑人、蒙古人和滿族人。在絲綢之路上，最能體現北方游牧經濟與南方農業經濟交融的當屬回鶻。

---

[033]　[德] 恩格斯著，中央馬恩列斯著作翻譯局譯：《反杜林論》，人民出版社，1970 年，第 180 頁。

鮮卑族建立了北魏，統一了北方地區，而當地以漢族居多，經濟遠比鮮卑族傳統的游牧經濟發達。北魏孝文帝為了穩定在中原的統治實行改革，實施一連串包括改漢姓、易漢服、說漢話、與漢族通婚、遷都洛陽等政策。

改革之後，鮮卑族融入了漢族大家庭。經濟文化相對落後的鮮卑族征服了先進的漢族，但最終被更進步的漢族所融合。此外，入主中原或占據部分漢地的契丹、党項、女真等，莫不如此。他們都經過艱難的磨合，逐漸縮小和淡化了民族界限，最終都演變成漢人。

但以上述這些現象觀照回鶻的歷史，不難發現，其歷史演進堪稱是個例外。

據史書記載，回鶻本為一個「居無恆所，隨水草流移」[034]的游牧民族。西元744年建立漠北回鶻汗國之初，尚處於蒙昧初開的階段，其後在漢及粟特文化的影響下，文化發展大為進步。840年，由於天災人禍，加上來自葉尼塞河流域的黠戛斯人的進攻，回鶻汗國滅亡，部眾西遷至新疆及河西走廊地區。其中，遷入新疆的回鶻人，征服當地居民而建立了高昌回鶻王國，後經數百年的發展，演變成為今天的維吾爾族。回鶻西遷西域時，回鶻的教育程度比當地的吐火羅人、于闐人和漢人的教育程度低很多。作為「比較野蠻的征服者」，按照恩格斯的理論，應該被文化更進步的被征服者所征服。而事實卻恰恰相反，回鶻在征服西域諸地後，逐漸同化了當地原有各民族而不是被當地民族所同化，這顯然屬於例外。

在漠北時代，回鶻汗國的經濟雖以游牧經濟為主，但也有充分發展農業經濟，這是北方諸多草原民族，如匈奴、鮮卑、突厥、西夏、蒙古等所完全沒有的。

這種特殊情況，有其深刻的社會歷史根源。回鶻西遷西域以後，當地

---

[034] 〔後晉〕劉昫等：《舊唐書》卷一九五〈回紇傳〉，中華書局，1975年，第5195頁。

## 第二節　絲綢之路上異質經濟的溝通與交融

先進的定居農業經濟對他們來說很熟悉。回鶻人很快便適應了特殊地理條件下的綠洲農業，在掌握綠洲農業技術後，結合自身的特點，創造出全新的社會經濟模式。

自古以來，吐魯番一帶「厥土良沃，穀麥一歲再熟」[035]，即為農業發達區。回鶻勤奮學習當地的農業生產技術，興修水利，發展農業。除糧食作物外，他們還栽培棉花。棉花在高昌有著悠久的種植歷史，史載當地「多草木，草實如繭，繭中絲如細纑，名為白疊子，國人多取織以為布」[036]。回鶻人遷居高昌後，也很快掌握了植棉技術。在吐魯番出土的回鶻文社會經濟文書中，「棉花」十分常見，寫作 käpäz。及至元代，回鶻地區的植棉技術向東傳入了中原地區，棉花被廣為種植。元代農書《農桑輯要》載：「苧麻本南方之物，木棉亦西域所產。近歲以來，苧麻藝於河南，木棉種於陝右，滋茂繁盛，與本土無異。二方之民，深荷其利。」[037] 此木棉蓋指棉花，當無疑義。元代蒲道源更是明言：原陝西西鄉人民「種植木棉之利」，畏兀兒人燕立帖木兒「自興元（今陝西省漢中市）求籽給社戶，且教以種之法，至今民得其利，而生理稍裕」[038]。由此可知，經由回鶻人燕立帖木兒的引介，回鶻地區的棉花種植技術元初已移植到陝西西鄉，且被廣泛種植。葡萄更是遍布吐魯番地區，宋元的回鶻文文書中對此多有記載。當地所產西瓜「其重及秤，甘瓜如枕許，其香味蓋中國未有也」[039]。這些說明，西遷後的回鶻，已完全掌握了西域尤其是吐魯番地區傳統的綠洲農耕技術，並推而廣之。

高昌一帶礦藏豐富，有多種礦物，如玉、硇砂、金剛石、礪石等，回鶻人善加利用，發展出了獨具特色的手工業。太平興國六年（西元981

---

[035] 〔唐〕李延壽：《北史》卷九七〈西域傳〉，中華書局，1974 年，第 3212 頁。
[036] 〔唐〕姚思廉：《梁書》卷五四〈西北諸戎傳〉，中華書局，1973 年，第 811 頁。
[037] 石聲漢校注：《農桑輯要校注》，中華書局，2014 年，第 55 頁。
[038] 〔元〕蒲道源：《閒居叢稿》卷一六〈西鄉宣差燕立帖木兒遺愛碣〉。
[039] 〔元〕李志常：《長春真人西遊記》卷上，河北人民出版社，2001 年，第 50 頁。

年),北宋使臣王延德出使高昌,言其境內之伊州(今新疆哈密)「有礦石,剖之得鑌鐵,謂之吃鐵石。又生胡桐樹,經雨即生胡桐律」[040]。胡桐律又作「梧桐淚」,為胡楊樹所分泌的膠狀物,可入藥;鑌鐵剛柔相濟,可製刀劍。高昌回鶻的硇砂生產也引人注目,王延德曾說:「北庭北山中出硇砂,山中嘗有煙氣湧起,無雲霧。至夕,光焰若炬火,照見禽鼠皆赤。採者著木底鞋取之,皮者即焦。下有穴,生青泥,出穴外即變為砂石,土人取以治皮。」硇砂,主要出產於西域,以北庭產者為上,人稱為北庭砂。[041]尤其是吉木薩爾水西溝一帶所出的硇砂,「純者色潔白」,正合醫家所需,故李時珍言「以生北庭者為上」[042]。此外,西域當地人常取以為製皮的原料或金屬的焊劑。回鶻的紡織、文繡、冶金、攻玉等也都聞名遐邇。《宋史》卷四九〇〈高昌傳〉載回鶻「人白皙端正,性工巧,善治金銀銅鐵為器及攻玉」。洪皓《松漠紀聞》亦記載說:「(回鶻)帛有兜羅綿、毛氎、狨錦、注絲、熟綾、斜褐……善造賓(鑌)鐵刀劍、烏金銀器……其在燕者,皆久居業成,能以金相瑟瑟為首飾,如釵頭形而曲一二寸,如古之笄狀。又善結金線,相瑟瑟為珥及巾環,織熟錦、熟綾、注絲、線羅等物。又以五色線織成袍,名曰克絲,甚華麗。又善捻金線,別作一等,背織花樹。」由是以觀,當時回鶻手工業產品不僅種類繁多,而且樣式別緻精巧,頗受歡迎。

在農業發展的同時,回鶻並沒有放棄其傳統的畜牧業。波斯文史籍《世界境域志》第十二章〈關於九姓古思國及其諸城鎮〉反映了許多回鶻畜牧業的情況:

他們是一個好戰的民族,擁有大量的武器。他們隨著氣候之適宜,冬夏沿草場轉移遷徙。九姓古斯國出產大量麝香,還有黑、紅色狐皮,灰鼠

---

[040] 〔元〕脫脫等:《宋史》卷四九〇〈高昌傳〉,中華書局,1977年,第14111頁。
[041] 張承志:〈王延德行記與天山硇砂〉,《文史》第20輯,中華書局,1983年,第91—92頁。
[042] 〔明〕李時珍:《本草綱目》卷十一〈石部·硇砂〉,人民衛生出版社,1975年,第655頁。

## 第二節　絲綢之路上異質經濟的溝通與交融

皮、黑貂皮、貂皮、黃鼠狼、羚羊角、犀牛角及犛牛等。該國宜人之環境甚少，其物產就是上述那些，還有羊、牛、馬……九姓古思的國王夏天住在 Panjiakath 村（突厥語名稱叫別失八里，中文稱為北庭）。九姓古思之北是一草原，該草原在他們和點戛斯人之間伸展開去，直到基馬克境。[043]

這裡的「九姓古思」指的就是高昌回鶻，所謂的 Panjiakath 村，就是回鶻夏都北庭。宋使王延德到達北庭時，見這裡「地多馬，王及王后、太子各養馬，放牧平川中，彌亙百餘里，以毛色分別為群，莫知其數」[044]。又培育了優良大尾羊，「尾重者三斤，小者一斤，肉如熊白而甚美」[045]。這些說明遷往西域諸地的回鶻人大多已由游牧轉化為居，從事農耕，但在發展農業的同時，他們也未丟棄他們所熟悉的畜牧業，而且高昌回鶻的畜牧業相當發達。

與此同時，回鶻西遷後的商業也開始迅速發展。漠北時期，在粟特人的幫助下，回鶻商業已發展到一定的程度。九世紀中葉以後，回鶻成為西域與河西走廊的主宰，這裡自古以來就是中西交通的要道──絲綢之路的咽喉要地。在回鶻西遷之前，這裡就是經濟繁榮、貿易發達之地，形成了一套非常完整的產、供、銷體系。在東西方各民族間往來，不斷遷徙、流動的同時，各種不同的文化也在這裡傳播、交流。回鶻人遷入後，繼承並發展了這一優良的文化傳統，積極發展與周邊民族的經濟文化交流，不僅與中原、西藏、西夏及東北的契丹、女真交往頻繁，而且也與西方的波斯、印度、大秦保持著直接或間接的商業交往，並逐漸取代粟特成為十至十二世紀絲路貿易的霸主。

回鶻的文化類型由原來的以草原型文化為主、農耕文化為輔，轉為以農耕文化為主、草原型文化為輔。這種雙重文化現象的共存與轉化，反映

---

[043]　〔波斯〕佚名著，王治來譯注：《世界境域志》，上海古籍出版社，2010年，第68－69頁。
[044]　〔元〕脫脫等：《宋史》卷四九〇〈高昌傳〉，中華書局，1977年，第14112頁。
[045]　〔元〕脫脫等：《宋史》卷四九〇〈高昌傳〉，中華書局，1977年，第14111頁。

了回鶻文化的特質。多種元素的交融，使回鶻在社會、經濟、文化諸方面都立於不敗之地，使回鶻不僅沒有被當地更先進的文化所征服，反而同化了當地各族，構成了一種世所稀見的歷史逆演進現象，同時更是絲綢之路上北方游牧經濟與南方農業經濟交融的實證。

## 二、綠洲經濟與周邊的交往

綠洲經濟帶沿天山南麓、崑崙山北麓形成兩條綠洲走廊，南通印度次大陸，西南通波斯，西穿中亞河中腹地可達歐洲，即絲綢之路的中道和南道，連接著東、西、南部三個地區，是各大文明中心經濟往來的主幹道，也是文化傳播、交流融合、創新變異的大動脈。位於綠洲諸城邦中心的鄯善國處於文明融合和衝突的中心地帶。

鄯善，漢人稱之為鹽澤，當地人稱之為牢蘭海，因海得名，本名樓蘭，佉盧文作 Kroraina。鄯善（樓蘭）國地處絲綢之路要衝，塔里木盆地東面的缺口阿奇克谷地與河西走廊形成了連接內地與樓蘭的沙磧之路，崑崙山和阿爾金山的天然通道連接了若羌與青海。從鄯善（樓蘭）北上或西行，可通達中亞、西亞和南亞地區。[046] 據《漢書·西域傳》記載，西漢初期，環繞塔克拉瑪干沙漠周緣的河流綠洲分布著三十六國，溝通東西方經濟文化交流的大動脈——「絲綢之路」，連結了當中許多綠洲小王國。《漢書》中記載了這條道路的基本路線：

> 自玉門、陽關出西域有兩道。從鄯善傍南山北，波河西行至莎車，為南道。南道西逾蔥嶺則出大月氏、安息。自車師前王廷隨北山，波河西行至疏勒，為北道。北道西逾蔥嶺則出大宛、康居、奄蔡焉。[047]

---

[046]　李青：《古樓蘭鄯善藝術綜論》，中華書局，2005年，第41頁。
[047]　〔漢〕班固：《漢書》卷九六上〈西域傳上〉，中華書局，1962年，第3872頁。

## 第二節　絲綢之路上異質經濟的溝通與交融

易言之，一路由玉門關西過沙磧，到樓蘭、渠犁（今新疆庫爾勒一帶）、龜茲（今庫車一帶）、溫宿（今溫宿縣境）、疏勒（今喀什一帶），越蔥嶺（今帕米爾高原、喀喇崑崙山、崑崙山、興都庫什山）；一路由陽關出沙磧到樓蘭，至且末、于闐、莎車，越蔥嶺。兩道均過樓蘭，樓蘭扼絲綢之路要衝，其地理位置十分重要。

考古發現證明，張騫「鑿空」西域之前，中原內地與樓蘭及其以西地區早已有所聯繫，至西漢正式開通絲綢之路後，這種聯繫與交往又進一步加深。《史記》載：「樓蘭、姑師小國耳，當空道。」[048] 所謂「當空道」，即樓蘭和姑師地處張騫鑿空西域交通幹線之咽喉要道。羅布淖爾一帶乃是古代塔里木盆地東端的交叉路口，是中原連接西域和西方世界的重要交通樞紐，學者們將連接敦煌和西域，以樓蘭城東西一線為主要通道和分途點的交通幹線稱為「樓蘭道」。[049] 最初的宗教、文化就是經由此道向東西方傳播。

鄯善國是絲綢之路必經之地，是古代中國和今伊朗、巴基斯坦、印度乃至歐洲、北非諸國進行文化交流和友好往來的西大門。眾所皆知，蠶絲是古代最偉大的發明之一，中國蠶絲的向外傳播，可能在西元前三、四百年以前就已經展開了。[050] 當蠶絲技術隨著絲織品西傳的時候，當然就先傳入西域。

內地輸入西域的主要商品是絲織品。近百年來，斯坦因等人從羅布泊、尼雅等地發掘出不少漢晉時期的絲織品。1949年以後，絲織品在新疆各地又有更多考古發現，且保存更為完整。如尼雅東漢墓出土的長袍、褲子、襪子、手套、內衣、外衣、裙子、手帕、枕頭等，吐魯番晉和十六國時期

---

[048] 〔漢〕司馬遷：《史記》卷一二三〈大宛列傳〉，中華書局，1959年，第3171頁。
[049] 孟凡人：〈絲路交通線概說〉，《新疆考古與史地論集》，科學出版社，2000年，第344－346頁。
[050] 季羨林：〈中國蠶絲輸入印度問題的初步研究〉，《歷史研究》1955年第4期。

墓葬出土的鞋履和上衣等，都分別以織錦、綺、羅、絹等材料製成。這些絲織品以其絢麗的色彩、高超的技藝象徵著燦爛的古代文明，象徵著西域和中原絲綢貿易的活躍。

絲綢貿易的活躍，在鄯善國時期的漢文文書中有如下記載：

其一，Ch. W. No. 46：「□人三百一十九匹，今為住（？）人，買彩四千三百廿六匹。」這一文獻反映出樓蘭屯戍區域戍卒小規模的絲綢貿易情況。

其二，Ch. W. No. 812：「正買長度彩二匹、短度十四匹寄藏。」說明官方也有買進絲綢。

其三，Ch. W. No. 804：「兵胡騰寧市青㲲一領，廣四尺六寸，長丈一尺，故黃㲲褶一領，買彩三匹。」[051]

與漢文文書之零星記載相較，佉盧文書（圖2）中卻有更多的紀錄。尼雅出土的佉盧文文書 Kh. 35 這樣寫道：

應阻止蘇耆陀。現在沒有商賈自漢地來，可不必清查絲債。至於橐駱駝之事，應煩勞檀支那負責。待自漢地來的商賈抵達時，務必清查絲債。若發生糾紛，朕將於王廷親自裁決。[052]

---

[051]　[日]長澤和俊：《絲路史研究》（シルク・ロード史研究，暫譯），（東京）國書刊行會，1979年，第105頁；[日]長澤和俊著，鍾美珠譯：《絲綢之路史研究》，天津古籍出版社，1990年，第113－114頁。

[052]　T. Burrow, *A Translation of the Kharoṣṭhī Documents from Chinese Turkestan*, London: the Royal Asiatic Society, 1940, p. 9；林梅村：《沙海古卷——中國所出佉盧文書（初集）》，文物出版社，1988年，第50頁。下引佉盧文文書俱出此二書，不一一作注。

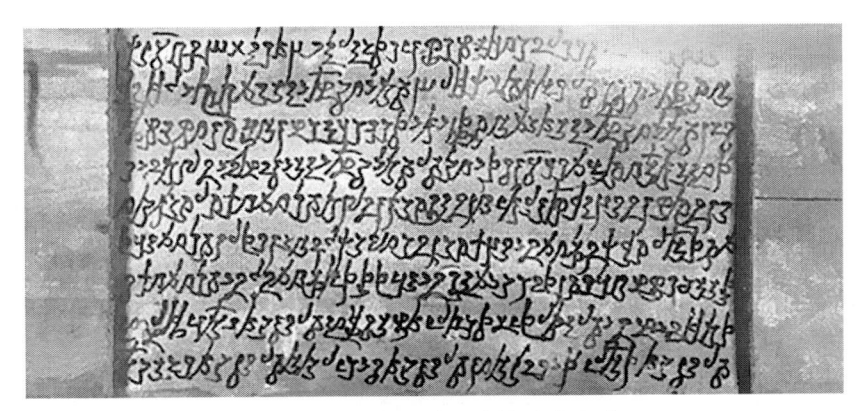

## 第二節　絲綢之路上異質經濟的溝通與交融

圖 2：北京國家圖書館藏佉盧文書

　　從事絲綢貿易者除來自中原的「秦人」外，還有絲綢之路沿線的各族商客。新疆民豐縣安得悅遺址出土佉盧文文書 Kh. 660 是記錄少數民族自己買賣絲綢的帳單，內容如下：

> 彼等再次從扜泥城歸來後，交付黃絲綢兩匹。彼等從青蓮華處送去紅絲綢一匹。勝贊取硃紅色（絲綢）一匹。羅塔跋羅取彩色（絲綢）一匹。多盧格取絲綢一匹。彌支伽耶買新彩色（絲綢）一匹。伽波陀耶取成捆的彩色（絲綢）一匹。善軍取絲綢七匹。彼等替摩伽耶買成捆的新的紅絲綢。山地人取兩匹絲綢。

　　由於絲綢是重要商品，它本身還可以成為交換的媒介。如尼雅出土的一件關於奴隸買賣的佉盧文文書 Kh. 3 中這樣寫道：

> 國王陛下……頃據蘇祇多向余等報告，彼已買婦女一名，名蘇祇沙，買價為四十一匹綢緞（patas）……官吏不得非法占該婦女。汝在當地若對此事不詳，則當彼等到皇廷時，余等將會做出決定。

　　從這裡可以看出，一個奴隸的身價等於 41 匹綢緞。

　　除了絲織品以外，內地輸入西域的商品還有各種漆器（耳杯、盒、奩等）、銅鏡和弩機等，這些在羅布泊、尼雅、焉耆、若羌等地均有發現。

透過這些文獻可以看出，鄯善國絲織業發達，各種顏色和種類繁多的服裝，反映了當時當地人民的審美觀念。尤其值得留意的是，當時鄯善國不僅深受漢文化的影響，而且受印度和波斯文化的影響，其服裝樣式、設計和紡織物的款式已經滲透了包括鄯善國在內的整個中亞腹地，鄯善國成為多種文化交會的熔爐。

敦煌出土有婆羅米文（Brāhmī）絲卷碎片，為西元一世紀之物，其中一片上寫有貴霜婆羅米文，意為「短綢布（pata）46 柞（gishti）」。[053]1928年，中瑞西北考察團之瑞士成員貝格曼（Folke Bergma）在樓蘭地區的一座漢墓中發現一片寫有佉盧文的漢錦，經釋讀，這行佉盧文的意思為「印度法師之綢緞（pata）四十匹」。[054] 在尼雅出土的佉盧文文獻中，「pata」一詞多有使用，如 Kh. 3：「國王陛下……頃據蘇祗多向余等報告，彼已買婦女一名，名蘇祗沙，買價為四十一匹綢緞。」類似記載又見於 Kh. 35：「待自漢地來的商賈抵達時，務必清查絲債。若發生糾紛，朕將於王廷親自裁決。」Kh. 225 亦曰：「僧伽缽羅那之奴隸一名走進余家並（？）綢緞三匹。」最後，Kh. 345 還提道：「該僧人阿難陀犀那之奴，名菩達瞿沙又從余及鳩瞿缽之屋竊取綢緞 12 馬身長……共計價 100 穆立。」綢緞（pata）是簡牘中最常見的與絲織品相關的詞，「pata」亦寫作「patta」，漢意為布、帛巾、絹。[055]

文書中的穆立（muli）不是物品，而是作為物品交換中計算價值的單位，在佉盧文書中經常可以見到，字面意思是「價格」，它代表價值或者

---

[053] Aurel Stein, Serindia: *Detailed Report of Explorations in Central Asia and Westernmost China*. Vol. 1, Oxford, 1921, pp. 701-704.

[054] S. Konow, Note on the Inscription on the Silk-trip No. 34: 65, in F. Bergman, *Archaeological Research in Sinkiang, especially the Lop-nor Region*, Stockolm, 1939, pp, 231-234; F. W. Thomas, Some Notes on Central-Asian Kharoṣṭhī Documents, *Bulletin of the School of Oriental and African Studies*, XI-3, 1946, p. 549.

[055] ［日］荻原雲來：《梵和大詞典》，新文豐出版公司，1979 年，第 724 — 725 頁。

第二節　絲綢之路上異質經濟的溝通與交融

價值單位，在交易中等同於普通貨幣。[056] 當時在西域地區，各種織物和穀物也能以物易物。絲路的暢通，大量中原的絲絹輸入西域，同時也促進了當地絲織業的興盛，它們在市場上既是商品，又兼為流通計價單位。

南北朝時期（西元 420～589 年），西域與內地的貿易聯繫還發展到了南方的長江流域。據吐魯番阿斯塔那出土的絲織品分析，其中有大量絲織品來自益州，這從側面反映了從益州至鄯善商道的興盛。

絲路中轉貿易的繁盛，促使了綠洲城鎮的拓展，同時出現了許多新的城鎮，作為各種貨物的集散地，或初級農牧市場。據考古資料，除龜茲王城外，還有許多城鎮，如庫車頃希阿爾古城、新和托浦古城、烏什哈特古城、沙雅博斯坦托呼拉克古城、塔什頓古城、英格邁利古城、羊達克希阿爾古城等。這些城鎮的出現和發展，是絲綢之路上貿易頻繁、人口密集的必然結果。麴氏高昌時期，在吐魯番的市場上，交易額相當可觀，從當時的官市收取的「稱價錢」的帳歷殘片[057]來看，透過某官市交易的貨物有金銀、蠶絲、石蜜、香料、藥材等。據不完全統計，一年內黃金交易 5 次共 2.9 斤，白銀交易 6 次共 16.9 斤，藥材交易 1 次共 144 斤，絲交易 4 次共 200 斤，香料交易 8 次共 3658 斤。[058] 值得留意的是，這些貨物並不產在高昌本地，它們透過商賈從中原、南亞或是非洲等地長途販運至此，顯然這裡已出現一些國際市場的特徵。

由於商業貿易頻繁，人們逐漸感到實體貨幣的不便。綠洲諸城邦作為絲路中轉貿易市場，中原的銅幣、西方諸國金銀幣，都曾在此流通，並推動了當地自鑄錢幣的出現。

---

[056]　楊富學：〈佉盧文書所見鄯善國之貨幣 —— 兼論與回鶻貨幣之關係〉，《敦煌學輯刊》1995 年第 2 期。
[057]　國家文物局古文獻研究室等：《吐魯番出土文書》第三冊，文物出版社，1981 年，第 318 － 325 頁。
[058]　殷晴：《絲綢之路與西域經濟 —— 十二世紀前新疆開發史稿》，中華書局，2007 年，第 184 － 185 頁。

近年，不僅尼雅、樓蘭等遺址不斷出土中原錢幣，庫車、焉耆、于田、和田、哈密等地都曾有出土，有西漢五銖、新莽貨泉、大泉五十，東漢末的「剪輪五銖」。此外，樓蘭、木壘、奇臺等地還發現有西漢初半兩錢。[059] 這一現象說明，儘管西域大部分地區內部貿易還實行以物易物之方式，而在和中原貿易時則多使用中原流行的貨幣。羅布泊附近大道上經常發現五銖錢，斯坦因（Marc Aurel Stein）曾一次掘得211枚。1977年，在和田買力克阿瓦提佛寺遺址中，發現窖藏五銖錢和剪輪錢45公斤，約六、七千枚，可見漢代中原錢幣流入西域的數量之多。南北朝時期，中西交通暢達，貿易復趨繁盛，西域各綠洲主要城邦皆鑄造、使用貨幣，作為貿易支付的主要手段。活躍於天山南麓各地的粟特人，常常把西方的金銀幣帶到西域各綠洲城鎮。這些也表明了西域與周邊經濟聯繫的密切。

　　事實說明，作為絲路貿易中繼站的西域綠洲，城鎮發展，市場繁榮。鄯善、焉耆、龜茲、疏勒、高昌、于闐等綠洲城鎮不僅作為轉輸，同時也是絲路貿易的集散市場。應留意的是，絲路貿易向四周廣泛的發展促使沿途各國經濟交往頻繁，推動了與國計民生相關的各產業的發展，也為綠洲城邦帶來了可觀的財富。

## 三、作為絲路商業貿易霸主之粟特與回鶻

　　眾所皆知，絲綢之路是以絲綢織品為主要的貿易商品，從中原內地經過河西走廊及中亞，至西亞、歐洲及北非的陸路交通要道。歷史上，匈奴、鮮卑、柔然、突厥、粟特、回鶻、契丹、蒙古等民族都曾活躍在這條商業貿易大通道上，而突厥人、粟特人、回鶻人尤善經營，一度控制著絲路沿線的商業貿易，成為絲路上的商業霸主。

---

[059]　新疆錢幣圖冊編輯委員會：《新疆錢幣》，新疆美術攝影出版社、香港文化教育出版社，1991年，第4—5頁。

## 第二節　絲綢之路上異質經濟的溝通與交融

　　突厥人和中原關聯緊密，經常在塞上貿易。在西方，西突厥一直控制著中原絲綢的出口貿易，因商業貿易利益關係而與波斯薩珊王朝產生矛盾，導致聯盟破裂，轉而與東羅馬帝國建立新的關係。中國絲綢貿易的主要對象是波斯和羅馬，居間販賣者在陸路主要是中亞粟特人，在水路則為橫越印度洋的航船。在查士丁尼大帝時，東羅馬曾試圖自行生產蠶絲，但未成功。他們需要越過波斯，謀求與印度諸港與突厥直接通商，波斯則從中加以阻撓。所以，突厥、波斯與東羅馬之間為控制絲路貿易的主動權，一度矛盾重重。

　　粟特原本居住在蔥嶺以西的河中地區，曾建立康、安、米、曹、石、何等城邦（漢文獻謂之昭武九姓），橫亙於歐亞大陸的絲綢之路樞紐，並因此致富。巴托爾德（V. V. Barthold）曾經指出：「握有絲綢貿易獨占權的粟特人的商業利益使得突厥和波斯人的關係破裂，並導致突厥和拜占庭之間使者的往返，與中國的貿易也得到了很大發展。撒馬爾罕的東門被稱為『中國門』。粟特人的居留地出現在通向中國的所有通道上——從經和闐和到羅布泊的新疆南部的南路直到經七河地區的最北路。」[060]

　　粟特人很早就開始在絲綢之路上往來、停留和居住，並以擅於經商聞名，多富豪大賈。史載，康國粟特「善商賈，好利，丈夫年二十，去旁國，利所在無不至」[061]。這些商人沿絲綢之路東西往返，由之形成了許多粟特部落。如絲路北道的碎葉城（圖 3）應為粟特人所築，入唐後王方翼擴其形制，招徠胡賈，定為北道徵收過往商稅的關卡。後又置為碎葉州，州刺史安車鼻施名見於神龍元年（西元 705 年）之乾陵蕃臣碑題銘。至於唐之西州本高昌國故境，康、安、何、曹等粟特姓皆為州內豪族，崇化鄉是粟特人集中之所。由此向東，歷沙州、肅州、甘州、涼州、金城，直迄

---

[060]　〔俄〕維・維・巴爾托里德著，耿世民譯：《中亞簡史》，中華書局，2005 年，第 6 頁。
[061]　〔宋〕歐陽脩、宋祁：《新唐書》卷二二一〈西域傳〉，中華書局，1975 年，第 6244 頁。

長安，凡茲都邑，莫不有粟特人的蹤跡。吐魯番發現的駱駝胡人俑表明，這些販運絲綢的商隊雖來自中原，實皆粟特人，他們是絲路貿易的真正壟斷者。

圖3：碎葉故城遺址（吉爾吉斯，七至十世紀）

粟特人的主要商業活動是從中原購買絲綢，而從西域運進瑟瑟、美玉、瑪瑙、珍珠等珍寶。除此之外，六畜也是粟特商人販運的主要商品，突厥汗國境內的粟特人主要從事這種以畜易絹的互市活動。《隋書》卷六七〈裴矩傳〉記載史蜀胡悉驅六畜往馬邑互市事；《大唐創業起居注》卷一則詳細記載了李淵起兵之初，康鞘利驅馬千匹赴太原互市事。同時，粟特商人幾乎都是高利貸者，除貸錢外還貸放絹帛，吐魯番阿斯塔那61號墓出土〈唐西州高昌縣上安西都護府牒稿〉，內容是漢人李紹謹借練於粟特胡曹祿山，拖欠未還，引發一樁經濟訟案。此案主角李紹謹於弓月城一次借練275匹之多，[062] 可見粟特人資財之眾，並以之牟利。此外，粟特

---

[062] 中國國家文物局古文獻研究室等：《吐魯番出土文書》第六冊，文物出版社，1985年，第470頁。

## 第二節　絲綢之路上異質經濟的溝通與交融

人還販運奴隸，官府也保護這種交易能正常進行。

從以上敘述可知，粟特人的商業活動包括絲綢、珠寶、牲畜、奴隸、放貸等，幾乎涵蓋一切重要市場，確已控制了絲路貿易的命脈。[063]

粟特人商業成功的原因，除了他們精通業務、善於籌算、不畏艱險以外，還有其自身的特點。第一，善於依附政治勢力，取得了一定的政治地位，從而有利於商業活動的開展。例如，粟特人馬涅亞克曾代表突厥，奉使波斯、東羅馬；唐代粟特商人康豔典、石萬年、康拂耽延等皆擁有城主稱號，曹令忠官拜北庭大都護，康感官拜涼州刺史等，他們憑藉著官員的身分或是投依官府進行商業活動，自然得心應手。

第二，利用宗教活動掩護商業活動。粟特人的宗教信仰相當複雜，佛教、祆教、摩尼教皆擁有其信徒。回鶻信仰摩尼教亦是賴粟特人之力。而「摩尼至京師，歲往來西市，商賈頗與囊橐為奸」。[064] 可見，這些具有宗教背景的粟特人也在經商牟利。

第三，利用隋唐王朝推行胡漢有別、各依其俗的政策，發展自身的勢力。這一政策對漢人推行重農抑商，嚴禁漢人從事國際貿易，為粟特人創造了獨霸絲路貿易的有利條件。

第四，粟特人諳熟多種語言。從魏晉到隋唐，大量粟特人東來興販，穿梭往來於粟特本土、西域城邦綠洲諸國、草原游牧汗國和中原王朝之間。正是因為他們代代相傳的本領，與各民族交流，所以粟特人大都通曉多種語言。所謂的「九蕃語」，或新、舊唐書中的「六蕃語」，都是表示多數的意思。《大唐西域記》中有一段這樣的描述：「自素葉水城至羯霜那國，地名窣利，人亦謂焉。文字語言，即隨稱矣。字源簡略，本二十餘言。轉

---

[063]　James C.Y.Watt & Anne E. Wardwell, *When Silk Was Gold：Central Asian and Chinese Textiles*, New York: The Metropolitan Museum of Art, 1977, pp. 21-22.

[064]　〔宋〕歐陽脩、宋祁：《新唐書》卷二一七上〈回鶻傳上〉，中華書局，1975 年，第 6126 頁。

而相生，其流浸廣。粗有書記，豎讀其文。遞相傳授，師資無替。」[065] 由於粟特人的這種本領，粟特語也就成為絲綢之路上不同民族間交往時用的混合語（lingua franca）了。唐朝政府也正因為了解這一點，不論是在都城，還是在邊鎮貿易的州郡，都任用粟特人為翻譯。所以，粟特人憑藉語言優勢，在與邊外各族的互市貿易中，扮演著極為重要的角色。

回鶻人在中亞粟特商胡的影響下，再加上其原本具有的奔走各地的商貿傳統，在絲綢之路商貿活動中，不僅經驗豐富，而且也充分顯示了他們極高的經商天賦，成為繼粟特之後絲路貿易上的又一商業霸主，歷晚唐五代至宋而不衰。洪皓《松漠紀聞》載，回鶻「多為商賈於燕」，其人「尤能別珍寶。蕃漢為市者，非其人為儈，則不能售價」。由此可以看出，回鶻商人能力之強，利之所在，無遠弗屆，他們在銜接中西商業貿易上功不可沒。為便於貿易，遼於上京專設「回鶻營」，設在南門之東。[066]

和粟特人相比，回鶻人與中原王朝的往來更多，關係也更密切，於西元1068年後達到高峰。誠如《宋史·于闐傳》所云：「熙寧以來，遠不逾一二歲，近則歲再至，所貢珠玉、珊瑚、翡翠、象牙、乳香、木香、琥珀……龍鹽、西錦……金星石、水銀、安息雞舌香，有所持無表章，每賜以暈錦旋襴衣、金帶、器幣，宰相則盤毬、雲錦夾襴。」在于闐回鶻與北宋的貿易中，僅乳香的數量就高得驚人，熙寧五年（西元1072年）有3萬餘斤，元豐三年（西元1080年）連同其他的雜物有10萬餘斤。[067] 于闐的回鶻商賈和中原王朝之間除官方貿易外，還有私商的活動，由於數量巨大，以致中原人士誤解，以為此為于闐當地所產。五代北宋時期，西域回

---

[065] 〔唐〕玄奘、辯機著，季羨林等校注：《大唐西域記校注》卷一，中華書局，1985年，第72頁。
[066] 楊富學：《回鶻與遼上京》，《首屆遼上京契丹·遼文化學術研討會論文集》，內蒙古文化出版社，2009年，第128－139頁。
[067] 殷晴：《絲綢之路與西域經濟——十二世紀前新疆開發史稿》，中華書局，2007年，第421頁。

鶻商賈的活動已不局限於洛陽、開封一帶，其足跡遍及陝西、河北、山東諸地。

## 四、中西經濟交往的影響

在古代社會，商業活動是連繫東西方各民族之間的橋梁，是東西方文化交流的主要推力，涉及了政治、經濟、文化等各個領域。

在古代，中國的造船技術和航海技術並不發達，以古人之能力，並不具有在滔天巨浪中航行的本領。中亞和西亞地區的古文明也很發達，因此在唐朝之前，絲綢之路從中國西北一路向西已是必然。

中亞地區有很多的綠洲國家，比如著名的「昭武九姓」邦國，其獨特的地理位置和豐富的自然資源促使這些國家的人民主要以商貿為生。這些綠洲邦國處於東西交通樞紐之處，商人往來東西便利，成為絲綢之路上的常客。同時，西北地區國家星羅棋布，使者成為各國政治與軍事溝通的必要角色，因此他們也是絲綢之路上的常客。僧侶在絲綢之路上也很常見，他們肩負著傳經布道的使命，是中西文化交流的使者。

早在遠古時期，雖然面對難以想像的挑戰，但是歐亞大陸之間並非隔絕。在尼羅河流域、兩河流域、印度河流域和黃河流域之北的草原上，有一條由許多不連貫的小規模貿易路線銜接而成的草原之路。這一點已經被沿路諸多的考古發現所證實。這條路就是最早絲綢之路的雛形。

早期的絲綢之路上並不以絲綢為主要交易物資，西元前 1500 年左右，中國商人就已經出入塔克拉瑪干沙漠邊緣，購買產自新疆地區的和田玉石。中原很多玉器原料都是產自新疆地區，如 1976 年安陽殷墟婦好墓中出土的 755 件玉器中就有不少是用新疆和田玉琢成的。[068] 史前時期的

---

[068]　中國社會科學院考古研究所：《殷墟婦好墓》，文物出版社，1980 年，第 114－115 頁。

玉石收藏品在河西地區多有發現，如干骨崖遺址發現有玉斧2件、玉石權杖頭1件。[069] 甘肅省博物館藏的一件國家一級文物四壩文化白玉鑿，出土於玉門火燒溝遺址。玉質晶瑩潤潔，雕工光滑，工藝極為精細，用上等和田白玉製成，且無使用痕跡，可能為一種禮器。火燒溝人用這種優質的新疆和田白玉製作禮器，說明當時這種玉石非常珍貴。火燒溝地處河西走廊西部，地理位置便捷，易於與西域地區諸部族交往，這件白玉鑿即為最好的證明。張掖黑水國史前部落以尚玉、大量用玉而被後人稱為「寶玉石部落」[070]。

與之同時，中國商人還出售海貝等沿海特產，與中亞地區進行小規模貿易往來。而人們也開始頻繁役使良種馬及其他適合長途販運的動物，促進了大規模的貿易往來。比如，阿拉伯地區在西元前1100年便使用耐渴、耐旱、耐餓的單峰駱駝，以便於商旅運輸。而分散在歐亞大陸的游牧民族據傳在西元前4100年左右就開始飼養馬。雙峰駱駝在不久後也被用於商貿旅行中。歐亞大陸腹地是廣闊的草原和肥沃的土地，對於游牧民族和商隊運輸的牲畜而言可以隨時隨地安定下來，就近補給水、食物和燃料。這樣一來，一支商隊、旅行隊或軍隊可以在沿線各國沒有留意到他們的存在或激發敵意的情況下，展開長期、持久而路途遙遠的旅行。

安陽殷墟婦好墓所出和田軟玉，可以證明至少在西元前1300年，中國就已經開始和西域乃至更遠的地區有商貿往來。《穆天子傳》卷二載，澤珠人「乃獻白玉□只……獻食馬三百，牛羊三千」，穆天子賜「黃金之環三五，朱帶貝飾三十，工布之四」。「天子四日休群玉之山，乃命邢侯待攻玉者……天子以其邦之攻玉石也，不受其牢」[071]。卷三又載：穆天

---

[069] 北京大學考古文博學院、甘肅省文物考古研究所：〈甘肅酒泉幹骨崖墓地的發掘與收穫〉，《考古學報》2012年第3期。
[070] 吳正科：《絲路古城黑水國》，甘肅人民出版社，2008年，第51頁。
[071] 〔晉〕郭璞注，王貽樑、陳建敏匯校集釋：《穆天子傳匯校集釋》卷二，華東師範大學出版社，1994年，第145頁。

## 第二節　絲綢之路上異質經濟的溝通與交融

子「乃執白圭玄璧以見西王母，好獻錦組百純、□組三百純，西王母再拜受之」[072]。這些記載雖然不無傳說成分，但是目前在絲綢之路沿線的考古中，確實出土了部分屬於這一時期的絲綢製品。戰國時期（西元前 475 年— 221 年），中原地區已經開展了相當規模的對外經濟交流。《史記·趙世家》中記錄了蘇厲與趙惠文王的一段對話：「代馬、胡犬不東下，崑山之玉不出，此三寶者亦非王有已。」[073] 這從側面說明了這一點：因為人們相信，「崑山之玉」即為崑崙山下出產的軟玉，而胡犬則是中亞、西亞的犬種。

隨著西元前五世紀左右河西走廊的開闢，帶動了中國與西方的商貿交流，西域地區如鄯善、龜茲等國紛紛在這一時期出現。而當時的歐洲國家用「賽里斯」（源自希臘語「絲」，從漢語「絲」的音轉化的「Ser」）稱呼中國。這種小規模的貿易交流，說明在漢朝以前東西方之間已有多樣且長期的貿易。不僅僅是絲綢，同時青金石也是早期絲綢之路上的重要商品之一。這種珍貴的商品曾是兩河流域各國財富的象徵。產自今阿富汗巴達克山的青金石早在西元前 3100 年就開始出現在中國、印度、埃及，它還作為一種顏料出現在敦煌莫高窟的壁畫中，這意味著中亞地區的商旅貿易開始的時間要比這一地區部分國家的誕生還要更早。約 1,000 年後，青金石的貿易開始傳入印度的哈拉帕（Harappa），並在後來成為佛教七寶之一。目前，很多考古發現證明，埃及人在很早以前就在北非、地中海及西亞貿易。人們相信，在西元前 1400 年，埃及人已經能造船。在埃及，人們也發現了 5,000 年前產自阿富汗的青金石，說明埃及人已經開始沿絲綢之路展開了一定規模的貿易。

除此之外，中國的瓷器在西方如荷蘭、義大利等地被大量仿製。我們

---

[072] 〔晉〕郭璞注，王貽樑、陳建敏匯校集釋：《穆天子傳匯校集釋》卷三，華東師範大學出版社，1994 年，第 161 頁。

[073] 〔漢〕司馬遷：《史記》卷四三〈趙世家〉，中華書局，1959 年，第 1818 頁。

所知的元青花就是其中典型的代表，之所以能達到那麼高的技藝水準，是因為其中加入了伊朗伊思法罕（Esfahan）附近生產的鈷。

隨著游牧民族日益強盛，他們與定居民族之間不斷戰爭、分裂、碰撞、融合，這使原始的文化貿易交流僅存於區域性地區或某些地區之間。不過，隨著各定居民族強國的不斷反擊和擴張，這些國家之間開始有直接的接觸，如西亞地區馬其頓亞歷山大的東征、安息王朝與羅馬在中亞和地中海沿岸的擴張、大夏國對阿富汗北部、印度河流域的統治以及大月氏西遷，這些都說明上述地區之間已經具備展開長途交流的要素，出入河西走廊與連通大陸上各國的道路業已被游牧民族所熟知。

及至進入繁盛的唐代，絲綢之路再度引起了中原統治者的關注。為了重新打通這條商路，唐府借擊破突厥的時機，一舉控制西域各國，並設立「安西四鎮」作為唐政府控制西域的機構，新修玉門關，再度開放沿途各關隘，並打通了天山北路的絲路分線，將西線貫通延伸至中亞。這樣一來，絲綢之路的東段再度開放，不斷開闢新的商路支線。人們在青海一帶發現了目前中國境內出土數量最多的波斯銀幣，這證明青海也隨著絲路的發展成為與河西走廊同等重要的地區。加上這一時期東羅馬帝國、波斯（七世紀中葉後阿拉伯帝國取代了波斯的中亞霸權）保持了相對的穩定，令這條商路再度迎來了繁榮時期。

絲路商貿活動大大激發了唐人的消費慾望，因為商貿往來首先帶給人們的是物質（包括錢財等）上的富足，其次是不同的商品來源地域拓展了人們感官世界。絲路商貿物品令人眼花撩亂，從外奴、藝人、歌舞伎到家畜、野獸，從皮毛植物、香料、顏料到金銀珠寶、礦石、金屬，從器具牙角到武器、書籍、樂器，幾乎應有盡有。而外來工藝、宗教、風俗等也隨商進入。這一切都成了唐人、尤其是唐時高門大戶的消費時尚。相對而言，唐人的財力、物力比別的朝代強大許多，因此他們本身就有追求高級

## 第二節　絲綢之路上異質經濟的溝通與交融

消費的能力，而絲路商貿活動的發達為他們提供了更多的選擇。許多的人竭力囤積居奇，有錢人不僅購置奇珍異寶，而且還盡可能在家裡蓄養寵物、奴伎。美國學者薛愛華指出：七世紀的中國是一個崇尚外來物品的時代，當時追求各式各樣的外國奢侈品的風氣開始從宮廷中傳播開來，從而廣泛地流行於城市居民階層中。[074]

透過絲綢之路，交流與貿易在印度、東南亞、斯里蘭卡、中國、中東、非洲和歐洲之間迅速發展，無數新奇的商品、技術與思想流派在舊大陸三大洲之間交流、互動。舊大陸之間的貿易溝通變得規則、有序，伊朗成為絲綢生產的中心，土耳其、印度產茶的數量堪比中國，甚至在西方的銷售額已超過中國。從一世紀起，羅馬人開始狂熱地迷戀從帕提亞人手中轉手獲得的中國絲綢——即便當時的羅馬人相信絲綢是從樹上摘下來的。老普林尼在《博物志》（又譯《自然史》）中這樣描述：「賽里斯人們（中國人）以從他們的樹林中獲取的這種毛織品而聞名於世。他們將從樹上摘下的絲綢浸泡在水中，再將白色的樹葉一一梳落。（絲綢的）生產如此費工，而它們又來自於地球的彼方，這促使羅馬的少女們身著半透明的絲衣在大街上炫耀。」[075] 那時，絲綢成為羅馬人狂熱追求的對象。古羅馬的市場上絲綢的價格曾上揚至每磅約 12 兩黃金的天價，造成羅馬帝國黃金大量外流，迫使元老院制定法令禁止人們穿著絲衣。

目前已知最古老的印刷品之一，即唐咸通九年（西元 868 年）雕刻的《金剛經》就發現於敦煌，現存倫敦大英圖書館，編號為 S.P.002（圖 4）。隨著絲綢之路的開闢，紙製品開始在西域以及更遠的地方出現。人們在樓蘭遺跡中發現了二世紀的古紙。而中亞地區雖然也用紙，但沒有發現造紙工業的證據。很多人認為，造紙術的西傳促使歐洲及中亞迎來了巨大的變

---

[074]　Edward H. Schafer, *The Golden Peaches of Samarkand：A Study of T'ang Exotics*, Berkeley/Los Angeles/London: University of California Press, 1985, p. 8.

[075]　Pliny, *Natural History*, London: Henry G. Bohn, 1953, Chapter 20, pp.36-37.

革,而最初這場變革卻是殘酷的:唐朝與新興的阿拔斯王朝在中亞摩擦不斷。在影響中亞政治格局深遠的怛羅斯戰役中,阿拉伯人將中國戰俘沿著絲綢之路押至撒馬爾罕,而這些戰俘中就有長於造紙術的中國工匠,最終造紙術就這樣傳播到世界各地。

圖4:敦煌本《金剛經》

西域地區多沙漠,各國的繁榮與水往往關係密切。天山與崑崙山融化的雪水是西域的主要補給水源。然而收集這些雪水並不容易,融化後積聚在山腳的水在很快就會蒸發或滲入地下。自漢朝派遣軍隊屯集在西域發展農業時,流傳於山區的坎兒井和井渠技術被同樣需要水源的軍人在西域利用,並逐漸流傳至更遠的國家。早先,西域地區坎兒井技術究竟是由中國還是波斯傳入西域,一直是個有爭議的問題。不過,井渠技術和穿井法被證實是由中國傳向西方的。據《史記·大宛列傳》記載,漢將軍李廣利率兵攻打大宛,利用斷絕水源的方式圍困城市。然「宛城中新得秦人,知穿井」,令大宛人堅守了很久。吐魯番坎兒井不僅是一項偉大的水利工程,

更是一座人文景觀，蘊含著極為深厚的文化底蘊。據專家考證，坎兒井有可能來源於波斯，依據是波斯是擁有坎兒井最多的國家，已有 2,000 多年的歷史。坎兒井隨著伊斯蘭教的傳播而進入新疆，而新疆恰有「波斯坎」之地名。經過考察，巴基斯坦、阿富汗、土耳其和中亞諸國都叫坎兒井「kariz」，亦可證坎兒井是波斯傳入的。

印刷術是沿著絲路逐漸西傳的中國技術之一。在敦煌、吐魯番等地，已經發現了用於雕版印刷的木刻板和部分紙製品。這說明印刷術在唐代至少已傳播至中亞。十三世紀，不少歐洲旅行家沿絲綢之路來到中國，並將這種技術帶回歐洲。十五世紀，歐洲人古騰堡（Johannes Gutenberg）利用銅活字印刷術印出了一部《聖經》。西元 1466 年，第一間印刷廠在義大利出現，這種便於文化傳播的技術很快傳遍了整個歐洲。

從某方面來說，絲綢之路也是一條民族融合的道路。在這條商貿通道上，人們交流的不僅是商品、思想，還包括生活習慣、生活藝術等各種民族文化。成批的遣唐使和留學生來自海外，又分散到四面八方，進行文化交流。西域藝術也透過絲綢之路源源不斷地傳入中原，大大豐富了中國的傳統藝術。西來的文化藝術與中國的本土藝術結合，使中原培養出獨具特色的藝術形式與文化內涵。

## 第三節　絲綢之路的多元文化傳播與交融

季羨林先生曾說：「世界上歷史悠久、地域廣闊、自成體系、影響深遠的文化體系只有四個：中國、印度、希臘、伊斯蘭，再沒有第五個；而這四個文化體系匯流的地方只有一個，就是中國的敦煌和新疆地區。」[076]

---

[076]　季羨林：〈敦煌學、吐魯番學在中國文化史上的地位和作用〉，《紅旗》1986 年第 3 期。

敦煌和新疆的吐魯番正是地處貫通中西的絲路之襟喉，歷史上曾是車師、匈奴、漢、粟特、吐蕃、回鶻、契丹、蒙古、裕固等多個民族活動的大舞臺，更有來自印度、波斯、西亞的文人、傳教士、商旅、使者在這裡活動，他們與來自中國的漢、藏、蒙古人一起，為這些地區帶來各具特色的文化。而對於自古以來就以善於吸收、借鑑外來文明而著稱的一些少數民族如回鶻、粟特等，其民族文化的多樣性就是這一史實的真實寫照。在敦煌和吐魯番的石窟壁畫和寫本中，我們既可以看到中原文化的影響，又可以看到印度文化的影響，還可以看到阿拉伯文化的滲透。

## 一、回鶻文化與周邊民族文化之關係

回鶻，是古代對維吾爾族的稱呼，源於中國南北朝到隋唐時期，北方民族鐵勒的分支。回鶻使用突厥盧尼文字，信仰原始宗教薩滿教。位於漠北的回鶻汗國於西元 646 年建立，840 年被黠戛斯所滅，後分三支西遷和南遷到了新疆和甘肅，與當地民族融合形成了今日的維吾爾族和裕固族。在中國史上，這個曾經十分活躍的民族，一方面受到絲綢之路多元文化的極大恩惠，同時也在絲綢之路沿線文化的傳播和發展中占有一席之地。

回鶻本為一游牧民族，在漠北時期，主要從事畜牧業，兼營農業和狩獵業，[077] 文化比較落後。後來，由於來自突厥與唐朝的影響，回鶻文化開始發展。尤其是安史之亂後，中原通往西域的道路斷絕，於是，由長安通往回鶻都城斡耳朵八里（圖 5），再由斡耳朵八里通往西域的「回鶻路」成為溝通東西方的主要通道。李德裕奏曰：「承平時，向西路自河西、隴右出玉門關……自艱難已後，河、隴盡陷吐蕃，若通安西、北庭，須取回紇路去。」[078]

---

[077] 楊富學：〈回鶻社會文化發展逆演進現象考析〉，《暨南學報》2015 年第 4 期。
[078] 〔後晉〕劉昫等：《舊唐書》卷一七四〈李德裕傳〉，中華書局，1975 年，第 4523 頁。

第三節　絲綢之路的多元文化傳播與交融

圖 5：回鶻牙帳斡耳朵八里故城遺址

回鶻路開通後，唐與西域的交通恢復。貞元四年（西元 788 年），悟空由印度返國，即經由回鶻路而至長安。元代時，回鶻路仍能通行，長春真人丘處機、耶律楚材、常德等人，皆經由此路東西往來。回鶻路的開通，促進了回鶻社會、經濟、文化的發展。其中最為典型的是回鶻醫學的從無到有，以致聞名遐邇，尤其是宋元時代，回鶻醫學迅速發展，不僅醫藥為中原所重，而且醫學理論與實踐也達到高峰，風靡中原。這一現象與回鶻占據絲綢之路核心要道息息相關。西域地區有悠久的中醫、印度醫學傳統，影響回鶻醫學深遠。如吐魯番出土回鶻文文獻殘片 U 238 中提到「Šinnuŋ Han」一詞，直譯為「神農王」，指親嘗百草以辨別藥效的神農氏，只是回鶻文字將其解釋為「神聖的農夫」和「神聖的農民」了，有所誤解。[079] 印度著名醫學著作《醫理精華》（*Siddhasāra*）著於七世紀，作者為

---

[079]　P. Zieme, Notes on Uighur Medicine, especially on the Uighur Siddhasāra Tradition, *Asian Medicine III*, 2007, p. 310；［德］荻默著，楊富學、侯明明譯：〈回鶻醫學與回鶻文本〈醫理精華〉

印度著名醫學家拉維笈多（Ravigupta），書中「重新整理傳統素材，按照不同主題編為31章」。[080] 該書不僅在印度，而且在波斯和阿拉伯世界都享有很高的聲譽，後被譯為回鶻文字。二十世紀初以來，在吐魯番發現的回鶻文《醫理精華》寫本就有20多件，[081] 彰顯了回鶻很重視印度醫學。同時，回鶻醫學又與波斯、敘利亞、阿拉伯等地醫學有著密切聯繫。各種元素的交會，促進了回鶻醫學在宋元時代迅速發展。[082]

同時，回鶻文化反過來又深深影響絲綢之路沿線民族，除漢文史籍的記載和考古遺物之外，敦煌、吐魯番出土的回鶻文文獻有更豐富、更生動的反映。從中可見，回鶻文化對絲綢之路沿線的漢文化及吐蕃、契丹、西夏、金和蒙古等其他民族文化的影響非常全面，幾乎涵蓋古代回鶻精神文化的各個領域，包括語言文字、文學藝術、科學技術、宗教信仰，乃至風俗習慣、音樂舞蹈等。

回鶻與吐蕃的文化交流開始於晚唐五代宋初，他們在河西走廊和隴東的廣大地區早有接觸，在敦煌、吐魯番出土的回鶻文、藏文文獻中都可見。在敦煌發現的上萬件古代吐蕃文寫卷中，至少有3件是由回鶻人所寫，其中2件出自回鶻王室，1件出自回鶻地方官府。[083] 除了回鶻人之外，于闐王室也使用吐蕃文撰寫自己的文獻。如敦煌發現的吐蕃寫卷P. T. 2111〈于闐王致甘州長史書〉，就是于闐獅子大王（吐蕃文：lhavi rgyal po chen po seng ge li rjes）寫給甘州謀臣和長史于迦（吐蕃文：b bn po chang vuga）的書信。信文羅列了甘州謀臣的先祖世系。[084] 這些都可作為五代時

考釋〉，《回鶻學譯文集新編》，甘肅教育出版社，2015年，第361頁。
[080] R. Emmeick, *The Ravigupta of Siddhasāra*, Wiesbaden, 1980, p. 1.
[081] G. R. Rachmati, Zur Heilkunde der Uiguren. II, *Sitzungsberichte der Preussischen Akademie der Wissenschaften*, Phil.-hist. Klasse, 1932, S. 401-448；巴克力・阿卜杜熱西提：《古代維吾爾語醫學文獻的語文學研究》，中央民族大學博士學位論文，2013年，第49－117頁。
[082] 王丹、楊富學：〈回鶻醫學與東西方醫學關係考〉，《敦煌研究》2016年第4期。
[083] 楊富學：《回鶻文獻與回鶻文化》，民族出版社，2003年，第413－414頁。
[084] 王堯、陳踐：《敦煌吐蕃論文集》，四川人民出版社，1988年，第215頁。

## 第三節　絲綢之路的多元文化傳播與交融

期于闐與甘州回鶻汗國的交往史研究的依據。

回鶻人、于闐人何以用藏文書寫自己的詔書、國書呢？這大概與吐蕃長期統治西域與河西地區，吐蕃文遂成為當地諸民族間外交與貿易的工具這一因素有關。直到吐蕃統治結束後很久，當地的不同民族仍在繼續使用這一語言。[085] 甚至在西夏人統治河西後，勒立於夏仁宗乾祐七年（西元1176 年）的張掖黑水橋上還有用藏、漢兩種文字對照書寫的聖旨〈告黑水河諸神敕〉，[086] 可見藏族文化對各民族的深刻影響。

吐蕃與回鶻的長期接觸，深刻影響雙方的文化，敦煌發現的用吐蕃文撰寫的回鶻語《佛教教理問答》即可視作這一現象的最佳註解。文獻原卷藏於法國國立圖書館，編號為 P. chinois 5542 ／ P. tibetain 1292，其內容是用問答的形式闡述「四生」、「五道」、「十戒」、「六波羅蜜」及「三毒」等佛教的基本教義。（圖 6）回鶻語佛教經典不用回鶻文書寫，而書之以藏文字母，側面反映了藏傳佛教對回鶻影響之深。回鶻人中兼通回鶻語文、藏語文者不在少數，安西榆林窟第 25 窟有哈密回鶻人新村巴（Yangï Tsunpa）題記，先以回鶻語文書寫，再書以藏語文。[087] 回鶻人中也似乎有不少精通八思巴文者，如敦煌莫高窟第 217 窟有回鶻人布顏海牙（Buyan Qaya）的題記，先用回鶻文字母書寫，再書以八思巴文。[088]

---

[085]　G. Uray, L'emploi du tibètain dans les chancelleries des États du Kan-sou et de Khotan postérieurs à la domination tibètaine, *Journal Asiatitique 269*, 1981, pp. 81-90；[匈牙利] 烏瑞著，耿昇譯：〈吐蕃統治結束後甘州和於闐官府中使用藏語的情況〉，載《敦煌譯叢》第 1 輯，甘肅人民出版社，第 212 － 230 頁。

[086]　王堯：《西藏文史考信集》，中國藏學出版社，1994 年，第 100 － 117 頁。

[087]　[法] 哈密頓、楊富學、牛汝極：〈榆林窟回鶻文題記譯釋〉，《敦煌研究》1998 年第 2 期。

[088]　楊富學、杜斗城：〈河西回鶻之佛教〉，《世界宗教研究》1997 年第 3 期。

圖6：敦煌本吐蕃文撰寫的回鶻語佛教文獻

此外，藏語中也多有借用回鶻語，藏文典籍《丁香寶帳》中在論述藏語中的回鶻語藉詞時，這樣說道：

有些是回鶻語詞語，例如：pag-ši（即baγxi，意為「法師」）和btsun-pa相對應，dar-kha-che（即回鶻語dar-kan，達干）和dar-rgan相對應，而有「賦予巨大的力量」和其他許多含義。

由此可以看出，在古代絲綢之路上，吐蕃和回鶻之間有相當密切的文化聯繫。他們之間的文化交流是雙向的，是一種你中有我、我中有你的關係。

第三節　絲綢之路的多元文化傳播與交融

　　不僅如此，回鶻語也影響了契丹甚鉅。已有研究顯示，契丹小字就是在參照漢字和契丹大字字形的基礎上，同時參考了回鶻語的拼音法，兩相系統結合而構成的新文字。後來，蒙古人、滿人之所以先後採用回鶻字母以拼寫自己的語言，亦與蒙古語、滿語與回鶻語一樣同屬黏著語這一因素有關。[089]

　　絲綢之路上另一個活躍的民族西夏人在高昌回鶻的活動，從吐魯番出土的西夏文殘卷中可得到印證。美國印刷史專家卡特（T. F. Carter）早就提到，在吐魯番發現的古代印刷品中，除漢、回鶻、梵、藏和蒙古文外，還有西夏文印本（圖7）遺物。[090] 吐魯番出土的西夏文文獻有4件，為佛經印刷品殘卷。這些西夏文殘卷為十二至十三世紀的遺物。從其字行排列不整齊、字型大小不均、墨色濃淡有別等因素看，它們很可能是木活字印本。而在敦煌莫高窟出土的回鶻木活字證明了這點，且經過專家的考證，推斷出在元時回鶻印刷術發達，吐魯番和敦煌曾是回鶻印刷業的兩大中心。

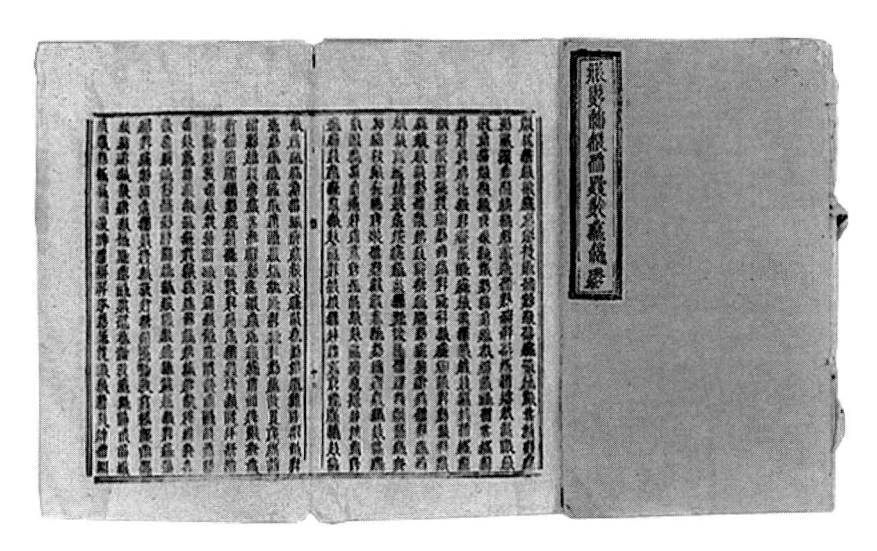

圖7：現存世界最早的木活字印本西夏文佛經《本續》

---

[089]　楊富學：《回鶻文獻與回鶻文化》，民族出版社，2003年，第453頁。
[090]　T. F. Carter, *The Invention of Printing in China and Its Spread Westward*, New York, 1925, p. 106.

今天存世的回鶻文佛經印本數以千計，更有相當數量的回鶻文木活字實物（圖8）發現，說明如同西夏一樣，在王禎使用木活字印刷之前，回鶻人就已經有木活字的印刷業。所以，西夏人和回鶻人才是木活字印刷技術的真正發明者。[091] 這些既是西夏人入居高昌的佐證，同時也是回鶻——西夏文化交流的結果。

圖8：敦煌研究院藏回鶻文木活字

在西夏征服並吞併甘州回鶻之際，被征服者的文化卻也在人們自覺與不自覺中開始征服西夏。究其原因在於，回鶻教育程度遠比征服者西夏的高，故被征服的回鶻人很快變成了征服者西夏人的老師。而粟特人也是透過積極參與回鶻人的政治、經濟生活，在語言、文化上受到回鶻的某些影響，而逐漸融入回鶻族中了。[092] 這種情況與歷史上鮮卑族、蒙古族、滿族等入主中原卻被中原文化影響何其相似。

回鶻佛教藝術對西夏的影響深遠。從河西走廊諸石窟，如敦煌莫高

---

[091] 楊富學：《回鶻文獻與回鶻文化》，民族出版社，2003年，第352頁。
[092] 周耀明：〈從信仰摩尼教看漠北回紇與粟特人的關係〉，《西北民族研究》2002年第4期。

### 第三節　絲綢之路的多元文化傳播與交融

窟，東、西千佛洞，安西榆林窟，酒泉文殊山石窟中現存的晚期壁畫看，壁畫底色有很大差別，而且多繪以石青、石綠，繪畫基調呈冷色，但有時又以大紅為底色，基調明顯呈暖色；圖案規矩而少變化，感覺千篇一律。這些一方面可能受顏料來源不足影響，但也有可能是受回鶻壁畫藝術風格的影響。回鶻人在繪製佛像時喜歡採用編織紋、火焰紋、古錢紋及雙重八瓣蓮花紋、波狀三瓣花卷草紋等，這在西夏晚期的洞窟中都可以看到。西夏繪畫的花紋邊飾特別豐富，製作考究，既有荷花、牡丹、石榴、團球及忍冬等植物紋，也有龜背紋、連環紋、古錢紋、萬字紋等形式不一的規矩紋，還有團龍、翔鳳、卷雲等有活動感的祥瑞紋，更有風格獨特的波狀卷草式雲紋。這些紋飾簡單樸素、色澤鮮豔，以大紅大綠者居多。從紋樣結構、編排方法到敷色、勾線、填繪等手法的運用，在吐魯番柏孜克里克石窟、吐峪溝石窟的壁畫以及木頭溝、吉木薩爾回鶻佛寺遺址等地出土的佛教藝術品中都可以看到。回鶻與晚期敦煌石窟關係密切，尤其是元朝晚期，回鶻佛教在蒙古豳王家族的支持下，在敦煌興起，對敦煌晚期石窟有重大影響是自然之事。

　　此外，回鶻語與蒙古語的關係也很密切，它們不僅在類型學上同屬於黏著語，而且彼此有大量的共同根源，尤其在語音系統上很接近，所以才會出現以回鶻文字拼寫蒙古語的特殊結合方式。十三世紀中葉，出使蒙古的魯布魯克（Guillaum de Rubruquis）對蒙古人使用回鶻文的情況有如下描述：

　　畏兀兒居住在南面的山中，蒙古人使用他們的文字，於是，他們便成了蒙古人的主要書記官，幾乎所有的景教徒都懂他們的文字。[093]

　　回鶻式蒙古文歷久不衰，一直行用至今，並直接影響到後來的滿文以

---

[093]　Christopher Dawdon, *The Mongol Mission: Narratives and Letters of the Franciscan Missionaries in Mongolia and China in the Thirteenth and Fourteenth Centuries*, New York, 1955, p. 142.

及錫伯文的誕生。回鶻式蒙古文的創製與推廣，使回鶻的進步文化在蒙古中廣泛流傳，也促進了蒙古民族共同體的形成，不僅對蒙古民族，而且對整個中華文化的發展都產生了深遠的影響。

透過以上論述可以看出，回鶻文化對周邊民族文化的影響甚廣，是多民族、多元文化交流融通的典範。

## 二、粟特文化的浸染與擴散

敦煌是絲綢之路的要衝，因此成為中古時期活躍在絲路上的商業民族東遷的重要聚落中心之一，池田溫、陳國燦、姜伯勤、榮新江等學者的研究已清楚指出中西交通史上這一至關重要的現象。在這些民族中，粟特人的東遷文化表現得更為豐富多彩，他們和不同的民族交往而開始交融，促進了多種宗教、文化、藝術形式的演變。

敦煌作為隋唐時期通往西域三道的必經之地，各國、各民族的人會聚於此，其中不乏波斯商人與使節。正因為如此，在敦煌隋代壁畫中出現了以聯珠翼馬紋為代表的各類聯珠紋及其他具有中亞波斯風格的圖案，第322窟中佛與弟子、菩薩彩塑像所具有的胡貌特徵，為海內外其他石窟和各類造像藝術所僅見，展示出該窟窟主與塑匠獨特的審美觀念，由此推測這些藝術造像背後活動的人的獨特身分，他們極可能是敦煌的粟特九姓胡人。[094] 受粟特美術與文化深刻影響的還有太原北齊徐顯秀墓等，它們都是中西文化交流的產物，具有深厚的歷史文化背景。[095]

透過對敦煌藏經洞文書 P. 3636 和敦煌長城烽燧遺址發現的粟特文古信札等資料的研究，可見以康國胡商為代表的九姓胡人在河西敦煌的活動

---

[094] 沙武田：〈敦煌莫高窟第322窟圖像的胡風因素——兼談洞窟功德主的粟特九姓胡人屬性〉，《故宮博物院院刊》2011年第3期。

[095] 姜伯勤：〈敦煌與波斯〉，《敦煌研究》1990年第3期。

## 第三節　絲綢之路的多元文化傳播與交融

情況。在此背景下，透過考察可知，作為敦煌社會重要組成的粟特人，也積極營建敦煌佛教石窟，粟特人及其所代表的「粟特畫派」對敦煌石窟藝術影響深遠。[096]

在莫高窟第 322 窟西壁雙層龕外層龕頂的左右二角，各繪有一神獸形象，圍繞中間的一佛二弟子對稱分布，此兩身像被定名為「人非人」。「人非人」是佛教神祇，其性質基本上屬於天龍八部或天部類，在佛教經典中常見。此像還見於莫高窟第 285 窟、249 窟、288 窟、296 窟、420 窟、419 窟、276 窟和 305 窟，而在同期的墓葬美術作品中，最能直觀闡釋此類神獸形象，如北魏正光三年（西元 522 年）的〈輔國將軍長樂馮邕妻墓誌〉誌座四緣和誌蓋，正光五年（524 年）元謐墓誌、元昭墓誌，孝昌二年（526 年）元乂墓誌、侯剛墓誌，永安二年（529 年）苟景墓誌等，均刻有各類神獸的形象。學者們認為，這些神獸受到祆教思想、美術的影響，這些圖像與墓主人的祆教信仰或歷史背景密不可分，是中西美術交流的重要成果。

這一獨特的祆教美術現象，姜伯勤先生曾撰文闡明該圖像所體現的祆教思想與突厥人的風俗習慣有關，[097]榮新江先生則從「粟特美術宗教功能的轉化」[098]的角度闡發。祆教藝術圖像作為「雙重性圖像誌」現象，廣泛出現在祆教以外的物品與宗教文化中。這種宗教文化圖像的互相借用，是一種常見的歷史文化現象。成書於西元 722 年的韋述《兩京新記》載：

（布政坊）東北隅，右金吾衛。西南隅，胡祆祠。武德四年所立，西域胡天神，佛經所謂摩醯首羅也。[099]

---

[096]　沙武田：〈敦煌莫高窟第 322 窟圖像的胡風因素——兼談洞窟功德主的粟特九姓胡人屬性〉，《故宮博物院院刊》2011 年第 3 期。
[097]　姜伯勤：《中國祆教藝術史研究》，生活·讀書·新知三聯書店，2004 年，第 217 — 224 頁。
[098]　榮新江：《中古中國與外來文明》，中國社會科學出版社，1996 年，第 322 — 325 頁。
[099]　〔唐〕韋述：《兩京新記》卷三「布政坊」條，又見杜佑：《通典》卷四〇「薩寶」條。

可見，胡僧們對佛教與祆教的雙重信仰也是一種歷史客觀事實。這種現象又促進了這種佛教與祆教藝術的「雙重性圖像誌」廣泛出現在中古美術中。

開鑿於西魏時期的莫高窟第 285 窟中繪有最早出現在印度教諸神系譜中的佛教護法諸天形象，如日天、月天、大自在天、摩醯首羅天、毗那夜迦等，其中日天形象最受學者關注，賀世哲先生認為其源於印度神話中的太陽神蘇利耶，很可能是受到道教的影響，是早期密教的內容。[100] 姜伯勤先生則認為其來自祆教的密特拉神，並認為這一圖像是由信仰祆教的嚈噠人直接傳入敦煌的。[101]

圖 9：莫高窟第 285 窟日天與諸星（西魏）

其實，第 285 窟所表現出來的特徵並不是上述任何地方日神形象的翻版，這和第 285 窟中另一個與日天圖像（圖 9）具有相同藝術背景且明顯具

---

[100] 賀世哲：〈敦煌莫高窟第 285 窟西壁內容考釋〉，敦煌研究院編《1987 年敦煌石窟研究國際討論會文集·石窟考古編》，遼寧美術出版社，1990 年。

[101] 姜伯勤：《中國祆教藝術史研究》，生活·讀書·新知三聯書店，2004 年，第 203 — 216 頁。

## 第三節　絲綢之路的多元文化傳播與交融

有祆教藝術特徵的摩醯首羅的形象關係密切。考古發現表明，摩醯首羅天形象不僅是印度教的天神和佛教的護法神，同時也是祆教的風神之一。

1960年代，蘇聯考古隊在今塔吉克彭吉肯特（Penjiken）壁畫中發現了一身摩醯首羅天形象（圖10），在其右下側題有粟特語「Veshparkar」，即風神之意。

圖10：塔吉克彭吉肯特出土壁畫中的摩醯首羅天形象

所以，莫高窟第285窟中的摩醯首羅天形象並非直接來自印度教的溼婆形象，而是來自祆教的風神維什帕克（Weshpakar），但又不是維什帕克的簡單翻版，而是以祆教風神的圖像為主，在其中糅進了很可能是印度教風神或印度佛教藝術中的風神形象。[102]

而這一形象出現在敦煌洞窟中，很有可能就是由粟特人帶入。史料研究顯示，在第285窟開鑿的年代，敦煌地區已有粟特人定居和經商。再加上粟特民族宗教信仰所呈現出的多元化的特點，佛教、摩尼教、祆教、景教等信仰在不同時期的粟特民族中都有一定的信仰群體，因此，不同宗

---

[102]　張元林：〈論莫高窟第285窟日天圖像的粟特藝術源流〉，《敦煌學輯刊》2007年第3期。

的神祇都被粟特人所兼容。在藝術的表現形式上，又深受各民族固有的關於「天神」藝術圖騰的影響，最終造就了第 285 窟這一交融著多種文明的藝術系統。見微知著，這一形象在不同地域、不同宗教藝術中角色和源流上的複雜性，也反映了當時絲綢之路上多元文化傳播和交融的歷史事實。

## 三、藝術表現形式的變化與影響

粟特人從本土遷徙到中亞和中國，一方面帶來了伊朗系統的宗教文化，另一方面又反過來受中亞文化、中國佛教文化和漢文化的影響。粟特的民族文化源遠流長，在遷徙過程中，對中國的曆法、禮儀、建築、習俗乃至日常生活的許多方面都有所影響。

圖 11：巴基斯坦白沙瓦出土犍陀羅風格釋迦誕生圖

林風眠先生有言：「從歷史方面觀察，一民族文化之發達，一定是以固有文化為基礎，吸收他民族的文化，造成新的時代，如此生生不已的。

第三節　絲綢之路的多元文化傳播與交融

中國繪畫過去的歷史亦是如此，最明顯是佛教輸入之後在繪畫上所產生的變化。」[103] 佛教輸入為中國帶來了印度——希臘風的犍陀羅藝術（圖11），而祆教的藝術，則為中國帶來了藝術史上的波斯風。

粟特藝術的傳入能反映在中國的墓葬上。如：北齊安陽畫像石反映的就是北齊安陽地區粟特及西胡人薩寶體制下嘉漢巴爾節慶典活動；北齊青州傅家畫像石上繪的是薩寶體制下的萬靈節；日本美秀博物館藏的北周畫像石描繪了粟特人與信仰祆教的突厥人結盟的情況；北朝隋代天水畫像石則表現了以蘇摩酒祭祆教雨神得悉神之「朝夕酒如繩」的特點。如此等等，把粟特人墓葬制度與中土石床墓制度結合起來的特點，恰恰能體現出民族習俗文化的交融。

而像生命樹、對鳥等祆教藝術中的重要象徵符號，影響了中國絲綢藝術紋樣。趙豐先生說：「生命樹出現在中國絲綢的最早例項為北朝時的羊樹錦。」[104] 而敦煌莫高窟中相當普遍存在的聯珠紋邊飾更是典型的粟特壁畫風格。

法國學者格魯塞（René Grousset）在《東方的文明》（Les Civilisations de l'Orient）一書中指出，屬於三至六世紀的巴米揚壁畫，「有一個同樣可寶貴的發現：在那些印度僧侶、犍陀羅派佛陀以及純羅馬風的四馬拉車的戰車旁」，同時還有很多人物形象，與「在中國新疆發現的七世紀的克孜爾壁畫上的騎馬人類似，後者也是同樣具有伊朗風」。「自庫車至吐魯番——實際上正如我們所假定，都受到了薩珊藝術的啟示，或者更可以說這乃是伊朗繪畫的一個地方性的，或外圍的支派」。[105] 很顯然，格魯塞指出了薩珊藝術也影響到匈奴、突厥等游牧部落，而這些圖像和紋樣也影響到了三世紀以後的中國藝術。

---

[103]　林風眠：《林風眠藝術隨筆》，上海文藝出版社，1999年，第90頁。
[104]　趙豐：《絲綢藝術史》，浙江美術學院出版社，1992年，第135頁。
[105]　[法] 格魯塞著，袁音譯：《東方的文明》上冊，中華書局，1999年，第85頁。

其實，在中國祆教的畫像石中還有大量的胡樂圖像，這些西胡樂器、西胡樂人的圖像，提供了波斯、粟特族居民與漢人文化互動的證據。這些圖像中不僅有祭祆的重要樂器琵琶、箜篌，還有祆教祭祀中的豪摩祭，祆教的節日樂舞和出行樂舞。莫高窟第 297 窟西壁龕下，「壇沿下龕座畫舞樂供養圖……中部樹蔭下畫樂隊三人，吹笙、彈琵琶、擘箜篌；二人舞蹈。從服裝和舞姿均可看出是流行於河西的胡樂」[106]。此圖與祆教畫像石中的胡人樂舞出行圖比較，可以看出琵琶、箜篌和笙是胡人自娛性樂舞中最簡易的樂隊組合。鄭汝中先生指出：「297 窟有供養樂伎 5 人為樹下樂舞，其服飾具有河西走廊少數民族的風貌。」[107] 看來，其樂舞及服飾頗受粟特人影響。而此圖像中的豎箜篌、琵琶等伊朗傳來的樂器，在南北朝隋唐時期之所以成為中國重要樂器，應與波斯、粟特等地的音樂入華有關。

《隋書》卷七〈禮儀志〉載：

〔後齊〕後主末年，祭非其鬼，至於躬自鼓儛，以事胡天。鄴中遂多淫祀，茲風至今不絕。後周欲招來西域，又有拜胡天制，皇帝親焉。其儀並從夷俗，淫僻不可紀也。[108]

《朝野僉載》卷三載：

涼州祆神祠，至祈禱日祆主……至西祆神前舞一曲。[109]

所以，中國祆教畫像石的相關圖像，除了證實了這些記載之外，亦是中國與波斯、粟特及中亞音樂舞蹈交流史的明證。絲綢之路上所遺留下來的這些圖像即是鮮明的例證，說明中國祆教畫像石對了解粟特人、突厥人這些絲綢之路上活躍角色的歷史提供了實證，眾多的火壇圖像則是波斯拜

---

[106]　敦煌文物研究所：《中國石窟・敦煌莫高窟》第一卷，文物出版社，1982 年，183 圖，又第 220 頁說明。
[107]　鄭汝中：《敦煌壁畫樂舞研究》，甘肅教育出版社，2002 年，第 51 頁。
[108]　〔唐〕魏徵等：《隋書》卷七〈禮儀志〉，中華書局，1973 年，第 149 頁。
[109]　〔唐〕張鷟：《朝野僉載》卷三，中華書局，1979 年，第 65 頁。

火教流行於中土的鐵證。中國傳統文化的核心是「禮」的規範。「禮」，既是中國人對「天」的祭祀，也是對「人」的一種倫理限制。在傳統的中外文化交往中，「禮」成為中國人接納外來文化的限度，也成為改造外來文化的一種強韌力量。

圖12：犍陀羅風格菩薩像

而起源於南亞次大陸西北地區的犍陀羅佛教藝術（圖12），亦是東西方文化交融的結果。這種以希臘、羅馬式裝飾手法表現印度、羅馬題材，流傳到新疆及內地以後，為中國的繪畫、雕刻、建築、工藝美術帶來了希臘、羅馬風韻。新疆樓蘭地區米蘭佛寺的佛像和于闐熱瓦克佛寺的佛像、菩薩像，明顯取自希臘風格的犍陀羅藝術。克孜爾石窟的塑像和壁畫則雜糅了希臘、波斯與印度的元素，有些泥塑的佛像、菩薩像與呾叉始羅

（Taxila）和哈達的塑像相仿。犍陀羅時期迦畢試的樣式甚至影響到中國的敦煌、雲岡、龍門石窟的佛教造像，形成了大量與漢地風格巧妙融合的藝術作品。

位處絲路南線的鄯善、于闐受犍陀羅藝術影響更深。二十世紀若羌縣米蘭的 14 所佛教寺廟遺址中，發現了犍陀羅式的建築樣式、佛教塑像和描繪有佛陀的壁畫。佛像造型的共同特徵為頭部呈現希臘男子面容，臉形橢圓，五官端正，眼窩深且眉毛彎而細長，嘴唇較薄，額頭與筆直的鼻梁連成直線，在頭頂肉髻處雕刻希臘常見的波浪式髮卷。在造型的手法上，在單幅或多幅浮雕之間通常雕刻帶有蔬葉紋飾仿希臘柯林斯、愛奧尼亞式的壁柱。在米蘭 5 號寺廟遺址中，壁畫《須大拏本生》中出現了頭戴花環、小愛神式的裸體兒童和西域各國男女人物形象，這些都是犍陀羅藝術最常用的圖案。

而在絲路北線的龜茲、高昌、疏勒的佛教遺址中，早期的藝術風格也受到了犍陀羅藝術的影響。在吐魯番的柏孜克里克、吐峪溝石窟及高昌回鶻佛寺中，都可以看出犍陀羅藝術自西向東傳播的清晰脈絡。

無論是粟特藝術還是犍陀羅藝術，這一源於異邦的藝術形式在中國的傳播孕育出了一種強大的感召力和生命力，並逐漸與中國本土藝術結合，形成了中國特色的藝術文化。

## 四、民族習俗文化的演變

敦煌文化是一種在中原傳統文化主導下的多元開放文化，融入了不少來自中亞、西亞等地的民族文化成分，呈現出開放性、多元性、包容性的特點，如中亞、西域的粟特文化即對古代敦煌文化的形成和發展有著深刻影響。這主要體現在古代敦煌的賽袄胡俗、服飾胡風、飲食胡風、樂舞胡

風、婚喪胡風以及敦煌畫塑藝術中。

學者曾在古代遺留的圖像和唐宋時代的民俗中辨識出祆教神祇的身影，發現了「波斯式的天宮建制」在東亞的遺痕，包括瑣羅亞斯德教的大神和女神。敦煌流行的賽祆，就是從薩珊波斯傳入的祈賽祆神民俗，約在魏晉時期傳入。由敦煌遺書可見，唐代敦煌城東 1 里處專門建有安置粟特人的聚落——安城及從化鄉，其中大部分居民來自中亞昭武九姓王國。安城中建有祆廟，規模頗大，專門供奉祆神。在敦煌當地，從官府到普通百姓，無不祀賽祆神。

中亞本土祆教以神聖的火為唯一崇拜的對象，禮拜聖火也就成為祆教最重要的儀式。這能反映在唐晚期以及宋初的敦煌地區。當時的人們把這種活動稱為「賽祆」。唐代，敦煌有祆祠一所，每次賽祆都須用畫紙來素寫祆神神主，P. 4640〈唐己未年－辛酉年（西元 899～901 年）歸義軍衙內破用布紙曆〉中載，己未年（899 年）七月二十五日，「又同支賽祆畫紙叁拾張」；十月十五日，「又支賽祆畫紙叁拾張」。[110]

此處所說的「畫紙」，是用來畫賽祆時懸掛的祆神，而每次需要畫紙三十張之多，則與沙州城東粟特人聚居處祆廟或祆寺中所祀奉的祆神有二十位之多有關。

除了素寫祆神外，還有燃燈祈福、供奉酒食、幻術表演和雩祭等民俗活動。在敦煌的驅儺活動中，「祆神」是隊仗中的部領之神，與「三危聖者」、「蓬萊七賢」並列，表明隨著粟特後裔的在地化，祆教風俗習慣也在向敦煌地方民俗中滲透。唐五代時，「祆廟燃燈」在敦煌更常見。S. 2474〈歸義軍衙內油糧破曆〉記載：「城東祆燈油二升。」祆寺燃燈，是中國祆教徒根據對祆教教義的理解以燃燈的方式來表達對聖火的崇拜、對光明的追求。而敦煌祆寺僧人們掌握了神奇的幻術，甚至可以呼風喚雨，以此參與

---

[110]　〔日〕池田溫：《中國古代籍帳研究》，（東京）東京大學東洋文化研究所，1979 年，第 607 頁。

祈雨,並與古老的歲時祈雨方式「雩祭」相結合。

綜上,敦煌賽祆活動中的諸多儀式反映了外來宗教文化融入中國傳統文化的狀況。正如姜伯勤先生所言,敦煌「賽祆」盛況,正是一幅「使宗教更適應於人們的想像」的生動圖景,反映了波斯式與華夏式兩種異質文化在祆教禮儀中的融合。[111]

此外,敦煌莫高窟的壁畫和彩塑中既有中原傳統的漢服,又有中國西北地區許多少數民族的衣飾,還有來自中亞、西亞、印度等地的衣裝。這些服飾各具特色,如實地展現了絲綢之路上千餘年間各國、各民族、各階層不同身分的僧俗人眾的穿戴。一些中亞、西亞、中國西域的飲食習慣也融入了傳統的敦煌的飲食風俗中,成為敦煌飲食文化的一部分。據不完全統計,僅敦煌遺書中出現的食物名稱就達 60 多種,其中來源於「胡食」的有很多,如各類胡餅、爐餅、飴餅、胡桃、胡棗、安石榴、大食瓜、訶梨勒、胡酒等。飲食炊具、餐具,亦有不少是從「胡地」傳入的,如金叵羅、注瓶、罍子、犀角杯、珊瑚勺等。飲食禮儀中,胡跪、垂腿坐、列坐而食等,亦深受胡風影響。

## 五、主體精神文化的融合

從魏晉到隋唐,隨著屬於伊朗文化系統的粟特人大批遷入中國,西亞、中亞的音樂、舞蹈、飲食、服飾等,大量傳入中國。而在物質文化交流的同時,絲綢之路上的精神文化交流也未中斷。絲路沿線的民族文化交融,宗教無疑是重要的因素之一。如粟特人的東漸與宗教信仰的轉化,就是中西民族與外來文化相互交流的明證。

由於地理位置特殊,粟特地區不僅是南北東西交通、貿易的十字路

---

[111] 姜伯勤:《中國祆教藝術史研究》,生活・讀書・新知三聯書店,2004 年,第 2 頁。

## 第三節　絲綢之路的多元文化傳播與交融

口，同時也是一個文化的交會中心，因此，粟特本土的宗教信仰種類多樣，豐富多彩。這裡既有瑣羅亞斯德教、景教、摩尼教以及後來的伊斯蘭教，也有來自南亞次大陸的佛教和北部草原的薩滿教，但其主流信仰是融合了瑣羅亞斯德教和地方信仰的祆教。

旅居中國的粟特人並不僅僅信仰他們本土的祆教，還信仰在粟特本土即有的摩尼教、景教和佛教，他們把這些宗教信仰傳入中國。粟特人的這種多宗教的信仰的轉換，可見於長安出土的粟特墓誌史料中。

如米繼芬墓誌，就可看出一個來自米國的粟特人米繼芬的家族宗教信仰情況。[112] 米繼芬為粟特人，但其墓誌中卻沒有與祆教相關的文字，也沒有米氏家庭的祆教信仰文字，相反，墓誌中透露出的是米繼芬家庭的景教信仰。碑文中寫到，其幼子「僧思圓，住大秦寺」，表明其為一名景教僧侶，也暗示了其父輩、祖輩都是景教徒，至少可以肯定米繼芬心目中對景教很崇拜，否則不會允許兒子去當景教僧侶。景教傳入中國、作為外來宗教傳播時，不得不依託當時已成為中國主流宗教的佛教和道教，運用了大量的佛、道術語以傳述景教教義，其僧侶往往也冠以佛教稱號。「僧思圓」就是如此，含有「思考圓融」或「思索應驗」之義，在景教文獻中多有出現。[113] 米繼芬一家的景教信仰也證明，來自西域的移民是多種宗教與多元性文化並存的民族。

再如在洛陽出土的唐代景教徒花獻及其妻安氏墓誌，記載花獻為一名景教徒，碑文中明確記載道：「常洗心事景尊，竭奉教理。」在中古景教文獻中，「景尊彌施訶」是景教徒對基督的尊稱。但花獻卻有胡族的背景，因碑文記載其「祖諱移恕，考諱蘇鄰」。很顯然，「移恕」、「蘇鄰」不是漢

---

[112]　閻文儒：〈唐米繼芬墓誌考釋〉，《西北民族研究》1989 年第 2 期；葛承雍：〈唐代長安一個粟特家庭的景教信仰〉，《歷史研究》2001 年第 3 期。

[113]　翁紹軍：《漢語景教文典詮釋》，生活·讀書·新知三聯書店，1996 年，第 49、182 頁；林悟殊：〈唐代長安火祆大秦寺考辨〉，《波斯拜火教與古代中國》，新文豐出版公司，1995 年，第 139－149 頁。

地常見名,「移恕」似為「耶穌」,漢譯摩尼教文獻中來自光明王國的拯救神耶穌即為「夷數」。而「蘇鄰」在三夷教文獻中則為摩尼的出生地。這樣看來,花獻的父、祖很可能是信仰摩尼教。另外,在碑文中還有這樣的記載,花獻「內修八景,外備三常,將證無元,永祇萬慮」。這裡的「八景」、「無元」雖為景教的術語,卻是入華景教徒在翻譯景教經典時借用了佛教和道教乃至儒家的術語而成。花獻作為一個景教徒,其墓誌卻是由洛陽聖善寺沙門文簡撰寫的,可見其與佛教僧侶的密切關係,也反映出中古時期多元信仰相互交融影響的獨特文化現象。[114]

其實,入華的粟特人是祆教、景教、摩尼教、佛教和道教等多種宗教信仰的綜合體。來自西域的米繼芬、花獻等呈現的可能就是他們最真實的信仰。他們並非不想向世人表明自己的祖先信仰,當是受當地較強的宗教信仰氛圍影響更深。所以,他們有些人改信了其他民族的宗教,從而漸漸融入其他的民族當中,以求得更寬廣的生存空間。[115]

作為商業民族的代表,粟特人在絲綢之路上接觸不同的民族及其文化,並將自己本民族的文化融入其他民族的文化和信仰之中,他們在溝通東西方物質文明的同時,也傳遞著多樣共融的宗教精神。

## 六、思想文化與文學的交往

古代有大量的印度典籍被譯為漢語,但除了幾部與民生相關的醫學、天文學、數學著作外,其餘多為佛典,對於「外道」的著作,中印兩國的佛教僧徒翻譯不多,印度兩大史詩《摩訶婆羅多》(*Mahābhārata*)、《羅摩

---

[114] 毛陽光:《洛陽新出土唐代景教徒花獻及其妻安氏墓誌初探》,《西域研究》2014 年第 2 期。
[115] 畢波:《信仰空間的萬花筒——粟特人的東漸與宗教信仰的轉換》,榮新江、張志清主編《從撒瑪律幹到長安——粟特人在中國的文化遺跡》,北京圖書館出版社,2004 年,第 49—56 頁。

衍那》(Rāmāyana)和童話集《五卷書》(Pañcatantra)都沒有被翻譯。不過，在敦煌及新疆卻發現了多種民族文字的《羅摩衍那》譯本。

《羅摩衍那》在印度文學史乃至世界文學史上都有非常重要的地位，是絲綢之路上最有影響力的文學作品之一。千百年來，這一史詩被不斷地被翻譯、改寫、傳唱，不僅以多種形式、多種語言在南亞次大陸廣泛傳播，而且還被譯為多種文字在世界各地廣為流傳。遺憾的是，由於各種原因，《羅摩衍那》一直未被譯為漢文，唯故事之名在中土譯經中出現，如陳代真諦譯《婆藪槃豆法師傳》即稱：

法師託跡為狂癡人，往罽賓國。恆在大集中聽法，而威儀乖失，言笑舛異。有時於集中論毗婆沙義，乃問《羅摩延傳》，眾人輕之，聞不齒錄。

馬鳴菩薩造，後秦鳩摩羅什譯《大莊嚴論經》卷五亦曰：

時聚落中多諸婆羅門，有親近者為聚落主說《羅摩延書》，又《婆羅他書》，說陣戰死者，命終生天。

這裡的《羅摩延傳》、《羅摩延書》，指的都是羅摩故事。玄奘譯《阿毗達磨大毗婆沙論》卷四六中更進一步標明該書的主線：

如羅摩衍拿書有一萬二千頌，唯明二事：一明羅伐拿劫私多去；二明羅摩將私多還。

如果我們將《六度集經》中的〈國王本生〉和《雜寶藏經》中的〈十奢王緣〉一起看，其故事情節即相當於《羅摩衍那》的提要。所以說，儘管中土無《羅摩衍那》譯本流行，但相關故事在中原地區應有所流傳並產生影響。《羅摩衍那》中的神猴哈奴曼（圖13），神變奮迅，威力巨大，與明代吳承恩著《西遊記》中騰雲駕霧、變化多端的孫悟空形象頗多相似之處。陳寅恪先生論述孫悟空故事的演變過程，指出孫行者大鬧天宮的故事，實出《賢愚經》卷一三〈頂生王緣品〉。猿猴故事則直接受到了《羅摩衍那》

第六篇〈美妙篇〉中神猿那羅造橋渡海故事的影響。另一種意見則認為，孫悟空的形象其實應「是襲取無支祁的」。無支祁，又作巫枝衹，即《古岳瀆經》卷八中的淮渦水神，「形若猿猴，縮鼻高額，青軀白首，金目雪牙，頸伸百尺，力逾九象，搏擊騰踔，疾奔輕利」，形象相近，但缺乏孫悟空的神變靈氣，故季羡林先生更進一步指出：「孫悟空這個人物形象基本上是從印度《羅摩衍那》中借來的，又與無支祁之傳說混合，沾染上一些無支祁的色彩。這樣恐怕比較接近於事實。」此說持論較為公允。

圖13：印度教藝術中的哈奴曼形象

與中原無譯本流傳的情況不同，《羅摩衍那》在敦煌及新疆地區卻被廣泛傳播，出現了包括于闐語寫卷、吐蕃文寫卷、吐火羅文寫卷、回鶻文寫本等多種文字的譯本或改編本，反映了印度史詩在這裡一度產生了強烈影響。[116]

---

[116] 楊富學：〈從回鶻文羅摩衍那看佛教對印度史詩的融攝〉，《覺群・學術論文集》第四輯，宗教文化出版社，2004年，第422－431頁。

《羅摩衍那》屬於印度教文化範疇，但吐火羅人、于闐人卻將之納入佛教本生故事，此法亦為回鶻所仿效，而且喬裝羅摩的法力，用以宣揚佛教的布施思想。這一現象表明，回鶻文《羅摩衍那》之根雖在印度，但將之傳給回鶻的卻是吐火羅人或于闐人。

這種傳播就像接力賽一樣，由不同的民族一站一站向下傳，站站不一樣。其中，敦煌就是交通樞紐。

另一方面，以儒家思想為核心的中國古代文化制度對絲路沿線的各民族、國家，尤其是西域地區產生了深遠的影響。早在魏晉南北朝時期，大量內地漢人為逃避戰亂而移居西域，就在高昌地區形成了以漢文化為主的文化圈。到了唐朝統一西域以後，中原文化制度在西域和中亞被更廣泛移植。而隨著西遼在中亞建立，又引進了當時最進步的漢文化，從而進一步促進中亞經濟文化的發展。

## 第四節　絲綢之路上的宗教傳播與交融

古往今來，宗教信仰不僅支配著人們的思想感情，宗教組織和宗教禮俗，也深刻影響著人們的日常生活，包括社會政治、倫理道德、文學藝術、家庭婚姻、人際往來和生老病死。持不同信仰者，要在一個多樣化的全球化環境下生存，就需要以平等的身分、寬容的態度去理解其他宗教與文化，才能相互溝通理解。揆諸絲綢之路沿線，幾千年來所演奏的主旋律始終是多元宗教和睦相處、互相交融、共同發展的和諧交響曲。

### 一、絲綢之路與宗教的傳播

絲綢之路西起羅馬，東至長安、洛陽，並繼續向東方延伸，不僅是一

條東西方政治、經濟、文化聯繫的大動脈，同時也是一條宗教文化的傳播與交融之路，印度的佛教、印度教、耆那教，波斯的祆教、景教、摩尼教，西亞的伊斯蘭教，以色列的猶太教，還有歐洲的基督教、天主教等，也都是循此道而東入中國，而中國的道教也是透過這條道路而西傳，故而絲綢之路又被稱作「宗教之路」與「信仰之路」。

一般來說，每一宗教皆有其特殊的文化屬性，就像伊朗人與以色列人，古代的商業活動將他們的足跡帶到古代世界的各個角落，但他們信奉的宗教並不為一般的古代民族所接受。中國人很早就相信波斯人的占卜術，但並不會改信波斯人的宗教。

西元前559年，巴比倫的猶太囚徒被波斯國王居魯士釋放，但很多人並未回到故鄉，而是選擇在波斯帝國住下來，加入了從耶路撒冷被放逐過來的以色列人群體。於是，居住在波斯帝國境內的這些人把波斯文化傳統傳到了東方各地，同時許多古代波斯的宗教文化觀念和習俗也傳給了猶太人，進而也就傳遞給了基督教、摩尼教和伊斯蘭教。

西元前六世紀，一種新的宗教學說——佛教在印度興起，其僧侶成為第一批奔赴亞洲各個角落傳教的「旅行家」。東漢明帝時，中國出現了第一座佛教寺院——洛陽白馬寺，此後，佛教便在中國境內生根、發芽、開花、結果。古代的印度商人與佛教關係密切，對於早期的弘法僧人而言，僧侶們需要得到這些商人的援助，同時僧侶們也要給商人精神上的支持。當然在許多情況下，有的商人也就是傳教者，「商人們積極出錢出物，供應僧伽。結果是，佛徒得到衣食之資，商人得到精神上的慰藉，甚至物質上的好處，皆大歡喜，各得其所」[117]。這從側面說明，商人作為教徒在絲綢之路往來和弘揚宗教文化的可靠夥伴，對宗教的傳播極為重要。

---

[117] 季羨林：〈商人與佛教〉，中國史學會編《第十六屆國際歷史科學大會中國學者論文集》，中華書局，1985年，第166頁。

## 第四節　絲綢之路上的宗教傳播與交融

除印度商人和僧侶外，在絲綢之路上擔任文化使者的還有波斯商人。他們從中世紀就已經分布在安息到大夏再到中亞河間一帶，其商隊也一直奔波於西亞至長安、洛陽長達數千公里的貿易路線上。為強化與各地商業夥伴的交流，波斯商人所到之處就會學習當地人的語言，接受他們的風俗和宗教習俗。隨著商業的發展，宗教活動也就蔓延開來。不僅佛教如此，以後的摩尼教、景教甚或伊斯蘭教都是以這樣的方式從波斯往東傳播。

七世紀時，景教循絲綢之路入華。當時，在今烏茲別克中部的撒馬爾罕和新疆的喀什噶爾都有了景教主教，在蒙古草原上，景教神父還為突厥人的游牧部落施洗。不過，在當地人的眼中，他們不過是另外一種法力高強的薩滿巫師。在唐朝長安和洛陽，景教也有了自己的寺廟——波斯胡寺，會眾除了西域商人外，還有唐人。貞觀十二年（西元638年），唐太宗頒詔，稱景教「濟物利人，宜行天下。所司即於義寧坊建寺一所，度僧廿一人」[118]。同意唐人加入景教團體，是摩尼教從未曾享有的待遇。伴隨基督教使團而來的基督教經典，也很快被翻譯成中文字，其內容已然滲入了不少中國固有的、或是早已傳進來的佛教的觀念。

摩尼教是西元三世紀中葉波斯人摩尼在拜火教的理論基礎上，吸收了基督教靈知派理論和佛教等教義所創的宗教。埃及發現的摩尼語錄《開法拉亞》（*Kephalaia*）稱摩尼立志要把自己的理論傳遍世界，他說：

> 在西方建立教會的，其便不到東方；選擇在東方建立教會的，就沒有到西方……而我則希望既到西方，亦到東方，東西方都將聽到我的使者用各種語言發出的聲音，我的使者將在所有的城市中宣明自己的教義。首先在這一點上，我的教會便優於以往的教會。因為以往的那些教會，都只是局限於個別的國家、個別的城市；我的教會則遍布於所有的城市，我的福

---

[118]〔宋〕王溥：《唐會要》卷49《大秦寺》，中華書局，1955年，第864頁。

音將傳遍每個國家。[119]

圖 14：福建南屏縣壽山鄉降龍村林瞪像

　　摩尼教於四至六世紀廣泛流行於中亞以及地中海一帶，於武則天延載元年（西元694年）傳入中國。763年，回鶻牟羽可汗在洛陽與四位粟特摩尼僧邂逅，將摩尼教引入漠北，並定為國教。由於回鶻的敬信，摩尼教在唐帝國境內影響大張，波及唐帝國的腹心地區——黃河流域與長江流域。在東方，粟特的商人成為摩尼教的傳教士，當時絲路沿線的各個商業城鎮都有摩尼教徒的活動。今天新疆吐魯番高昌故城遺址裡有大量摩尼教經典寫本就是證明。摩尼教寺院遺址中的壁畫和供養人題記，都顯示了當地商人在這一宗教發展中的貢獻。會昌滅法後，摩尼教傳入福建霞浦，經六傳而至林瞪（圖14）時得以發揚光大。福州、霞浦、晉江等地至今還留存有摩尼教宮廟，香火不絕，還定期舉辦祭祀摩尼教教主的活動，成為世界摩尼教的活化石。[120]

---

[119]　C. Schmidt - H. J. Polotsky, Ein Mani-Fund in Agypten, Originalschriften des Mani und seiner Schüler, *Sit-zungsberichte der Preussischen Akademie der Wissenschaften*, Phil.-hist. Klasse 1933, S. 45；林悟殊：《摩尼教及其東漸》，中華書局，1987年，第36頁。

[120]　楊富學：〈福壽宮：絲綢之路上宗教文化交流的活化石〉，《福建宗教》2016年第3期。

第四節　絲綢之路上的宗教傳播與交融

十三至十四世紀，蒙古人馳騁亞歐大陸，為東方與西方的際會打造了更便利的條件，外來宗教在中國境內更是前所未有的盛行。泉州成為世界宗教博物館，就是從元代開始的。當時，在泉州流行的宗教有佛教、道教、基督教、伊斯蘭教、摩尼教、印度教以及其他民間信仰等，至今尚有相當豐富的宗教石刻留存。西元1368年元朝覆滅，貫通中西的絲綢之路一度中斷。儘管明永樂年間中西交通一度恢復，但也只不過是「迴光返照」而已。隨著聯繫的中斷，祆教、猶太教及景教都在東方逐漸消失了，摩尼教僅在福建霞浦、晉江、福州等地得以延續，但已轉化為民間信仰，伊斯蘭教在維吾爾族、哈薩克族、柯爾克孜族和回族、撒拉族等民族中延續了下來。勢力最為強大的佛教，也同樣走上了與中國傳統文化相融合的道路，形成由儒、釋、道三教論衡而終致三教合一的新局面。

## 二、絲綢之路上各種宗教並行不悖

作為絲綢之路上咽喉之一的吐魯番，在歷史上不僅是東西方諸民族頻繁遷徙、往來之地，同時也曾經是世界宗教的「熔爐」，大凡絲綢之路沿線流行過的主要宗教，在吐魯番都可以找到影子，諸如薩滿教、祆教、佛教、道教、摩尼教、景教、伊斯蘭教、基督教、印度教等。如高昌回鶻王國時期，王室繼承漠北回鶻的傳統，仍奉摩尼教為國教，但同時對其他宗教非常寬容。十一世紀中葉，印度旅行家加爾迪齊著《紀聞花絮》（Zayn-al-akhbār）對回鶻的宗教狀況有如此記載：

古時候，九姓烏古斯中有一可汗名叫菊兒特勤（Gür Tegīn=Köl Tegin），其母為中國血統……菊兒特勤的乳母把他帶到摩尼教徒眾（Mānīyān）那裡並把他託付給了摩尼教選民（Dīnāvarīyān），讓選民用藥為其治病，直至其恢復健康……九姓烏古斯可汗傳統上信仰摩尼教（maδhabe=Dīnāvarī）。然而，在九姓烏古斯的首都（šahr）和疆域（welyāyat）

內,還有基督教(tarsā)、二神教(θanawī,即拜火教)和佛教(šomanī／šamanī)……每天有三四百個選民聚集在當地統治者之宮殿門口,高聲誦讀摩尼的著作。(然後)走到統治者前,向其致禮後返回。[121]

　　這一記載表明,十世紀中葉以前,摩尼教在高昌回鶻王國一直享有崇高的地位。然而,自十世紀下半葉開始,這種狀況開始發生變化,佛教勢力已超過摩尼教。有意思的是,當時的回鶻統治者採取了非常寬容的宗教政策,除了摩尼教和佛教外,境內同時又有景教、祆教在傳播,而且都得到了回鶻統治者的支持。回鶻統治者對任何宗教都不抱偏見,聽任流行。自己信奉摩尼教,但對佛教不排斥,對景教、祆教也給以優容。這可以說是高昌回鶻宗教信仰的一大特色。

圖 15:吐魯番水旁景教寺院遺址

　　在六世紀中後期至七世紀初,景教傳入新疆,將景教教義及其文化習俗傳入高昌的應該是波斯人。吐魯番的高昌故城遺址外、葡萄溝旁邊的

---

[121]　A. P. Martinez, *Gardīzī's Two Chapters on the Turks*, *Archivum Eurasiae Medii Aevi*, II (1982), 1983, pp. 133-134, 136.

## 第四節　絲綢之路上的宗教傳播與交融

水旁遺址（圖 15）等地發現了這一時期的景教壁畫以及用敘利亞文、粟特文、中古波斯文和以敘利亞字母拼寫的粟特文、回鶻文的景教典籍文獻殘頁，比較著名的有回鶻文〈聖喬治殉難記〉、〈巫師的崇拜〉和敘利亞文、粟特文的景教祈禱書片段等。[122] 這些都是唐宋時代的遺物，有些文獻甚至可能早到六世紀中期。總之，吐魯番地區當時應該是景教的一個中心。

景教傳入後，並不像佛教和後來傳入的伊斯蘭教那樣得到統治者的推崇和扶植而迅速發展，而主要是在民間流傳。信奉者除回鶻人外，還有粟特人、敘利亞人、波斯人和少數當地人。

高昌回鶻景教徒對溝通中西經濟貿易有諸多貢獻。從敦煌出土的粟特──突厥文信札看，晚唐五代宋初敦煌地區的景教徒與高昌回鶻景教徒之間有商業往來。宋元時期，東西方的貿易往來相當頻繁，常有波斯使節和商人至中原王朝貿易。因為波斯等地當時盛行的景教和摩尼教同樣在高昌回鶻王國盛行，於是波斯王朝利用了這種信仰同種宗教的關係，常派使臣先至高昌回鶻王國，然後再與王國的使臣一起入中原王朝貿易，其中有許多使臣就是由景教徒來擔任。[123]

前文述及的祆教，在高昌回鶻時期也被廣泛傳播。西元 1154 年，阿拉伯人伊德里西（Muhammad al-Idrisi）撰《羅傑之書》（*Tabula Rogeriana*），言及回鶻之大城 Tanbie（疑指高昌或甘州），稱此城甚大，由高大城牆圍住，有十二扇巨型鐵門。臨河，河水東流，為當地可汗所居。其地居民信奉拜火教。在突厥諸族中，被稱作九姓烏古斯（Toguzguz，即回鶻）的民族世代信仰拜火教並崇火。[124] 從出土文獻看，祆教在回鶻中產生

---

[122]　牛汝極：〈吐魯番出土景教寫本綜述〉，《西域研究》2006 年第 4 期；Erica C. D. Hunter, *Syriac, Sogdian and Old Uyghur Manuscripts from Bulayïq*,《語言背後的歷史──西域古典語言學高峰論壇論文集》，上海古籍出版社，2012 年，第 79－93 頁。

[123]　楊富學：〈宋元時代維吾爾族景教略論〉，《新疆大學學報》1989 年第 3 期。

[124]　В. В. Григорьев, *Землеведение К. Риттера. География стран Азии, находящихся в непосредственных сношениях с Россией*. Восточный или Китайский Туркестан. Пер., прим.

影響的時代在九至十二世紀之間，時間越早影響越大，越晚則影響越小，十三世紀以後完全消失。

不同宗教在吐魯番一帶和諧共處，相互融攝。這一現象在唐都長安同樣表現得也很明顯，誠如向達先生所言：「第七世紀以降之長安，幾乎為一國際的都會，各種人民，各種宗教，無不可於長安得之。」[125] 其實，唐代洛陽的情況亦與之不相上下。

圖16：吐魯番柏孜克里克石窟象徵生命的摩尼教三棵樹

佛教大約在西元前一世紀傳入高昌地區。《魏書·高昌傳》和《北史·西域傳》中均記載這裡「俗事天神，兼信佛法」。在當地，有包括吐峪溝、勝金口和柏孜克里克諸石窟在內的豐富的文化遺產。吐峪溝石窟群，亦即敦煌寫本《西州圖經》所謂的「丁谷窟」，現存石窟90個左右。石窟群始建

---

И доп. В. В. Григорьев. вып.II, СПб, 1873, стр. 207-210.

[125] 向達：《唐代長安與西域文明》，生活·讀書·新知三聯書店，1957年，第41頁。

## 第四節　絲綢之路上的宗教傳播與交融

於北涼時期，後經過回鶻人的修復和重建，至今在一些石窟中尚殘留有回鶻文題刻。回鶻時期，吐魯番佛教達到極盛，著名的柏孜克里克石窟，就是回鶻佛教藝術的代表。值得留意的是，在該佛窟中有不少摩尼教繪畫，如第38窟（格倫威德爾編號第25窟）、第27窟（格倫威德爾編號第17窟）、第35窟（格倫威德爾編號第22窟）及第2窟都可確認有大量摩尼教繪畫（圖16）存在，故而又被稱作摩尼教窟。

吐魯番摩尼教的興盛應歸功於九世紀中葉回鶻的西遷。當時，回鶻所信奉的摩尼教在高昌回鶻汗王的支持下，迅速發展壯大，成了當時僅次於佛教的第二大宗教。事實上，即使在被高昌回鶻奉為國教時期，摩尼教仍然是與當地的其他宗教並行的，佛教的主導地位至少在民間不曾動搖過。後來，摩尼教勢力進一步式微，回鶻 Tärkän 王子才奉可汗之命，將高昌城內的一座摩尼寺改建為佛寺，「剝取拆除摩尼寺內的壁畫與塑像，布置裝飾佛教內容，改建其為佛教寺院」[126]。十二世紀下半葉，回鶻摩尼教不復見於史冊和各種文獻，完全銷聲匿跡了。

各種宗教在絲綢之路沿線留下了大量不同風格的宗教遺跡。在印度、中亞及新疆發現的貴霜王朝迦膩色伽一世錢幣上，可以看到波斯祆教的瑣羅亞斯德像、印度教的梵天像、佛教的釋迦牟尼佛立像、彌勒佛坐像，更有希臘、羅馬的男神女神諸像。新疆吐魯番出土的各種宗教文獻相當豐富，有回鶻文、粟特文、梵文、波斯文、突厥盧尼文、佉盧文、敘利亞文、藏文、漢文、希臘文等二十多種。隨著這些用不同文字書寫的宗教文獻在各民族中傳播，各民族也逐漸開始學習和使用這些文字，例如回鶻人就掌握了佛教的梵文和藏文、摩尼教的摩尼文、景教的敘利亞文、福音體文等，宗教的傳播帶來的文化融合，昭昭可見。

---

[126]　Geng Shimin - H. J. Klimkeit, Zerstörung manichäischer Klöster in Turfan, *Zentralasiatische Studien 18*, 1985, pp. 7-11.

## 總論

這種宗教文化相互交融的現象，還見於李寇克（Albert von Le Coq）在吐魯番城北的一處遺址發現的宗教文獻資料中，其使用的語言達五種之多。他寫道：

這些文獻內容包括曾經在這一地區流行過的所有四種宗教，即佛教、基督教、摩尼教，以及不被人所知的瑣羅亞斯德教，即拜火教。這四種宗教的文獻甚至在同一寺院遺址中就可以找到，這說明他們能在同一地方供奉他們的神主，而能互相容忍，和平共處。這種狀況，我們以為主要是因為古代回鶻的國王運用其政治力量的結果。[127]

高昌回鶻多種宗教並存的現象，在吐魯番所見摩尼教藝術品中也有突出反映。在高昌故城，摩尼寺亦與佛寺比肩而立。在高昌故城遺址正廳西側的廢墟中曾發現有一幅摩尼教女神像，頭戴精緻的白色摩尼教扇形帽，頭後有日光光輪，細眉柳目，腴面小口，佩有耳環。她左手舉起，作施無畏說法印，與龜茲佛畫中的天女、菩薩幾無二致。在同一遺址北部西南角，還出土有另一幅摩尼教眾神像，上有三個女性頭像，佩戴王冠似的頭飾和包頭布。他們圓盤大臉，與富有裝飾性的龜茲、高昌佛教繪畫中的菩薩極其類似，形象地反映了回鶻佛教藝術對摩尼教繪畫的影響。

還有一幅出自高昌故城遺址的摩尼教繪畫也頗值得重視，畫中人物均為印度教諸神（圖17），如梵天（Brahmā）、毗濕奴（Visnu）、濕婆（Shiva）以及象頭神迦內什（Ganea）。[128] 儘管這些畫像的具體內容尚待進一步探討，但有一點是毋庸置疑的，即摩尼教在汲取佛教營養的同時，也吸納了印度教藝術的成分。總而言之，多種宗教並行不悖可以說是高昌回鶻宗教信仰的一大特色。

---

[127] Albert von Le Coq, *Buried Treasures of Chinese Turkestan*, London, 1928, p. 77；［德］勒柯克著，陳海濤譯：《新疆的地下文化寶藏》，新疆人民出版社，1999年，第68－69頁。

[128] H. J. Klimkeit, Hindu Deities in Manichaean Art, *Zentralasiatische Studien14*, 1980, pp. 179-199. 參見 P. Banerjee, Brahmanical Gods and Legends from Central Asia, *New Light on Central Asian Art and Icnography*, New Delhi, 1992, pp. 81-107.

## 第四節　絲綢之路上的宗教傳播與交融

　　吐魯番之所以出現這種現象，蓋與九世紀中葉唐武宗的「會昌滅法」息息相關。當時，除道教以外的諸外來宗教都受到了沉重的打擊。唐武宗下令拆毀天下僧寺 4,600 區、招提蘭若 4 萬，並「勒大秦（即景教）、穆護、祆三千餘人，並令還俗，不雜中華之風」[129]。於是，其他宗教徒不願改宗被迫流入邊遠地區，對宗教信仰比較寬容的西域高昌就在此時成為各種宗教徒的會集之地。

圖 17：吐魯番高昌故城遺址出土四梵天王像

　　在新疆鄯善縣吐峪溝千佛洞東南，有一座被稱作艾蘇哈卜・凱赫夫的麻扎（中世紀伊斯蘭文化中陵墓或神壇的名稱），俗稱「聖人墓」。以艾蘇哈卜・凱赫夫麻扎為核心的吐峪溝宗教文化遺產，使我們不僅能夠看到曾經在當地流行的佛教、祆教、摩尼教、景教的痕跡，也能看到回鶻的薩滿

---

[129]　〔宋〕宋敏求：《唐大詔令集》卷一一三〈拆寺制〉，中華書局，2008 年，第 591 頁。

遺風，同時也折射出伊斯蘭教在當地的傳播以及本土化的曲折軌跡。

綜上可以看出，包括吐峪溝艾蘇哈卜‧凱赫夫麻紮在內的吐魯番地區所存宗教遺跡，在形式和內容上都深深印上了當地傳統文化和外來民族宗教文化共存的烙印。吐魯番（尤其是在高昌回鶻時期）多種宗教會聚並行，共同吸收，共同發展，創造出絢麗的宗教文化。

## 三、絲綢之路上各宗教教義互相融攝

和吐魯番一樣，作為中西交通咽喉和樞紐的敦煌，對於強化中原王朝與南亞、中亞和西亞的聯繫貢獻良多。兩漢以降的敦煌，除本土固有的方術、神仙道家信仰外，隨著中西交通和商旅的往來，佛教、祆教、景教、摩尼教等先後假道絲路而湧入敦煌，再沿絲路東行而至長安、洛陽。佛教義理高深，體制完備，經典豐碩，自漢代傳入後即迅速傳播發展。其他宗教傳入時間較晚，不及佛教之影響，由是只能依附佛、儒、道以求自存，進而逐漸與三教合流而求得發展。

敦煌藏經洞出土的遺書，主要為佛教典籍，有 5 萬件以上。從其中的寫經題記看，始自東晉，盛於隋唐，終於北宋，歷時 570 餘年。這些宗教經典以漢文最多，又有吐蕃文、回鶻文、西夏文、蒙古文、突厥盧尼文、于闐文、吐火羅文等多種古代民族文字，以及外來的梵文、粟特文、希伯來文、敘利亞文和缽羅婆文等。

這些古代語言文字記錄了豐富的古代民族歷史和宗教文化資料，為絲路宗教史寫下了濃墨重彩的一筆。

觀諸教經典，不乏各種教義相混合者，如敦煌、吐魯番發現的回鶻文《佛說天地八陽神咒經》殘卷，計有不同的本子 186 種，足證該經在回鶻中的流行。然而，在中原地區，該經不僅不流行，反而被斥為「偽經」，正

第四節　絲綢之路上的宗教傳播與交融

規《大藏經》一般不予收錄。細察這些回鶻文殘卷，會發現有諸多不一致之處，尤其是在時代最早的敦煌本中，可以看到濃厚的摩尼教信仰成分，本子時間越靠後，摩尼教信仰的成分就越少。這一現象說明，回鶻在改信佛教前，摩尼教思想已經根深蒂固了，故譯師便把摩尼教的模式套用到佛教上。後來佛教盛行，摩尼教的色彩逐漸消退。[130]

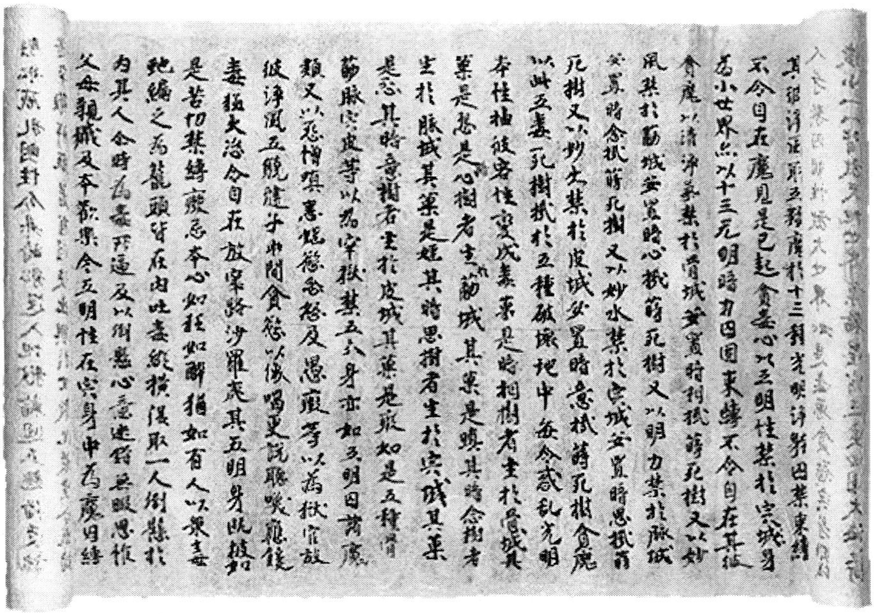

圖 18：北京國家圖書館藏敦煌本《摩尼教殘經》

敦煌現存的漢文摩尼教典籍共有 3 件，分別為《摩尼教殘經》（北宇 56，圖 18）、《摩尼光佛教法儀略》（S. 3969、P. 3884）和《下部贊》（S. 2659），為世所共知。近期的研究發現，敦煌寫本《佛性經》也頗有摩尼教的意味。《佛性經》以「佛性」為名，加上「功德」、「行業」、「勢至」、「觀音」等術語以及摸象譬喻等都帶有鮮明的佛教色彩，特別是其中用佛經借

---

[130]　［日］小田壽典：〈トルコ語本八陽經寫本の系譜と宗教思想の問題〉，《東方學》第 55 輯，1978 年，第 104 － 118 頁。

081

自梵語的詞彙「業輪」來指稱黃道十二宮，但同時有不乏摩尼教術語，如「聽者」，第 9－10 行云：「聽者各依行業五處分配而得解脫。」故刊布者認為該經係佛教化的摩尼教典籍，或是以摩尼教思想為核心，摻雜佛教元素的具有混合性質的經典。其中的「解脫觀」和「輪迴觀」屬佛教的基本思想，能窺探中國摩尼教與佛教的互動。[131]

　　道教在敦煌地區的活動始於漢代，敦煌遺書中的道教經典《老子化胡經》就是佛道兩教長期論爭的產物。此經文中所引用的人名、神名「摩尼」及「三際二宗門」，顯然是波斯摩尼教之專用術語，把西域流行的摩尼教教主宣傳為老子所化，將摩尼教的教義融入道教經典之中。而摩尼教反過來又利用了《老子化胡經》，把其當作欽定的道經，把「老子化胡」的說法當作道教的正統教義，甚至在北宋時期把摩尼教經典編入了《道藏》。

圖 19：〈大秦景教流行中國碑〉額題

　　與摩尼教相比，敦煌遺書中留存的景教文獻則更多，舉其要者有《三

---

[131]　曹凌：〈敦煌遺書佛性經殘片考〉，《中華文史論叢》2012 年第 2 期。

威蒙度贊》(P. 3847、散 1770)、《志玄安樂經》(散 202),《大秦景教大聖通真歸贊法》等多種。當時的景教為適應中國國情,在本教經典《志玄安樂經》中融入佛道思想,西安〈大秦景教流行中國碑〉(圖 19)同樣引用了大量儒道佛經典來闡述景教教義,把景經稱作佛經,把耶穌稱為佛,其中還借用到了摩尼教「三位一體」之說。

隨絲綢之路各傳教使團而來的這些外來宗教經典,所到之處會被翻譯成當地的語言文字,不過其中已摻入了不少本地宗教觀念,這也再次彰顯出絲綢之路上各種宗教文化觀念的交相混雜,相互融通。

絲綢之路,相容了來自東西方的各大宗教,並在死海、科隆、撒馬爾罕、吐魯番、敦煌、西安、洛陽、霞浦、泉州等地留下了其發展的痕跡。由此可見,絲綢之路真正是一座宗教文化的「博物館」。

## 四、宗教術語的共用

絲綢之路上傳播而來的東西方宗教,其文化本存在差異,但在中國的傳播和發展過程中,無一不被賦予了中國固有的宗教內涵。宗教術語的借用、共用成為這一特點最突出的表現。

福建霞浦發現的摩尼教文獻《摩尼光佛》(圖 20)就充分體現了摩尼教對佛教術語的借用。先從「摩尼光佛」一詞說起,教主「摩尼」之名明顯為佛教術語。「摩尼」者,寶珠也。以之作為教主之名,除借用「mani」的諧音和褒義外,還有其教義上的淵源;「光」字源於摩尼教對光明的崇拜,借自於佛教的盧舍那佛。「盧舍那」以其「智慧廣大,光明普照」意,合於摩尼教崇尚光明之主旨。「佛」被借用於回鶻語佛經,寫作「burxan」,此詞被摩尼教借鑑,用以指稱本教的大小神靈。

再如《摩尼光佛》中被冠以「大聖」之名的五佛:元始天尊那羅延佛、

神變世尊蘇路支佛、慈濟世尊摩尼光佛、大覺世尊釋迦文佛、活命世尊夷數和佛,即為《摩尼光佛》所頌讚的主要對象,也是摩尼教的主尊。五佛之中,有四佛被冠以「世尊」稱號,只有那羅延佛被稱作「天尊」。「天尊」、「世尊」和「佛」混用,正是佛道不分的表現。探究五佛的來源,其中的那羅延佛和釋迦文佛直接來源於佛教,蘇路支佛與夷數和佛的原始身分雖別出於祆教與基督教,但同樣也都與佛教密不可分。其中的釋迦文佛顯然來自佛教術語,指的是佛教的創立者釋迦牟尼。然而,摩尼教的創立者摩尼又被稱作明教文佛,明教文佛顯然是從釋迦文佛演化而來。

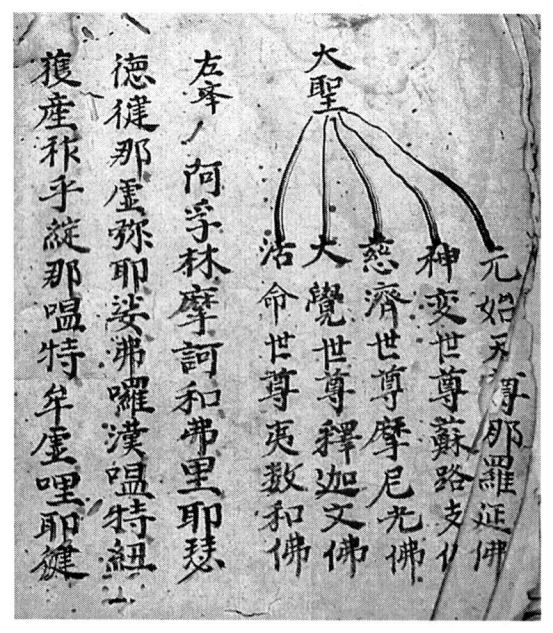

圖20:福建霞浦發現的摩尼教文獻《摩尼光佛》

《摩尼光佛》中對佛教術語和常用詞的借用十分普遍。如:

第31－32行:「入五濁而廣度群品。」五濁者,指佛教所謂命濁、眾生濁、煩惱濁、見濁、劫濁。

第34行:「八無畏而表威神。」

## 第四節 絲綢之路上的宗教傳播與交融

第 559 行：「八無畏；九靈祥。」佛教中有「四無畏」之說，離世間品說有十種無畏。此八無畏是模擬佛教演變而來的具有摩尼教特色的詞語。敦煌本《摩尼光佛教法儀略》有「八種無畏，眾德圓備」之語，與此正相應。

第 40—42 行：「明明洞澈於三常；玉偈宣特，了了玄通於六趣。」六趣者，佛教所謂眾生由業因之差別而趣向之處，有六所，謂之六趣。

第 154 行：「勢至變化觀音出，直入大明降吉祥。」觀音、勢至為阿彌陀佛之脅侍菩薩，三者合為「西方三聖」。進入「大明」的卻是佛教二神，摩尼教離不開佛教。

細察這些術語可以發現，有的保留了佛教的原意，有的已雜入了摩尼教新意，尤有進者，既可作佛教解釋又可作摩尼教的理解，正是其宗教術語共用的體現。

如第 79—80 行：「彼我等入佛智見，悞佛智見，獨步圓覺成僧。」入佛智見與悞佛智見皆源出佛教經典《金剛頂瑜伽中發阿耨多羅三藐三菩提心論》，表示達到佛教最高理想。但在《摩尼光佛》中又被比喻成達到摩尼教的最高知——靈智，是最高的認知與覺悟，即「真知」或「真如」。比照摩尼教，其終極目標是追求光明分子或靈魂，實際就是「靈智」的具體化或象徵物。

同樣具有雙重屬性的術語還見於第 354 行：「普願靈魂登正路，速脫涅槃淨國土。」這裡的涅槃、淨國土也都保留了佛教原意。按照摩尼教教義，純淨得救的靈魂聚成光耀柱，它既是神，又是靈魂到達月宮、日宮以至最後回歸涅槃常明世界所要經過的境界。吐魯番出土 U 111a（T II D 180）摩尼文回鶻語《牟羽可汗宣教書》有言：「（摩尼）賜予回答：『我每日每時都望實現般涅槃，現終於臨近。』」[132]

---

[132] L. V. Clark, The Conversion of Bügü Khan to Manichaeism, *Studia Manichaica. IV*, Internationaler

摩尼教文獻中大量使用佛教術語，旨在借佛教的外衣以圖存，外衣之下卻保持了自己的獨立性，並未從根本上改變其固有宗義。摩尼教和景教也有相互借用詞彙的關係，如敦煌摩尼教文獻中的「惠明」，在吐魯番出土摩尼教文獻 M 145 中寫作 zprtw't，意為「聖靈」。有意思的是，該詞同樣見於吐魯番景教粟特語文獻《洗禮與聖餐儀式評註》(*A commentary on the baptismal and Eucharistic liturgies*) 中。[133]《洗禮與聖餐儀式評註》和眾多景教粟特語文獻一樣是譯自敘利亞語，而粟特人當中同時流行著景教和摩尼教，因此，摩尼教經漢譯者也可能透過粟特人和景教的漢文文獻，了解到一些敘利亞語宗教術語。

絲綢之路各種宗教的融會貫通，促成這種宗教術語共用的現象存在，各種宗教為了拓展其自身的影響和發展，就不得不借用其傳播區域的本土宗教形式，宗教的傳播者也不得不用本土宗教的言辭和術語作掩護，以使信眾們比較易於理解和接受。

## 五、表現形式的互相借用

絲綢之路上各種宗教的際遇與融通，還體現在表現形式的相互借用上。如山西平遙干坑村南神廟（又名源相寺），觀其名，似為一座道教寺院，實則為一佛道化的景教寺院。〈重修耶輸神祠鐘樓碑記〉碑文中向我們透露出了明代時中國的景教衰亡，逐漸融入民間佛教和道教信仰的相關史實。碑文中這樣記載道：

詳夫耶輸神祠者，其來遠矣。始自周而至今，經萬而有餘。

---

Kongreß zum Manichäismus, Berlin 14-18. Juli 1997, Berlin 2000, p. 91；［美］克拉克著，楊富學、陳瑞蓮譯：《牟羽可汗對摩尼教的皈依》，楊富學譯：《回鶻學譯文集》，甘肅民族出版社，2012 年，第 327 頁。

[133] Nicholas Sims-Williams, *The Christian Sogdian Manuscript C2* (Berliner Turfantexte, 12), Berlin: Akademie-Verlag, 1985, S. 112-118.

## 第四節　絲綢之路上的宗教傳播與交融

此碑刻立於明嘉靖四十一年（西元 1562 年），而明代境內，有如此久遠神祠的大宗教，不外乎儒、釋、道三教。其「耶輸神祠」之名也未見於《明會典》列入的儒教官方神祠之中。碑文對此又作了進一步的解釋：

是於前代之間，始立正殿一所，內塑妝耶輸聖像儀容，兩壁彩繪十地修行故事。次建兩廡，東則三大士菩薩、二八羅漢；西則子孫聖母，侍列諸神。

顯然，兩廡所奉神像均為佛道諸神，其正殿所奉主神「耶輸聖像儀容」卻是景教所奉的耶穌聖像。其容貌已佛化，失去了耶穌基督最易被辨識的標誌──聖子在十字架上蒙難的形象。[134]

或許可以這樣說，這座景教寺廟曾借用了佛教寺院和道觀的形式而存在。其實這種形式，早在唐代景教初傳中國時已見端倪。從〈大秦景教流行中國碑〉及敦煌景教文書等來看，唐代中國景教經書的教義思想、宗教術語和書寫的格式，已然都參照了儒、釋、道三教。其中來華景教的宣教經書，所用的宗教術語和行文風格，甚至還附會佛、道二教。如〈大秦景教流行中國碑〉解釋其名義，「真常之道，妙而難名，功用昭彰，強稱景教」等，模仿的就是道教的《清淨經》。又如景教所奉天主被稱為「天尊」，耶穌為「夷數佛」，景教士稱「僧」，景教廟宇稱「寺」等。[135] 佛道二教主張的清淨內修、濟度眾生等教義，也多見於景教經書中。職是之故，這座始建於元代的也里可溫神祠，堪稱景教借用佛道表現形式的特例。

同樣為外來宗教，同樣以其他宗教形式存在的寺廟還有福建福州摩尼教寺院──福壽宮（圖 21）。

---

[134] 王卡：〈明代景教的道教化──新發現一篇道教碑文的解讀〉，《世界宗教文化》2014 年第 3 期。

[135] A. C. Moule, *Christians in China before the Year 1550,* London 1930, pp. 35-47；［日］佐伯好郎：《景教の研究》，（東京）東方文化學院，1938 年，第 595－602 頁。

圖 21：福州福壽宮外觀

　　福州福壽宮又稱「明教文佛祖殿」，始建於宋代，由於「明教文佛祖殿」的宗教屬性不夠明確，為擁有合法宗教身分，故於 1998 年改名為「福壽宮」，列為道教廟宇，但村民耆老皆言祖輩供奉該寺神明的儀式獨特，與道教、佛教有所不同。

　　福壽宮是為祭祀霞浦摩尼教教主林瞪而建，迄今仍留存著足以證明其摩尼教身分的文物及獨特的祭祀儀式。寺院主祀摩尼光佛和林瞪，左右配祀真武大帝、許真君，另有三十六護法神將；「觀音閣」、「華光殿」、「大王殿」三座偏殿還分別供奉觀音菩薩，華光大帝馬天君和黃、趙二大王。透過對福壽宮所供諸神的考察，我們不難發現，福壽宮護法神祇來源於摩尼教、佛教、道教和當地民間信仰，四種神祇互動雜處。福壽宮無疑是一座受道教影響甚深且以道教形式存在的摩尼教寺院。

　　霞浦摩尼教科儀書〈樂山堂神記〉、〈高廣文〉中記載的當地摩尼教團崇奉的各種神祇，可以和福壽宮中所供諸神一一對應。在這些摩尼教文獻

第四節　絲綢之路上的宗教傳播與交融

中，除主神摩尼光佛、太上本師教主摩尼光佛、電光王佛、夷數和佛、盧舍那佛外，還有如太上三元三品三官大帝、雷使真君、天尊、靈官、元君等，[136] 相關諸神無一不是來自道教的神仙名號。可見，宋元以來明教（摩尼教）作為一種融合多種宗教信仰元素的本土教派，可以說「道（教）為明（教）用」，明教為體，道教為用。這個教派曾經相當倚重或「模擬」道教的宗教實體及科儀形式，而得以頑強地生存和傳播。

以這種借用佛教的表現形式來展現摩尼教教義的還有日本大和文華館藏的明教〈冥王聖幀〉，此圖和敦煌絹畫〈地藏六道十王圖〉在結構與目的上都相當類似，其以摩尼教的三道取代了佛教的六道，借用大量佛教圖像、語言以表述摩尼教宗義。在〈冥王聖幀〉圖中，以摩尼光佛取代了地藏而為主尊，以摩尼教的電光佛取代引路菩薩，以摩尼教的平等王取代了佛教的十殿閻王，就連主尊的左右脅侍也變成了穿白衣的摩尼教選民和聽者。顯而易見，〈冥王聖幀〉借用了佛教〈地藏六道十王圖〉中因果報應、淨土地獄、六道輪迴、佛力救贖等地藏信仰的思想，以之為表現形式，用以圖解摩尼教的「輪迴」和「解脫」思想。

不唯如此，霞浦摩尼教科儀書〈冥福請佛文〉所見十大明王，也可見於敦煌本〈地藏十王圖〉中，除個別稱號的用字略有差異外，名號次序完全相同。松本榮一指出，九至十世紀時，佛教和摩尼教在十王觀念及冥府觀念上有所關聯，敦煌漢文摩尼教文獻多借用佛教的術語，摩尼教當有類似於佛教的「冥府十王」觀念。[137] 但無論如何，佛教與摩尼教在十王觀念及冥府觀念方面有著極為微妙的關聯，卻是不爭的事實。此外，在〈冥福請佛文〉中，孔子、孟子、顏回等儒家聖哲，也都進入了霞浦摩尼教的神

---

[136]　楊富學：〈樂山堂神記與福建摩尼教——霞浦與敦煌吐魯番等摩尼教文獻的比較研究〉，《文史》2011 年第 4 期。
[137]　松本榮一：《敦煌畫の研究・圖像篇》，東方文化學院東京研究所，1947 年，第 414－415 頁。

譜之中。[138]

　　摩尼教繪畫〈宇宙圖〉所繪「平等王」的形象明顯受到了佛畫的影響，在吐魯番本回鶻文摩尼教文書 U 169 Ⅱ中，竟用彌賽亞佛（耶穌）的名義來宣揚摩尼教的教義等。[139] 不論是繪畫風格、存在形式或是宗教思想的借用，都體現了各宗教在傳播發展過程中靈活多變及多樣的表現形式。

圖 22：洛陽出土景教石幢

　　2006 年 5 月，洛陽隋唐故城東郊出土唐代景教石刻〈大秦景教宣元至本經及幢記〉（以下簡稱〈幢記〉）（圖 22），尾題：「大秦寺寺主法和玄應

---

[138]　楊富學、史亞軍、包朗：〈霞浦摩尼教新文獻冥福請佛文校錄研究〉，高國祥主編《文獻研究》第四輯，學苑出版社，2014 年，第 90 － 91 頁。

[139]　馬小鶴：〈摩尼教業輪溯源 —— 宇宙圖與佛性經研究〉，余太山、李錦繡主編《絲瓷之路 —— 古代中外關係史研究》Ⅳ，商務印書館，2014 年，第 161 － 162 頁。

## 第四節　絲綢之路上的宗教傳播與交融

俗姓米、威儀大德玄慶俗姓米、九階大德志通俗姓康。」[140] 還有一個定居於洛陽的安國景教家庭，見於〈幢記〉第13行：「亡妣安國安氏太夫人神道及亡師伯和□……」這些姓氏的集中出現，表明該幢為粟特景教徒所立。石刻提到大秦寺寺主法和玄應時，稱其俗姓米；提到威儀大德玄慶時，言其俗姓米；提及九階大德志通時，言其俗姓康。既言俗姓，也就意味著他們一旦出家，就像佛教徒那樣捨俗姓。這種現象，在中國以外不可能出現，說明景教出家僧也完全照搬了漢傳佛教的捨俗姓之傳統。

綜上可見，絲綢之路傳播而來的各種宗教從傳入中國伊始，就不知不覺與中國傳統文化融為一體了，而晚於佛教、道教的祆教、摩尼教、景教，亦與佛道及民間信仰相融合。各種宗教在絲綢之路的傳播過程中，因形勢的不同而有所變革，未拘泥於原始經典之窠臼，而是朝著人生化、現實化和世俗化的方向轉變。在此過程中，各宗教所奉祀的神祇也悄然發生了分化，其原始的信仰和佛教、道教等中國主流宗教和各種民間宗教相互融合、依存、發展。

可以說，絲綢之路不僅僅是一條中外貿易之路，也是一條宗教文化交流通道，更是一條名副其實的信仰之路和宗教交融之路。

---

[140] 張乃翥：〈跋河南洛陽新出土的一件唐代景教石刻〉，《西域研究》2007年第1期；羅炤：〈洛陽新出土大秦景教宣元至本經及幢記石幢的幾個問題〉，《文物》2007年第6期。

總論

# 第一章
## 絲綢之路的開通

當世界還處於被浩渺無際的海洋分隔的時代，亞歐大陸之間就已構架起了文明溝通的陸橋，它就是被今人稱為「絲綢之路」的洲際文明大動脈。

### 第一節　史前歐亞之間的部族流動與文化交流

人是會傳播的動物，人與人的關係就是以傳播為素材。[141] 所以，無論是個人、群體，還是不同部族或是國家，相互的接觸和交往，就是一種文化的傳播。亞歐之間的部族流動和文化交流，早在新石器時代甚至舊石器時代就已經開始了。

#### 一、舊石器時代中西文化交流的開始

中國是人類文明的發源地之一，在舊石器時代，人們之間的交往和文化的傳播還很有限，但是，交流與接觸的探索已經開始。考古學發現，印度北部、中國、東南亞的舊石器具有某些共同的特徵，比如都曾盛行使用砍砸石器。所以，有學者認為上述區域舊石器時代人類工具的相似性，表

---

[141]　[美] 威爾泊·施拉姆著，陳亮等譯：《傳播學概論》，新華出版社，1984年，第4頁；[美] 宣偉伯著，余也魯譯：《傳媒、資訊與人》，中國展望出版社，1983年，第7頁。

第一章　絲綢之路的開通

明那時可能已經有不同人群之間的交往。

在石器時代的中期，中國以打製為特徵的細小石器及其文化曾向外傳播，在中國、北亞、東北亞和南西伯利亞形成了同系統的細石器文化區。在中國北方鄂爾多斯一帶以薩拉烏素文化遺址和水洞溝遺址為代表的古文化，表明在舊石器時代中西之間的文化交流即已存在。二十世紀中葉以來，在西藏地區發現了不少舊石器和新石器遺址。1976年中國考察隊在藏北申扎、雙湖一帶以及阿里地區，發現了舊石器和大批細石器。自西元前1000年前的新石器時代晚期開始，西藏高原已流行土葬習俗，出現以石板、石塊砌建的石棺墓和豎穴土坑墓。山南隆子石棺墓中出土長條形磨光石斧，也早見於甘青地區馬家窯文化、齊家文化遺址，以及四川岷江上游的理縣、汶川等地的原始文化中。[142]

在新疆地區，也發現了天山七角等細石器文化遺址。這些遺址遍及新疆，從崑崙山北麓至帕米爾高原，從天山南麓羅布淖爾荒原至吐魯番盆地，從哈密綠洲及天山北麓的木壘、吉木薩爾到阿勒泰草原均有分布。這些細石器，從形制特點來看，深受中原地區細石器工藝的影響，但又有自身的獨特性。（圖1-1）[143]

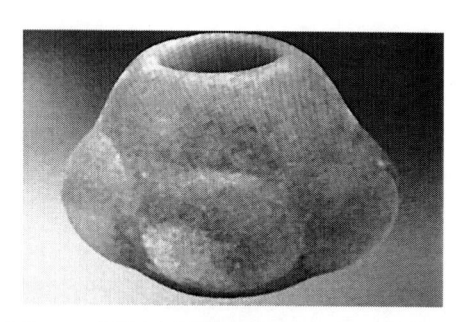

圖1-1：新疆木壘縣英格堡出土石權杖頭

---

[142] 沈福偉：《中西文化交流史》，上海人民出版社，1985年，第6頁。
[143] Shen Fuwei, *Cultural Flow Between China and Outside World Throughout History*, Beijing: Foreign Language Press, 2009, pp. 15-16；沈福偉：《中西文化交流史》，上海人民出版社，1985年，第6頁。

第一節　史前歐亞之間的部族流動與文化交流

在中國出土的細石器以非幾何形狀為主，而南亞地區則多為幾何形狀的細石器。這兩種類型的細石器文化在印度東北部交會，在恆河流域的焦達訥格布爾高原和西孟加拉邦一帶，發現了類似中國非幾何形狀的細石器，這些細石器以細石葉為特徵，並有錐形和柱形細石核。非幾何形細石器和幾何形細石器，分屬兩個系統，儘管它們都在今印度東北部交會，但來源不同。因此，人們認為非幾何形細石器明顯受到了廣泛分布於青藏高原的細石器的影響。西藏細石器甚至進入了印度東北和恆河中下游。[144] 這種文化上的聯繫，可能是經由中國西藏阿里和日喀則地區牽起的。

可見，在中國和南亞之間，雖然橫亙著高山和河流，但這並沒有阻礙兩地遠古人類的交流。

## 二、新石器時代的文化交流

東西文化交流最早可以追溯到何時、以及東西方世界的第一次對話發生的背景和過程，是整個歐亞歷史研究的焦點，東西方學術界一直努力探索。隨著考古發現的深入，近年來這一研究有了長足的進展。二十世紀初，南非古人類學家 Clarke 在對義大利羅馬附近 Ceprano 發現的距今 80 萬年前的直立人頭骨化石重新復原所做的研究中指出，該頭骨具有明顯的亞洲直立人特質。這一研究顯示東亞古人類在那段久遠歷史當中，可能曾對西方人類產生重要影響。但是，由於很難在羅馬古人類化石與北京人化石之間找到確定的相關線索，Clarke 發現的重要意義還有待證實。

2004 年，法國人類學家 Eric Boda 提到阿舍利（Acheulian）文化在東方的分布問題。阿舍利文化是歐洲舊石器時代早期的文化，目前已知最早

---

[144] Shen Fuwei, *Cultural Flow Between China and Outside World Throughout History*, Beijing: Foreign Language Press, 2009, pp. 15-16；沈福偉：《中西文化交流史》，上海人民出版社，1985年，第6頁。

## 第一章 絲綢之路的開通

的阿舍利文化遺跡發現於非洲，年代在距今 100 萬年以前，阿舍利文化遺跡曾在非洲、西歐、西亞和印度發現。西方學術界流行一種觀點，認為阿舍利人的祖先是早期直立人，他們從非洲向東遷徙而來，可能由南亞次大陸到印尼。而據法國人類學家 Eric Boda 的研究，距今 80 萬年前的廣西百色舊石器、陝西藍田舊石器和周口店北京人使用的石器中，都有阿舍利文化元素。阿舍利文化很可能沿海路占領了印度，繼而向東擴展到印尼。Eric Boda 認為中國境內的阿舍利石器，與印度、印尼的發現，文化風格十分接近。中國北方地區阿舍利文化元素的存在，可能是自南而北傳播的結果。Eric Boda 還指出，生活在周口店的北京人，並不是簡單被動地接受阿舍利石器技術，其中發現的兩面加工石器和薄刃斧，是在阿舍利技術的基礎上，結合本地文化創新的結果。但這種觀點目前仍是一種需要審慎看待的學術假說。

1923 年，法國古生物學家德日進（Pierre Teilhard de Chardin）和桑志華（Emile Licent）發掘寧夏水洞溝舊石器晚期遺址，象徵著中國沒有舊石器時代文化這一論斷的終結。水洞溝遺址發現有屬於西方莫斯特（Moustérien）文化的勒瓦婁哇（Levallois）石器，法國學者據此認為水洞溝遺址處在很發達的莫斯特文化和正在成長的奧瑞納文化之間，或者是這兩個文化的融合。中國學術界對水洞溝文化性質的了解，長期抱持謹慎態度。直到 2003 年出版的《水洞溝——1980 年發掘報告》中才直接提出，以勒瓦婁哇石核和石葉的發現為突出標誌的水洞溝文化，「是中國最具有歐洲舊石器時代文化傳統的單獨類型」。[145] 目前，在中國北方地區，發現含有勒瓦婁哇石器的遺址除水洞溝外，還有黑龍江十八站遺址、山西晉城陵川塔水河遺址、內蒙古金斯太洞穴遺址等。

勒瓦婁哇技術在亞洲東部地區的發現，石器時代的東西文化交流，近

---

[145] 寧夏文物考古所：《水洞溝——1980 年發掘報告》，科學出版社，2003 年，第 215 頁。

第一節　史前歐亞之間的部族流動與文化交流

年來頗受學界關注。最早出現在西方的勒瓦婁哇技術，象徵舊石器技術史上的一次革命。古代人類對石器技術的改良，主要體現在從石核上打製石片的形態和打片過程。生活在西方舊石器時代的人們，經過無數次的實踐，最早發明了無需再進行加工、直接從石核上獲取工具的技術。學術界稱其為勒瓦婁哇石核，稱這種技術為勒瓦婁哇技術，從石核上打下的石葉稱為勒瓦婁哇石葉，這些也統稱為勒瓦婁哇文化。勒瓦婁哇石器在歐洲、南非、東非、西亞和中亞的西部都經常被發現。勒瓦婁哇技術代表著更新世中古人類行為與認知發生的演化，象徵人類認知能力的新突破。

　　1995 年，在吐魯番交河故城溝西臺地舊石器遺跡點採集石器 612 件，屬於舊石器晚期的打製石器就有 580 件。考古學家張森水教授認為，交河溝西臺地石器地點，在石製品的風格和時代上，都與寧夏境內的水洞溝舊石器時代晚期遺址大致相當。[146]2004 年，在北疆地區的布克賽爾縣駱駝石的一處舊石器遺址發現大量打製石器。這一遺址面積約 20 平方公里，是一處中亞地區罕見的超大規模的舊石器製造場。以交河故城溝西臺地、駱駝石舊石器遺址為代表的新疆舊石器文化遺跡，早者可溯至距今 10 萬年前，晚則距今二、三萬年或更晚，遺址中屢屢見有用勒瓦婁哇技術打製的石核和石葉，這些發現對「探討早期人類在新疆的生存、演變、遷徙以及人類技術的發展、東西文化交流都有重要意義」[147]。新疆以西的中亞、俄羅斯的阿爾泰地區發現多處舊石器時代中期到晚期的遺址。重要的如 1960 年蘇聯學者在南西伯利亞阿爾泰山地發掘的奧克拉德尼剋夫洞穴等為代表的舊石器時代中期持續到晚期的一些石器時代的遺址，這裡出土的很多打製石葉，明顯採用的是勒瓦婁哇技術；俄羅斯阿爾泰地區丹民索瓦洞

---

[146]　張川：〈1990 — 1995 年新疆境內的舊石器時代遺存的調查工作與收穫〉，《新疆文物》1996 年第 4 期。

[147]　高星等：〈隋唐墓地新疆維吾爾自治區新疆舊石器地點〉，《中國考古學年鑒・2005 年》，文物出版社，2006 年，第 376 頁。

穴的最底層出現有莫斯特尖狀器，具有 Chepeaudegen-darme 特徵，即發達的勒瓦婁哇技術。俄羅斯學者推測，阿爾泰地區的勒瓦婁哇技術，是從中亞哈薩克草原區域進入西伯利亞，又傳入阿爾泰森林草原。

俄羅斯阿爾泰、中國新疆和中國北方地區勒瓦婁哇石器的發現與研究顯示，距今 10 萬年前的舊石器時代，來自西方的古人類群落，透過中亞草原抵達俄羅斯的南西伯利亞、阿爾泰山地，其後便順著阿爾泰山間孔道，溯額爾齊斯河進入新疆阿爾泰山麓一線，布克賽爾縣和什托洛蓋鎮的駱駝石是他們重要的聚集地。接著他們進入天山南北兩麓，抵塔里木盆地周緣。交河故城附近的臺地，是他們選擇的另一個重要生活聚集點。寧夏水洞溝發現的勒瓦婁哇石器工藝，很有可能性是新疆舊石器時代居民繼續東進，穿過河西走廊到達銀川平原後留下的遺跡。而中國北方其他地區勒瓦婁哇石器的發現，則有可能是透過很早就開闢的北方草原通道傳入。

## 三、中國與南亞、西亞早期的文化交流與傳播

自古以來，中國就與周邊的國家和地區有著各種形式的接觸，與南亞、西亞的文化交流是其中重要的部分。

（一）中國與南亞地區的新石器文化交流

考古資料顯示，早在舊石器時代，印度北部、中國、東南亞的舊石器就具有共同特徵，即砍砸器具。而後來在中、印、緬廣泛分布的細石器也說明，在新石器時代，中國西南與緬、印就有文化的傳播和互動關係。在印度東北的阿薩姆、梅加拉亞、那加蘭、曼尼普爾、比哈爾、奧里薩、喬塔那格浦爾以及孟加拉等地，多處發現有肩石斧、石錛、長方形石斧、八字形石斧、長方形有孔石刀等，與中國雲南考古中常見的形制相似。[148]

---

[148] 闞勇：〈試論雲南新石器文化〉，《雲南省博物館建館三十周年紀念文集》，1981 年，第 45 — 67 頁；楊甫旺：〈雲南和東南亞新石器文化的比較研究〉，《雲南文物》1994 年第 37 期。

第一節　史前歐亞之間的部族流動與文化交流

在東印度阿薩姆發現一種圭形石鑿，在兩端窄邊處打磨開刃，這在四川西南部涼山州西昌市等地區的考古發掘中是常見之物。[149] 饒宗頤先生也認為印度地區所發現的有肩石斧和有段石錛，是沿陸路從中國進入東印度阿薩姆地區和沿海路進入盤福加（孟加拉）的，印度河文明哈拉帕文化發現的束絲符號，與理塘和四川漢墓所見相同。[150] 阿薩姆石器原料所用的翡翠，產在離中國雲南邊境僅150公里的緬甸猛拱地區，這個地區當屬東漢永平十二年（西元69年）設立的永昌郡內外。阿薩姆地區新石器時代的房屋建築是干欄式，[151] 這同樣是中國西南雲南和四川常見的建築形式，成都十二橋商代建築遺址就是典型的干欄式建築。[152] 根據陳炎先生在《中緬文化交流兩千年》中所引證的中外學術觀點，印度以東緬甸的現住民，不是當地的原住土著民族。他們大多數人是在史前時期從中國雲貴高原和青藏高原遷入，其中的孟高棉語族是最先從雲貴高原移居到緬甸的，[153] 這顯然與有肩石器從中國西南雲貴高原向緬印地區的次第分布所顯示的族群移動有關。

在緬甸，從馬圭縣舊石器遺址出土的石斧、石楔、石鑿，在東彬遺址

---

[149]　禮州遺址聯合考古隊：〈四川西昌禮州新石器遺址〉，《考古學報》1980年第4期。

[150]　饒宗頤：〈談印度河谷圖形文字〉，《梵學集》，上海古籍出版社，1997年，第353、355、356頁。

[151]　印度石器時代的考古資料，見 H·L·Movius, *Early Man and Pleistocene Stratigraphy in Southern and Eastern Asia*, Papers of the Peabody Museum of Archaeology and Ethnology, Vol. 19, 1944; Shshi Asthana, *History and Archaeology of India's Contacts with Other Countries-From Earliest Times to 300 B. C.*, Delhi: B. R. Publishing Corporation, 1976, p. 154. 參見童恩正：〈古代中國南方與印度交通的考古學研究〉，《考古》1999年第4期。

[152]　四川省文物管理委員會、四川文物考古研究所、成都市博物館：〈成都十二橋商代建築遺址第一期發掘簡報〉，《文物》1987年第12期。

[153]　陳炎：《中緬文化交流兩千年》，周一良《中外文化交流史》，河南人民出版社，1987年，第3頁。關於緬甸的古代民族的來源問題，參見李紹明：〈西南絲綢之路與藏彝走廊〉，《中國西南的古代交通與文化》，四川大學出版社，1994年，第35—48頁；賀聖達：〈緬甸藏緬語各民族的由來和發展——兼論其與中國藏緬語諸民族的關係〉，方鐵《西南邊疆民族研究》第3輯，雲南大學出版社，2003年，第1—17頁。關於孟高棉語的問題，可參見何平：〈中南半島北部孟高棉語諸民族的形成〉，方鐵《西南邊疆民族研究》第3輯，雲南大學出版社，2003年，第18—33頁。

第一章　絲綢之路的開通

發現的小圓石器,都與北京周口店的石器非常相似;在上下墩縣和瑞波縣出土的環石,又與中國的仰韶文化新石器接近。由此,學者們認為緬甸、印度東北部與中國西南地區之間,在新石器時代有多方面的交流和往來關係,而中印之間的交流可能是透過中國西藏和緬甸兩條通道進行。

（二）彩陶和西亞早期的文化交流

中國長江南北和黃河上下游都有彩陶的分布,而整個黃河中下游,包括甘青一帶的彩陶文化最為發達。仰韶文化是彩陶文化的代表,而甘肅馬家窯文化則是中國彩陶文化走向鼎盛的典型代表。隨著研究不斷深入,發現歐亞之間的彩陶文化的交流早在 5,000 年前就已開始。正如法國學者雷奈・格魯塞在《東方的文明》一書中所說:「在彩陶方面,我們發現出自一些不同地點的陶器,都有奇妙的類似之處……讓我們滿足於這樣一種結論:即當歷史的黎明期,從埃及一直延展到黃河及印度河,曾存在著一種共同的文明,我們可稱它為『彩陶文明』。」[154]（圖 1-2）

圖 1-2：甘肅省博物館藏鯢魚紋彩陶瓶

---

[154]　[法] 雷奈・格魯塞著,常任俠、袁音譯:《東方的文明》,中華書局,1999 年,第 20 頁。

第一節　史前歐亞之間的部族流動與文化交流

因此，在西元前 4000 年前後，古代歐亞之間可能存在這樣一條「彩陶之路」，其傳播的路徑大致是從中原到甘肅、寧夏、新疆，由新疆哈密分天山南北兩麓，再傳入土庫曼等中亞地區，然後進入土耳其安納托力亞高原，最後到達愛琴海和地中海地區，最終引發了希臘彩陶的「東方文化大潮」。

近年來，中國研究民族文化的學者發現，在盤古創世神話和彝族創世神話中都有「左眼為日，右眼為月」的描述，並認為這兩個神話實際上是同出一源的變體，都源於西亞巴比倫混沌之神的傳說。在彝族英雄神話「支格阿龍」中，關於鷹和馬的母題以及支格阿龍所使用的武器三叉戟，都有濃厚的西方色彩（西亞、埃及、希臘）。僅僅是透過神話母題的相似來證明中國古代神話與西亞古代神話有某種聯繫，也許有些玄奧和牽強，然而新石器時代的彩陶上的發現為上述神話提供了有關聯的證據。

陝西臨潼姜寨仰韶文化遺址出土的一個虎首類人面彩陶葫蘆瓶上（距今 5,000 至 6,000 年）和西亞薩邁拉文化（Samarra，在伊拉克北部，距今約 7,000 年）遺址出土的一個人面甕上都發現了「左眼睜」（表示太陽）、「右眼閉」（表示月亮）的人面圖像。這種相似源自地處西北的古羌戎與西亞的文化交流，兩地發現的「左眼開，右眼合」這樣一種母題的神面像，說明盤古神話、彝族創世神話以及姜寨虎頭變形葫蘆瓶，可能都受過西亞文化的某些影響。[155] 另外，彝族古老的「變體彝文宗教示意書」中反映支格阿龍形象的彝族古代民間藝術、甘肅青海地區辛店文化（青銅時代）彩陶、新疆阿勒泰山洞巖畫、伊朗西南部彩陶（距今約 6,000－7,000 年）和伊拉克薩邁拉（距今約 7,000 年）彩陶上的人物造型，描繪技法和藝術風格完全一致。由此可見，彝族文化中融入了西羌、西亞文化元素，也表明了在遠古時期就有中西文化交流。

---

[155]　孫新周：《中國原始藝術符號的文化破譯》，中央民族大學出版社，1998 年，第 114 頁。

## 第一章　絲綢之路的開通

彩陶之路從西元前 4000 年一直延續到西元前 1000 年，它是早期中西文化交流的首要通道，是絲綢之路的前身。彩陶之路的出現，正是中西文化交流甚早和中國文化向西傳播的生動證據。

（三）小麥與中國、西亞早期的文化交流

一般認為，小麥並非原產於中原，而是由中國西部的先民們從遙遠的西亞引入中原的，這是中國在新石器時代就與西亞有間接交往的又一個典型例子。斯塔夫里阿諾斯（Leften Stavros Stavrianos）認為，中國（黃河流域）是在西元前 1300 年前後從西亞引進小麥；而中國學者最近的研究認為，小麥傳入中原的時間應在西元前 3000 年以前。

關於小麥種植在黃河流域的起源，學者們早已留意到古代文字和習俗中的一個有趣現象：雖然早在周代小麥就被列入「五穀」之中，成為中國北方廣泛栽培的重要糧食作物之一，但先民們並不以麥為貴，宗廟祭祀必稱黍、稷，富國安民則言貴粟。古文獻中的這一語言文化現象，反映了原產於中國的粟在古人生活中的地位至高無上，黍、稷之類皆屬粟。重粟不重麥這一古俗表明，小麥似乎不是華夏先祖自古耕食之穀，而更可能是後來從域外傳入的作物。[156]《山海經》中提及糧食作物時有黍稻而不見有麥，並說炎帝和黃帝之後裔皆「食黍」或「食穀」，這也說明早期的華夏先祖不知有麥，或還未引種小麥。大概從殷周以降，人們對於小麥由來的具體情況早已一無所知，以至於本來真實的故事就演變成了模糊的神話傳說。於是，小麥「始從天降」之類的說法也就被人們歷代相傳。這也從反面說明，古人雖然不清楚小麥是何時從何地如何傳入中國的，但很早就知道小麥並不是華夏故土原來就有的。[157] 中國學者還透過考證「利」、「嗇稿」、「每美」等字的考證，得出中國栽培小麥的歷史不早於西元前 4000

---

[156]　李裕：〈中國小麥起源與遠古中外文化交流〉，《中國文化研究》1997 年秋之卷。
[157]　李裕：〈中國小麥起源與遠古中外文化交流〉，《中國文化研究》1997 年秋之卷。

年，不晚於西元前 3000 年。[158] 小麥從西元前 3000 年引入中原，到中唐以後取代粟成為黃河流域居民的主食，經歷了 3,000 多年的漫長歲月。因此，至遲在距今 5,000 年前左右，中國新石器文化就與西亞的史前文化有直接或間接的往來，原產西亞的小麥就透過新疆與河湟地區傳入中原。

## 第二節　夏商周時期的中西聯繫

進入青銅時代，中國各地的部族集團在原有古文化的基礎上，透過部族流動和文化交流，進一步融合，並伴隨社會進步、文化發展而逐漸形成不同的民族。夏、商兩朝從西元前 2100 年至西元前 1100 年，這千年之間也是亞非歐古文明國家迅速發展的時期。隨著中西各地經濟的發展和文明的進步，各民族之間交往和聯繫的意願變強了，而能夠交流聯繫的能力也明顯提高了。

### 一、夏商與周邊、域外部族的早期青銅文化交流

夏朝時期，中國北方已經形成了以黃河中下游地區為中心的農耕文化區，以及西北草原地帶以畜牧為主的游牧文化區。今新疆天山以南地區、甘肅、寧夏、內蒙古的廣大地區，成為兩大文化帶的交會地域。中原地區和西北地區的文化傳播，就以農耕文化與西北游牧文化間的交流為主要途徑。

繼夏而立的商王朝，社會文化較夏朝有更進一步的發展。商品交換越來越頻繁，更是刺激了交通運輸和對外貿易的發展。特別是商代的商業發展迅速，在商朝早期的墓葬中已有「貝」作為隨葬品的現象。商文化中最

---

[158]　李裕：〈中國小麥起源與遠古中外文化交流〉，《中國文化研究》1997 年秋之卷。

第一章　絲綢之路的開通

重要的是以青銅器的冶鑄為特徵的青銅文化，曾以中原地區為中心，向四周地區擴張。

考古研究顯示，西元前 3000 年至西元前 2000 年歐亞大陸就有廣泛的文化交流。西亞或近東與歐洲的影響深遠，對東亞的影響仍有爭論。李濟認為所有偉大文明都是文化接觸的結果，殷商文化是一個多方面的綜合體，融會了很多不同的文化源流，但他並沒有明確指出哪些文化是本土起源，哪些是外來的。[159] 他說：「商人的殉葬習慣恐怕不是中國自己的習慣；我疑惑這是與兩河流域接觸的結果。兩河流域遠在比商朝早兩千年就有殺人殉葬的情形；並且所有銅器時代的文化都有殺人殉葬的事，例如墨西哥如此，早期希臘如此，美索不達米亞如此，埃及也如此……假如青銅器沒有發明，我懷疑殺人殉葬的事有這麼大的規模；因為人們那個時候有了青銅刀，砍人容易，結果殺人就如殺一頭豬或一頭羊一樣；殺人殉葬也就是人類發明了利器以後也發明了自己殺自己。」[160]

安諾、納馬茲加、阿凡納謝沃、安德羅諾沃、古墓溝、四壩、齊家、朱開溝、夏家店、二里頭文化遺址就像一組堅實的城牆，如果充分考慮到游牧民的因素，我們就會發現絲綢之路開通之前早已存在一條「青銅之路」。

安諾文化（Anau Culture）是中亞銅石並用時代文化，納馬茲加文化（Nomazga IV-VI Culture）、豎穴墓文化（Pit Tomb Culture）、洞室墓文化（Cata combs Culture）、阿凡納謝沃文化（Afanasievo Culture）、安德羅諾沃文化（Andronovo Culture）象徵中亞及其附近地區 4000 年前左右進入了青銅時代。[161] 這些文化有一個共同的特點是畜牧業和父權日益發展和膨脹，而種植業和母權則相對萎縮。布金塔斯絲將其中畜牧業和父權占明顯優勢的文化稱為庫爾干文化，認為是原始印歐人孕育了游牧文化，並且改變了

---

[159]　李濟著，萬家寶譯：《中國文明的開始》，商務印書館，1980 年。
[160]　李濟口述，李光周筆記：〈殷文化的淵源及其演變〉，《考古人類學刊》第 42 期，1981 年。
[161]　《中國大百科全書·考古卷》，中國大百科全書出版社，1987 年，第 24、498 頁。

歐洲和其他地區的社會和文化格局。[162]

西北區，特別是新疆地區青銅時代遺址的發掘和研究，填補了青銅冶鑄技術由西向東傳播的空白。[163]（圖 1-3）古墓溝文化遺址的發掘和研究顯示，大約 4,000 年前新疆部分地區已進入青銅時代，且與中亞、西亞、中原均有聯繫。[164] 新疆地區與甘肅地區青銅文化的聯繫亦異常密切。四壩文化、齊家文化、朱開溝文化是青銅文化由西北向西南、東北、中原傳播的中繼站。三星堆、大甸子、二里頭遺址的青銅器可能是本地製造的，但亦是文化傳播的結果。

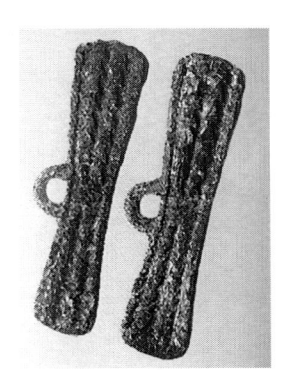

圖 1-3：哈密市天山北路墓地出土蝶形銅飾

車馬具、兵器、動物紋青銅器廣泛分布於歐亞大草原及其附近地區，一般認為是游牧文化的展現，西方學者多稱之為斯基泰式青銅器。田廣金等認為這些青銅器是中國古代北方游牧民族的代表性器物。林澐發現這些青銅器多見於鄂爾多斯以外，稱之為北方系青銅器，指出不同的成分有不同的來源，其中短劍可能來自古代伊朗或西亞。[165] 烏恩稱之為北方青銅

---

[162] M. Gimbutas, *Bronze Age Cultures in Central and Eastern Europe*, London: Monton, 1965.
[163] Victor H. Mair (ed.), *The Bronze Age and Early Iron Age Peoples of Eastern Central Asia*. The Institute for the Study of Man, The University of Pennsylvania Museum Publications, 1998.
[164] 李水城：〈從考古發現看西元前二千年東西文化的碰撞和交流〉，《新疆文物》1999 第 1 期。
[165] 林澐：〈商文化青銅器與北方地區青銅器關係之再研究〉，《考古學文化論集（一）》，文物出版社，1987 年，第 131 頁。

## 第一章　絲綢之路的開通

器，同管銎斧、管銎戈源自西亞，並提醒大家不要低估歐亞大陸草原諸游牧或半游牧民族在溝通東西文化方面的影響。[166] 其實此類青銅器內容繁雜，功能多樣，不可能起源於一時一地，會因時因地而變，是游牧社會不斷發展和吸收、借鑑的結果。

青銅短劍是古代游牧武士隨身攜帶的武器，廣泛分布於歐亞大陸，其中西亞和中亞的短劍較為古樸，東亞的劍種類繁多，且異常精緻。一般認為柳葉劍或偏頸劍為眾劍之祖，其具體的起源地還難以確定，不太可能起源於東亞。林梅村將考古學與語言學相結合論證了中國佩劍之俗起於西北游牧民族，而青銅劍在商周之際傳入中國北方草原、巴蜀地區和中原，與印歐人在東方的活動有關。「絲綢之路上流行的 17 種古代東方語言或方言中的『劍』字無一例外都源於古印歐語。古代印歐人最初是游牧人……西元前 1500 年前後，歐亞草原的古代游牧部落不斷分化，並向四方遷徙，史稱『雅利安人大遷徙』。」[167] 劍在古代漢語中又稱「徑路」或「輕呂」，顯然亦是外來詞。漢代匈奴將「徑路神」當作九天神之一，是戰神的代名詞，在漢匈交疊的地區曾有祭祀劍神的寺廟。[168]《漢書‧地理志》云：「雲陽，有休屠、金人及徑路神祠三所。」這是古代波斯和斯基泰人劍崇拜文化的延續。

綜上可見，中國夏商之際青銅文明與西亞伊朗文明的青銅文明早有交往，其傳播者應是印歐語系的吐火羅先民──中國西域和北方草原的游牧者。由於中原早期青銅器在中原的出現與西亞青銅技術的東傳有密切的關係，所以其可以稱之為中國商周文明興起的外部刺激和外在動力。[169]

---

[166]　烏恩：〈殷至周初的北方青銅器〉，《考古學報》1985 年第 2 期。
[167]　林梅村：〈商周青銅劍淵源考〉，《漢唐西域與中國文明》，文物出版社，1998 年，第 55－56 頁。
[168]　Kao Chu Hsun, The Ching Lu Shen Shrines of Han Sword Worship in Hsiung Nu Religion, *Central Asia Journal* Vol.5,No.3,1960, pp. 221-231.
[169]　Victor H. Mair,*The Bronze Age and Early Iron Age people of East Central Asia*,Pennsyl-vania,1998.

## 二、青銅文化與農牧文化的傳播和交流

　　青銅時代到來之前，東亞仍處於「萬國林立」時代。「禹會諸侯於塗山，執玉帛者萬國。」[170] 禹獨持干戈，號令天下，才有中央王朝的產生。黃帝軒轅氏，與車馬關係密切；往來征戰無常處，游牧風格十分明顯；鑄九鼎而定天下，九鼎顯然是青銅時代的產物。正是青銅時代游牧文化與東亞本土定居農業文化相結合，才創造了夏、商、周三代的歷史。東亞王朝的歷史並不是自生自滅，而是從一開始就與西方不可分割。

　　羊是草原游牧民的衣食之源，包括生物學上兩個不同的物種——山羊和綿羊。全世界所有的山羊形態非常相似，基因差異亦很小。[171] 這不僅表明其有共同的祖先，而且很少有因生殖隔離形成的獨具特色的地方品種。綿羊的地方品種較多，外形差異較大，但同樣具有共同的祖先。山羊和綿羊的骨骼經常同時出現在西亞新石器時代遺址中。位於伊拉克和伊朗之間的札格羅斯（Zagros）山脈及其附近地區可能是山羊和綿羊的最早馴化地。1960 年代，丹麥考古隊與伊朗考古協會合作在札格羅斯山脈南端霍來蘭山谷發現了舊石器時代晚期和新石器時代早期的七處洞穴文化和八處野營地遺址，綿羊和山羊是僅有的兩種家畜。帕金斯對西亞家養動物的起源提出總結，指出綿羊和山羊是當地最早的馴養動物，牛、豬、狗次之。[172]（圖 1-4）

---

[170]　楊伯峻：《春秋左傳注》，中華書局，1960 年，第 1642 頁。
[171]　G. Luikart, Multiple Maternal Origins and Weak Phylogeographic Structure in Domestic Goats, *Proceedings of National Academy of Sciences of the United States of America*, Vol.98, No.2, 2001, pp. 5927-5932.
[172]　D. Perkins, The Beginning of Animal Domestication in the Near East, *American Journal of Archaeology* Vol.77，No.3, 1973.

第一章　絲綢之路的開通

圖 1-4：新疆哈密市五堡墓地出土羊毛織帽纓

東亞養羊與西亞相比大約晚了 5,000 年。在數百處新石器時代遺址中，大約有 40 處出土過羊骨或陶羊頭。[173] 此外，部分紅山文化和龍山文化遺址中有少量可疑的羊骨出土，但大多數遺址中並沒有羊骨出土。新石器時代遺址中出土的少量羊骨，只表明羊及其相關飼養技術已傳播到東亞，為青銅時代東亞養羊技術的發展打下基礎。進入青銅時代後，從新疆到中原遺址中羊的數量明顯增加，在齊家文化和殷墟遺址中均有完整的羊骨骼出土。青銅時代，羊在人們的經濟生活和精神生活中的地位明顯提高。到了商代，西北羌人已以養羊為業，並以此著稱。到了周代，中原養羊已蔚然成風。《詩經·小雅·無羊》：「誰謂爾無羊？三百維群。誰謂爾無牛？九十其犉。爾羊來思，其角濈濈。爾牛來思，其耳溼溼。」

岑仲勉早就留意到渠搜是上古東遷的游牧部落。[174] 據馬雍考證，渠搜意為氍毹，是一種毛織品的名稱。[175] 渠搜可能是一個生產、使用或從事

---

[173]　陳文華：《中國農業考古圖錄》，江西科學技術出版社，1994 年，第 513 — 514 頁。
[174]　岑仲勉：〈上古東遷的伊蘭族 —— 渠搜與北發〉，《兩周文史論叢》，商務印書館，1958 年，第 44 — 54 頁。
[175]　馬雍：〈新疆佉盧文書中的 koʑava 即氍毹考 —— 兼論渠搜古地名〉，《中國民族古文字研究》，中國社會科學出版社，1984 年，第 51 頁。

## 第二節　夏商周時期的中西聯繫

毛製品貿易的部落集團。相傳，堯、舜、禹、湯時代已有渠搜。《尚書·禹貢·雍州》云：「織皮崑崙、析支、渠搜、西戎即敘。」《史記·夏本紀》、《漢書·地理志》中也有類似的記載，師古曰：「崑崙、析支、渠叟，三國名也。言此諸國皆織皮毛，各得其業。而西方遠戎，並就次敘也。」余太山認為渠搜出於少昊，亦譯為「允姓」。[176] 很可能允姓之戎不止活躍於西域，也參與了夏朝的建立。因此，毛製品及毛紡織技術在夏、商、周三代傳入東亞完全有可能。

家馬的野生祖先主要分布於歐亞草原的西端。烏克蘭和哈薩克草原新石器和青銅時代文化遺址中大量出土的馬骨，顯示了從野馬到家馬的馴化過程。騎馬和馬車技術可能源於西亞的騎驢和牛車製作技術。[177]

在東亞數百處約 4,000 年前的遺址中從未發現馬的骨架，只有零星的馬齒或馬骨出土，不能確定為家馬的遺跡，很可能是普氏野馬或其他動物的遺物。[178] 也就是說，和西亞一樣，東亞沒有發現約 4,000 年前的家馬骨骼和其他證據，確鑿無疑的家馬和馬車見於商代。[179] 河南安陽武宜村北地遺址出土馬骨 117 架，表明商代晚期東亞養馬業已初具規模。甲骨文中有「馬方」、「多馬羌」的記載，指的很可能是以善於養馬著稱的方國或部落集團。[180] 西安老牛坡遺址出土的馬骨可為佐證。這意味著西北養馬業要早於或盛於中原。

馬車是青銅時代流行於歐亞大陸的一種有輻兩輪輕快馬拉車，主要用

---

[176]　余太山：〈渠搜〉，《古族新考》，中華書局，2000 年，第 117 頁。

[177]　J.F. Downs, The Origin and Spread of Riding in the Near East and Central Asia, *American Anthropologis*, Vol.63, No.6，1961, pp. 1193-1203.

[178]　K.M.Linduff, A Walk on the Wild Side Late Shang Appropriation of Horse in China, *Late Prehistoric Exploitation of the Eurasian Steppe*，Vol.2，2000，pp.214-231.

[179]　周本雄：〈中國南方新石器時代的家畜〉，《新中國的考古發現和研究》，文物出版社，1984 年，第 196 頁。

[180]　中國社會科學院考古研究所安陽工作隊：〈安陽武官村北地商代祭祀坑的發掘〉，《考古》1987 年第 12 期。

第一章　絲綢之路的開通

於戰爭、狩獵、禮儀和比賽，也普遍用來陪葬。這類馬車在西亞（主要是安納托力亞和兩河流域）、中亞（主要是烏克蘭和哈薩克草原）和東亞（主要是商、周文化遺址）中均有出土，不僅基本形制相似，而且許多細節相同，充分表明它們有共同的起源，不太可能是獨立的發明。

傅斯年《夷夏東西說》倡導的二元說又有新的解釋：上古中國不僅有軍事、政治上的夷夏東西對抗，而且有本土文化與外來文化的互動與結合。外來文化不只是物質和技術，而且包括游牧生活方式、封禪、巫術等習俗。

互通有無，絲綢之路是跨文化交流，有利於不同文化之間的整合與認同。

## 三、周穆王西征與中西交通的開闢

周族興起於陝甘地區，很早就與西北部族之間有密切的聯繫。周與狄、羌諸部族方國透過朝貢、貿易和戰爭等方式，保持著密切的關係，同時中原也透過他們與蔥嶺以西的民族進行交往和交流。

在西周建立前後，中原與西北的聯繫始終被西北戎狄部族所牽制。所以，進入西周中期，周穆王即位後，發動了對犬戎等族的西征。穆王的西征活動，在中西文化交流和絲綢之路的開通上，是一件具有劃時代意義的大事件，影響深遠。

（一）周穆王西征

周穆王西征的故事，在《竹書紀年》、《穆天子傳》、《史記》等文獻中都有記載。據《列子》記載：「周穆王時，西極之國有化人來，入水火，貫金石，反山川，移城邑，乘虛不墜，觸實（石）不礙，千變萬化，不可窮極，既已變物之形，又且易人之慮。穆王敬之若神，事之若君。」

由於化人的吸引，穆王越來越奢侈貪玩，故有西征之舉。這實際上說

明了西周時西域的雜技、魔術已傳入了中原地區。

根據多種史料的記載，穆王西征的真實原因與犬戎擴張阻斷了周與西北各部族的聯繫有關。所以，穆王西征一方面是為了征服犬戎，另一方面是為了進一步強化與西北各族的聯繫和交往。

《穆天子傳》是一部記錄周穆王西巡史事的著作，書中詳載周穆王率師南征北戰的盛況。名為傳，實際上屬於編年，其體例大致與後世的起居注同。所以，《隋書‧經籍志》、《新唐書‧藝文志》都把它列入史部起居注門。關於《穆天子傳》的真偽問題，幾經爭辯，仍是不解之謎。《穆天子傳》主要記載周穆王率領七萃之士，駕上赤驥、盜驪、白義、逾輪、山子、渠黃、驊騮、綠耳等駿馬，由造父趕車，伯夭為嚮導，從宗周出發，越過漳水，經由河宗、陽紆之山、群玉山等地，西至於西王母之邦，和西王母宴飲酬酢的神話故事。周穆王致力於向西發展，曾因游牧民族戎狄不向周朝進貢，兩征犬戎，獲其五王，並把部分戎人遷到太原（今甘肅鎮原一帶）；還東攻徐戎，在塗山（今安徽懷遠東南）會合諸侯，鞏固了周在東南的統治，並制定墨、劓、臏、宮、大辟五刑，其細則竟達 3,000 條之多。

其中的宗周，經學者研究，認為是指雒邑（今河南洛陽）。穆王的西行路線，當是從雒邑出發，北行越太行山，經由河套，然後折而向西，穿越今甘肅、青海、新疆，到達帕米爾地區（西王母之邦）。《穆天子傳》所提供的資訊，除去神話傳說和誇張的成分，確實有助於我們了解古代各族分布、遷徙的歷史和他們之間的交往，以及先秦時期中西交通路徑和文化交流的情況。它說明遠在漢武帝劉徹派張騫通西域以前，中原和中亞之間就已有個人和團體的交往接觸。這一點已有不少考古資料可資證明。

(二) 絲綢之路的發軔

周穆王第二次西征不僅西至兩崑崙，而且也到了中亞和西王母之邦。

## 第一章　絲綢之路的開通

現代不少學者認為，先秦文獻中的崑崙山就是現在的阿爾泰山。西王母之邦是中亞地區的一個部落；西王母瑤池，在今哈薩克境內。周穆王此行所歷山川、澤藪、大原、部族、邦國，特別是西域之地，大多未見於其他文獻記載。

周穆王西征，是文獻明確記載的中原王朝第一次「跨出國門」到達今中亞地區的一次文化交流活動。兩次西征，打通了中原地區與西北地區和蔥嶺以西中亞地區的交通，也解除了一度由於犬戎強盛而造成的交通阻隔，並與沿途各國各族建立了友好關係，促進了雙方的進一步了解。由此說明，中原人民與西域各族人民的友好往來，可以追溯到距今 3,000 多年前，這早於張騫出使西域數百年。從此之後，黃河流域和西北新疆地區建立了牢固的聯繫。

從周穆王所行的路線，我們可以看出，由關中向西北的交通，越過黃河後既可將由祁連山之北的河西走廊作可經祁連山之南的柴達木盆地進入新疆，再將天山以北的草原路和天山以南的綠洲路作為中西交通的大道，再往西行，越過蔥嶺，便可進入西王母所在的塞人部落和月氏人、羌人及中亞各民族之地。這些部族本來就與西北民族有著密切的關係，透過周穆王西征，中原與新疆以及中亞各民族關係有了新發展，中國絲綢也由此傳到域外。周穆王之後，在周孝王五年（西元前 956 年），西戎國前來獻馬。西周王朝不僅從西域引進馬匹，而且，開始設立牧馬場養馬。中原的貨物西運也越過了蔥嶺，一直延伸到了今俄羅斯西部的烏拉爾地區和伊朗高原。張星烺說：西周初年，兵威之盛，交通之繁，不亞於後世漢唐二代也。東封箕子於朝鮮，肅慎來貢楛矢；西封季綽於舂山（即蔥嶺），渠搜獻其騶犬。漢唐盛時，東西最遠所達之國，亦不過若是。越裳氏航海期年始至，唐宋二代，海道通商之業，周初已啟之矣。周穆王以天子之尊，乘興為萬里壯遊，尤為秦漢以後二千年所未有也。

以上評價，雖有誇大之言，但對於西周中西交通的開闢，確有相當深刻的了解。

## 第三節 春秋戰國時期的中西交通

西周滅亡，周平王東遷雒邑建立東周。隨著周人勢力的東移，加之王室勢力的削弱，周人與西北部族的聯繫減少。與此相反，整個東周時期，無論是前期的春秋時期，還是後期的戰國時期，諸侯國日漸強盛。於是，位於中國北方和西北的燕、晉、秦諸國，成為這一階段與西北部族乃至西域貿易往來和文化交流的主要承擔者。中原文化經由西北草原民族與更為遙遠的西域文化的聯繫更為緊密。與此同時，歐亞草原民族的遷徙流動，也擴展了東西方之間的交流聯繫，進而推動絲綢之路的初步形成。

### 一、歐亞草原的部落遷徙與草原絲綢之路的開闢

早自商周以來，在歐亞草原上就有大規模的民族遷徙。第一階段開始於西元前 2000 年左右，第二階段發生在西元前 1500 年至前 1200 年，第三階段始於西元前 700 年左右。這三次民族大遷徙浪潮，為歐亞地區的民族和國家的發展帶來了重要影響。在此背景下，中國及中亞民族出現了一次文化的大交流和交通的大發展。

當時，歐亞草原上散居著許多游牧部落。波斯帝國的東北邊界和蔥嶺（帕米爾高原）以西塞人游牧諸部的地區接壤。在古代，希臘史家把散居在東歐、西伯利亞和中亞的北方部落泛稱作斯基泰人，波斯人稱他們為塞迦人，中國則把分布在河西走廊西端到天山南北麓的那一部分稱作塞人。正是塞人，在古代中國與西亞、南亞、北非，直至希臘城邦之間，擔任了

第一章　絲綢之路的開通

早期交流的媒介。

西元前六世紀至前三世紀，中國和希臘兩個文明國家之間的交流，就是依靠中國農耕文化首先與西北游牧文化展開接觸，然後又透過草原游牧民族繼續向西傳遞交流。斯基泰人成為中國絲綢最大的中盤商和販運者。

黃金作為草原地區累積財富的等價物地位極其重要。[181]由於可以騎馬，人們可以利用更廣闊的草場放牧，但生產出的大量馬匹或者皮毛會超出有限人群的消費能力，而極端天氣或者瘟疫等會導致這些財產大幅縮減。因此，草原社會需要尋找一種安全、便攜的等價物，黃金無疑是最佳的選擇。幸運的是，阿爾泰山地區是著名的黃金產地。加上當時東南部農耕社會進入多事之秋，中國正值西周晚期，社會矛盾加劇，草原生產的馬匹、皮革等可作為商品和農耕社會交換，獲得的糧食、奢侈品等又使草原部落首領有能力尋找、生產和保護黃金，並與缺少黃金的其他草原地區交換。西周晚期大墓中出土的以肉紅石髓珠為代表的珠飾等或為另一種交換媒介，薩彥——阿爾泰的牧人可能用草原產品與中亞綠洲或者西亞交換此類珠飾，之後再和中國北方的諸侯們交易。[182]這個良性循環導致草原的強勢部落和菁英階層更富有和更具影響力。為占有更多牲畜去交換黃金等可長期儲存的等價物，他們必然會爭奪草場和貿易路線。青銅時代中晚期，分散的草原社會因之迅速複雜化，出現大部落聯盟和金字塔式的社會分層。

俄羅斯境內阿爾泰地區的帕茲里克古墓出土的中國精美的絲織品和漆器、四山紋銅鏡，都是西元前五至前四世紀的遺物，幾乎在同一歷史時期，希臘帕德嫩神殿中的命運女神雕像身著薄至透明的長袍，雅典紅花陶壺上的彩繪人物，也穿著這種細薄的衣衫。從上述情形推斷，當時中國的

---

[181]　Emma C. Bunker, Gold in the Ancient Chinese World: A Cultural Puzzle, *Artibus Asiae*, Vol. LIII/1-2, 1993, pp. 27-50.
[182]　美國威斯康辛大學人類學系基諾耶（Jonathan Mark Kenoyer）教授根據對一些標本的顏色和鑽孔特徵判斷，認為這些肉紅石髓珠最初的產地可能不是印度，而是迄今尚不清楚的地方。

第三節　春秋戰國時期的中西交通

絲綢已經深受希臘上層社會的歡迎。在中國，洛陽古墓中也發掘出來自地中海地區的玻璃製目珠（裝飾品）。同時，戰國時期鐵製鎧甲與寫實動物紋圖案出現，均有外來文化元素的明顯特徵可循（圖1-5）。無論是中亞、希臘發現的早期中國文物與文化影響，還是中國發現的早期西方文物與文化影響，都是經由中西交通歷史上那條最古老的通道，即斯基泰貿易通道，或稱「草原之路」而彼此進行交流。

圖1-5：烏魯木齊阿拉溝墓出土獅虎形金箔飾

這條交通要道形成之後，中國的絲綢及其他商品透過蒙古高原傳至阿爾泰山地區，然後再向西繼續傳播。中國的絲綢和漆器、西亞和裏海地區的銅獸首劍與刀是他們運輸和貿易的主要貨物。斯基泰人成為中國絲綢和其他商品輸入西方的仲介和販運商，他們與生活在中國北方草原上諸如匈奴或月氏人這類游牧民族進行轉手貿易。特別是月氏人，在西漢初年被匈奴所驅趕，進入中亞和南亞地區，建立貴霜帝國。他們將產於大秦和安息的許多商品透過草原絲路輸入到中國北方草原和中原腹地。從1928年至1949年，在今俄羅斯的高爾諾——阿爾泰地區的烏拉蓋河畔以及卡通河和比亞河上游，出土了一批絲織物，在帕茲里克3號墓和5號墓出土了絹、綢、漆器和有漢字銘文的青銅鏡。[183]出土的絲織品圖案為傳統的中

---

[183]　沈福偉：《中西文化交流史》，上海人民出版社，1985年，第19頁。

国风格，应是中国最早传入此地的丝织工艺品。这条以斯基泰人为主的游牧民族的商贸活动所形成的欧亚草原之路，最早将中国、波斯、希腊和印度等文明相连。

## 二、绿洲丝绸之路与文化的交流

绿洲丝绸之路是相对欧亚草原之路和海上丝绸之路而言的名词。这条道路要经过广袤的沙漠，而在沙漠里有着无数的天然绿洲，以这些绿洲为连接点，形成一条贯穿欧亚大陆的交通线，成为东西方经济和文化交流的大动脉。

据《汉书·西域传》记载，在西汉初期环绕塔克拉玛干沙漠周缘的河流绿洲分布着三十六国，丝绸之路把其中的许多绿洲小王国都连接了起来。《汉书》中记载了这条道路的基本走向：

自玉门、阳关出西域有两道。从鄯善傍南山北，波河西行至莎车，为南道。南道西逾葱岭则出大月氏、安息。自车师前王廷随北山，波河西行至疏勒，为北道。北道西逾葱岭则出大宛、康居、奄蔡焉。[184]

易言之，一路由玉门关西过沙碛，到楼兰、渠犁（今新疆库尔勒一带）、龟兹（今库车一带）、温宿（今温宿县境）、疏勒（今喀什一带），越葱岭（今帕米尔高原、喀喇昆仑山、昆仑山、兴都库什山一带）；一路由阳关出沙碛到楼兰，至且末、于阗、莎车（今莎车一带），越葱岭。两道均过楼兰，楼兰扼丝绸之路要冲，其地理位置十分重要。

考古发现证明，张骞凿空西域之前，中原内地与楼兰及其以西地区早已建立了相互沟通的桥梁，至西汉正式开通丝绸之路后，这种交流更是空

---

[184] 〔汉〕班固：《汉书》卷九六上〈西域传上〉，中华书局，1962年，第3872页。

## 第三節　春秋戰國時期的中西交通

前興盛。《史記》載:「樓蘭、姑師小國耳,當空道。」[185] 所謂「當空道」,乃謂樓蘭和姑師地處張騫鑿空西域交通幹線之咽喉要道。羅布淖爾一帶乃是古代塔里木盆地東端的交叉路口,是中原連接西域和西方世界的重要交通樞紐,學者們將連接敦煌和西域,以樓蘭城東西一線為主要通道和分途點的交通幹線稱為「樓蘭道」。[186]

鄯善國所出的西域是絲綢之路必經之處,是古代中國和今伊朗、巴基斯坦、印度乃至歐洲、北非諸國進行文化交流和友好往來的西大門。最初的宗教文化就是經由此道向東西方傳播,同時也涉及絲綢之路沿途各國的政治、軍事、文化、藝術、民族遷徙與融合等豐富的內容。

有關古代中外社會往來、文化交流的歷史資料,相對於古籍文獻的記載來說,東西方一批考古成果的公布,則更能留下直觀、深刻的印象——因為它們以物質文明的屬性展示了一段古代歷史的真實存在。

中國考古學界指出,自青銅時代以來,塔里木東沿的羅布泊一帶已經居住著一批說吐火羅語的歐羅巴人的移民部落。[187] 雖然人種學檢測已經證明這一史前部落含有東方人種的基因,但這一「羅布人群」高鼻深目、棕色毛髮的體格特徵,具有濃郁的西方人種血統則毋庸置疑。由此可見,自蔥嶺西東遷而來的吐火羅先民,曾對天山南北的廣大西域地區的早期開發貢獻良多——雖然塔里木盆地自然環境的破壞與吐火羅人為生存而對

---

[185] 〔漢〕司馬遷:《史記》卷一二三〈大宛列傳〉,中華書局,1959 年,第 3171 頁。

[186] 孟凡人:〈絲路交通線概說〉,《新疆考古與史地論集》,科學出版社,2000 年,第 344 — 346 頁。

[187] C. H. Hjrtsjo und A. Walander, Das Schudel und Skelettgut der Archaologischen Untersunchngen in Ostturkistan, *Reports from the Scientific Expedition to the North-Western Province of China*, Vol. 7, Archaeology 3, Stockholm, 1942;王炳華:〈孔雀河古墓溝發掘及其初步研究〉,《新疆文物考古新收穫 (1979 — 1989)》,新疆人民出版社,1995 年,第 92 — 102 頁;新疆文物考古研究所:〈2002 年小河墓地考古調查與發掘報告〉,吉林大學邊疆考古中心編《邊疆考古研究》第 3 輯,科學出版社,2004 年,第 338 — 397 頁;新疆文物考古研究所:〈新疆羅布泊小河墓地 2003 年發掘簡報〉,《文物》2007 年第 10 期;林梅村:〈吐火羅人的起源與遷徙〉,《絲綢之路考古十五講》,北京大學出版社,2006 年,第 12 — 34 頁。

自然資源的過度「索取」有著密切的關聯，但上古時代先民們拓展生活空間的文明探索留下了更為珍貴的文化啟迪。

此外，在近代域外考古史上，西方學者們發現歐洲出土最早的中國絲綢遺跡，是西元前六世紀中葉的一座屬於早期鐵器時代的貴族墓葬——在德國西南部的巴登——符騰堡（Baden-Wurttemburg）的霍米赫勒山（Hohmichele）發掘的一座編號為6號的墓葬中，人們發現了一件當地製作的毛衣，羊毛和裝飾圖案的織品中均夾雜有來自中國家蠶的絲。墓中還出土了成批的來自希臘和地中海其他地區的器物。[188] 考慮到在司徒加特附近霍克道夫－埃伯丁根（Hochdorf-Eberdingen）一座西元前六世紀晚期的古墓中也出土了絲毛混紡的織物，人們傾向於認為這些中國蠶絲有可能是經過黑海地區轉輸於德國。

另在希臘雅典西北陶工區的墓葬遺跡中，人們亦發掘了一座雅典富豪阿爾西比亞斯（Alcibiades）家族的墓葬。墓中出土了六件絲織物和一束可以分成三股的絲線。經鑑定，這些絲織品原為中國的家蠶絲所織造，時代屬於西元前四百三十年至前四百年間。[189]

來自歐洲考古實踐中的這些學術成果，使人們可以推判馳騁在歐亞草原上的斯基泰人在西元前六世紀至前五世紀之際擔任了中國絲綢遠輸西方的轉輸者的角色，讓人們對遠古時代橫跨歐亞的草原絲綢之路有了感性理解。

其次，1950年代以前，在俄羅斯阿爾泰山西麓的帕茲里克一帶，考古學者從一組西元前五世紀至西元前四世紀的大墓中，發掘出了一批產於中國的銅鏡和絲織品。[190]

---

[188] J. Briard, *The Bronze Age in Europe*, London, 1979, p. 213; E. J. W. Barber, *Prehistoric Textiles*, Princeton, 1991, pp. 203-204.

[189] E. J. W. Barber, *Prehistoric Textiles*, Princeton, 1991, p.32.

[190] [蘇] С. И. 魯金科、潘孟陶：〈論中國與阿勒泰部落的古代關係〉，《考古學報》1957年第2期。

第三節　春秋戰國時期的中西交通

這些文物包括 6 號墓中出土的不晚於西元前五世紀的中原「山」字紋殘銅鏡及同墓另外出土的來自中國的絲織品刺繡，[191] 有力證明了彼時中國與西域地區社會往來的存在。

另據德國雅各比（Herman Jacobi）教授考證，西元前三世紀左右，印度孔雀王朝旃陀羅笈多王在位時，其臣某著有《考底利耶》（Kautiliya）一書，書中有中國的絲綢販至印度之語。因此可見，遠在上古時代，中印之間已有海陸交通的開闢。[192]

在中原，河南安陽小屯殷商婦好墓中所藏之和田瓏玉，顯然亦為上古中原溝通西方的人文遺跡。[193]

1977 年，新疆托克遜阿拉溝東口 28 號古墓遺址中，出土過一件幅面長寬皆為 17 公分且保存良好的鳳鳥紋綠色絲線刺繡絹。經考古鑑定，這件絲綢製品為中原地區春秋時代的產品，具有鮮明的楚人織繡的風格。[194] 這件沉睡了數千年的歷史文物，有力證明了絲綢之路的客觀存在。

在兩周時代的文化遺址中，亦有中外往來的物質遺跡。二十世紀中葉，洛陽中州路一帶戰國遺址出土的若干蜻蜓眼料珠，是東周晚期中原地區與西域交流的絕佳例證。這種帶有圈狀套花工藝的玻璃製品，與西元前六世紀至前三世紀盛行於希臘化時代的埃及或腓尼基等地中海東岸國家的蜻蜓眼料珠十分接近。[195]

東西方古道上凡此年代久遠的文物發現，無疑從田野遺跡的角度反映了古代一條橫跨歐亞大陸的通道物流轉輸的輝煌。

---

[191]　張廣達：〈古代歐亞的內陸交通〉，《西域史地叢稿初編》，上海古籍出版社，1995 年，第 390 頁。
[192]　張星烺編注，朱傑勤校訂：《中西交通史料彙編》第 6 冊，中華書局，1979 年，第 9 頁。
[193]　中國社會科學院考古研究所：《殷墟婦好墓》，文物出版社，1980 年，第 114 頁。
[194]　王小甫、范恩實、寧永娟：《古代中外文化交流史》，高等教育出版社，2006 年，第 11 頁。
[195]　中國科學院考古研究所：《洛陽中州路（西工段）》，科學出版社，1959 年，第 115 頁。

第一章　絲綢之路的開通

## 三、中印之間早期交通與交流

中國西南與緬甸、印度早在新石器時代就已經有了聯繫，進入春秋戰國時期，中印之間的交通往來和文化交流更為密切。

考古資料說明，在春秋戰國時期，中國西藏地區與南亞之間保持著文化上的往來。1990年，拉薩曲貢村石室墓中出土過一枚鐵柄銅鏡，這是西藏地區最早發現的青銅器，也是目前時代最早的鐵器。但這枚銅鏡並非西藏本地的產品，而是從南亞或中亞地區輸入的產品。經由中國西南、緬甸而至印度的道路，在秦漢時期以前也已開通，春秋戰國時期，這條道路的利用更為頻繁。另外，雲南江川李家山24號墓發現多枚戰國至兩漢時期蝕花肉紅石髓珠。這種石珠是西元前2000年印度河流域所製造，盛行於西元前300年至西元前200年，分布在埃及、伊朗、中國新疆和雲南等地。中國現在所發現的這種石珠，正是這一時期經由印度傳入。

關於印度與古代中國的交通聯繫，有南海道、西藏道、緬甸道、安南道、西域道五條路線。其中，最主要的是西域道。該道曾是絲綢之路的主幹道。1923年，在河南新鄭發現一對蓮鶴青銅方壺，現分別藏於河南省博物館和北京故宮博物院，製作年代約為春秋中晚期至戰國時期。據研究，這種新穎的蓮花立鶴形象不是中國的風格，而是印度藝術中常見的圖案。

處於西域道沿途的新疆和田地區古代居民使用的是和田塞語，與印度西北部古代居民的語言相同；古代的崑崙山北麓居民使用的是佉盧語，也是印度西北部、巴基斯坦東部、阿富汗地區古代居民使用的語言。[196] 這一地區與印度鄰近，交通方便，故早期絲綢就是沿著新疆和田等地透過西

---

[196]　C. Sivaramamurtiano Krishna Deva, Indian Scripts and Languages in Asian Countries, Lokesh Chandra, Swarajya Prakash Gupta, Devendra Swarup, Sitaram Goel (eds.),*India's Contribution to World Thought and Culture. Vivekananda Commemoration Volume*. Dedicated to the memory of all the known and unknown Acharyas who carried the Message of Mother India to every corner of the World through the Ages, Madras: Vivekananda Rock Memorial Committee, 1970, pp. 208-210.

第三節　春秋戰國時期的中西交通

域道傳入印度,而中原所傳之蓮花立鶴青銅壺也是印度文化經此道東傳之物證。

據《西京雜記》卷二記載:「武帝時,身毒國獻連環羈,皆以白玉作之,瑪瑙石為勒,白光琉璃為鞍。」[197] 可知,從印度傳入中國的物品有白玉、瑪瑙、琉璃等。秦漢時,印度音樂也傳入了中國。在漢譯書中記載有簫、笛、琴等樂器。在精神文化方面,印度佛教傳入中國,中國人逐漸了解後,認真改造和研究,使之成為中國文化一部分。(圖1-6)印度文化的傳入,對當時中國的各方面都產生了深遠的影響。而同時,中國的絲綢、梨樹和桃樹也傳入印度。在西元一世紀中,桃樹、梨樹傳入印度,梨樹在古代印度有「中國王子」之稱。《漢書‧地理志》中最早記載了中國絲綢傳入印度。絲綢是古人最偉大的發明之一,它的傳入也對印度產生了一定的影響。在漢代,中印交流的交通方面主要有三條通道:西域道、滇緬道以及南海道。前兩條是陸路交通,後者是海上交通。這三條道,使當時的人們更加了解彼此的文化,使物質及精神交流更加頻繁。

圖1-6:拉達克五佛摩崖石刻

---

[197]　〔晉〕葛洪撰,周天遊校注:《西京雜記》卷二,三秦出版社,2005年,第79頁。

第一章　絲綢之路的開通

## 第四節　秦帝國與中西交通

秦帝國興起於中國西北隴右，在中國歷史上是一個承前啟後的王朝。秦統一前對西北地區的經營和戎狄部族開展經濟文化交流，統一後大力發展交通、強化與外國的聯繫，不僅大大提高了中原的世界影響力，而且也為西漢時期絲綢之路的正式形成奠定了良好的基礎。

### 一、秦統一中國與東西交通的發展

西元前 220 年，秦始皇開始了他的第一次也是唯一一次西巡。這次西巡的路線大致上是從咸陽出發，北上經淳化西北行，越過子午嶺進入今甘肅境內，再經今合水、寧縣、涇川、秦安，沿渭水經冀縣（今甘肅甘谷）和今隴西、渭源到達隴西郡治狄道（今甘肅臨洮），然後轉向東北返回秦都。從狄道經榆中，沿秦長城過今定西、靜寧，登雞頭山，到達北地郡治義渠（今甘肅慶陽東南），再由義渠南行，經今鎮原、平涼，過回中，回到咸陽。這次巡行的路線被後世稱為絲綢之路東段的隴右道。

同時，秦帝國往西南方向修築五尺道，這強化了中原與西南少數民族的交流，也是後世西南絲綢之路的雛形。秦帝國在南征百越時，為方便軍事物資運輸，修建了溝通湘水與灕水的靈渠，這是中原內地與海上絲綢之路的橋梁。同時，秦始皇遣方士出海尋求仙丹，拉開了中國古代交通的序幕。

中外文化、文明的相互往來、交流，不僅有東西的交流，而且有南北的往來。古代中原地區與西域、中亞地區的文化交流，首先透過歐亞草原東西向相互傳播和交流，然後，在中國北方文化區分布範圍內，透過眾多南北向河谷連接到黃河中下游地區。在匈奴統一中國北方草原地區和草原絲綢之路全面開通以前，草原通道就已經成為東西方經濟、文化交流的載

體。這種交流一方面是東西方游牧文化的交流，使中國北方草原地區至黑海沿岸有共同的文化元素；另一方面是中原地區透過草原通道與西方進行文化交流。而以隴山為中心的東西通道就是早期秦人與北方草原文化交流的走廊，其交流方式主要是透過活動於這條東西通道上諸如西戎、狄、羌族、月氏、匈奴等民族為介，這些民族的文化就是所謂的草原文化。

秦文化的興起與草原文化息息相關。草原文化中的很多重要文化元素應該起源於內蒙古西南部、山西和陝西北部，一直到甘肅北部的廣大區域。秦人在商、周時期主要活動於陝、甘、晉之間，這恰恰是中原文化和草原文化的交界處。早期秦人活動於陝甘一帶的目的就是為商周保衛西陲，從其興起到最終統一全國，始終處在與以戎狄為代表的早期草原文化的接觸、征伐與融合的過程中。同時，秦人又與處於中原地區占統治地位的以周人為代表的華夏文化密切聯繫。因而，早期秦文化在發展過程中不僅受周文化的影響，而且與北方草原和西伯利亞青銅文化有相互接觸的痕跡，呈現出獨特的文化面貌。所以，秦文化的興起也推動了中國透過草原文化這個歐亞通道與西方的聯繫。

早期秦人的活動地域，向東地連關中、西秦嶺和漢中盆地，往西通青海、西藏、新疆，直至中亞，南部可入四川盆地，北上能進寧夏與蒙古草原。絲綢之路東端的秦漢時期的隴山道或以前的涇水道、汧水道就是透過這一地域向西、向北進入河西走廊、北方草原地區。涇水道在隴山北側，溯涇河而上，在寧夏固原附近渡過黃河；汧水道在小隴山腹地溯渭河而上，到達葫蘆河流域後再折北逆葫蘆河向東北與北道會合，包括禮縣在內的甘肅天水地區正處在這條道路的東端，為東進中原腹地的必經之路。

根據傳播學的理論，傳播的模式有三種，即直接接觸、媒介接觸和刺激傳播。甘肅一帶歷史、地理位置特殊，是古代東方和西方文化的交會點，而甘肅與草原文化接近的地帶就集中在隴中、隴東地帶以及河西走廊

第一章　絲綢之路的開通

東部區域。這一地帶正好是與漠北草原、西域中亞連接的地帶，而活動於這一地區的戎人是秦人與北方草原文化交流的主要對象。早期秦文化與寺窪文化關係密切。戎或西戎是西部族群泛稱，它不是一個單獨存在的古代民族，包含了活動於隴中、隴南、寧夏、內蒙古等以隴山為中心的廣大地區的古代民族。西漢水上游考古調查與發掘表明，與周秦文化時代相當的是寺窪文化，就是文獻上與早期秦人發生諸多糾葛的所謂的西戎民族所屬的考古學文化。《史記·匈奴列傳》：「自隴以西有綿諸、緄戎、翟、獂之戎，岐、梁山、涇、漆之北有義渠、大荔、烏氏、朐衍之戎……各分散居谿谷，自有君長，往往而聚者百有餘戎，然莫能相一。」[198] 寺窪文化應當包括上述勢力較大的八戎在內的諸戎眾多部族，即春秋時期的「西戎八國」，地域當為今甘肅隴南及隴西諸縣，岐、梁山以北隴東諸地，兼及陝西北部、寧夏南部，主要分布在涇水、渭河、西漢水、洮河等流域。從西周到春秋，隴東地區一直有戎族在活動，其特殊的地理位置和歷史環境，決定了這一地區在鄂爾多斯青銅文化、中原文化、秦文化等多元文化的共同影響下而產生了具有地方特色的戎族青銅文化。（圖 1-7）

圖 1-7：甘肅靈臺縣白草坡出土的青銅大圓鼎

[198] 〔漢〕司馬遷：《史記》卷一一〇〈匈奴列傳〉，中華書局，1959 年，第 2883 頁。

## 第四節　秦帝國與中西交通

　　秦人在立國之前，雖然長期處於戎人的包圍之中，但是由於受到了主流周文化的強烈影響，與戎人之間在物質文化方面的交流，還處於相對較少的狀態。但從立國之後，透過不斷的武力征伐，戎人物質文化方面的代表性器物，才比較頻繁地出現在秦文化遺址之中，這種趨勢一直延續到戰國晚期。隨著地域的擴大，不斷有北方各民族融入秦文化的系統之中，秦文化的物質文化層面，也就有了代表這些民族的器物出現，曾被作為探索秦文化淵源的鏟形袋足鬲就是這些人群的遺跡。秦人立國於戎狄之地，與戎人雜處，更有條件廣泛吸取融會西方、北方各民族文化的特點，從而形成具有戎狄文化特質的秦文化體系。在吸收的同時，秦文化又透過羌、月氏、氐族、匈奴、塞族、西戎等部族直接或間接地傳播出去。透過草原通道進行文化聯繫，是以諸多中間民族為媒介進行，並不是直接的交往。這一時期的東西方文化交流，是依靠那些游牧人民。「逐水草而居」的游牧部落月氏人是開拓絲綢之路的先驅，他們在塔里木盆地和黃河流域之間的早期經濟文化交流過程中的地位非常重要。他們的活動範圍自塔里木盆地直迄鄂爾多斯草原，開闢了一條從黃河中游經今山西境內至鄂爾多斯，然後向西，通過河西走廊，最後抵達塔里木盆地西部的和田運送和田玉的商道，後來陸路絲綢之路的主要路線就是在這條商道的基礎上發展起來的。

　　月氏由河西走廊遷居大夏一帶，不僅帶來了原有的生活方式，而且對促進東西方的交往影響深遠，考古資料足以證明這一點。

　　1978 年，由蘇聯與阿富汗考古工作者組成的聯合考察隊在古代大夏境內，即今阿富汗北部西伯爾罕（Siberghan）的黃金之丘（Tilly-Tepe）遺址發現了一處貴族墓地，排列著 6 座古墓，從中出土的金質藝術品多達兩萬餘件，被確認為西元前一世紀至西元一世紀之物。[199] 而這個世紀正是大

---

[199]　V. I. Sarianidi, The Treasure of Golden Hill, *American Journal of Archaeology* Vol. 84, 1980, p. 130; Fredrik Hirbert & Pierre Crie Kdjr (eds.), Afghanistan. Hidden Treasures from the National Museum, Kabul, Washington:The National Geographical Society, 2007, p. 226.

第一章　絲綢之路的開通

月氏攻滅大夏之後，尚未建立貴霜帝國之前的這段時間。[200] 值得留意的是，墓地出土的服飾證明，居於大夏地區的大月氏儘管受當地條件所限，多數人已放棄畜牧而改事農耕，但牧業文化氣息仍然非常濃郁，這種農牧業文化共存的現象可以透過黃金之丘貴族墓葬墓主人的著裝看出來，如 1 號墓、3 號墓、5 號墓、6 號墓女主人皆著裙，2 號墓女主人著馬甲式上裝（圖 1-8），4 號墓男主人著褲（圖 1-9）。[201]

圖 1-8：阿富汗黃金之丘 2 號墓女主人　　圖 1-9：阿富汗黃金之丘 4 號墓男主人

---

[200]　V. I. Sarianidi, The Treasure of Golden Mountain, *Archaeology* Vol. 33, no. 3, 1980, p. 40.
[201]　Fredrik Hirbert & Pierre Crie Kdjr (eds.), Afghanistan. *Hidden Treasures from the National Museum*, Kabul, Washington: The National Geographical Society, 2007, pp. 241, 265.

## 第四節　秦帝國與中西交通

　　2011 年，在蒙古國東北部諾顏烏拉（Noyon uul）匈奴墓葬中出土了 6 件來自大夏（Bactria）的絲織物殘片。其中 4 件出自巴羅（Barrow）31 號墓，另外兩件分別出自巴羅 6 號墓和 24 號墓。其中，第一、二件描繪的為集體祭祀儀式，有人像 13 身（圖 1-10 ／ 11）。第三件為戰爭場景，有人像 4 身（圖 1-12），全部著褲。有的身著紅色長袖衣服，配以紅色鞋子、白色褲子和白腰帶，有的則身著白色長袖衣服和鞋子，而褲子和腰帶卻是紅色的。[202]

圖 1-10：蒙古國諾顏烏拉匈奴墓祭祀儀式

圖 1-11：蒙古國諾顏烏拉匈奴墓祭祀儀式

---

[202]　Sergey A. Yatsenko, Yuezhi on Bactrian Embroidery from Textiles Found at Noyon uul, Mongolia, *The Silk Road* 10, 2012, pp. 39-48.

圖 1-12：蒙古國諾顏烏拉匈奴墓戰爭場景

眾所皆知，褲子和馬甲皆為游牧民族為適應騎馬生活而發明的服裝，自趙武靈王「胡服騎射」以後，開始傳入中原。[203] 這些發現說明，中亞地區的大月氏雖以農為本，但同時兼營畜牧，過著定居的生活。伊犁河流域及楚河流域大月氏的生活方式與沙井文化所見可以說完全相同，後來才有所改變，可謂對河西時代定居畜牧生活的直接繼承與發展。

在黃金之丘發現的藝術品中，希臘文化的印記最為明顯，最多見的為希臘女神雅典娜（圖 1-13）。此外，既有來自羅馬的女戰神（圖 1-14），又有來自中國的龍王（圖 1-15），更有印度風格明顯的圓形飾物，雙面皆有佉盧文題銘，正面為獅子，背面為法輪。（圖 1-16）[204]

[203]　沈從文：《中國古代服飾研究》（增訂本），（香港）商務印書館，1992 年，第 93 － 95 頁；林梅村：〈大夏黃金寶藏的發現及其對大月氏考古研究的意義〉，《西域文明——考古、民族、語言和宗教新論》，東方出版社，1995 年，第 271 頁；華梅：《中國服飾》，五洲傳播出版社，2004 年，第 19 － 22 頁；沈從文、王㐨：《中國服飾史》，陝西師範大學出版社，2004 年，第 43 － 46 頁。
[204]　圖片選自 Fredrik Hirbert and Pierre Crie Kdjr (eds.), Afghanistan. *Hidden Treasures from the National Museum* ,Kabul,Washington: The National Geographical Society, 2007, pp. 242, 246, 255, 276.

第四節　秦帝國與中西交通

圖 1-13：阿富汗黃金之丘出土希臘雅典娜女神

圖 1-14：阿富汗黃金之丘出土羅馬女戰神

第一章 絲綢之路的開通

圖 1-15：阿富汗黃金之丘出土具有中國風格特點的龍王

圖 1-16：阿富汗黃金之丘出土印度風格佉盧文飾物

從民族分布範圍看，羌人分布在河西走廊，吐火羅人分布於塔里木盆地東部，月氏人主要活動於吐火羅人與羌人之間的敦煌至祁連山一帶。塞人也參與了中國與西方的貿易，他們在開闢從阿爾泰山至黑海北岸以及伊

朗高原的商路過程中擔任主力。這樣，在從中亞到黃河流域的中西交流中，從西向東的民族分布有塞人、月氏人、羌人等，而在黃河流域則分布著以寺窪文化、鄂爾多斯青銅器文化為代表的西戎、北狄民族，二者之間有黃河流域以北地區的北蒙古種族，正是這些民族促成了早期秦人與北方草原和西域以外的中亞、西亞諸國的文化交流。早期秦文化透過與分布在北方和西北的游牧民族文化的接觸，將其影響擴散至更遠的地區；而源於近東、中亞、西亞等廣大區域的器物或發明，不一定都是從這些地方直接傳入秦地，但是透過這些器物或發明可以將這些地方與西域、西北地區、北方地帶、中原連接起來。

關於古代中西文化交流，學界可以給予比較精確的論斷的時間，大致最早在西元前六世紀。早在西元前 4000 年前後，蘇美人肇建了兩河流域的古代文明。兩河流域又稱美索不達米亞，包括今天伊拉克境內幼發拉底和底格里斯兩河中下游地區。此後，那裡先後崛起著名的巴比倫王國、亞述帝國和新巴比倫王國。到西元前六世紀時，波斯帝國興起。大流士一世在位時期（西元前 521 年至前 486 年），帝國的版圖西起埃及、巴勒斯坦、小亞細亞，東抵中亞乃至印度河流域西北部。在帝國廣袤的疆域內，修築了設有驛站的大道。盛極一時的波斯帝國，將古代希臘和印度等文明同中國的距離大大拉近了。

## 二、秦與西域聯繫的強化

秦時代西域交通的咽喉要道──河西走廊是多民族雜居之地，居住著羌人、匈奴人、月氏人、單桓人等，而且各有不同的部落，共處西北的秦與這些部落互有交流。與短暫的秦朝政權相比，這些部落政權存在的時間更長。史籍上關於秦與西域官方的往來紀錄很少，但有史料證明，他們

## 第一章　絲綢之路的開通

之間的貿易活動很早就已經展開了。

考古資料也證明，秦代器物也有向更遠的西域地區傳播的跡象。早期秦人遺址、墓葬中出土的一些器物，反映了早期秦文化與西域中亞文化、北方草原文化的交流。中原地區與中亞等新疆地區的文化交流在絲綢之路開通之前，還有一條運輸和田玉的「玉石之路」。[205] 玉石之路約在距今 6,000 年至 3,300 年間逐漸形成。今甘肅恰好在這條古老玉石之路的要衝上，其西北從陽關、玉門關通向西域諸國，其東南又可連接關中、中原。崑崙山是中國和田玉的發源地，中國古代（三代至隋唐）用玉主要取自「崑山之玉」。在戰國時期人們的觀念中，崑崙美玉是價值非常高的寶物，李斯在〈諫逐客書〉中列舉秦國擁有的外來珍寶，首選即為「崑山之玉」，[206] 證明當時秦人也認為和田玉是玉中最為寶貴的。在溝通西域塔里木盆地和中原黃河流域之間的早期經濟文化交流過程中，在「玉石之路」上作為中繼站的人群，有古代羌族部落、月氏人或塞人。處在「玉石之路」通道上的早期秦人，無疑也有同樣的功用，早期秦墓中出土的玉器材質除過本地及周圍地區的玉材外，還有來源於新疆地區的和田玉。

秦地是中國境內早期使用鐵器的三個地區之一。春秋早中期秦墓、遺址中都發現有鐵器，種類有銅柄鐵劍、金柄鐵劍、匕、環首刀、錛、鏟等兵器和工具，不少用金、玉、青銅做柄，有的鐵器還錯金嵌玉，是被當作珍貴物品埋葬的，這應是人工冶鐵出現不久的徵象。甘肅靈臺景家莊的銅柄鐵劍為表面硬化鋼；秦公一號大墓的鐵器為鑄鐵；益門村二號墓所出的金柄鐵劍，確定為人工冶煉的鋼鐵。表面硬化鋼是鐵器製造的早期形態，始於西元前九至前八世紀。在世界冶鐵史上，西亞是冶鐵術的起源地區，並由此向周圍傳播。早期秦人所在的西北地區（包括新疆和甘青地區），

---

[205]　Carol Michealison, Jade and the Silk Road: Tradfe and Tribute in the First Millennium, Susan Whitfield (ed.), *The Silk Road Trade, Travel, War and Faith*, London, 2004, pp. 43-49.
[206]　〔漢〕司馬遷：《史記》卷八七〈李斯列傳〉，中華書局，1959 年，第 2543 頁。

## 第四節　秦帝國與中西交通

是最早出現冶金技術的西亞地區和冶金活動相當活躍的中原地區的通道，在中西文化和技術交流上具有重要地位。中國新疆地區的冶鐵技術應當是在西元前十至前九世紀時從伊朗西北地區透過草原人群傳入，並成為中國鋼鐵技術的起源。在中原與新疆地區之間，年代偏早的人工鐵器又多發現於河南西部、山西南部、陝西關中及甘肅東部等地區，而且使用鍛造法。這些元素讓研究者們認為中原地區冶鐵術是由西亞、中亞地區傳來的，中原的鐵器屬於這個傳播過程的自然延伸，這其中當然也包括秦地的冶鐵技術。北方系青銅文化中鐵器也是多見的，銅柄鐵劍屬於該文化的一個特徵器物，它的冶鐵技術可能是由西亞等地傳入的。秦國地域內較多銅（金）柄鐵劍的發現，說明「秦國的鐵器和冶鐵術應與西北地區的青銅文化有關，特別是位於隴山東西兩側的北方系青銅文化作為冶鐵術傳入的中轉地其關係更為密切」[207]。雖然秦人的冶鐵技術有可能來自西方的中亞和北方草原地區，但是秦人生產的鐵器與金器一樣，都是經過改造形成本民族特點的器物。

　　早在春秋早期以前，秦地已經形成了獨具特色的兵器製造業。在西周至春秋早期的西漢水上游與關中地區出土等級較高、有銅器的早期秦人墓葬內，多有青銅兵器戈、劍、矛、鏃的出土。中國佩劍之俗起於西北游牧民族，而青銅劍在商周之際傳入中國北方草原、巴蜀地區和中原，與印歐人在東方的活動有關。[208] 青銅短劍是北方系青銅器文化（戎狄）所特有的兵器，其長度一般在 25 公分左右，與《列子・湯問》所記西戎昆夷族所鑄之短劍的長度為尺餘（「尺有咫」）大致一致。陝西寶雞市譚家村春秋早期到春秋中期秦墓出土有曲刃短劍，甘肅禮縣西山遺址西周銅器墓出土一把銅劍，長 23.5 公分。秦國境內出土的三個類型青銅短劍，從春秋早期同時流行，並行發展，從早期到晚期有共同的變化特徵。或認為它是由北方

---

[207]　趙化成：〈寶雞市益門村二號春秋墓族屬管見〉，《考古與文物》1997 年第 1 期。
[208]　林梅村：《漢唐西域與中國文明》，文物出版社，1998 年，第 39－63 頁。

戎狄部落直接傳入秦國的，不能算是秦文化原本的元素。

目前，秦文化遺址或墓葬中所見的三足器多見於春秋以後的墓葬中，西漢水上游禮縣等地秦人早期活動地域內多有東周時期三足甕被發現，但目前還未有商、西周等更早時期三足甕的發現。秦文化中出現的三足甕可能與北方地區文化影響有關。春秋時期寶雞地區的秦墓中經常有陶器底部加有三足。禮縣西山遺址相當於龍山時期早於齊家文化的墓葬內出土的器型，與內蒙古、寧夏等地同時期的器物表現一致，顯示西漢水上游地區與內蒙古、寧夏等北方草原地區的文化聯繫是非常緊密的。

銅鍑也是歐亞大陸草原地帶早期游牧民族廣泛使用的一種器物，從西元前七、八世紀，一直到西元前四、五世紀，西至黑海西岸的多瑙河流域，東到貝加爾湖兩岸，南到中國長城地帶的黃土高原南緣的廣闊地域裡都有分布。秦地發現的銅鍑，有禮縣大堡子山秦公大墓、岐山王家村窖藏、西安范家寨、寶雞甘峪、鳳翔東社、東指揮、侯家莊等，器物時代大約在西周晚期到春秋早期。銅鍑是早期秦人獨具特點的器物之一，目前發現時代最早的銅鍑是西周晚期，判斷為禮縣出土的，是秦人自創或是來自於北方草原地區，學界有不同見解。許多學者將其與具有北方草原文化特點的器物放在一起研究，或認為西周晚期的秦是銅鍑的起源地，之後隨著秦文化的擴展向東然後折向北或向西傳播。秦地的銅鍑是草原文化、周文化、秦文化三者的結合，秦人糅合中原和北方民族文化的元素，製造出這種頗具特色的炊器或禮器，由於適合北方民族社會生活的需求，在北方流布發展，並且擺脫了中原文化元素的影響，形成自身的演變傳統，終於橫貫歐亞大陸，一直傳播到中歐地區。

北方草原鍑與秦式鍑很可能有共同的祖源，俄羅斯境內的斯基泰——西伯利亞銅鍑都是由早期秦式銅鍑演變而來的，這種現象緣起於兩周之際秦文化與北方文化的交往，說明不僅在中國北部西起黃土高原東至太行山

第四節　秦帝國與中西交通

以東這一遼闊地帶的游牧民族之間有著十分密切的接觸，而且從中國北部到南西伯利亞等地也有十分頻繁的文化交流，而鬼方、北狄和山戎很可能就是這時期中西交通的中間人。銅鍑這種在秦地與其他地區功能不同但器型相似的器物在如此廣闊的地域裡存在，表明其在起源、流傳過程中有著密切的聯繫。這種聯繫我們目前還無法準確掌握，但秦地出土的這些銅鍑可以印證兩周之際中國北方草原文化同中原地區、西方歐亞大陸草原地區文化交流密切。

在甘肅西部的沙井文化晚期遺跡中也發現有鏟形袋足鬲，其年代約為西周晚期到春秋時期，這是甘肅中部的鏟形袋足鬲遺跡向西發展對沙井文化的影響，而其最有可能來源於鄂爾多斯地區商周時期某些古文化遺跡。

另外，甘谷毛家坪遺址曾出土兩支石權杖頭，這類器物在甘肅河西走廊、隴山周圍都有發現，其形態與近東和中亞發現的同類物非常相似。這種具有特殊功能的器物被認為是外來元素，它很可能是透過北方草原絲綢之路上的游牧民族攜帶而來，傳入之後，隨著仰韶文化和馬家窯文化的不斷西進而傳至新疆[209]。毛家坪西周時期權杖頭是這一傳播過程的延續。大堡子山秦公陵園出土有一件兩面線雕的骨片和一件據傳出土於天水地區的骨筒，所雕內容為騎獵場景，其構圖技法與人物形象不具有秦文化的風格，被認為可能與塞人有關。[210] 在中亞北部的謝米列契地區發掘的塞人古墓中出土的青銅時代器物，就表現了安德羅沃文化、卡拉索克文化、中國青銅文化和西伯利亞南部文化的融合。在楚河地區的文化遺址上，發現了中國西周式的曲柄刀，還有西周的銅鼎、銅釜等祭器，成為文獻記載的重要佐證。這些器物上面裝飾了西亞風格的野獸格鬥圖案，表現了中原漢

---

[209]　李水城：〈權杖頭：古絲綢之路早期的文化交流的重要見證〉，《中國社會科學院古代文明研究中心通訊》2004 年第 4 期。

[210]　祝中熹：〈試論秦先公西垂陵區的發現〉，《秦俑秦文化研究》，陝西人民出版社，2000 年，第 466 — 480 頁。

第一章　絲綢之路的開通

文化與草原文化在藝術風格上的結合。

　　秦人金器的使用可能受到了塞人的影響。先秦時代的金器，除了在中原地區有部分發現外，在中國北方和西方地區也有發現。廣河縣齊家坪遺址的金耳環，玉門火燒溝墓地出土的耳環、鼻飲等金飾品的樣式，可能是由中亞游牧民族傳入甘肅的。新疆是先秦時期黃金製品出土較多的一個地方，自古有「金玉之邦」的美稱。廣泛使用黃金製品，是塞人的一個風俗，在目前出土的塞人文物中，黃金飾品幾乎武裝了塞人的全身，甚至包括他們的馬。儘管文獻資料上缺乏塞人與秦人聯繫的記載，不過，阿拉溝東口塞人貴族墓出土漆器上的雲紋、魚紋圖案是戰國至秦漢時中原漆器所常用的紋飾，阿爾泰地區卡通河、伯萊利河、烏爾蘇爾河流域發現的塞人貴族墓中有西元前五世紀的中國絲織品、漆器及「山字紋」青銅鏡，帕茲里克 5 號墓中色調優美的鳳凰圖案刺繡平紋綢與西亞出產的羊毛絨毯放在一起，說明塞人也參與了中國與西方的貿易，在開闢從阿爾泰山至黑海北岸以及伊朗高原的商路過程中為主導力量。塞人以獨特的游牧方式，穿過遼闊的草原谷地，把中國、波斯、希臘三個文化圈聯結起來，成為東西方貿易的媒介。[211]

　　在塞人的遺物中，多有虎的造型出現。約在西元前八世紀至二世紀，黑海沿岸，哈薩克、阿爾泰、南西伯利亞、蒙古及中國北方草原，普遍存在著一種「動物紋飾」，以貓科動物紋為題材，尤以動物搏鬥圖案居多。塞人向東遷徙，這種斯基泰式風格的青銅器、金器透過文化交流的形式也影響到了與其鄰近地區的文化，在中原地區也有所發現。大堡子山秦公大墓出土的金虎造型的器物或許受到了這種影響。秦人大量黃金製品的出現，亦可能是受到了這些民族的影響，但是這些黃金製品卻有可能是秦人自己製造或受到其影響的作品。（圖 1-17）

---

[211]　劉雲：《中亞在古代文明交往中的地位》，《西北大學學報》1998 年第 1 期。

第四節　秦帝國與中西交通

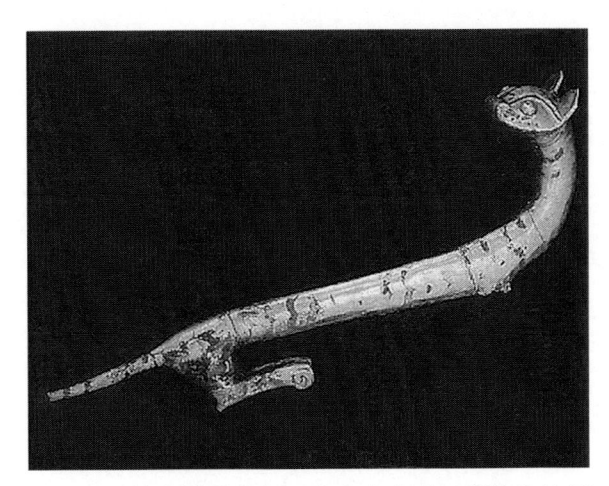

圖 1-17：甘肅禮縣大堡子山出土金虎，現流失法國

　　與此同時，中國也進入了新時期。在亞歷山大港建立前不久，秦國進行了商鞅變法。在此後一個世紀中，秦國國勢日強，終於吞滅六國，建立了中國歷史上第一個統一的中央集權制封建帝國。秦帝國的威名遠播，成為世界上其他民族最早稱呼中國的名稱。其後的漢帝國，更加繁榮、強大，對外交流的興趣也更加強烈。

## 三、秦帝國對海上道路的探索

　　古代中國人很早就開始了海洋活動，最初是沿海地區與近海島嶼之間的短距離的漂流，隨著航海技術的提高，開始了更遠的航行。他們很早就把東南亞至印度洋中諸島國劃分為東洋和西洋。秦代以前的中國人的海上交通似乎東洋航路發展較早，而西洋航路發展較遲。

　　早在西元前 1112 年周武王封箕子於朝鮮時，箕子便「教其民田蠶織作」。此時，中國的養蠶織綢技術傳入朝鮮半島。西元前 219 至前 210 年，秦始皇為求長生不老之術，曾遣方士徐市率童男女和百工等數千人，東渡日本。日本至今還流傳著徐市的故事，日本佐賀縣還立有徐市登陸地的標

## 第一章　絲綢之路的開通

柱,並建有徐市祠。1966年,立巖彌生文化遺址(今日本福岡縣飯塚市)發現日本最早的絲織物,具有濃郁的中國色彩,專家認為這與徐市東渡有關。據文獻記載,199年,中國蠶種由秦始皇第11世孫自朝鮮的百濟傳入日本。238年,倭國女王卑彌呼派使者到中國贈送禮品,魏明帝回贈的就是絲織品。這應該是中國絲綢傳入日本的最早記載。469年,中國派四名絲織和裁縫女工到日本傳授技藝,日本開始出現吳服,即和服。

先秦以來,中國先民與南洋地區的聯繫和交流也很早就展開了。1970年代,浙江餘姚河姆渡新石器遺址發現了六支木槳,出土了一艘夾碳黑陶舟,陶舟呈半月形,兩頭尖,與後世出土的獨木舟形狀相似,這分明是當時先民所造獨木舟形狀的縮小版。遺址中還發現了大量的有段石錛,考古學家認為,這是新石器時代專門用來製造獨木舟的造船工具。這種有段石錛在晚於河姆渡文化的浙江沿海、近海的舟山群島和更為遙遠的菲律賓、北婆羅洲、印尼的蘇拉威西島和太平洋玻里尼西亞群島的新石器時代遺址中也都有發現,人們認為這是河姆渡文化透過赤道逆流向海外擴散的物證。

二十世紀中後期,大汶口和西夏侯兩組遺址也是確切的例證。生活於大洋洲東部玻里尼西亞群島的玻里尼西亞人的遠祖可能就來自於中國的東南地區。在向外遷移的過程中,他們把段石錛這種石器傳播到了各地。許多考古發掘也證明,玻里尼西亞人和馬來人等這些族群向太平洋諸島遷移和有段石錛傳播的路線大致是從中國的東南沿海地區開始,至菲律賓、北婆羅洲和蘇拉威西,然後由玻里尼西亞人傳播到玻里尼西亞群島和紐西蘭等處。這說明早在7,000年前的新石器時代,中國先民就已經開始了原始的航海活動。

在開拓西北內陸的同時,秦又降服了閩、浙一帶的越族,並在南方沿海建立了最早的封建專制地方機構,如南海、桂林、象等郡,政治勢力達

到了南方濱海地區，並向這一區域大量移民。

秦漢之際，由於中原文化的南傳，交趾地區（今越南境內）的文化有了長足的發展。秦朝時安陽王派遣李翁仲出使秦朝，學習經書。李翁仲得到秦始皇賞識，輔佐其修築長城，並被委任為校尉將軍，在臨洮地區擊潰了匈奴。

與此同時，南越地區的特產也逐漸傳入中原。秦征服百越後，隨著秦勢力進入南方沿海地區，中國透過海路與沿海國家的交通也有了新的發展。據記載，秦朝征服南越後，沿用了中原王朝對北部邊疆的統治方法，即向這一區域進行大量移民，同時發配大批商賈到南海和象郡，為後來絲綢之路交趾道以及海上絲綢之路貿易提供了大批善於經商的人才，中原農耕文化與東南海洋文化有了更多的接觸和交流。

## 第五節　西南絲綢之路的開闢與先秦古蜀文明

早在先秦時期，西南地區就已經存在著一條與外界交流溝通的道路，在秦漢時期稱「蜀身毒道」，我們通常習慣把這一條經西南通往外界的商貿古道稱為南方絲綢之路。正是這一條對外國際交通路線的形成，使當時的成都平原古蜀王國與外界進行頻繁經貿交往並吸收眾多文化，這有助於早期的四川地區形成獨具特質的古蜀文明。同時，古蜀文明也藉助這條路線在南亞、東南亞等地區廣為傳播。

### 一、南方絲綢之路與古蜀交通

距今約 4,000 年以前，古蜀就存在著幾條通向今越南、緬甸、印度地區的通道，其中重要的一條，是到印度（身毒）的通道，即司馬遷在《史記》

第一章　絲綢之路的開通

中所說的「蜀身毒道」，現代史學家稱之為南方絲綢之路。古蜀一些重要的考古發現，如船棺葬出土遺物、三星堆出土物品與越南東山文化、馮元文化物品很相似。三星堆出土的海貝、象牙等都不是當地所產，而是來自南亞的印度地區。古蜀先民主要是透過南方絲綢之路與南方世界交通和交流。

在商代中晚期，南方絲綢之路已初步開通，到秦漢時期，這條西南對外交通道路越來越重要。古代的南方絲綢之路由國內段與國外段組成，其中國內川滇段有兩條路徑：其一為我們俗稱的「零關道」。這條道路從成都出發，途經雙流、邛崍、雅安、漢源、冕寧、西昌，到達會理後，折向西南，行經攀枝花渡金沙江至雲南大姚，最後到達大理。另一條道路從成都出發，經彭山沿岷江而下，經過樂山、犍為到宜賓，再沿著秦時的「五尺道」一路南行，經過高縣、筠連等地，向西南入橫江河谷，經豆沙關、昭通、曲靖抵昆明，再由昆明至大理。這兩條道路在大理會合後，再沿著現滇緬公路，經過雲南的保山、騰衝，沿大盈江南下，經干崖到達緬甸境內，再從緬甸境內出發經水陸兩種途徑最終到達印度地區。印度可通西亞、中亞直至歐洲，也可南通東南亞、南亞各地。

古蜀對外交通的主要通道即為南方絲綢之路這一路線，起點為古蜀文明的中心區域成都，一路南下，經雲南出境過緬甸到達印度。在先秦時期就有了古蜀地區早期對外交通線：以古蜀地區成都為起點，透過南方絲綢之路到達中南半島的印度，並以印度為中轉點使古蜀商品廣泛地交易到南亞、東南亞、中亞、西亞北非乃至歐洲各地。正如美國學者勞費爾所指出的：「古代有一條通商路線由四川經雲南到達印度的東北部，又因為印度的西北邊疆和伊朗的領土相接連，中國的商品就這樣得以到達伊朗。」[212]這也是中國較早時期對外溝通交流的典範，遠遠早於傳統意義上的絲綢之路對外經貿文化交通路線。我們認為這正是中國早期國際貿易交通線的雛

---

[212]　［美］勞費爾著，林筠因譯：《中國伊朗編》，商務印書館，2002年，第365頁。

形，也是先秦古蜀對外交通的最重要的線路，古蜀國正是藉助於此而頻繁地與南亞、東南亞、中亞乃至近東地區進行經貿文化交流。

## 二、蜀人南遷

據史籍記載，蜀王族曾有南遷的事例。戰國後期至西漢初，在現在越南北部有一個小國，王號為安陽王，兩地史籍均稱其為「蜀王子」。最早的記載見《水經注・葉榆水》引〈交州外域記〉：「交趾昔未有郡縣之時，土地有雒田，其田從潮水上下，民墾食其田，因名為雒民。設雒王、雒侯，主諸郡縣。縣多為雒將，雒將銅印青綬。後蜀王子將兵三萬，來討雒王雒侯，服諸雒將。蜀王子因稱為安陽王。後南越王尉佗舉眾攻安陽王。安陽王……遂敗。安陽王下船，徑出於海。今平道縣後王宮城見有故墟……越遂服諸雒將。」[213] 交趾，現在的越南河內東北。而交趾設為郡縣的時間約為漢武帝元鼎六年（西元前 111 年）。「交州昔未有郡縣之時」，就是指元鼎六年以前。而「南越王尉佗」則是秦龍川令趙佗。當時秦亡，正當楚漢相爭的時候，趙佗便趁機割據嶺南，自稱「南粵武王」，一直到漢武帝元鼎年間才被漢朝所滅。據《舊唐書・地理志》載，「平道縣，漢封溪縣地」，在現在越南河內東北方向。〈交州外域記〉，據徐中舒先生考證為三國時期吳國人的作品。安陽王亡國時距三國時期不遠，這一記載應該比較可信。《史記・南越傳》索隱引《廣州記》以及《舊唐書・地理志》引《南越志》都有相關記載。此外，中國文獻中又有西元前 316 年秦國派兵攻滅蜀國後，蜀國王室的一支向南經彭山、西昌、雲南逃亡至越南北部的隱約記載或暗示。前賢對此有精闢的考證和研究。[214] 從文獻記載，到越南馮元文化、東山文化的考古文化中發現的三星堆文化元素，尤其是年代較早的

---

[213]　陳橋驛：《水經注校釋》，杭州大學出版社，1999 年，第 612 頁。
[214]　孫華：〈蜀人南遷考〉，《成都大學學報（社會科學版）》1991 年第 1 期。

馮元文化，證明先秦時期，古蜀與古代越南地區、東南亞地區已有文化交流活動，至遲在商周之際，古蜀文化就已遠播至越南、東南亞地區。

## 三、外來文明入蜀與南方絲綢之路

南方絲綢之路不僅僅是古蜀地區的一條對外商貿路線，同時也是古蜀地區十分重要的一條文化交流路線。在早期的古蜀文明中，我們可以發現許多非本土文化元素的存在，特別是以三星堆文化為代表的古蜀文明能夠明顯反映出這一特點。三星堆文化是具有多元文化來源的複合型文明，在它的非本土文化元素中，南亞文明元素頗為引人注目。

古蜀絲綢對南亞的傳播影響，推測在西元前四世紀或更早。中國是世界上最早產絲的地區，也透過絲綢貿易強化了對外交流。而南方絲綢之路比北方絲綢之路的開通要早得多。當時中國處於春秋戰國時期，北方戰禍不斷，而南方特別是西南古蜀地社會安定、經濟發達，加上早已有之的絲綢貿易，因而古蜀最早與緬甸、印度等國進行貿易往來，從而開闢了南方絲綢之路。秦始皇統一中國後，直到漢武帝打敗匈奴，北方絲綢之路才開始真正形成，所以南方絲綢之路至少比北方絲綢之路早形成兩個世紀。

1986年，廣漢三星堆出土了數十根象牙和大量象牙製品，以及大量的以象為主題的青銅製品。[215] 2001年以來，在成都金沙遺址出土100餘支象牙，還有不少象臼齒、由整支象牙切割成的短節象牙柱，以及象牙段、象牙片、象牙珠等。在金沙遺址10號祭祀遺跡內的一件玉璋上，還刻有四組對稱的肩扛象牙的跪坐人像。[216] 三星堆、金沙遺址還出土了大量的象骨。對此學術界基本認為，商周時期在古蜀文明神權政治中心的大型祭祀禮儀中，象牙祭祀盛極一時。

---

[215] 邱登成：〈從三星堆遺址考古發現看南方絲綢之路的開通〉，《中華文化論壇》2013年第4期。
[216] 施勁松：〈金沙遺址祭祀區出土遺物研究〉，《考古學報》2011年第2期。

## 第五節　西南絲綢之路的開闢與先秦古蜀文明

到目前為止，還沒有史籍記載古代成都平原曾產象。另外，除了三星堆和金沙遺址以外，成都平原地區還沒有大象的遺骸、遺骨的考古發現，更別說是象牙。所以，有的學者認為從「三星堆祭祀坑中出土的象牙、海貝來看，顯然來自異邦」[217]，「它們來源一方面固然有可能來自與中原殷王朝的交往，同時，也不能排除透過『蜀身毒道』從印度舶來這種可能性，因為這兩種物品的大宗產地，還是在西南亞及印度洋沿岸」[218]。

學術界的研究顯示，商代三星堆遺址的象群遺骸、遺骨，既不來自巴蜀本土，也不來自與巴蜀相關的中國各古文化區。顯然，它們是從其他地區引進的。通觀文獻記載，象群應當來自南亞。眾所皆知，南亞的印度地區從古至今一直是重要產象區。《史記‧大宛列傳》中張騫的西行報告中就有關於古代印度的迦摩縷波國有像的記載。《大唐西域記》卷十記載：「迦摩縷波國，周萬餘里……國之東南，野象群暴，故此國中象軍特盛。」[219] 這裡指的就是古印度象的數量之龐大，並且大量用於軍事方面。《後漢書‧西域傳》記載：「天竺國，一名身毒……乘象以戰。」同樣是指身毒即印度將象用於軍事方面。另外，印度摩亨佐達羅廢墟中，有象牙出土及象牙加工的遺跡。這些都表明了古印度對象、象牙的利用、加工，其用於祭祀的傳統由來已久，對象的開發利用遠遠早於其他國家和地區。古蜀遺址發現大量的象牙、象骨，而古蜀不產象，周邊無象，與產象的華北和古哀牢也未發現交往的跡象。因此，這些象牙很可能是透過蜀身毒道從象的盛產地──南亞的印度而來。

除此之外，三星堆還出土了大量海貝，有虎斑紋貝、貨貝、環紋貝等。安陽殷墟婦好墓出土海貝 6,880 多枚，比較多的是貨貝。安陽大司空

---

[217] 周群華：〈從考古和文獻資料看巴蜀文化的內聚和外衍〉，《四川文物》1993 年第 1 期。
[218] 霍巍：〈廣漢三星堆青銅文化與古代西亞文明〉，《四川文物》1989 年《廣漢三星堆研究專輯》，第 38－43 頁。
[219] 〔唐〕玄奘、辯機著，季羨林等校注：《大唐西域記校注》卷十，中華書局，1985 年，第 794、799 頁。

## 第一章　絲綢之路的開通

村商代墓葬、車馬坑、灰坑都出土數量不等的海貝。錢幣史研究者認為，商代中原所用齒貝，產於中國南部沿海地域。中原和古蜀都不產貝，這些海貝顯然都是由太平洋、印度洋和印度洋沿岸地區輾轉而來的舶來品，說明當時的商貿活動區域是相當廣闊的。在雲南江川、晉寧等地的春秋晚期至西漢中期墓葬中出土大量的海貝，約有 25 萬枚左右，以環紋貝為主，另有貨貝、虎斑紋貝。錢幣史研究者認為，它們產於印度洋——西太平洋的廣闊海域（包括臺灣、海南、南沙群島等海域），其中環紋貝主要由印度、巴基斯坦、緬甸等國輸入。

古蜀國雖處於內陸盆地，但在商代與中原有東北商道相通，與雲南則有南方絲綢之路相連，所以三星堆出土的海貝應該是透過這兩條商道引入。但是三星堆及雲南所出土的數量最多的環紋貝，屬印度洋的特產。環紋貝僅產於印度、緬甸溫暖的海域，可見，至少在 3,000 年前的殷周之際，印度與蜀之間已可輾轉相通，有間接的貿易往來。另外，雲南海貝來自印度，雲南用貝為貨幣的習俗也是由印度傳來。從西南古商道的開通範圍和時間，可知雲南用貝作貨幣不僅僅是單純地從印度學習而來，因為雲南與印度、緬甸形成以貝幣為基礎的流通體系，甚至輻射到東南亞和印度洋沿岸的國家，形成了一個貝幣貿易圈。到了南詔、大理國時期，這一貿易圈發展更為成熟和活躍。古蜀作為一個發達的古代文明，加上與滇的關係一直密切而複雜，理所當然會藉助川滇古商道經由雲南，透過這一貝幣貿易圈與東南亞、南亞甚至西亞和中東展開相當長時間的經濟文化交流。《馬可波羅遊紀》第 117 章〈哈剌章州〉（即雲南）載：「彼等所用海貝，非本土所出，而來自印度。」[220] 是知，印度、東南亞諸國均曾以海貝為貨幣。那麼作為與東南亞和南亞毗鄰地區、南方絲綢之路國內主要途經地區的雲南，其使用貝幣理應視作中外經濟文化交流的產物。再結合考古研究

---

[220]　A. C. Moule & Paul Pelliot, *Marco Polo. The Description of the World, I,* London:George Routledge Sons Ltd,1938, p. 278.

## 第五節　西南絲綢之路的開闢與先秦古蜀文明

資料，不難推斷出雲南海貝來自印度。而三星堆出土量最多的環紋貝，恰與雲南出土最多的環紋貝相一致。可以認為，三星堆環紋貝應該與雲南的環紋貝一樣，正是透過「蜀身毒道」經由雲南從印度輸入。再結合前述的三星堆祭祀坑中出土的象牙，二者可以相互印證，兩樣物品的最早使用地區和最大產地均在南亞的印度地區。當然不能否認，它們一方面固然有可能來自與中原殷王朝的交往，同時，也不能排除透過「蜀身毒道」從印度舶來這種可能性，因為這兩種物品的大宗產地，還是在西南亞及印度洋沿岸。而雲南出土的大量相似的海貝，就是最好的一個例證。

圖 1-18：四川廣漢三星堆博物館藏黃金面罩

在三星堆遺址中出土了大量的青銅面具、青銅立人、黃金面罩等，這些青銅器物與黃金器物所表現出來的文化元素並非本土所有，其來源與西亞有關，特別是與近東兩河流域文明有著緊密聯繫。[221]（圖 1-18）這些西亞文化元素傳入古蜀地區，應該是經過西亞到南亞的貿易路線，再經過南亞印度中心透過南方絲綢之路傳入四川地區。

---

[221]　霍巍：〈廣漢三星堆青銅文化與古代西亞文明〉，《四川文物》1989 年《廣漢三星堆研究專輯》，第 38 — 43 頁。

## 四、古蜀文明的外向傳播與南方絲綢之路

長江上游的四川地區在先秦時期就創造出了極其輝煌的古蜀文明，這一文明不僅影響著該區域內各種原有的本土文化，同時也對周邊地區各文化乃至東南亞地區的文化有巨大的影響。古蜀文明對西南地區的影響尤為明顯，其中雲南地區、南中地區各文化都或多或少受到古蜀文明的影響。在中南半島及東南亞地區各種文化遺跡中，也包含著諸多與古蜀文化相關的文化元素。

在東南亞的越南地區，馬來西亞霹靂州的南部、印尼蘇門答臘的南部、爪哇的中部和東部等地，均發現有大量的石棺葬。這些石棺葬經研究考證後，西方學者將其定為屬於西元前 1000 年左右的遺物。[222]

古蜀地區很早就流傳著有關石棺的傳說，且有與之相關的文獻紀錄。《華陽國志·蜀志》載：「有蜀侯蠶叢，其目縱，始稱王。死，作石棺、石槨。國人從之。故俗以石棺槨為縱目人塚也。」[223] 蠶叢是古蜀國傳說中的蜀王之一。[224] 揚雄所著《蜀王本紀》中載：「蜀之先，稱王者有蠶叢、柏濩、魚鳧、開明。是時人萌椎髻左衽，不曉文字，未有禮樂。從開明已上至蠶叢，積三萬四千歲。」[225] 石棺葬文化始於蠶叢，由此可見在古蜀早期這種文化已經存在。從四川各地發掘出的石棺看，在整個川西高原，從岷江以西直至金沙江流域，是中國石棺葬最為集中的一個地區。在雲南地區西北部也發現了石棺葬，但就其文化內涵來看，這些都是四川金沙江、雅

---

[222] I. C. Glover, The Late Prehistoric Period in Indonesia, R. B. Smith and W. Watson (Eds), *Early South East Asia, Essays in Archaeology, History and Historial Geography*, Oxford: Oxford University Press, 1979, pp.167-184.

[223] 〔東晉〕常璩撰，任乃強校注：《華陽國志校補圖注》卷三〈蜀志〉，上海古籍出版社，1987年，第118頁。

[224] 〔東晉〕常璩撰，任乃強校注：《華陽國志校補圖注》卷三〈蜀志〉附一，上海古籍出版社，1987年，第219－223頁。

[225] 〔漢〕揚雄撰，張震澤校注：《揚雄集校注·蜀王本紀》，上海古籍出版社，1993年，第244頁。

第五節　西南絲綢之路的開闢與先秦古蜀文明

礎江流域石棺葬文化向南延伸的結果。南方絲綢之路南進可以通達中南半島地區，這就可以使得石棺葬文化從古蜀地區向南借南方絲綢之路一路南傳到東南亞地區，我們也就不難想像為何在東南亞地區會有這麼多石棺葬的存在。

新石器時代至銅器時代，各種大石遺跡遍布美洲、歐洲及亞洲各地。這樣一些上古遺跡受到海內外學者的廣泛關注，這些遺跡從歐洲丹麥到地中海沿岸，從亞洲伊朗到印度，從中國大陸到東南亞地區都有發現。在亞洲的東南亞地區，大石遺跡分布相當廣泛，從中南半島的越南、寮國、柬埔寨沿著馬來半島直達蘇門答臘、爪哇等地。這些地區出現了獨石、墓石、石臺和列石等大石遺跡。對大石崇拜的習俗在東南亞地區有很久的歷史，據海涅高爾登推測，最早出現於印尼的時間應該是西元前 2500 年至前 1500 年，直至今日，這些大石遺跡依舊保留在南洋群島的某些山地部落之中。[226] 對於這些東南亞大石遺跡的起源，專家學者試圖將其與離這些大石遺跡最近的印度南部大石遺跡加以比較研究，分析探尋其共生關係，但是經過對比研究後發現，「南印的大石遺跡與東南亞發現的並無顯著的相似之處，就是共生的器物群也是完全不同的」[227]。在南方絲綢之路上，與中南半島相毗鄰的雲南也未曾發現過真正的大石遺跡。但是在南方絲綢之路境內起點的古蜀地區卻流傳著眾多關於大石建築的傳說，同時也留下了大量的大石遺址。從時間上看，古蜀地區的大石遺跡從商周時期直至戰國西漢時期都有存在。如在川西南地區安寧河流域，各種形式的大石墓葬更是戰國西漢之際土著居民的特徵。在對古蜀地區大石遺跡與東南亞地區大石遺跡的問題上，童恩正先生認為，在對兩地大石遺跡進行全面分析之

---

[226]　R. Heine-Geldern, *The Drum Named Makalamau, India Antiqua*, 1947, pp.167-179.
[227]　I. C. Glover, B. Bronson, D. T. Bayard, Comment on 'Megaliths' in South East Asia, R. B. Smith and W. Watson (Eds), *Early South East Asia, Essays in Archaeology, History and Historial Geography*, Oxford: Oxford University Press, 1979, pp. 253-254.

前，自然一時難以確認它們之間的關係。但是這相距不遠的兩個地區同時存在相似的現象，無疑應留意。我們認為，如果東南亞地區的大石遺跡是受到古蜀大石文化影響，那麼這種文化傳播途徑應該是透過南方絲綢之路傳到印度地區，進而傳入東南亞的印尼等地。

## 五、佛教文化的傳播

在宗教文化的傳播方面，古老的「蜀身毒道」是佛教傳入中國的另一途徑。戰國時期經雲南傳入的印度文化的例子很多，《歷代三寶紀》記載，秦始皇二十九年（西元前 218 年），「有諸沙門釋利防等十八賢者齎經來化，始皇弗從，遂禁利防等。夜有金剛丈六人來破獄出之，始皇驚怖，稽首謝焉」。這段資料講了釋利防（印度人名 Shbandhu 之譯音）等印度僧人沿秦時開通的五尺道，從雲南經蜀地入秦陝之地的事。加上前述古蜀透過南方絲綢之路經雲南與東南亞、南亞貿易交往頻繁，可以大膽地推測，秦滅蜀前印度傳教之人自然也要藉助南方絲綢之路古商道到達巴蜀之地，只是還缺少進一步的資料加以證明。另外，在古蜀鄰近的楚文化中可清楚地看到這種存在的可能性。生長於戰國時期的中國古代詩人屈原，他在〈天問〉裡說：「厥利維何，而顧菟在腹？」自漢代以來，傳統的說法認為「顧菟」是兔子，月亮裡面有一隻兔子的說法在中國可以說是由來已久，可是此種說法並不是「國產」的，它源於印度。從西元前 1000 多年的《梨俱吠陀》起，印度人就相信，月亮裡面有兔子。除屈原的〈天問〉以外，《戰國策·楚策》裡記載的寓言「狐假虎威」也是從印度傳來的。既然印度佛教能夠在很早的時候傳入與古蜀關係特殊的雲南地區，還有與古蜀鄰近而且文化影響密切的楚文化也較早受到印度文化的影響，因此不能排除佛教或印度文化傳入古蜀這一可能性。

## 六、對外貿易

古蜀對外貿易中最著名的貨物是絲綢。段渝認為，古史傳說西陵氏之女嫘祖發明蠶桑絲綢並非虛言，青銅器銘文和《左傳》等記載均可證實。而四川是中國絲綢的原產地和早期起源地之一，至遲在戰國時代已具相當規模。1936年，在阿富汗喀布爾以北的考古發掘中發現許多中國絲綢，[228] 童恩正認為這些絲綢（至少其中一部分）有可能是從成都經「西南絲道」運到印巴次大陸，然後轉手到達中亞。[229]

蜀布是《史記》中多次提到的貿易貨物，任乃強先生認為蜀布是古代蜀地行銷印、緬等地數量最多的商品，蜀布應是蜀地當時特產的苧麻布。[230]

邛杖也是史書中屢有記載的貨物。張守節《史記正義‧大宛列傳》、裴駰《史記集解‧西南夷傳》、唐朝李吉甫《元和郡縣志》等文獻記載表明，邛杖就是臨邛至邛都沿古犛牛道一線山上生長的「節高實中」的竹做的杖。但也有學者認為，張騫所留意的「邛杖」並非蜀物。[231]

此外，文獻還記載了蜀枸醬及其他貨物，考古也發現了來自南亞、近東的琉璃、寶石和海貝。經由南方絲綢之路，巴蜀地區與滇文化區、東南亞、南亞以至近東地區都有文化交流，巴蜀文明不是一個封閉的古代文明，而具有開放的特性，呈現出多元文化元素交融的形態。

在巴蜀絲綢等物品傳入近東地區的時候，近東地區的物品也流傳到巴蜀地區。在巴蜀地區的考古發掘中，在一些遺址中發現了來自近東地區的寶石。

---

[228]　林梅村：《西域文明——考古、民族、語言和宗教新論》，東方出版社，1995年，第274頁。
[229]　童恩正：〈略談秦漢時代成都地區的對外貿易〉，《成都文物》1989年第2期。
[230]　任乃強：〈中西陸上古商道——蜀布之路〉，《文史雜誌》1987年第1期。
[231]　任乃強：〈中西陸上古商道——蜀布之路〉，《文史雜誌》1987年第1期。

第一章　絲綢之路的開通

　　東周時代蜀國王公卿中流行佩戴一種稱為「瑟瑟」的寶石串飾、琉璃珠串飾、蝕花琉璃珠等，據考證來自中亞和西亞。杜甫有詩〈石筍行〉說：「君不見益州城（今成都）西門，陌上……雨多往往得瑟瑟，此事恍惚難明論。恐是昔時卿相墓。」《唐書》和《蠻書》都記載南蠻和南詔婦女以瑟瑟為髮飾，《太平寰宇記》卷八七記載四川威州（今汶川縣）婦女把成串的瑟瑟掛於髮上為飾。成都西門曾出土瑟瑟，四川茂縣、理塘縣，重慶及雲南等地，都出土過瑟瑟類寶石飾物。張增祺很早就留意到了西亞文化對中國西南地區古文化的影響，古代巴蜀從西亞地區還輸入了琉璃珠和蝕花肉紅石髓珠。從 1978 年在重慶發現的兩顆蝕花琉璃珠的形態和紋飾看，極似西亞的早期同類品。在茂縣的早期石棺葬中出土了不含鋇的玻璃，而不含鋇的玻璃產於西亞。在理塘縣，也曾發現琉璃珠。雲南江川李家山、晉寧石寨山也出土了西亞的早期肉紅蝕花石髓珠和琉璃珠。[232] 巴蜀和滇文化區西亞石髓珠和琉璃珠的發現，都證明了中國西南與西亞地區的經濟貿易和文化關係早已發生的事實。（圖 1-19）

　　雲南曲靖八塔臺春秋古墓群中女性墓主人足部用於舞蹈時伴舞的腳鈴，就是典型的南亞樂器；雲南晉寧石寨山 7 號墓中出土了盾牌形有翼虎錯金鑲嵌銀帶扣，有翼獸的雕刻風格流行於北印度和波斯，所以這件出土物顯然是沿「蜀身毒道」而來，來源很有可能是印度；古蜀的三星堆 2 號坑出土的青銅大立人的左右手腕各戴有三圈手鐲，雙腳上足踝處各戴一圈方格形腳鐲。一同出土的一塊石邊璋圖案上，也有兩三人足戴腳鐲。而手足戴鐲的習俗，在古蜀乃至中華本土從未發現過相關的考古資料和文獻記載，此種習俗在非洲青銅文化尤其是南亞古文化中是普遍存在的。以上考古發現的金屬器物出土年代比中原發現的同類形制器物要早得多，所以不會是從中原傳入。在印度也發現具有同樣文化元素的金屬器物，而且印度

---

[232]　張增祺：〈戰國至西漢時期滇池區域發現的西亞文物〉，《思想戰線》1982 年第 2 期。

第五節　西南絲綢之路的開闢與先秦古蜀文明

的這類器物文化形制的年代要早得多，實屬發源之地，所以這類金屬器物形制應是透過古商道間接或直接傳入雲南和古蜀地的。

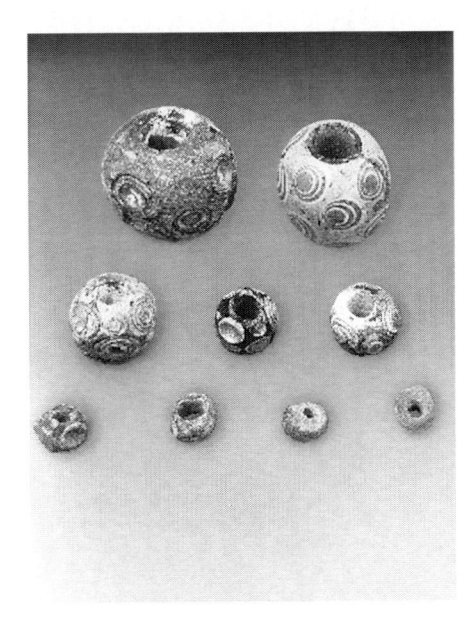

圖 1-19：琉璃珠

　　古代巴蜀有著輝煌燦爛的青銅文明和城市文明，是整個中華文明的重要遺產，在與東南亞、南亞文明的交流中，至少從商代起，巴蜀就已成為中國西南的國際文化交流樞紐。三星堆古蜀文化在其發展歷史中有海納百川的氣度，展示出渴求開放和走向世界的意識。在對外文化的交往中，古蜀民族透過各種管道、各種方式，把古蜀文化傳播出去；而對其他文化，不論是黃河流域的中原商文化，還是南亞、西亞近東文化，都能積極主動地吸收、採納，充分顯示出古蜀民族強烈的文化開放意識。

　　先秦時期，地處長江上游的中國西南古蜀地區和黃河流域的廣大地區創造出了極其輝煌的古代文明。這種文明不單單是一種只包含本土文明元素的土著文明，而且在其文明發展中也吸收了來自境外各種文明的精華，是一種多元文化集中於一體的複合型文明。這些外來文明的傳入需要藉助

151

## 第一章　絲綢之路的開通

相應的傳播途徑，而作為中國對外的交通貿易線 —— 絲綢之路正可以提供這樣的有利條件。同時，華夏文明也會因其自身的繁榮而影響周邊乃至境外文明，華夏文明要想對境外文明產生影響，同樣需要藉助這樣一個通道向外傳播。

總而言之，絲綢之路並不是一條簡單的經貿通商路線，它對早期中國對外文化交流也非常重要。特別是在南方絲綢之路開通之後，各種外來文化元素大大推動了西南地區特別是古蜀地區文化的發展。同時，華夏文明也透過這樣一條通道不斷地向外傳播，影響境外的文化，特別是對中亞、西亞、東南亞地區的文化產生強烈的衝擊和影響。因此，絲綢之路就成為早期中國對外交流的紐帶，既促成了華夏文化的形成，也促進了華夏文明的不斷發展，並使具有獨特氣質的華夏文明被其他地區文明吸收採納。

# 第二章
# 兩漢時期的絲路與東西方關係

　　儘管早在漢代之前，中原與西域、歐洲之間就已經有了政治、經濟聯繫，但張騫出使西域仍然是中國歷史及世界歷史上的重大事件，尤其是對西域的影響極為深遠。《漢書‧張騫傳》載：「騫還，拜為大行。歲餘，騫卒。後歲餘，其所遣副使通大夏之屬者皆頗與其人俱來，於是西北國始通於漢矣。然騫鑿空，諸後使往者皆稱博望侯，以為質於外國，外國由是信之。其後，烏孫竟與漢結婚。」[233] 張騫通西域以後，一條從長安出發，貫穿亞歐大陸進而至歐洲、北非的陸上交通路線，連接漢朝與西域、中亞及西方諸國，中西方之間的政治、經濟、文化交流日益密切。

　　在漢代之前，絲綢之路時常因一些國家或民族之間的矛盾、戰爭而中斷，有時即使相通，也會因路途遙遠、山川阻隔而困難重重，各種障礙使這條道路不能完全暢行。在此之前的古代文獻中，對於絲綢之路的行經地點、具體路線等記載不明，言之不詳。直到張騫出使西域——中原王朝使者第一次親歷西域、中亞，其副使探尋、到達過大宛（今烏茲別克費爾干納盆地）、康居（約在今中亞巴爾喀什湖和鹹海之間）、大月氏、大夏（今阿富汗北部）、安息（今伊朗呼羅珊地區）、于闐（今新疆和田）等國，才完全打通了貫穿亞洲內陸東西交通的要道。《史記‧大宛列傳》、《漢書‧西域傳》等就是根據張騫向漢武帝報告的內容，詳細記錄了當時絲綢之路的具體路線、行經地點及沿途各國、各民族的真實情況。

---

[233]　〔漢〕班固：《漢書》卷六一〈張騫傳〉，中華書局，1962 年，第 2693 頁。

第二章　兩漢時期的絲路與東西方關係

　　與此同時，漢王朝對河西地區的開發、管理和抗擊匈奴都取得了巨大成就。無論是出於政治、經濟因素，還是從其他方面考慮，兩漢王朝都非常重視開拓絲綢之路。河西走廊是中原通往西域地區的必經之道。漢朝領有河西走廊，設立郡縣，完善了以長城為主幹的防禦工事和郵驛系統，從而保證了絲綢之路的安全和暢通。在此過程中，漢朝也在努力抗擊匈奴，以使西域地區擺脫匈奴的奴役。漢朝設立西域都護，在輪臺、伊循（今新疆若羌一帶）等地屯田，為東西往來使者、商旅們提供糧食，保證其安全。張騫通西域之後，漢朝的對外交往延伸到了西亞及更遠的地方，派遣使者抵達安息、奄蔡（約今鹹海至裏海一帶）、黎軒（東羅馬）、條支（今伊拉克境內）、身毒（今印度）等國。

## 第一節　匈奴與絲綢之路的開通

　　張騫通西域，建立起了中原王朝與西域、中亞西方諸國的友好關係，對絲綢之路的開通、發展貢獻良多。而漢代之所以會出現張騫通西域，與漢武帝反擊匈奴是無法分開的。在那一時期，廣袤的西域地區是許多民族共同生活的地方。

### 一、漢代西域的各民族

　　匈奴是一個古老的游牧民族，在周秦時期與大月氏、烏孫、諸羌一起生活在中國西部、北部地區，大大開拓了這一地區。西元前209年，匈奴建立了中國歷史上第一個北方草原奴隸制政權，從原始社會過渡到階級社會，其勢力逐漸強大起來，尤其是冒頓單于、老上單于、軍臣單于統治期間，匈奴進入空前的強盛時期。匈奴政權是一個龐大的軍政聯合體，但作

## 第一節　匈奴與絲綢之路的開通

為一個剛從原始社會過渡到奴隸社會的原始部落，他們還有很濃烈的掠奪社會遺風。

位於匈奴西南的是大宛，在漢朝西邊，距長安十餘千里，漢時大宛的都城在貴山城（今烏茲別克卡桑賽）。所轄大小城邑70多個，居民約有30萬人，軍隊擅長操戈騎射。農牧業興盛，種稻、麥，產葡萄酒，出汗血馬（又稱天馬），商業繁榮。西元前130年左右，張騫出使西域時到過大宛。大宛曾經殺害漢使、身毒國使，阻隔絲綢之路東西交通，漢武帝兩次出兵征伐，後屬西域都護。東漢建武年間，大宛一度臣服莎車。

烏孫，位於大宛東北約兩千里，由游牧民族烏孫族建立，本與大月氏共居在河西走廊，西元前161－前160年，與匈奴聯合驅逐了伊犁河流域的月氏人，並在那裡立國。後又西遷，建都赤谷城（今吉爾吉斯伊塞克湖東南的依什提克一帶）。烏孫族人逐水草而居，平時生產，戰時習武征伐。元狩四年（前119），漢武帝派張騫出使烏孫。元封三年（前108）和太初四年（前101），漢武帝先後遠嫁宗室女細君公主、解憂公主，與烏孫和親。烏孫後來與漢朝聯合，大敗匈奴，歸附漢朝。漢朝多次派遣使節到烏孫，冊封官吏，頒發印綬。

月氏，在大宛西約兩三千里，也是游牧民族，本來游牧於河西走廊西部張掖至敦煌一帶，那裡是溝通歐亞經濟、文化的咽喉要道。西元前174年，月氏人被匈奴打敗，被迫西遷伊犁河流域及伊塞克湖附近。從那以後，西遷的月氏被稱為大月氏，殘留在河西走廊的小部分月氏人與祁連山間羌族混合被稱為小月氏。後來，大月氏又被匈奴、烏孫聯合進軍攻破，繼續西遷河中地區，在阿姆河北岸建王庭。大約又過了20年，大月氏向西出擊大夏，征服大夏以後，據巴克特拉為都城。至張騫第一次出使西域時，大月氏已經占有今澤拉夫善河和阿姆河一帶。西元一世紀，大月氏建立貴霜王國，仍沿用其舊名。

## 第二章　兩漢時期的絲路與東西方關係

安息，在大月氏西幾千里，與大宛類似，種稻、麥，產葡萄酒，有數百個大大小小的城邑，地廣數千里。工業、手工業繁榮，擅長經商販賣，水陸貿易發達，延綿至數千里外。市場上流通有金屬貨幣，幣上鑄有國王像和他們的文字。安息就是伊朗歷史上的帕提亞王國。西元前 247 年，波斯帝國的一個行省——帕提亞脫離塞琉西王國，阿薩息斯（Arsaces）自立為王，建立阿薩息斯王朝。《史記·大宛列傳》、《漢書·西域傳》等史書將其譯為「安息」。西元前一世紀時，安息幾乎占領了整個小亞細亞、敘利亞和巴勒斯坦，成為西亞大國。安息地處東西交通的要衝，是中國和羅馬帝國進行絲綢貿易的必經之路。自漢武帝時，安息就與中國有使節往來。章和元年（87）、永元十三年（101），安息王遣使向漢朝獻貢。西元 226 年，安息被波斯薩珊王朝所取代。

樓蘭，東臨敦煌，西北通焉耆、尉犁，西南到若羌、且末，是著名的「城廓之國」，國都樓蘭城（今敦煌以西新疆東南部的羅布泊區域）。樓蘭為絲綢之路的必經之地，絲綢之路南、北兩道就是從樓蘭分道。《史記·大宛列傳》記載：「樓蘭、姑師邑有城郭，臨鹽澤。」[234]《漢書·西域傳》云：「樓蘭國最在東垂，近漢，當白龍堆。」[235] 建國之初，樓蘭被月氏王控制，後臣服於匈奴。漢時的樓蘭國，時而做匈奴的耳目，時而歸附於漢朝。由於樓蘭地處交通要衝，漢朝不能越過樓蘭打匈奴，匈奴不借助樓蘭的力量也威脅不到漢王朝，所以漢和匈奴對樓蘭都實行懷柔政策。元鳳四年（西元前 77 年），大將軍霍光派傅介子斬樓蘭王嘗（一作當），立其弟尉屠耆為王，改國名為鄯善。

龜茲，是古代西域塔里木盆地中北部的大國，東接焉耆，西通疏勒，南望崑崙，北倚天山，居絲綢之路幹道要衝。龜茲水源充沛，物產豐饒。

---

[234]　〔漢〕司馬遷：《史記》卷一二三〈大宛列傳〉，中華書局，1959 年，第 3160 頁。
[235]　〔漢〕班固：《漢書》卷九六上〈西域傳上〉，中華書局，1962 年，第 3878 頁。

第一節　匈奴與絲綢之路的開通

漢代時「龜茲國，王治延城，去長安七千四百八十里。戶六千九百七十，口八萬一千三百一十七，勝兵二萬一千七十六人」[236]，是西域綠洲的第一大國，役屬於匈奴。漢宣帝神爵三年（西元前59年），西漢政府在烏壘城（今新疆輪臺縣東策大雅地區）設立西域都護府，龜茲隸屬於漢朝。王莽年間，一度停設西域都護，龜茲又屬於北匈奴。東漢永元三年（91年），龜茲歸附漢朝，班超在龜茲古城（今新疆沙雅縣）設立西域都護府。[237]

匈奴作為北方草原的強勢軍事力量，與中原王朝、西域地區、北方諸民族曾頻繁而密切的接觸。匈奴滅了勁敵大月氏之後，「定樓蘭、烏孫、呼揭及其旁二十六國，皆以為匈奴。諸引弓之民，併為一家」[238]。匈奴奴隸主貴族控制了河西、西域一帶，在西北地區大肆掠奪、侵擾，大大威脅漢朝。

事實上，種種跡象表明，匈奴民族及其祖先對於絲綢之路同樣也懷有極大的熱情，與絲綢之路草原道的開發、建設有密切的關係。在絲綢之路上，「自烏孫以西至安息，以近匈奴，匈奴困月氏也，匈奴使持單于一信，則國國傳送食，不敢留苦；及至漢使，非出幣帛不得食，不市畜不得騎用。所以然者，遠漢，而漢多財物，故必市乃得所欲，然以畏匈奴於漢使焉」[239]。這說明匈奴在西域地區的影響之大，遠遠超過了漢朝。匈奴出於政治、經濟、軍事等方面的考慮，當然不希望西漢王朝與西域聯繫，於是百般阻撓西漢與西域的交往。

西漢早期，匈奴控制著西域北部的草原、哈密綠洲、吐魯番盆地，統治著天山以北的車師後部，巴爾喀什湖以東、以南的烏孫和天山以南的車師、龜茲、疏勒等三十多個城國。匈奴單于派日逐王轄制西域各國，並

---

[236]　〔漢〕班固：《漢書》卷九六下〈西域傳下〉，中華書局，1962年，第3911頁。
[237]　閆雪梅：〈從考古資料看漢晉時期的龜茲〉，中國社會科學院考古研究所、新疆文物考古研究所編《漢代西域考古與漢文化》，科學出版社，2014年，第36—47頁。
[238]　〔漢〕司馬遷：《史記》卷一一〇〈匈奴列傳〉，中華書局，1959年，第2896頁。
[239]　〔漢〕司馬遷：《史記》卷一二三〈大宛列傳〉，中華書局，1959年，第3173頁。

## 第二章　兩漢時期的絲路與東西方關係

設立了僮僕都尉[240],「常居焉耆、危須（今新疆和碩）、尉黎間,賦稅諸國,取富給焉」[241],殘酷地奴役天山南北諸多城國。匈奴奴隸主貴族憑藉西域豐厚的物資,多次攻入隴西地區,「攻城屠邑,驅略畜產……殺吏卒,大寇盜」[242],有時甚至還將戰火蔓延到甘泉、長安一帶。匈奴的不斷騷擾和入侵,不僅使北方地區的民眾水深火熱,嚴重威脅西漢北部邊境的安寧,還中斷了西域地區與中原的聯繫,阻塞了貫通中西的絲綢之路。

### 二、張騫出使西域

西漢建立初期,軍事力量薄弱,受當時歷史條件的限制,並沒有積極出擊匈奴,只能與匈奴劃界而治,基本上是實行和親政策和防禦策略。但和親政策未見成效,匈奴仍不時侵擾西北邊境。漢武帝即位後,經過幾十年的休養生息,漢朝的國力稍微恢復後,才開始全面反擊匈奴。

漢武帝反擊匈奴的策略有兩種:一是派遣軍隊正面進攻;二是與受到匈奴壓迫奴役的民族結成同盟,聯合夾擊。於是,漢武帝開始招募使者出使西域,準備聯合被匈奴趕到西域的大月氏人及與匈奴有矛盾的烏孫人,以斷匈奴右臂,共同夾擊匈奴。張騫正是在這種情況下應漢武帝的招募出使西域。

張騫（約西元前164年至前114年）,漢中成固（今陝西城固東）人（圖2-1）。官至大行,封博望侯。曾經兩次奉漢武帝之命出使西域。

漢武帝建元二年（西元前139年）,張騫第一次出使西域,目的是聯繫大月氏夾擊匈奴。匈奴打敗大月氏後,大月氏被迫西遷,一直非常憎恨

---

[240] 匈奴官名的漢文意譯。「僮僕」即「奴隸」,以「僮僕」為官名,可見匈奴視西域各國為奴隸。參見王子今:〈匈奴僮僕都尉考〉,《南都學壇》2012年第4期。
[241] 〔漢〕班固:《漢書》卷九六上〈西域傳上〉,中華書局,1962年,第3872頁。
[242] 〔漢〕班固:《漢書》卷四九〈爰盎晁錯傳〉,中華書局,1962年,第2278頁。

第一節　匈奴與絲綢之路的開通

匈奴,想伺機報復。張騫帶領堂邑氏之奴甘父等百餘人從長安起程,經隴西郡(今甘肅境內黃河以東中部地區)向西行進,途中被匈奴俘虜。匈奴單于扣留了張騫,為他娶妻成家,用盡各種方法試圖誘降他。然而張騫並沒有忘記自己的使命,11 年後,趁匈奴疏於防備,與甘父等人一起逃離匈奴,繼續向西行進。張騫一行首先到達的是大宛,大宛王熱烈地歡迎他們,並且派人把他們送到了康居,再由康居前往大月氏。當張騫等人到達大月氏時,大月氏已經占有了大夏故地,那裡土地肥沃,人民安居樂業,他們已經不想再向匈奴報仇了。目的未達到,張騫離開大月氏後,在大夏停留了一年多。為了避免匈奴的攔截,張騫沒有原路返回,而是沿著塔里木盆地南緣西行,準備經柴達木盆地,繞道羌族地區回關內。但不幸的是,張騫又被匈奴抓獲,拘留一年多。直到西元前 126 年,趁著匈奴內亂,張騫與甘父才逃回長安。

圖 2-1:漢中張騫墓

第二章　兩漢時期的絲路與東西方關係

張騫第一次出使西域，歷時 13 年，帶領一百多人出發，僅有張騫和甘父二人返回。張騫這次出使未能完成與大月氏結盟共擊匈奴的使命，但了解了西域地區的政治、經濟、地理、風俗等方面的真實情況，為漢武帝策劃反擊匈奴提供了十分寶貴的資訊。

在此期間，漢朝與匈奴之間的形勢已經發生了巨大變化。西元前 127 年，漢朝大將衛青大敗匈奴，控制了河南地（今內蒙古河套南鄂爾多斯一帶）。西元前 121 年，漢將霍去病重重打擊了匈奴，渾邪王、休屠王所統治的河西匈奴損失慘重，匈奴單于對他們非常不滿，打算嚴懲他們。渾邪王、休屠王得知消息後，決定投降漢朝。漢軍過河接應他們時，休屠王反悔，渾邪王殺死休屠王，帶領河西匈奴各部降漢，至此河西走廊完全由漢朝控制。西元前 119 年，衛青、霍去病再次分道出擊匈奴，匈奴大敗遠逃，其主力向西遷移。

為了完全擊敗匈奴貴族勢力，徹底打通中原與西域，漢武帝又召張騫問計。張騫認為「蠻夷戀故地，又貪漢物，誠以此時厚賂烏孫，招以東居故地，漢遣公主為夫人，結昆弟，其勢宜聽，則是斷匈奴右臂也。既連烏孫，自其西大夏之屬皆可招來而為外臣」[243]。由此可知，當時烏孫的勢力十分強大，已經占據天山以北、巴爾喀什湖以南，漢朝若與烏孫建立聯繫，就可以徹底擊潰匈奴，開通西域及其以西的道路。

漢武帝決定採納張騫的建議，派張騫等人去聯繫烏孫。西元前 119 年，張騫帶領使團，開始第二次出使西域。第二次出使比前一次的規模大了許多，張騫為中郎將，率領 300 人，帶馬 600 匹、牛羊萬頭，還有一大批幣、帛等。此時的河西走廊已歸西漢政府管轄，張騫帶領的隊伍浩浩蕩蕩，暢通無阻。

張騫使團第二次出使，一路順利地到達了烏孫赤谷城（今吉爾吉斯伊塞

---

[243]　〔漢〕班固：《漢書》卷六一〈張騫傳〉，中華書局，1962 年，第 2692 頁。

## 第一節　匈奴與絲綢之路的開通

克湖東南伊什提克一帶）。不巧的是，烏孫內部正在因王位繼承而爭執，西漢欲與烏孫聯盟共擊匈奴的願望未能實現，但是漢武帝的友好旨意和漢朝的富強，使烏孫與漢朝建立起了緊密關係。在赤谷城期間，透過烏孫的關係，張騫派遣副使分赴大宛、康居、大月氏、大夏、安息、身毒、于闐、扜彌等地開展友好活動。張騫返漢時，烏孫王昆彌派遣親信專使，帶上幾十匹烏孫名馬為禮物，陪同張騫回長安答謝漢朝。

張騫兩次出使西域，歷時十幾年，行程萬餘里。第一次出使西域是沿著大月氏西遷的路線，向西經河西走廊到天山北麓，被匈奴俘獲，留居天山北至阿爾泰山間，逃出後沿著天山北麓，向西南方到達大宛。第二次出使西域，很順利地到達烏孫，與更多的地區和國家建立了友好關係，達到了孤立匈奴的目的，進一步疏通了絲綢之路，促進了東西方經濟文化交流。史書上把張騫出使西域稱譽為「鑿空」。

張騫出使西域，到訪過西域、中亞的許多國家，親身探尋和考察了被匈奴阻塞、中斷的絲綢之路，使漢朝掌握了絲綢之路沿途各個民族、國家的真實情況，進一步證實和訂正了之前有關西域諸國的傳說及零散的記載，使人們更了解了絲綢之路，並與帕米爾以西各國建立友好關係。根據張騫上呈漢武帝的報告，《史記·大宛列傳》、《漢書·西域傳》等詳實記錄了當時絲綢之路的具體路線和行經地點。

張騫通西域後，西域各地紛紛與漢朝建立友好往來的關係，絲綢之路變得空前繁榮。來往於西域與漢朝之間的使者以及打著使者旗號、假借「貢獻」[244]之名的商人們「相望於道」，「一輩大者數百，少者百餘人」[245]，一批批使者絡繹不絕。他們攜帶了大量的物資，如中國的絲織品、瓷器等，沿著這條道路運往西方，大宛等地的葡萄、苜蓿等作物的種植技術，

---

[244]　罽賓國「奉獻者皆行賈賤人，欲通貨市買，以獻為名」，見《漢書》卷九六上〈西域傳〉，中華書局，1962年，第3886頁。

[245]　〔漢〕司馬遷：《史記》卷一二三〈大宛列傳〉，中華書局，1959年，第3170頁。

第二章　兩漢時期的絲路與東西方關係

胡桃、西瓜、駱駝、汗血馬等也相繼傳入中原，大大豐富了東西方人民的物質生活，促進了東西方經濟、文化的交流。

## 三、西漢對河西與絲綢之路的經略

綿亙萬里的絲綢之路走向在西漢時已經基本形成。漢代絲綢之路的主幹線，自長安出發，翻過隴山至隴西高原，經武威、張掖、酒泉、敦煌，由河西走廊西端進入西域。在匈奴控制西域的形勢下，西漢王朝在西域地區的絲綢之路，只能走匈奴控制相對薄弱的路線，大致上分為南道、北道兩條路線。南道，是指崑崙山北麓到塔克拉瑪干沙漠之間的東西通道。自陽關（圖 2-2）起，經白龍堆沙漠南緣到鄯善（漢朝時樓蘭，今新疆若羌），經且末、精絕（今新疆民豐）、扞彌（今新疆于田東北）、于闐，越蔥嶺（今帕米爾），向西或西南方向，經過大夏、粟特（今烏茲別克）、安息、條支，最後到達大秦（羅馬帝國東部）。北道，是從玉門關（圖 2-3）向西，經哈順戈壁南緣，到達車師國（今吐魯番地區）高昌、交河古城，沿著天山南麓向西南，經過危須、焉耆、渠犁（今新疆庫爾勒）、龜茲（今新疆庫車）等地。再往西行有兩條岔道，一條是由龜茲繼續向西，過姑墨（今新疆阿克蘇）、溫宿（今新疆烏什），出拔達嶺（今別迭裡山口）到烏孫首府赤谷城，再往西過闐池（今吉爾吉斯伊塞克湖）南，沿納林河向西到塔拉斯河中游的郅支城（今哈薩克江布林城）。另一條是由龜茲向西南方向行進，到疏勒（今新疆喀什噶爾），越蔥嶺上的休循到大宛。東漢時，經過與匈奴多次交戰，北匈奴西遷，漢朝又開闢了絲綢之路新北道，即出了玉門關向西北，過莫賀延磧沙漠（今哈順戈壁一帶）北緣到伊吾（今新疆哈密），接著向西北行，至蒲類（今新疆巴里坤）、車師後部（北庭），西通烏孫。

第一節　匈奴與絲綢之路的開通

圖 2-2：敦煌漢陽關遺址圖

2-3：敦煌玉門關小方盤城

　　儘管張騫出使西域對絲綢之路的開通貢獻良多，但是在匈奴勢力撤離西域之前，絲綢之路仍然時常阻塞，真正使得絲綢之路暢通繁榮的是漢朝反擊匈奴的澈底勝利及西域都護府的建立。

　　自漢武帝將策略眼光投向西部邊境地區，經兩次同匈奴作戰，漢廷即制定出河西邊塞防禦的初步計畫。武帝元狩二年（西元前 121 年）霍去病出河西，匈奴渾邪王殺休屠王而將四萬餘人歸附漢朝，漢置五屬國以

163

第二章　兩漢時期的絲路與東西方關係

處之。漢王朝經營河西策略據史載：「北卻匈奴，西逐諸羌，乃渡河湟，築令居塞。初開河西，列置四郡，通道玉門，隔絕羌胡，使南北不得交關。」[246] 關於河西四郡的設立年代，歷來眾說紛紜。僅就置郡順序而言，漢廷首先於酒泉、張掖設立二郡，繼之於酒泉西部地區分置敦煌郡，嗣後漢王朝勢力穩固，又於河西走廊東端置武威郡。[247] 繼四郡開闢，漢廷又於敦煌郡西置陽關與玉門關，另據近年考古發掘與出土漢簡記載，漢代從張掖直通居延地區之咽喉地帶還設有肩水金關與居延縣索關，兼有關口、郵驛、候望等多種功能[248]，為扼守河西走廊西北部交通路線之要地。

漢代對河西地區與絲綢之路的經略，歷史記載較為簡略，唯河西走廊地區遺留下來的漢簡，可為這一問題的研究提供較為詳實的資料。

河西發現的漢簡數量豐富，大致有四五萬件之多，幾乎涉及當時社會生活的各方面，而且還提供了絲綢之路詳盡的路線走向以及沿途國家和地區的歷史資料。以東段為例，居延漢簡的里程簡和懸泉漢簡的里程簡（圖2-4），把從西安到敦煌的整個路線連接起來。如懸泉置遺址出土的里程簡（II90DXT0214①：130A）記載：

倉松去鸞鳥六十五里

鸞鳥去小張掖六十里

小張掖去姑臧六十七里

姑臧去顯美七十五里

---

[246]　〔南朝宋〕范曄：《後漢書》卷 87《西羌傳》，中華書局，1965 年，第 2876 頁。
[247]　張維華：《漢河西四郡建置年代考疑》，《漢史論集》，齊魯書社，1980 年，第 309－328 頁；王宗維：《漢代河西四郡始設年代問題》，《西北史地》1986 年第 3 期；張俊民：《簡牘學論稿——聚沙篇》，甘肅教育出版社，2014 年，第 135 頁。
[248]　吳礽驤：《河西漢塞調查與研究》，文物出版社，2005 年，第 146－164 頁。

第一節　匈奴與絲綢之路的開通

垔池去氐得五十四里

氐得去昭武六十二里府下

昭武去祁連置六十一里

祁連置去表是七十里


玉門去沙頭九十九里

沙頭去乾齊八十五里

乾齊去淵泉五十八里

・右酒泉郡縣置十一・六百九十四里[249]

　　兩簡共列出 34 個地名，分別記錄了七個路段所經過的縣、置和區間里程。居延簡上的四段分別是：第一段西安以西 106 公里，第二段今寧夏固原東西 100 公里，第三段甘肅景泰到古浪 137 公里，第四段山丹、國樂、張掖 100 公里。懸泉簡上的三段是：第一段古浪到武威以西 111 公里，第二段張掖境內 102 公里，第三段酒泉到敦煌 99 公里。由於簡文殘斷，呈現的路線時斷時續，但不影響我們對東段絲路的整體認知。

　　透過這些漢簡可以看出，漢代絲綢之路的路線大致是這樣的：從長安出發，沿涇水河道往西北走，經平涼、固原繞過六盤山，在靖遠過黃河，再穿過景泰和古浪到武威，經河西四郡出敦煌，這是當時東段的主要路線，是官員、使者和商旅的首選。只有當這條路線受阻時，人們才選擇另一條路線，即從長安出發沿渭水河道西行經寶雞、天水、臨洮，爾後進入青海橫穿柴達木盆地，從索爾庫里到若羌，此即所謂的羌中道。兩條東、西平行的道路中間，還有兩條支線可以南北互通：一條是從臨洮到蘭州，再進入武威；一條是經青海扁都口到張掖。直到漢哀帝元始四年（西

---

[249]　甘肅文物考古研究所：〈敦煌懸泉漢簡釋文選〉，《文物》2000 年第 5 期。

第二章　兩漢時期的絲路與東西方關係

元 4 年) 羌人才獻出青海湖一帶，漢成立西海郡。所以，整個西漢時期羌中道幾乎無法通行，即使選擇渭水西進，到了臨洮也得北向經金城進入武威。[250]

圖 2-4：懸泉漢簡里程簡

---

[250]　郝樹聲：〈敦煌懸泉里程簡地理考述〉，《敦煌研究》2000 年第 3 期；張德芳：〈西北漢簡中的絲綢之路〉，《中原文化研究》2014 年第 5 期。

## 第一節　匈奴與絲綢之路的開通

敦煌是漢朝經營西域的前哨基地，自漢武帝「列四郡、據兩關」始，敦煌及其境內的陽關、玉門關就與絲綢之路結下了不解之緣。絲綢之路出長安、入敦煌後，透過陽關、玉門關南北兩道，貫通西域，敦煌因而被稱為「絲綢之路第一樞紐」。據《史記・大宛列傳》載：自張騫出使西域後，絲綢之路呈繁榮景象，赴西域的商賈、使者，「相望與道」，「一輩大者數百，少者百人」，「一年之中，使者多十餘，少者五六輩」。敦煌作為必經之地，不僅接待了來往的使者，而且見證和傳播了絲路文明和絲路傳奇。

敦煌郡下轄敦煌、冥安、效穀、淵泉、廣至、龍勒六縣；敦煌郡境內分置玉門、陽關、中部、宜禾四部都尉。作為西北邊疆交通要塞之地，敦煌郡及其轄下諸縣、漢塞、候官等建制對於保障漢帝國西北邊境防禦體系與交通安全十分重要。此外，漢代敦煌郡下還設立、驛、亭、郵等郵驛機構。關於置的設立，懸泉漢簡記載：

□效穀、遮要、縣（懸）泉、魚離、廣至、冥安、淵泉寫移書到……算課西案劾殿者，白太守府，毋忽。如律令。Ⅱ90DXT0214③：154[251]

而如懸泉等「置」，除郵驛外亦兼具行政、軍事等功能。懸泉置（圖2-5），位於今敦煌市與瓜州縣交界，漢簡所記其全稱為「敦煌郡效穀縣懸泉置」，隸屬效穀縣與敦煌郡。敦煌郡縣置建制，就目前漢簡研究所見，確知者從東向西依次有淵泉、冥安、廣至、魚離置、懸泉置、遮要置、敦煌與龍勒，其中五個與縣名吻合，三個以地名命名，稱「縣五置三」[252]。

現已明確敦煌郡四都尉中，宜禾都尉駐守敦煌郡北境塞防，西起宜禾候官介燧，東止酒泉郡西部都尉，下設宜禾、魚澤、崑崙等五候官。[253]中部都尉於敦煌縣北境，轄敦煌北塞諸障燧，領屬平望、破胡、吞胡、萬

---

[251]　甘肅文物考古研究所：〈敦煌懸泉漢簡釋文選〉，《文物》2000年第5期。
[252]　張俊民：《敦煌懸泉置出土文書研究》，甘肅教育出版社，2015年，第168－183頁。
[253]　林梅村、李均明：《疏勒河流域出土漢簡》，文物出版社，1984年，第24－25頁。

## 第二章　兩漢時期的絲路與東西方關係

歲等四候官,與宜禾都尉毗鄰。玉門都尉置於龍勒縣北境,轄龍勒北塞諸障燧,領屬大煎都、玉門等候官。陽關都尉置於龍勒縣南境,轄南塞諸障燧。[254]玉門、陽關都尉之職係主事轄區之防務,與史載函谷關之「關都尉」[255]職務有別,玉門關事務於漢簡所見主要由「關嗇夫」[256]處理,其應主要負責過往使節人員出入關卡事宜。漢廷自武帝朝至宣帝朝於河西逐段興築障塞烽燧,河西地區的烽燧修築,於武帝元封四年(西元前107年)修築自酒泉至玉門關,武帝太初三年(前102年)自張掖至居延澤,天漢初(前100年至前99年)自敦煌西至鹽澤,宣帝地節三年(前67年)自媼圍至揟次。[257]前後四次分段修築的烽燧,在河西以北地區建構起一道堅固的壁壘,以禦北部匈奴入侵。相對於河西北部廣袤無垠的地勢而言,南部挺立的祁連山——阿爾金山形成的天然屏障,無須建如北境那樣的防禦壁壘。

圖 2-5：懸泉置遺址

---

[254]　吳礽驤:《河西漢塞調查與研究》,文物出版社,2005年,第48－49頁。
[255]　〔漢〕班固:《漢書》卷七四〈魏相傳〉,中華書局,1962年,第3133－3134頁。
[256]　甘肅省文物考古研究所:《敦煌漢簡》,中華書局,1991年,第250頁。
[257]　吳礽驤:《河西漢塞調查與研究》,文物出版社,2005年,第17頁。

## 第一節　匈奴與絲綢之路的開通

漢代敦煌郡於龍勒縣南置陽關都尉，主轄阿爾金山以東，阿爾金山脈與祁連山脈結合部北坡，西起今甘肅阿克塞哈薩克族自治縣多壩溝，經敦煌縣南湖鄉，東止於黨河口以東攔河壩附近。[258] 敦煌郡以南為阿爾金山東北餘脈三危山，發源於祁連山脈東段黨河南山的黨河沿三危山向西流淌，過今敦煌市而向北，匯入疏勒河。《漢書·地理志》言：「氐置水出南羌中，東北入澤，溉民田。」[259]「氐置水」即今之黨河，水出南羌，即言敦煌以南山地多羌人部落。倚三危山之天然屏障，將敦煌地區與南山羌人隔開。而黨河、疏勒河等，卻又成為周邊少數民族進入敦煌的天然通道，漢廷亦於敦煌郡南部河谷山口之地修築塞垣等防禦工事。敦煌郡之南塞並未見於史載，而據考古發現，於今敦煌、酒泉南部地區諸山口、開闊地等區域性地區有塞垣、塹壕、柵欄等塞牆遺跡，可絕通道。[260] 懸泉漢簡記載，陽關都尉以下設立「候官」：

入東檄二，敦煌千人印，廣校、益廣候，縣次吏馬行，七月癸未日下餔受西　Ⅱ T0111 ①：365

博望雕秩候部見羌虜為盜　Ⅲ 92DXT0809 ④：35

簡文所見「博望」、「雕秩」、「廣校」、「益廣」四候官均隸屬陽關都尉，而除雕秩候官方位尚不明確外，簡文可見博望候官應位於懸泉置西，而益廣、廣校候部應處懸泉置以東。四部候官職責應在於巡行以保轄境安全，同時防備異族入侵：

益廣廣校候部見羌虜，疑為淵泉南，籍端□□□ 92DXH11：1 君會廣至，羌人當以時出，唯廷調左部遊徼賀，及間亭吏卒 Ⅱ 90DXT0115 ②：10

簡中記載，四部候官於南塞轄境均見「羌虜」，而淵泉、廣至見羌人

---

[258]　吳礽驤：《河西漢塞調查與研究》，文物出版社，2005 年，第 84 頁。
[259]　〔漢〕班固：《漢書》卷二八〈地理志〉，中華書局，1962 年，第 1614 頁。
[260]　李並成：《河西走廊歷史地理》，甘肅人民出版社，1985 年，第 230—234 頁。

## 第二章　兩漢時期的絲路與東西方關係

異常活動,「南籍端」者見於《漢書·地理志》冥安縣[261],然則簡文可見當時羌人的異常活動已遍布敦煌郡各地,初師賓亦指出諸簡文所記應與漢宣帝神爵年間平青海羌亂之事有關。[262] 南北塞防禦體系以及都尉、候官職官系統的建立,對於防禦少數民族的侵擾意義重大。

漢代對河西少數民族的管理,除以烽燧塞垣等防禦少數民族軍事入侵外,主要表現在對境內少數民族的管控以及溝通。漢代於邊郡設立屬國以安置歸義少數民族,曾於酒泉、張掖等地區前後設立五屬國以安置如羌人、小月氏人、匈奴等族,對此懸泉漢簡也有相關記載:

酒泉歸義鼕羌龍耶種男子韓芒自言今年九月中□ Ⅱ T0214 ②:195

「歸義鼕羌龍耶種」男子所在之地當為酒泉屬國,並且就懸泉漢簡所見,其轄下另有專屬職官:

□印　同　一詣酒泉大守博

一詣主歸義左侯官

一詣表是

Ⅱ T0113 ③:94

該簡為一件郵書,其傳遞文書內容除酒泉太守外另有「主歸義左侯(候)官」,此官職目前於漢簡中僅此一例,難詳考其職,而從其官名以及傳遞方向來看,該職很可能為酒泉屬國轄下主事歸義少數民族事務官員。

隨著與周邊少數民族交往的日益頻繁,漢廷專門設立「譯」官負責民族間的語言翻譯亦頻頻見於漢簡記載。漢官制,「典客」掌諸歸義少數民族,景帝中元六年(西元前 144 年)更名大行令,漢武帝太初元年(前 104

---

[261]　〔漢〕班固:《漢書》卷二八〈地理志〉,中華書局,1962 年,第 1614 頁。
[262]　初師賓:〈懸泉漢簡羌人資料補述〉,《出土文獻研究》第 6 輯,上海古籍出版社,2004 年,第 173 頁。

年）更名大鴻臚，以負責外交與民族事務，其屬官便有「譯官」，而掌少數民族的「典屬國」也有相應「九譯令」的設立。[263] 至漢宣帝時西域諸國歸附，漢廷於諸國均設立譯長，同時，漢廷於邊地府尉同樣設立相關的「譯」。漢簡可見時敦煌郡府同樣設立譯者：

倉曹言遣守屬忠送罷匈奴譯詣府

Ⅱ 98DXT1 ② ：1

·凡傳馬卌四匹：

其一匹假匈奴譯

見卅三匹

Ⅱ T0213 ① ：8


今余傳馬卅八匹：

其一匹假匈奴譯

見卅七匹

Ⅱ T0216 ② ：220

漢簡 Ⅱ 98DXT1 ② ：1 出自敦煌小方盤城[264]，簡文中的「匈奴譯」當隸屬於敦煌北境的玉門都尉。玉門都尉的設立最早可至武帝元封四年（西元前 107 年），時年漢廷於酒泉列亭障至玉門，並據小方盤城出土漢簡所記，當時玉門都尉屬酒泉郡管轄，而敦煌尚未設立郡。[265] 而簡 Ⅱ T0213 ① ：8 和 Ⅱ T0216 ② ：220 出自懸泉置，記錄了懸泉置借馬給匈奴譯。敦煌郡北境作為抵禦匈奴南侵的重要防禦地帶，其與匈奴的交往也最為頻繁，匈奴譯必為其屬常設職位。敦煌郡在與羌胡的交往中，亦設有

---

[263] 〔漢〕班固：《漢書》卷一九〈百官公卿表〉，中華書局，1962 年，第 730－735 頁。
[264] 李岩雲：〈敦煌漢簡相關問題補遺〉，《敦煌研究》2010 年第 3 期。
[265] 吳礽驤：《河西漢塞調查與研究》，文物出版社，2005 年，第 14 頁。

譯人承擔翻譯工作：

　　元鳳五年十一月丙子朔辛卯尉史宣敢言之戎邑給敦煌郡羌譯一人有請詔今謹遣

　　羌譯板里男子妾南以縣牛車傳送續食謁移過所縣道官給法所當得舍傳舍敢言之

VT1511 ⑤：2A

　　入粟八斗陽朔二年閏月甲辰縣泉吾子文受遮要嗇夫博以食羌胡譯行書馬觚賜之等傳馬

Ⅱ T0215 ②：16

　　從以上諸簡所記可見，漢廷在與匈奴、羌人以及西域諸族的交往中，均設立有專門從事語言翻譯的譯人，且已應作為漢廷邊境，尤其河西諸郡府尉的常設官職。

## 第二節　郵驛系統的完善與西域都護的設立

　　伴隨著匈奴主力的西遷，漢王朝為了鞏固其勝利，強化通向中亞大地絲綢之路北道的建設，自敦煌向西築長城、亭燧，在渠犁、輪臺等地屯田。元狩二年（西元前121年）、元鼎六年（前111年），漢朝政府先後在河西走廊甘肅境內設立了河西四郡，即武威、張掖、酒泉、敦煌四郡，隔斷了匈奴與羌族之間的聯繫，確保絲綢之路咽喉地帶的暢通無阻。

　　漢朝政府與向西發展的匈奴勢力爭奪西域的戰役愈演愈烈。元封三年（西元前108年），漢朝出兵打敗了匈奴的耳目樓蘭、車師。太初四年（前101年），漢朝大將李廣利成功征伐大宛。征和四年（前89年），在樓蘭、危須、尉犁等六國軍隊的配合下，漢朝大軍打敗了匈奴支持的車師（前部

## 第二節　郵驛系統的完善與西域都護的設立

在今吐魯番，後部在今吉木薩爾），車師王降服，大大削弱了匈奴在西域的統治。西元前72年，烏孫遭到匈奴攻擊，向漢朝求援，漢朝五將軍率十五萬大軍與烏孫五萬軍隊聯合，從東西兩方共同夾擊匈奴，大獲全勝，匈奴受到重挫。

在西漢王朝極力開拓絲綢之路南、北兩道的同時，匈奴也開始全力抗爭。西元前62年，西羌首領狼何勾結匈奴，共謀出擊鄯善、敦煌等地，目的在於「絕漢道」。漢宣帝神爵二年（前60年），匈奴奴隸主貴族發生內訌，日逐王先賢撣率領部眾投降漢朝，漢朝派守護鄯善以西的使者鄭吉迎接日逐王，並封他為歸德侯。匈奴勢力基本上已退出西域，他們設在西域的統治機構僮僕都尉至此撤銷，西域統一於漢朝政府，由西域都護直接管轄，絲綢之路步入嶄新的發展階段。

漢朝在反擊匈奴的同時，還十分重視管理和維護絲綢之路。他們整修和延長了萬里長城，強化了各地的防禦工事建設，以確保絲綢之路的暢通。交通道路的日益發達，也使中國的郵驛系統被進一步完善。（圖2-6）

圖2-6：固原境內戰國秦長城

第二章　兩漢時期的絲路與東西方關係

## 一、漢代的郵驛系統

郵驛，也稱驛傳，是古代的消息傳遞機構，包括郵傳和驛站等設施，通常是由政府管理，承擔傳遞文書、接待使客、運送物資等重要的國家任務。具體來說，就是在水陸交通線路上，每隔一定距離修置一所館舍，在其中配備一定數量的客房、夥食和出行的馬匹、船隻，以及專門的差役人員，兼有現代軍隊系統兵站和地方政府招待所以及郵政和通訊站的功能。[266]

中國最早的郵驛制度可以追溯到黃帝「合符」[267]的故事，在殷商時代就設立有郵驛，周代郵驛應用普遍，有「遺人」、「野廬氏」等官職主持其事，但真正意義上的郵驛制度則是在秦朝統一中國後。秦朝在全國建立了郡縣制，進行了一連串重大改革，如「車同軌」、「書同文」，「開河渠」、「興漕運」，「為馳道於天下」[268]，統一了貨幣、文字、度量衡和法律，修築萬里長城，開闢秦始皇專用的天子道，通達全國36個郡，廣設驛站館舍，為漢代郵驛制度的鞏固和發展奠定了基礎。

漢朝建立後，繼承秦制，採取了一連串發展經濟、恢復交通的措施。西元前127年，漢武帝收復河南地，設立朔方郡、五原郡，移民墾荒，整修秦時沿黃河的長城。西元前121年，攻下河西後，漢朝將長城沿黃河由朔方延長到令居（今甘肅永登）。匈奴西遷之後，為了強化西北地區的守備，西元前102年，漢朝在朔方以西的居延修築了障塞，派遣重兵防守。李廣利征伐大宛勝利後，漢朝的長城又由敦煌向西延伸到鹽澤，並設立亭障。從此以後，玉門關、陽關成為絲綢之路上兩個重要的關隘，而聯繫東

---

[266]　汪受寬：《甘肅通史・秦漢卷》，甘肅人民出版社，2013年，第268頁。
[267]　合符是中國流傳久遠的一項合盟信物制度，常用於文字發明之前的重大政治、行政、慶典、軍事等活動。符，又稱符節、符信，古代多以竹、木、獸皮、玉、骨等為符，製成後一分為二，供持有者雙方相互印證，也就是合符。
[268]　〔漢〕班固：《漢書》卷五一〈賈鄒枚路傳〉，中華書局，1962年，第2328頁。

## 第二節　郵驛系統的完善與西域都護的設立

西方、長達數千里的長城及沿長城而設的亭障，既是為絲綢之路供應糧食的驛站，又是軍事警衛的哨所，為往來於絲綢之路上的使者、商賈提供食宿，確保其人身和財物安全。

漢代以前就有「郵」、「馹」、「遽」、「置」、「傳」等郵遞消息的機構名，從漢代開始才有了專門的名稱——「郵驛」。為了強化中原與西域的聯繫，漢朝不斷開闢、發展郵驛交通要道，各地郵亭驛站的設立更加完善。在國內，「驛馬三十里一置」[269]，每驛設官掌管，郡縣之間達到十里一亭，五里一郵，共開發郵路 4 萬多公里，建成了完善的消息通路；向外，漢朝與朝鮮、日本、伊朗、羅馬等國建立了聯繫，完善的郵驛制度促進了絲綢之路上東西方各國間的經濟文化交流。

（一）漢代郵驛機構的設立

西漢時，總領全國郵驛事務的是丞相府。實際上，典屬國[270]及其屬官行人令才是全國郵驛機關的真正首腦，與郵傳有著密切關係的還有九卿中的衛尉、大鴻臚（景帝時稱為大行令）。此外，在中央兼管郵驛事務的還有御史大夫，主要負責巡行和監察使用郵傳的使者發放「封傳」。

地方郵驛管理分郡、縣兩級，由太守、縣令掌管，具體主管文書的屬吏是令史，公文的經辦人為郡縣內分管某科事務的屬曹。各郡國都分設諸部督郵，掌管郵驛事務。在驛道所經之處，設專門官吏管理其事。

具體的基層郵驛機構包括郵、傳、驛、置、亭等設立。大致來講，以車送為傳，步遞為郵，馬遞為驛，驛傳中間停駐之站為置，步遞停留之處為亭。[271]

---

[269] 〔南朝宋〕范曄：《後漢書·志二九·輿服上》，中華書局，1965 年，第 3651 頁。
[270] 秦漢時負責屬國的官員，秩二千石，負責少數民族事務。見《漢書》卷一九上〈百官公卿表上〉：「典屬國，秦官，掌蠻夷降者。武帝元狩三年昆邪王降，復增屬國，置都尉、丞、候、千人。屬官，九譯令。成帝河平元年省并大鴻臚。」
[271] 王子今：《秦漢交通史稿》，1994 年，第 456 頁。

第二章 兩漢時期的絲路與東西方關係

1. 置,是漢朝政府設於縣的基層郵驛機構。「置者,置傳驛之所,因名置也」[272],由此可知,置是綜合性的郵驛機構。驛是一種與置並列的郵驛機構,但功能不同。《說文解字·馬部》:「驛,置騎也。」段注:「言騎以別於車也。駟為傳車,驛為置騎,二字之別也。」[273] 漢代的驛主要是指傳送文書、信件的驛馬,驛成為驛站當在漢以後。[274]

驛置作為郵驛系統的基層單位,功能齊全,長官為丞,下設倉、廚、廄、置四嗇夫,佐為吏員,基層還有傳舍嗇、郵書、郵人等,另有數匹或數十匹馬,構成了有別於地方行政機構的郵驛管理系統。

2. 郵,是傳遞文書的專門機構,也可供人止宿,郡縣各行政組織間用郵傳遞文書、上封事、奏疏等。郵可與亭、傳、置、驛並為道路交通的設立,重疊於一處互相通用。「郵站多數為燧,少數為亭、驛、關。」[275] 十里設一亭,有亭長、亭侯;五里設一郵,郵與郵之間相距二里半。可見郵與亭是共存關係,所謂的「十里一亭」、「五里一郵」只是標準數目,事實上的郵亭建制會因地理環境、郵遞需求不同而有所增減。

3. 傳,就是傳遞,即以交通路線上適當設立的驛站來替換車馬,同時這種替換車馬的地點又叫做傳。因為替換車馬需要停下來一次,所以這個地點也叫做置。兩者連起來稱為傳置。「行則驛車(騎),止則傳舍」[276],因此傳也可稱為驛,或者傳舍連稱。

漢代的傳,是指用車,供行政官吏或特許之人因公乘坐。漢朝時須憑傳信用傳,一為木質傳,叫木傳信;二為紅色織物,叫棨信。傳信中的內容與封印,因傳種類的不同而不同。

---

[272] 〔漢〕班固:《漢書》卷四〈文帝紀〉顏師古注,中華書局,1962 年,第 117 頁。
[273] 《說文解字注》十篇上〈馬部〉,上海古籍出版社,1981 年,第 468 頁。
[274] 吳榮曾:〈漢代的亭與郵〉,《內蒙古師範大學學報》2002 年第 4 期。
[275] 陳夢家:《漢簡綴述》,中華書局,1980 年,第 28 頁。
[276] 薛英群:《居延漢簡通論》,甘肅教育出版社,1991 年,第 418 頁。

## 第二節　郵驛系統的完善與西域都護的設立

4. 驛，源自傳舍。驛與郵同屬行政系統上的一個部門，不同的是，郵可以負責傳書，而驛只供給傳書者交通工具，以驛馬傳遞為主，傳書者仍然需要由發書人派遣專使。驛有驛卒，每三十里設一處，驛馬三十里一置。驛有驛馬，也稱傳馬，都是官馬。馬是驛所用的主要交通工具，「驛騎」、「驛馬」都是用馬，極少的時候用車也稱作驛。驛站裡有馬廄，備有馬鞍，還供應食宿，公差官吏、郵遞往返都可使用。士卒的家屬因公、因私探親往返，出資後也可在傳舍裡落腳。

5. 亭，驛置以下最基層的單位。漢代的亭是兼有傳烽報警、郵驛、治安和經濟管理等多種功能的機構。設在驛與驛之間或不設驛的一般道路上，由主察姦盜的亭兼管文書傳遞，稱為郵亭。

兩漢時，亭的設立很普遍，除了為旅客提供食宿外，還兼管郵驛通信。那時亭的政治任務是「繳循防盜」，盤問、監視旅客。亭設有亭長，亭長佩刀、帶劍、披甲、持楯、習射等，極富權威。亭多半設立在路旁的高地上，建築多為樓的形式，兼瞭望之用。個別的亭，會設在城郭附近。大致上是「十里一亭，十亭一鄉。亭長，主亭之吏」[277]。

郵、亭、驛、傳、置可以互稱，其差別在於功能、設立距離、傳遞方式的不同。郵、亭都有郵政機構和專政機構兩方面的功能，而傳、驛主要是郵遞性質的機構。郵、亭為戍卒步遞，驛則用馬傳遞緊急公文。簡單地說，步遞為郵，馬遞曰驛；郵與亭相近，故連稱郵亭；驛則因設站的長短分為驛、置兩種，大者稱驛，小者為置。[278]

關於郵驛設立的距離，文獻記載各不相同，說法很多。一般是十里一亭，五里一郵，三十里一驛。張家山漢簡中呂后二年（西元前 186 年）的《二年律令‧行書律》，有關於置郵驛間距的條文規定：

---

[277]　〔漢〕司馬遷：《史記》卷八〈高祖本紀〉，中華書局，1959 年，第 343 頁。
[278]　陳直：《居延漢簡研究》，天津古籍出版社，1986 年，第 44 頁。

第二章　兩漢時期的絲路與東西方關係

十里置一郵。南郡江水以南至索（？）南水，廿里一郵。

一郵十二室。長安廣郵廿四室，敬（警）事郵十八室。有物故、去，輒代者有其田宅。有息，戶勿減。令郵人行制書、急書，復，勿令為它事。畏害及近邊不可置郵者，令門亭卒、捕盜行之。北地、上、隴西，卅里一郵，地險陝不可郵者，得進退就便處。郵各具席，設井磨。吏有縣官事而無僕者，郵為炊；有僕者，叚（假）器，皆給水漿。[279]

此律令明確規定，漢朝時在人口稠密的關中地區，十里一郵；在人口較少的南郡長江以南地區，二十里一郵；北地郡、上郡、隴西郡等人口稀少的地區，三十里一郵；地勢險惡狹窄不宜設郵的地方，距離可以增減，在合適方便之處設郵。[280]

（二）漢代的郵件管理制度

漢代在寄發郵件時，實行嚴格的檢署和登記制度，運遞過程也有一定的時限規定。

1. 郵件的檢署和登記

檢為封檢，署為題署。郵件的檢署制度，即封檢題署制度。封檢是用以封緘文書之物，多用木板製成。檢分為兩種，一是書牘之檢，二是封囊之檢，二者的大小、形制不盡相同。檢上都有刻齒和封泥，用繩子綁束後蓋印，即為封檢。封泥既可防止洩漏和作偽，又是文書真實性和權威性的憑證。

檢上所題之字即為署。封檢題署可分為文書和實物兩大類。封檢的內容主要包括五個方面：第一，署收件者機構、職官、名姓等以標明收件者，私人信件同時還署有寄件者；第二，根據郵件的主次緩急及客觀需

---

[279] 張家山二四七號漢墓竹簡整理小組：《張家山漢墓竹簡（二四七號墓）》（釋文修訂本），文物出版社，2006年，第45頁。
[280] 張俊民：《敦煌懸泉置出土文書研究》，甘肅教育出版社，2015年，第453－470頁。

第二節　郵驛系統的完善與西域都護的設立

求，標明傳遞方式；第三，記錄寄件者與收件時間、送件人以供查核；第四，標明被封檢文書的類別；第五，標明被封檢實物的類別、數量和所有者。[281]

作為文書的傳遞者，每個亭燧都有登記簿——稱出入郵書簡，詳細記錄文書傳遞、交接的經手人和對象，以明確責任。如有差錯，負責人可帶著郵書簿去上級機關對證。這裡的郵書簿，指的是各個承運單位對郵書進行備簿登記，照抄封檢，加註收發時刻和經辦人姓名。一般簿書上會寫明「某某太守印」、「某某章」等，以備查存。

2. 郵件的執行管理

漢代郵件的運遞過程包括發運和傳遞。發運方式有兩種，一是靠郵亭之間分程傳送，二是交送驛來傳遞。因為二者都是接力遞運，為便於辨識，所以公文外邊的封檢必須文字清晰，標誌鮮明。

傳遞又分為「限時傳遞」和「分段傳遞」。郵書的種類繁多，有詔令文書，也有各種官文書；有緊急文書，也有普通文書，不管是何種文書，都有一定的時間限制。尤其是皇帝的詔令和標有「急」字的文書均為緊急文書，必須立即遞送，不得延誤。

郵書運遞有嚴格的時限，整個傳遞過程是由郵人、郵卒分段接力傳遞，各負其責。因此，不僅各個郵站有詳細的郵書過往紀錄，而且各個區間也要全面記錄，內容包括郵書的性質、數量、種類、收文者、發文者，印章封泥是否完好，郵件封皮的顏色、質地及受付時間、傳遞者等。

（三）漢代郵書的傳遞方式

從交通工具來看，漢代郵書的傳遞可分為步遞、馬遞、車遞、船遞等四種，前三種最為普遍。其具體的方式，主要有「以郵行」、「以次行」、

---

[281]　李均明：〈封檢題署考略〉，《文物》1990 年第 10 期。

## 第二章　兩漢時期的絲路與東西方關係

「以亭行」、「馬馳行」和「輕足行」等。[282]

　　1. 以郵行。以郵行就是透過郵亭傳遞文書，一般都是重要文書，由於以郵行的文書傳遞距離較遠，在邊塞地區多以驛馬、傳馬傳遞，由五里一郵，郵人居間的「郵人」傳遞，不必由官府另外派人。漢代邊郡烽燧間的文書往來，多採用「以郵行」。在懸泉漢簡（圖 2-7）中，西漢時未見專稱「郵」者，東漢以後才有「郵」的稱謂，只有永平十五年（西元 72 年）郵書簡中有「入西書八，郵行」。

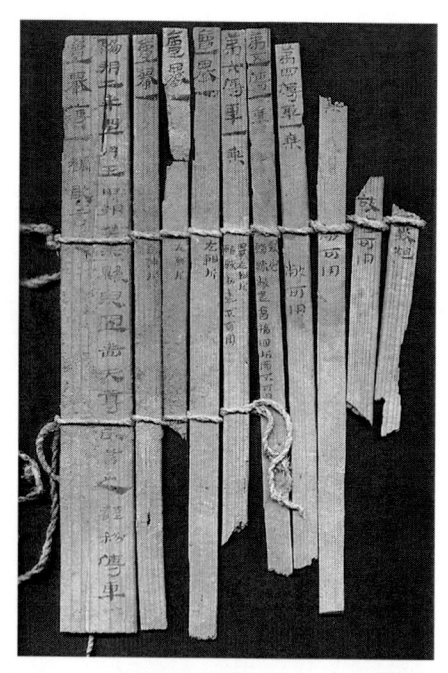

圖 2-7：敦煌懸泉漢簡陽朔二年傳車簿

　　2. 馳行。馳行是用車馬快速傳遞，多用於邊郡緊急文書，以吏乘快馬傳遞的又叫「吏馬馳行」。

　　按照官職的高低、任務的輕重和時間的急緩，傳遞文書時會使用不同

---

[282]　胡平生、張德芳：《敦煌懸泉漢簡釋粹》附錄，上海古籍出版社，2001 年，第 200－206 頁。

## 第二節　郵驛系統的完善與西域都護的設立

等級的車馬，具體可分為五個等級：四馬高足稱為「置傳」，四馬中足稱為「馳傳」，四馬下足稱為「乘傳」，一車二馬稱為「軺傳」，急事騎一馬稱為「乘」。特殊情況下，傳車馬匹的數量可以超過規定，最多有七乘傳。使用驛傳時，需要持有政府頒發的長一尺五寸的木傳信，封以御史大夫印章，根據封印的多少來定使用車馬的等級。

3. 以亭行。以亭行是步行傳遞的一種，以亭行的文書是都尉府、侯官、侯長等通告各亭的文書，同以郵行一樣，是透過郵、亭機構逐亭傳遞。這類文書傳送距離較近，一般以人步行投送。

另外，還有一種標作亭次行的封簡，如懸泉亭次行。亭次行與以亭行的區別在於，如果只知道收件人的大致方位，不能確定其具體位置時，就採用類似探投的方法，在封簡上特別註明「亭次行」。「懸泉亭次行」中的「懸泉」（圖 2-5）是指收信地的方向，這是寄件人提供的收件人的大概方向，就註明「某某亭次行」，以便沿途的郵亭向「懸泉」方向跟蹤探投。

4. 以次行。以次行或稱以次傳，即依次傳遞，以次行傳送的是「露布不封之書」，沿途露布之官示。按遠近，以次行又可分為「以縣次傳」和「以燧次傳」兩種，前者以縣為換文距離，後者按驛道兩旁烽燧逐一傳遞。與以郵行不同的是，以次行的傳遞者可能是官府專門派出的人員。以次行是以侯官或侯長所居傳遞，一般以人步行投送。以次行的文書有可能是都尉府通告各侯官、侯官通告各侯長的文書，不一定在各個燧亭都停留。

5. 以輕足行。以輕足行即用善於行走者步行傳遞，只適用於近距離傳遞。在睡虎地秦簡〈田律〉中有如下規定：

雨為澍，及誘（秀）粟，輒以書言澍稼、誘（秀）粟及墾（墾）田暘毋（無）稼者頃數。……近縣令輕足行其書，遠縣令郵行之，盡八月□□之。

第二章　兩漢時期的絲路與東西方關係

簡文記錄的是地方政府向上級報告下雨時被灌溉的田地面積數和各種自然災害時受災面積數的文書，要求「近縣」的派「輕足」傳送，「遠縣」的由「郵」傳送。[283]

郵驛是古代社會朝廷強化中央集權統治不可或缺的重要手段。從漢代起，各朝代都非常重視郵驛傳遞。郵驛的設立逐漸網路化，傳遞程序逐漸制度化，中央政府對於驛站的分布、驛官的選任、驛站人員的編制配備及馬匹、船隻的數量等，都有嚴格而具體的要求，對文書傳遞過程中的勘合檢查方法也有詳細的規定。

漢代的郵驛制度，上承秦制而加以改良，下啟唐宋元朝而多有發展。漢代郵驛中有殷周文化、徐楚文化和先秦法制的影子，而唐律中的「驛使稽程」、宋代「始許臣僚以家書附遞」、元朝的「長引隔眼」、封泥、印花等制，都可以從漢代的郵驛中找到其雛形。此外，值得留意的是，古羅馬的郵驛建置竟然和漢朝的一模一樣，因此可以說「漢代郵驛在中國郵政史中占了繼往開來的關鍵地位，在和古羅馬郵政、東西洋文化交流當中，也起了相互推動的進步作用」[284]。

## 二、羅馬帝國的郵驛系統

在古代西方社會中，郵驛系統最發達的無疑是古羅馬。漢代時中國的郵驛系統十分發達，那麼同一時期位於歐亞大陸另一端的大帝國——羅馬帝國的郵驛系統又如何呢？

在西方，最早的郵驛制度可以在「荷馬史詩」中找到線索，西元前132年，正值羅馬共和時期，格拉古（Gaius Gracchus）修建了道路和驛站，[285]

---

[283] 易桂花、劉俊男：〈從出土簡牘看秦漢時期的行書制度〉，《中國歷史文物》2009年第4期。
[284] 樓祖詒：〈漢簡郵驛資料釋例〉，《文史》第3輯，中華書局，1963年，第123－125頁。
[285] A. M. Ramsay, A Roman Postal Service Under the Republic, *The Journal of Roman Studies*，Vol.

## 第二節　郵驛系統的完善與西域都護的設立

但到了羅馬帝國時期郵驛系統才真正變得完善，那時的「御道」四通八達，成為強化帝國統治的有力工具。羅馬帝國時代，皇帝奧古斯都為了能更快地到達每個行省，了解當地的最新資訊，先在軍用大道沿線上每隔很短的距離就命駐青年傳遞消息，然後又設立了驛站馬車。

前二世紀以後，羅馬征服了地中海地區，建立了行省制度。從西元前一世紀後期開始，羅馬帝國的疆域不斷廣大，經濟日益繁榮，交通更加發達，郵驛已成為羅馬帝國軍事和行政機構中十分重要的一部分。據《後漢書·西域傳》記載，大秦國「地方數千里，有四百餘城。小國役屬者數十。以石為城郭。列置郵亭，皆堊塈之（用白土粉飾屋頂）……鄰國使到其界首者，乘驛詣王都，至則給以金錢」[286]。由此可見，當時羅馬帝國的郵驛系統已經發展得相當完善，驛道四通八達，從王都到界首，普及率相當高。

（一）羅馬帝國驛站的類別

根據配置的不同和傳送之物是否緊急，羅馬帝國的驛站可分為快送驛站和普通驛站。快送驛站備有快馬和馱馬運貨，還有三頭驢拉的兩輪輕便馬車，普通驛站則只能使用牛車。

根據驛站為過往行人提供服務的多少，可分為大驛站和小驛站。大驛站不僅能為過往者提供畜力更換，還能提供食宿。小驛站只能提供交換用的畜力。

根據所能提供的服務，驛站又可分為夜宿驛站、畜力驛站和護衛驛站。夜宿驛站可以提供夜晚住宿服務，信使們可以在那裡停留洗浴和整夜住宿，獲得新的馬匹、公牛、騾子等畜力，第二天再出發。畜力驛站只提供重新換馬、騾子的服務，更換後繼續前進。護衛驛站最初只是由士兵或

---

10，1920, pp. 79-86.

[286]　〔南朝宋〕范曄：《後漢書》卷八八〈西域傳〉，中華書局，1965年，第2919頁。

道路衛兵保護商旅免遭強盜搶劫的一種護衛，後來才演變成為以護衛為主的驛站。[287]

在道路使用上，羅馬帝國沒有像中國那樣有「馳道」與普通道路的嚴格區分。相同的是，羅馬帝國時期郵驛的建立與中國一樣，主要是出於軍事上的考慮，同時也是強化帝國統治的有效手段。

(二) 羅馬帝國郵驛中的畜力

和中國一樣，羅馬帝國的郵驛任務主要也是靠畜力來執行。儘管馬匹在郵驛中占有十分重要的地位，但是羅馬帝國初期時馬匹除了用於軍隊，馬多半還是用於各式各樣的比賽。

在羅馬，因為馬匹珍貴，所以在信使傳送過程中並不經常使用。在羅馬帝國早期，除了傳遞重要的檔案使用馬匹之外，其他的驛傳信使經常用牛，直到帝國後期，才發生了重大改變——每個驛站配備的馬匹數量多得驚人。全國各地五六英里便有一所驛站，每個驛站經常備有 40 匹馬。羅馬的驛馬都是赤腳的，所以大多只能沿著道路兩側而行，而不能在堅硬的路面上奔跑。有了馬套以後，儘管並沒有普遍使用，但情況還是有所改善。馬套的邊緣很光滑，呈波浪狀，上面打有小孔。羅馬的馬套有兩種，一種是所謂的斯巴達馬套，是用粗糙的斯巴達草或其他合適的材料，根據牲畜腳的大小製成，直接套在牲畜腳上。這種馬套優點是輕便，對牲畜來說也很舒適，缺點是耐磨性很差。另一種是所謂的馬蹄鐵套，即鐵製的腳套，用繩索或皮帶綁在牲畜腳上。這種腳套很笨重，使得牲畜行走緩慢，但優點是經久耐用。由於驛馬珍貴，運送貨物或其他笨重材料的主要畜力不是馬匹，尤其是在普通驛站，其他畜力的使用率遠比馬高。其中最重要的是騾和驢，在駄運貨物方面比馬實用。一頭驢大約能駄 100 公斤貨物，

---

[287]　Jo-Ann Shelton, *As the Romans Did: A Source Book in Roman Social History*, Oxford University Press, 1988, pp.183-184.

第二節　郵驛系統的完善與西域都護的設立

一頭騾子最多能馱 200 公斤貨物。三頭騾子能馱大約一輛四輪馬車拉的重量，費用要比馬車低得多。在東部一些行省，如敘利亞等地，人們則習慣使用駱駝，駱駝比驢和騾子更能載重，能馱起 200 多公斤的貨物。[288]

(三) 羅馬帝國郵驛的速度

關於郵驛速度，中國史書記載的大多是特殊環境下的「疾行速走」，漢代的驛報速度十分快捷，竟高達每天 400 公里左右，而由於缺乏足夠的資料，很難準確地推測當時正常的郵驛傳遞速度。羅馬史書中也不乏記載特殊環境下快速行駛的類似個案，最高紀錄約為每天 320 公里，正常情況下的平均速度約為每天 75 公里。

(四) 羅馬帝國郵驛的管理

和中國一樣，羅馬統治階級也非常重視郵驛系統的監管。羅馬的郵驛系統名義上由皇帝掌控，但實際上是各個行省長官負責驛站的管理和維修，其費用來自行省的稅收。實際上，行省長官會透過對行省人民徵取勞役和稅收來完成。他們負責驛站保養的相關事宜，包括保養道路、維修橋梁，保證地方機關的日常工作。為了便於管理，行省又分為若干驛站區，每個驛站區都有一個包稅人或承包人來具體管理。包稅人之下，有許多受過訓練的從屬官員和奴隸，負責完成專門的任務，包括管理驛站馬匹、照看牲畜、醫治生病的驛馬牲畜、供應草料、維修馬車等工作。

羅馬帝國後期，一些驛站由卸任的行省官員或教區牧師擔任管理者，或由一些帝國行政長官擔任，更多情況下這些包稅人是由市鎮議會任命。西元 381 年的法律規定，包稅人的任期不得超過 5 年。最初，只是皇帝才有驛站使用證的頒發權，後來各地官員也有了這種權力。驛站讓羅馬帝國運輸和人們出行更加方便，為了謀取私利，那些有驛站使用證頒發權和卸

---

[288] Jo-Ann Shelton, *As the Romans Did: A Source Book in Roman Social History*, Oxford University Press, 1988, p.184.

任的官員們，都想方設法地獲得驛站使用證。驛站使用證的濫用加重了羅馬帝國的負擔，引起了各朝皇帝的重視。在各個時期，皇帝們都採取過一連串措施，但並不能阻止驛站被濫用，也無法遏制官員使用驛站的鋪張浪費。到查士丁尼皇帝時期，卡帕多西亞的行政長官約翰廢除了各地區的快送驛站和普通驛站。

總之，漢代時中國和羅馬的郵驛系統已經發展到了相當完善的水準。驛傳效率的提高，使政令的傳達和各地的聯繫更加便利，鞏固和強化了國家的中央集權。同時，驛路也是重要的商道，有利於各地經濟文化的交流，促進了絲綢之路的繁榮發展。

## 三、西域都護的設立

在李廣利征伐大宛勝利之後，漢朝政府在西域地區設立了官吏。最初設立的是西域使者校尉，任務是率領士卒在輪臺（今輪臺縣）、渠犁（今庫爾勒西南）屯田，為來往於絲綢之路上的各國使節提供補給和保護。接著，為了維護絲綢之路南道的暢通，又設立了「護鄯善以西使者」。漢宣帝神爵二年（西元前60年），西漢政府始置西域都護之官職，維護和管理絲綢之路南北兩道。神爵三年（前59年），西漢政府在烏壘城設立西域都護府，龜茲隸屬於漢朝。「都護」的原意就是兼護絲綢之路南北兩道的安全。西域都護設立之後，絲綢之路更加暢通，開始繁榮發展。

西漢政府設立西域都護，自第一任鄭吉始，至王莽末年李崇任都護終，歷時80餘年，從未間斷，共有鄭吉、韓宣、甘延壽、廉褒、韓立、郭舜、李崇等18人任過都護一職。現在新疆維吾爾自治區博物館內藏有一枚龜紐銅製、陰刻篆書方形官印，係都護「李崇之印」，發現於新疆沙雅縣裕勒都司巴克一帶。

東漢時期，從漢明帝永平十七年（西元74年）到漢安帝永初元年（107

## 第二節　郵驛系統的完善與西域都護的設立

年）33 年間，擔任西域都護的有陳睦、班超、任尚、段禧等人。在此之後，東漢以西域長史代替西域都護行使職權，自漢安帝延光二年（123 年）至漢靈帝建寧元年（168 年），共計 45 年，班勇、張晏、趙平、王敬等人擔任過西域長史。

西域都護是由中央政府派遣到西域、管理西域的最高軍政長官，相當於中原地區的郡太守。西域都護一般任期為三年，特殊情況下可以延長或縮短，期滿也可以受命連任。西域都護的治所，即西域都護府，是漢朝中央政府在西域行使國家權力的最高機構。除了都護外，西域都護府還設有副校尉，也是主管官員，由中央政府任命，職權僅次於都護，也稱副都護。在西域都護府負責處理日常事務的屬官有丞、司馬、侯、千人等，直接由都護任命和撤換。

西域都護直接管轄著西域的大部分地區。西域原本有烏孫及三十六個城國，漢哀帝、漢平帝時分裂成了五十五國。其中，除了距離中原「絕遠」的康居、月氏、安息、罽賓、烏弋山離等國之外，其餘的五十多個城國均在西域都護管轄之下。西域都護的管轄範圍，東到敦煌以西，西抵大宛和帕米爾高原，南起喀喇崑崙山北麓，北達天山。當時的烏孫，占據巴爾喀什湖以東以南、伊犁河流域，也受到西域都護的監督，但烏孫是漢朝王室的姻親，其國王和大臣們都佩有漢朝政府頒賜的印綬，因此烏孫由漢朝政府直接管轄，烏孫國王和西域都護的職位相當，甚至比西域都護的職位更高。

（一）西域都護的職責

西域都護的職責：一是維護社會安定，徵調西域各族武裝力量，抗擊匈奴奴隸主貴族勢力；二是安撫西域諸國，代表中央政府任免獎懲地方首領；三是組織和管理西域屯田，確保絲綢之路暢通。

西域都護的首要任務就是在西域地區推行漢朝中央政府的政令，保障天山南北兩道的安全和暢通。而在當時要保證絲綢之路暢通，最重要的是

## 第二章　兩漢時期的絲路與東西方關係

　　防止匈奴貴族捲土重來，再次攻占西域地區。因此，在西漢時，歷任西域都護都非常重視調解西北邊疆各族間的糾紛和矛盾，以便在關鍵時刻聯合各族人民反擊匈奴貴族的騷擾和破壞。西域都護除了指揮漢朝中央政府的軍隊外，還動員西域諸國武裝，在臨近匈奴的地區設立了「擊胡侯」、「卻胡侯」、「擊胡軍」等武職，由西域人擔任。如焉耆、鄯善等地設有「卻胡侯」，疏勒、龜茲等地設有「擊胡侯」，龜茲、危須、焉耆等地設有「擊胡都尉」，另外龜茲還設有「擊胡君」。[289] 漢宣帝甘露二年（西元前 52 年），南匈奴呼韓邪單于向漢朝投降，而北匈奴郅支單于殺漢使谷吉，向西遷入康居，直接威脅到烏孫、大宛等西域都護管轄的地區，嚴重威脅絲綢之路的安全。元帝建昭三年（前 36 年），西域都護甘延壽和副校尉陳湯攻入康居，消滅了郅支單于，保證了絲綢之路的暢通。

　　西域都護在西域地區組織、管理屯田，也方便了絲綢之路上各國使者和中外商人。自李廣利伐大宛後，就開始在輪臺、渠犁一帶屯田。西域都護府建立後，西域屯田事業發展迅速，特別是絲綢之路上的輪臺、渠犁、車師前部、樓蘭、伊循、精絕、伊吾、蒲類、赤谷城等地，均是西域的主要屯田區。西域各地還設有屯田官，專管屯田。元帝初元元年（西元前 48 年）漢朝在車師前王庭設立的戊己校尉就是屯田官，負責管理車師的屯田事務，下設有丞、司馬、侯等官吏。戊己校尉歸西域都護管轄，作為屯田官，同時也是軍事指揮官；屯田將士們平時從事農業生產，戰時出征。按勞武結合的原則，戊己校尉府事實上就是駐守西域的漢軍「司令部」。一旦發生戰事，屯田官就統率田卒作戰。這些屯田官及下屬官吏配合西域都護的工作，大力發展屯墾，糧食產量不斷提高，有效解決了沿線駐軍和過往行人的供應問題，減輕了當地群眾的負擔，推動了當地的農業生產和中西交通的發展，對維護絲綢之路的安全和繁榮貢獻良多。

---

[289]　洪濤：〈漢西域都護府的建立及其歷史地位〉，《西域研究》1999 年第 3 期。

## 第二節　郵驛系統的完善與西域都護的設立

### （二）西域都護的權力

為了使西域都護能順利完成職責，漢朝中央政府賦予了都護極大的權力。據《後漢書·西域傳》記載：「設戊己之官，分任其事；建都護之帥，總領其權。」[290] 由此可見西域都護的權力是很大的。首先體現在西域都護對副校尉以外的都護官員有任免權。都護屬官有副校尉，為都護副職，由中央政府派遣。另外有丞一人，管理文書；有司馬、侯、千人等官員各二人，均為武官，西域都護對他們均有任免權。

西域都護代表漢朝中央政府對西域諸國國王進行冊封、獎懲。西漢時西域的地方政權仍然保留了原來「國」的名稱。西域都護代表漢朝中央政府冊封原有諸國的國王為「王」，相當於中原地區的諸侯王。同時，根據各地的具體情況，設立不同數量和名稱的官職。《漢書·西域傳》記載：「最凡國五十。自譯長、城長、君、監、吏、大祿、百長、千長、都尉、且渠、當戶、將、相至侯、王，皆佩漢印綬，凡三百七十六人。」[291] 這些國王、官吏都由西域都護「總錄督領」，並且西域都護對他們的獎懲升遷擁有極大的權力。

西域都護有權徵調、指揮各國軍隊，各國國王必須服從調遣。在西漢時北匈奴郅支單于作惡多端，西域都護甘延壽、副校尉陳湯「發城郭諸國兵、車師戊己校尉屯田吏士」、「漢兵胡兵合四萬餘人」[292] 伐郅支。漢明帝永平十八年（西元 75 年）北匈奴指使控制下的龜茲、焉者發生叛亂，攻沒西域都護陳睦，「悉覆其眾，匈奴、車師圍戊己校尉」。為了鎮壓叛亂，西域都護班超「發龜茲、鄯善等八國兵合七萬人，及吏士賈客千四百人討焉者」[293]。

---

[290]　〔南朝宋〕范曄：《後漢書》卷八八〈西域傳〉，中華書局，1965 年，第 2931 頁。
[291]　〔漢〕班固：《漢書》卷九六下〈西域傳下〉，中華書局，1962 年，第 3928 頁。
[292]　〔漢〕班固：《漢書》卷七〇〈陳湯傳〉，中華書局，1962 年，第 3010－3011 頁。
[293]　〔南朝宋〕范曄：《後漢書》卷四七〈班超傳〉，中華書局，1965 年，第 1581 頁。

## 第二章　兩漢時期的絲路與東西方關係

### （三）「安輯」為主的方針

宣帝神爵二年（西元前 60 年）西域都護設立時，中原地區的經濟正處於高速發展時期，農田水利技術的推廣和牛耕、鐵製工具的普遍使用，農業、手工業、商業發展迅速，特別是農業水準遠遠高於西域各綠洲城國，物資充足，國力雄厚，根本不需要從西域獲取財物。當時漢朝對西域採取「義在羈縻」的基本方針，即執行「無取於彼」、以「安輯」為主的政策，中央政府不僅不直接向西域諸國徵收賦稅，相反，還給予西域諸國大量財政補貼，餽贈幣帛。西漢時每年補貼西域的費用約萬餘，東漢時每年補貼西域的費用達七千四百八十萬。[294] 漢朝建立西域都護，實行安輯方略，深得西域各族人民的擁護和支持，鞏固了對西域的統轄，奠定了中國封建時代大一統的政治格局。

西域都護府作為漢朝政府派駐西域的最高軍政機構，遵循漢朝中央政府的治理方略，對西域各城國貫澈以安輯為主的方針，「可安輯，安輯之；可擊，擊之」[295]。儘管西域都護可以對少數叛亂者採取軍事行動，但實際上動用武力受到了嚴格的限制，戊己校尉率領的屯田士卒不過三千左右，如遇突發事件，調遣漢軍或諸國胡兵必須經中央朝廷批准，否則以矯制問罪。此項規定是漢朝政府為了防止邊疆官吏濫用職權不利於西域局勢穩定而制定的，顯示其對西域實行安輯為主的基本政策。

在執行漢朝政府政令的過程中，西域都護也十分重視人口普查，掌控轄地內諸國人口及其他基本情況，因此在《漢書・西域傳》中詳實地記錄了西域諸國具體的人口數字。根據人口分布情況，為了提供來往使者、商旅更好的生活保障，西域都護調整了屯田布局，強化和完善了對屯田機構的管理。漢昭帝時，按照搜粟都尉桑弘羊的規劃，將渠犁、輪臺一帶作為

---

[294]　Edward Gibbon, *The Decline and Fall of the Roman Empire*, London:Chatto and Windus, 1986, p. 26.

[295]　〔漢〕班固：《漢書》卷九六上〈西域傳上〉，中華書局，1962 年，第 3874 頁。

屯田中心，設校尉三人分護。後又把屯墾重點向東轉移到吐魯番盆地，在西域都護節制下於初元元年（前48年）設立戊己校尉統管屯田事宜。

西域都護的設立，代表了漢朝時各族人民的共同願望，是西域歸屬中央政權的開始，鞏固和完善了張騫通西域所取得的成果，使絲綢之路暢通無阻、繁榮發展，這種狀況一直持續到西漢末年。隨著封建社會矛盾的不斷激化，漢朝統一的中央集權被削弱，特別是王莽篡權，橫徵暴斂，危機四伏，匈奴奴隸主貴族見有機可乘，再次攻襲西域，不斷地破壞和阻塞絲綢之路。

## 第三節　東漢時期絲綢之路的絕與通

西漢末年，在絲綢之路沿線廣大的歐亞地區，政治形勢發生了一連串變化，影響了絲綢之路的發展。尤其是絲綢之路西端的地中海沿岸，羅馬、安息、貴霜三個大國正在迅速地崛起，連接歐亞的政治、經濟、文化紐帶——絲綢之路正在不斷地延伸。

### 一、絲綢之路上的羅馬、安息、貴霜

塞琉西王朝位於地中海東部地區，其勢力一度向東達到中亞，對絲綢之路的開通發展貢獻良多。隨著中亞各國勢力的日益強大，塞琉西王朝的勢力不得不逐漸向西退縮。與此同時，塞琉西王朝又受到了西方強大的古羅馬的威脅，屢戰屢敗，最終在西元前64年被羅馬所滅，領土併入羅馬疆域。

古羅馬的疆域擴大到地中海東岸，成為地中海貿易的控制力量。西元前30年執政官屋大維消滅了政敵，廢除了共和制，建立起獨裁的元首

## 第二章　兩漢時期的絲路與東西方關係

制，古羅馬進入帝國時代。羅馬帝國建立後的一兩百年，國家統一，政治穩定，疆域擴大到了兩河流域，農業、手工業得到了迅速發展，城市逐漸恢復和興起，使海內外貿易空前繁榮。

當時羅馬帝國的東部是安息，即波斯的帕提亞王國。安息、塞琉西王朝與古羅馬之間，早在塞琉西王朝滅亡之前就為了擴張勢力和爭奪商業通道，長期進行著激烈的戰爭。塞琉西王朝滅亡後，安息與強盛的羅馬帝國疆域毗連。受到羅馬東進的威脅，安息不得不全力抗戰。西元前53年，羅馬大軍穿過幼發拉底河進攻安息，安息軍奮力反擊，羅馬軍隊戰敗，其統帥敘利亞總督、羅馬「三頭政治」執行官之一的克拉蘇戰死。在這次戰爭最激烈之時，安息軍突然展開了無數面絲綢軍旗，這些絲綢製成的旗幟色彩鮮豔，在陽光下熠熠生輝，光彩照人。羅馬軍大多數沒有見過絲綢戰旗，頓時眼花撩亂，心裡感到神祕甚至恐怖，這使早已厭戰、疲憊不堪的羅馬士兵更加無心戰鬥，打擊了羅馬軍隊的士氣。這場戰爭使羅馬的銳氣大挫，羅馬和安息的疆域、勢力範圍基本已穩定下來。位於絲綢之路要衝的安息，之所以能用絲綢做軍旗，作為出奇制勝的精神武器，說明安息壟斷絲綢貿易，已從絲綢貿易中獲得了巨大的利益，並且日益強盛。

後來，絲綢也進入了羅馬上流階級的生活，到羅馬帝國時期貴族男女們穿戴絲綢織物就更加普遍了。西元14年，古羅馬元老院不得不下令禁止男性臣民穿著絲綢服裝，也限制女性使用絲綢製品。原因很可能是當時羅馬使用的絲綢大部分是經過安息輸入的，為了不受安息控制，不使安息從絲綢貿易中得利，只好限制絲綢的使用。隨著羅馬帝國經濟的發展，這種限制並不能阻止絲綢用量的與日俱增。儘管為了爭奪東西方之間的通商路線，羅馬帝國與安息時常發生戰爭，但絲綢之路依然暢通無阻，中國大量的絲綢等物品仍然經過安息源源不斷地運往羅馬。

在絲綢之路的中亞通道上，安息以東是古老的大夏，即巴克特里亞王

國，其由於統治階級不斷內訌，最終被大月氏占據。大月氏占據大夏後，最初沒有統一的政權，由五個翎侯分統整個大夏地區。西元前後，大月氏五翎侯之一的貴霜翎侯日益強大，統一了其他翎侯，在一世紀初建立了統一政權，史稱貴霜王朝。

在被大月氏占領之前，大夏的經濟和教育程度已經達到了相當高的水準，建立在此基礎之上的貴霜王朝經濟和文化又進一步發展。從貴霜王朝歷代國王都鑄有大量貨幣來看，當時的商業活動已經非常繁榮。強盛時期貴霜王朝的領土幾乎包括了中亞河中、阿富汗、印度河流域，西與強大的安息為鄰，東接中國西域。貴霜王朝因其重要的地理位置和發達的商業經濟，成為絲綢之路上一個舉足輕重的國家。

儘管羅馬和安息之間時有戰爭，影響絲綢之路的暢通，但是整體而言，在這一時期貴霜、安息和羅馬三個大國經濟發展都達到了高峰，從而促進了東西方之間的商業往來以及經濟文化的交流，加速了絲綢之路的發展。

## 二、東漢通西域的「三通三絕」

西元一世紀初，王莽篡奪了劉氏政權之後，取消了一些西漢政府傳統的優待西域少數民族政策，激化了各民族間的矛盾，破壞了中央政府與匈奴及西域各地的關係。西元9年，王莽下令更換頒發給匈奴及西域各地首領的印綬，以王莽國號「新」取代西漢的國號，將西漢時封西域各地首領的「王」改為「侯」，把漢代授予匈奴單于的「璽」改為「印」。這種無故貶低少數民族首領政治地位的舉措，引起了匈奴和西域各級官員的不滿。對此，王莽不是設法緩和矛盾，而是採取粗暴的鎮壓措施，還進一步挑撥各少數民族首領之間的關係。西元10年，王莽派兵分十二路進攻匈奴，又在匈奴地區設立了十五個單于，分而治之，使他們不相統屬，彼此對立，

## 第二章　兩漢時期的絲路與東西方關係

以分散削弱匈奴的勢力。王莽的倒行逆施激起了匈奴更強烈的反抗。匈奴單于表示「先單于受漢宣帝恩，不可負也。今天子非宣帝子孫，何以得立」[296]，於是派出軍隊反擊王莽的征討，戰火直接影響到了西域地區的安寧和絲綢之路的暢通。

王莽這種貶抑西域各部首領、討伐匈奴的行為，也激起了西域各地的強烈反對。車師後王及屬下也聯合匈奴，加入反對王莽的戰鬥中，致使絲綢之路上的重要地區車師受阻。西域戊己校尉史陳良、終帶等，因為不滿王莽篡位，率領部眾投奔匈奴。西元13年，焉耆地區的首領起兵反王莽，殺死西域都護但欽，西域各地紛紛響應。

與此同時，在絲綢之路的另外兩個重要地段——河西走廊和隴右各地，也陷入了軍閥割據狀態。在河西地區，新莽末年劉玄任命的張掖屬國都尉竇融，被金城郡和河西諸郡共推為五郡大將軍，占據金城、河西。隴右各地，在新莽時豪紳起兵反對王莽，天水成紀人隗囂被推為上將軍，擁兵自守。長安以西的交通中斷，匈奴再次控制西域地區，絲綢之路完全中斷。

在農民起義的重創之下，新莽政權及劉玄的更始政權相繼垮臺。西元25年，東漢政權建立後，就開始了統一隴右、河西各地的大業。光武帝建武初年（25年），懾於東漢的軍事力量，隗囂、竇融都表示歸屬東漢，但事實上並不聽從東漢政府的管理，尤其是隗囂企圖以隴右、河西為基地，「北收西河、上郡，東收三輔之地」[297]，建立霸業。光武帝建武五年（29年），不甘心受隗囂擺布的竇融，遣使洛陽表示願意歸屬東漢政府。東漢政府授竇融為涼州牧，命令河西軍從西邊牽制隗囂，漢軍東越隴坂[298]，進擊隴右。在隗囂死後一年，光武帝建武十年（34年），隴右各地歸屬東

---

[296]　〔漢〕班固：《漢書》卷九四下〈匈奴傳下〉，中華書局，1962年，第3823頁。
[297]　〔南朝宋〕范曄：《後漢書》卷一三〈隗囂傳〉，中華書局，1965年，第525頁。
[298]　隴阪，即隴坻，在今六盤山脈南段。

### 第三節　東漢時期絲綢之路的絕與通

漢。至此東漢政權統一了河西、隴右各地，絲綢之路自玉門關（圖2-8）以東又恢復暢通。

圖2-8：敦煌漢玉門關河倉城遺址

在此基礎上，東漢政府又開始籌劃統一西域，以使整個絲綢之路暢通無阻。東漢政府疏通西域的過程是漫長而又曲折的，出現過幾次絕與通的反覆，正如《後漢書‧西域傳》所言，「自建武至於延光，西域三絕三通」[299]。

（一）「一通」與莎車

在西漢末年，西域分裂成了五十餘國，多數被匈奴控制。「匈奴斂稅重刻，諸國不堪命。」[300] 東漢建立後，莎車、鄯善、車師、焉耆等西域諸國不斷上書東漢，要求內屬，請求設立西域都護。但在光武即位之初，國力尚未恢復，無暇顧及西域。至建武二十四年（西元48年），匈奴分裂為

---

[299]　〔南朝宋〕范曄：《後漢書》卷八八〈西域傳〉，中華書局，1965年，第2912頁。
[300]　〔南朝宋〕范曄：《後漢書》卷八八〈西域傳〉，中華書局，1965年，第2909頁。

## 第二章　兩漢時期的絲路與東西方關係

南北二部，南匈奴歸屬東漢，入塞居住；北匈奴的勢力中心還在漠北，控制著西域諸國。儘管絲綢之路仍然處於阻隔的狀態，但匈奴勢力已經大大削弱。隨著東漢統一隴右、河西地區，西域諸國反抗匈奴的勢力越來越強，並開始與東漢政府聯繫。

匈奴分裂的同時，西域諸國經過互相兼併，時局已經發生了變化。在西元 150 年代初，形成了車師國、鄯善國、于闐國、莎車國、龜茲國等幾大中心，其餘的小國或被吞併，或受控制，另有一小部分由匈奴直接控制。其中最活躍的是莎車國，它地處絲綢之路孔道，為恢復絲綢之路貢獻良多。

早在西漢時期，莎車國就與中原王朝關係密切。漢元帝在位時（西元前 48 年至前 33 年），莎車王延作為侍子長期居於長安，受到了中原文化的薰陶。延繼承王位後，不僅積極推行漢朝政府的政令，而且多參用漢朝的典章制度來治理國家，在政治、軍事、經濟等方面開始迅速發展。西漢末年，匈奴勢力入侵西域時，西域諸國俯首聽命，只有延不肯屈服，帶領莎車國以一己之力抵抗匈奴的侵襲。延在臨終時囑咐後代要「世奉漢家，不可負也」[301]。東漢國中原混亂，匈奴侵擾，絲綢之路中斷，莎車王康聯合西域南部一些地區抗擊匈奴，收留、保護西域都護所屬官兵，並向割據河西的竇融致書，一心想早日恢復中原與西域的聯繫。當時竇融任河西五郡大將軍，已經歸附東漢，他以漢朝政府的名義冊立康為「漢莎車建功懷德王、西域大都尉」，統轄西域諸國。這個任命在西域反響很大，許多地方本就希望東漢政府在西域設立管理機構，他們把西域大都尉的任命視為擺脫匈奴控制的大好時機，積極擁護康的管理。西域許多地區以莎車為中心逐漸統一，與河西一帶也初步建立了聯繫。

建武九年（西元 33 年），莎車王康死，諡號宣成王，其弟賢繼承王

---

[301] 〔南朝宋〕范曄：《後漢書》卷八八〈西域傳〉，中華書局，1965 年，第 2923 頁。

## 第三節　東漢時期絲綢之路的絕與通

位。賢一上臺就積極開通絲綢之路，先發兵將勢力擴大到蔥嶺，後又統治了蔥嶺以東、以西的大宛等國。建武十七年（西元 41 年），賢派遣使者到洛陽，要求東漢政府設立都護。於是光武帝將西域都護印綬授予賢，命其管理西域各地。莎車使者在歸途中，光武帝聽信敦煌太守裴遵的讒言，在敦煌強迫使者交回西域都護印綬，改授漢大將軍印綬。對於此事，莎車王賢極為不滿，他自稱單于，還以西域都護的身分發號施令，重斂西域諸國，很快失去了諸國的擁戴。建武二十一年（西元 45 年），車師國、焉者、鄯善等十八國向東漢政府進獻珍寶，遣子入侍，請求早日派遣西域都護。光武帝本來想以中原初定無力西顧為藉口而拒派都護，但考慮到安定西域、威懾莎車國不再加害諸國，最終准許進貢諸國侍子留居敦煌，並假意表示即將派遣都護。

西域大多數地方都與東漢政府建立了友好關係，中原、隴右、河西的經濟開始恢復和發展，儘管東漢還是沒有派遣西域都護，實際上絲綢之路已經開通。但同時莎車王賢和東漢關係不和，致使諸國使者、商人多數還是透過天山南麓一道來往。絲綢之路的初開，不僅強化了沿途諸國與東漢之間的政治聯繫，而且為他們帶來了巨大的經濟利益，同時也在相當程度上打擊了莎車在西域的霸權地位。最初，莎車王賢不敢橫加阻攔，但後來沒有看到東漢派都護，就命令位居絲綢之路咽喉的鄯善王安隔絕漢道。安沒有聽命，賢發兵攻殺鄯善王、龜茲王。至此，其餘各國，或歸匈奴，或歸莎車，莎車王賢再次阻隔、控制了絲綢之路。

漢明帝即位後，東漢政治局勢逐漸穩定下來。明帝決定抗擊匈奴，控制西域，開通絲綢之路。西元 72 年冬天，明帝以竇固為奉車都尉，以騎都尉耿忠為副帥，出京屯駐涼州，為出兵西域做準備。73 年，東漢兵分四路出塞。其中一路由竇固、耿忠等率領河西兵、盧水羌胡一萬兩千餘人，從河西出發到達哈密一帶，擊敗匈奴呼衍王，又追至蒲類海（今新疆

第二章　兩漢時期的絲路與東西方關係

巴里坤湖），呼衍王帶領部下北逃。漢軍屯駐伊吾廬（今新疆哈密地區），設立宜禾都尉，並派部隊屯田，以防匈奴再次南下。74年，東漢政府又命竇固、耿秉等率兵一萬四千人出玉門，進軍車師，降服車師前、後王。同時，東漢政府又派班超到鄯善、疏勒、于闐等西域各地，協助驅逐當地的匈奴監護者，並於74年設立西域都護、戊己校尉等官。東漢第一任西域都護是陳睦，都護府設在龜茲，耿恭、關寵為戊己校尉，分別屯兵於車師後王部金蒲城（今新疆吉木薩爾縣北破城子）、車師前王部柳中城（今新疆鄯善縣魯克沁鎮）。至此，西域諸地與中原之間的政治、經濟交流再度恢復，阻斷多年的絲綢之路又恢復暢通。這就是東漢時期絲綢之路的「一通」。

(二)「二通」與班超

絲綢之路僅復通了一年，在漢明帝永平十八年（西元75年）春天，北匈奴單于再次發兵兩萬襲擊車師，殺死車師後王安得，圍攻車師後庭。耿恭撤離金蒲城，固守疏勒城，被匈奴圍困其中。同年八月漢明帝去世，匈奴趁機慫恿龜茲、焉耆攻殺西域都護陳睦，把戊己校尉圍困於柳中城裡。西域形勢的突變，使剛剛恢復正常的絲綢之路驟然中斷。為了維護絲綢之路的暢通，建初元年（西元75年）東漢政府派耿秉進駐酒泉，派秦鵬等人集結張掖、敦煌、鄯善等七千兵力前往救援，趕走圍攻柳中、交河城的匈奴，為困於車師後部疏勒城的耿恭解圍。但匈奴勢力過於強盛，都護府已經失守陷沒，漢兵退回玉門關，絲綢之路短時間內無法復通。

經過此次戰亂之後，西域都護被殺，戊己校尉及所剩屯田士卒也隨救援大軍撤回，東漢政府留在西域的兵力主要是固守疏勒的班超及所率三十六壯士。一方面班超一行人遠離中原，孤立無援；另一方面漢章帝剛上臺，負擔不起經營絲綢之路的大量軍費開支，朝中大臣又多以「西開三十六國，頻年服役，轉輸煩費」為由，要求漢朝政府撤回派往西域的所

## 第三節　東漢時期絲綢之路的絕與通

有人員。於是，漢章帝下詔命令班超回朝。這個詔令違背了西域多數人民的意願。在班超準備返回洛陽之時，沿途各地紛紛請求東漢政府收回成命，極力挽留班超。疏勒都尉黎弇想要勸留，竟然在班超面前自刎；于闐為留下班超，王侯以下都號哭啼泣，擋住班超的坐騎。西域各地決心與中原建立交流的願望深深打動了班超，他沒有服從東漢政府的命令，毅然帶領少數軍隊堅守疏勒、于闐等地。

班超堅守陣地的行為，得到西域許多地區的大力支持。西元 80 年，班超上書漢朝政府，表示西域各地和中亞康居等有歸附的意願，想要合力破龜茲，通漢道，請求朝廷派兵支持平定西域，以保護絲綢之路的暢通。最終東漢政府派徐幹等人率兵支援班超。經過近十年的奮力抗擊，匈奴又被趕出了西域。91 年，東漢政府正式恢復設立西域都護，任命班超為西域都護，駐守絲綢之路要衝龜茲古城，徐幹為長史，屯駐另一要衝疏勒。東西交往的幹線再次暢通，這就是東漢時期絲綢之路的「二通」。

東漢時期「二通」絲綢之路，班超的功勞最大。班超（西元 32 年至 102 年），字仲升，扶風安陵（今陝西咸陽東北人），是東漢時期史學家班彪的次子。東漢初，班彪曾經先後歸附隗囂、竇融，歸漢後任徐令，因病免官，後專力從事史學，著有《史記後傳》，為東漢名儒。班彪死後，其長子班固繼承父志，在《史記後傳》的基礎上，編修成《漢書》。班超從小才辯過人，博覽群書，立志要學張騫等人獻身於邊防事業。他還很有膽識勇略。一次，有人告發他哥哥班固編修《漢書》時「私改作國史」，班固被捕入獄。班超立即趕往洛陽向皇帝上書申訴，皇帝不但免除了對班固的懲處，還召班超到洛陽做了小官。

西元 73 年，班超跟隨竇固出兵西域，得到竇固的賞識。為了聯繫西域各國，孤立匈奴，恢復漢朝與西域的友好關係，竇固決定派班超率 36 人首先出使鄯善。鄯善位於西域南道要衝。鄯善王廣一開始對他們的到來非

## 第二章　兩漢時期的絲路與東西方關係

常熱情，並盛情款待他們。可是僅僅過了幾天，鄯善王就對他們冷淡了許多。經多方打聽，班超得知有匈奴使者來到鄯善，對鄯善王威逼利誘。班超立即招來其隨從，分析當時的處境，他認為唯有出其不意地攻殺匈奴使者，才能安定鄯善。於是當天夜裡，班超帶領隨從擊鼓縱火，突襲匈奴，殺死匈奴使者。然後他召來鄯善王，對其曉以利害，打消了鄯善王廣的顧慮，使其與匈奴斷絕聯繫。鄯善事件，使班超深得竇固的賞識，同時也說明西域諸國並不情願降服於匈奴，而是懾於匈奴的威力。只要努力說服各國擺脫匈奴羈絆、歸附漢朝，進而開通絲綢之路，還是大有希望的。竇固建議明帝派班超出使西域，以說服西域各國。明帝採納了此建議，任命班超為軍司馬，率軍出使西域。班超卻認為無須帶兵，僅舊部 36 人足以完成出使大任。73 年，班超以自己的智慧和勇敢，率領 36 人衝破匈奴的重重阻礙，平定了疏勒、于闐等地。當時的姑墨石城役屬於龜茲，為了削弱龜茲的力量，建初三年（78 年）班超又徵發疏勒、于闐等國的兵力進擊姑墨，攻破姑墨石城。

班超的大智大勇，為東漢時期西域都護、戊己校尉的復設和絲綢之路的「二通」打下了基礎。東漢絲綢之路的「二通」，班超功不可沒。在東漢官兵退出西域的情況下，班超僅靠 36 名手下，與西域各地首領、官員團結一致，度過了最危急的時刻。當時班超不僅面臨匈奴、龜茲的強大壓力，而且西域的形勢也悄然變化。于闐的屬國莎車以為漢不出兵，已向龜茲投降。在章帝建初五年（西元 80 年），東漢政府準備派兵支援，正值疏勒都尉潘辰在龜茲挑唆下，起兵叛亂，班超的摯友徐幹自告奮勇率領千人前往疏勒，與班超會合。章帝元和元年（84 年），東漢又派司馬和恭等帶兵八百增援班超。班超聯合疏勒、于闐出兵進攻莎車，莎車雖以重利收買疏勒王忠發起內亂，但在莎車人民的支持下，班超最終平息了叛亂。元和四年（87 年），班超又徵發于闐兵兩萬五千人出擊莎車，龜茲派溫宿、姑

## 第三節　東漢時期絲綢之路的絕與通

墨、尉頭等國五萬兵支援莎車。這次戰役，班超巧用計策以少勝多。最終，莎車投降，龜茲退兵。龜茲倚仗匈奴把持北道，班超及南道諸國也無力再進擊，這種對峙局面一直持續到和帝永元初漢與南匈奴聯合打擊北匈奴，北匈奴退出西域為止。

為打通絲綢之路，班超曾建議東漢政府聯合烏孫，還派人出使大月氏，說服康居，與絲綢之路要衝諸國結好。和帝永元二年（西元90年），大月氏貴霜王朝請求迎娶漢朝公主，遭到拒絕，就派其副王謝率兵7萬，由瓦罕谷地出發，翻越蔥嶺，進攻疏勒。當時只有六千餘名漢兵駐守疏勒，官兵們驚恐萬分。班超分析貴霜大軍越過蔥嶺征伐疏勒，遠離後方，勢必造成軍糧難繼，認為只要持久堅守，待敵軍後勤補給中斷之時再奮力反擊，定會大獲全勝。班超採取堅壁清野、「收谷堅守」的方法，又在通往龜茲的要道預設伏兵。貴霜王朝久攻疏勒不下，就派使者到龜茲請求支援。使者被班超的伏兵擒獲，斷絕了糧草的貴霜7萬大軍，被困疏勒城郊，只好遣使向班超請罪。班超向貴霜軍隊提供了糧食，允許他們安全撤離，和平解決了與貴霜之間的矛盾衝突。班超這一顧全開通絲綢之路大局的行為，表明了東漢政府結好西域諸國的誠意，震撼了整個西域地區。那些曾經不願歸附的龜茲、姑墨、溫宿等國，紛紛表示願意歸附東漢。至此，絲綢之路南北兩道全部復通。

從漢明帝永平十六年（西元73年）隨竇固出西域，到和帝永元十四年（102年）返回洛陽，班超在西域一待就是30年。為進一步開通、經營、延伸絲綢之路，班超幾乎貢獻了他的後半生，不僅強化了中原與西域之間的聯繫，還積極建立中國與地中海沿岸諸國之間的聯繫。和帝永元九年（97年），班超曾經派他的屬官甘英出使大秦、條支。在甘英一行到達地中海東岸正欲渡海前去大秦之時，安息人告訴他們，海域遼闊，快則三個月，慢則三年才能到達，而且前途凶險莫測。儘管甘英最終選擇返回，沒

201

有渡海到大秦，但還是大大延長了絲綢之路南道的長度，一直延伸到波斯灣，豐富了東漢對西亞的了解，尤其更了解大秦的情況，促進了中西方各國的經濟文化交流。

永元十二年（西元 100 年），年近七十的班超向和帝上書：「臣幸得奉節帶金銀護西域，如自以壽終屯部，誠無所恨……臣不敢望到酒泉郡，但願生入玉門關。」[302] 永元十四年（102 年），班超被和帝召回洛陽，任命為射聲校尉，同年班超在洛陽逝世。

（三）「三通」與班勇

在班超之後繼任西域都護的任尚，察政過於嚴苛，行事求全責備，引起西域諸國不滿，絲綢之路沿途時有叛亂。在殤帝延平元年（西元 106 年），西域各族人民起兵攻擊在疏勒的任尚，東漢政府被迫撤回任尚。到安帝永初元年（107 年）段禧出任西域都護時，安帝聽信了一些大臣「西域阻遠，數有背叛，吏士屯田，其費無已」[303] 的言論，下令撤銷了西域都護以及伊吾、柳中的屯田士卒，放棄了西域。匈奴趁機南下，攻占了西域，漢朝與西域的關係再次中斷。

在撤銷西域都護的過程中，安帝派都尉王弘徵發金城、隴西、漢陽的羌人數千騎兵，前往西域迎接都護。行至酒泉之時，王弘虐待羌人騎兵，造成大量羌兵逃亡。王弘又在河西大範圍強徵羌人從戎，引起河西、湟水流域的羌人奮力反抗。緊接著，河西、隴右各地的羌人紛紛響應。於是從西域到河西、隴右皆不屬東漢政府，絲綢之路又一次中斷。

這次羌族起義持續了十年，經過東漢政府的殘酷鎮壓，到安帝元初四年（西元 117 年）時，起義才漸漸平息，東漢政府開始完全控制河西、隴右各地。

---

[302]　〔南朝宋〕范曄：《後漢書》卷四七〈班超傳〉，中華書局，1965 年，第 1583 頁。
[303]　〔宋〕司馬光：《資治通鑑》卷四九漢安帝永初元年五月丁丑條，中華書局，1956 年，第 1570 頁。

第三節　東漢時期絲綢之路的絕與通

自撤銷西域都護以來，匈奴利用西域各地的人力、物力，經常騷擾東漢。安帝元初六年（西元119年），為了抵禦匈奴的侵襲，敦煌太守曹宗奏請東漢政府派敦煌人索班屯兵千人駐守伊吾。東漢軍隊再度出現在西域，很受西域各地的歡迎。鄯善王、車師前王相繼聽命於索班，絲綢之路在西域的復通大有希望。但是，北匈奴得知此事後，為了隔絕西域與中原的聯繫，安帝永寧元年（西元120年），聯合與車師前王有隙的車師後王攻擊車師前王，襲殺索班，並且南下威脅鄯善。陷入危機之中的鄯善王，只好向敦煌太守求救。曹宗建議東漢政府派兵出擊匈奴，但是一部分大臣極力反對恢復中原與西域的交流，主張放棄西域。班超之子班勇認為西域與河西唇齒相依，只有控制了西域，才能保證河西的安全。他向當時執政的鄧太后進諫，建議以敦煌為根據地，設立西域副校尉，逐漸恢復與西域的聯繫。儘管班勇據理力爭，鄧太后也很讚賞，但最終漢朝還是沒有任用班勇經營西域，也沒有完全採納他的建議，只是同意在敦煌設立西域副校尉。在敦煌新上任的西域副校尉並沒有完成自己的使命。車師後部在北匈奴的威逼利誘下也不敢澈底歸附東漢，在貴霜王朝的支持下疏勒與龜茲、于闐發生戰爭，只有車師前國、鄯善國王完全歸附於漢朝，絲綢之路仍然處於半阻塞的狀態。

繼班勇為西域之事獻策之後，安帝延光二年（西元123年），敦煌太守張璫又向朝廷上書，備陳利害，懇求東漢政府開通西域。上書得到了一部分大臣的支持，安帝下令在敦煌設立西域校尉，起用班勇做西域長史，屯駐柳中。班勇作為西域長史只有五六年的時間，但他在西域的活動卻為東漢後期絲綢之路的開通奠定了基礎。

班勇管理西域的一個基本策略是聯合西域各地，盡量用籠絡的方式，集中武力抗擊匈奴。他在柳中屯田，穩定下來後，親自到樓蘭，給鄯善王以「王綬」，又說服一度長期對立的龜茲王歸附東漢，使絲綢之路南北兩

## 第二章　兩漢時期的絲路與東西方關係

道暢通無阻。後來班勇又聯合車師前王，趕走了其境內的匈奴伊蠡王，乘勝向西擊敗了占領車師後部的匈奴呼衍王。至此，天山以北的六國都歸屬於漢朝，自伊吾或吐魯番沿天山北麓向西，經烏孫過伊犁河，這條絲綢之路在西域的新北道也開通了，為以後絲綢之路在西域三道並行的格局打下了基礎。

那時的西域各國大都聽命於西域長史，只有焉耆王元孟不順從。順帝永建二年（西元127年），西域太守兼西域都尉張郎率河西兵力三千人，班勇率西域諸國兵力四萬人，分兵兩路攻打焉耆。迫於漢兵的兩路夾擊，元孟投降，絲綢之路的障礙澈底被清除。在這次戰役中，因為沒有按期進軍焉耆，班勇被東漢政府免官查辦。班勇離開西域後不久就死於家中。

儘管班勇澈底離開了西域，但他曾經開通、經營的絲綢之路並沒有因此而阻塞中斷。即使在西元139至169年，河西、隴右羌族反抗東漢的起義和戰爭此起彼伏，東漢政府還是有效統治著西域，絲綢之路也未曾中斷。在新北道開通之後，伊吾地區的地位也顯得尤為重要。為了保護新北道，永建六年（131年），漢順帝在伊吾設司馬一人，率士卒屯田。到250年間，西域長史的駐地也從柳中遷到了于闐，以便更有效地統轄整個西域。儘管後來中原社會政治矛盾日益激化，農民起義一觸即發，東漢仍然在西域置有西域長史、戊己校尉等官職。靈帝熹平四年（175年），于闐王安國攻擊扜彌國，西域長史、戊己校尉徵發諸國兵，幫助扜彌國恢復安定。

整個東漢時期，儘管北匈奴不時占據西域，西域各地互相爭鬥，河西、隴右的羌族、氐族也經常阻斷西域與中原的聯繫，絲綢之路幾經阻塞，但整體來說，中原與西域的聯繫在不斷強化，絲綢之路仍然是一派繁榮，「馳命走驛，不絕於時月；商胡販客，日款於塞下」[304]。絲綢之路要

---

[304]　〔南朝宋〕范曄：《後漢書》卷八八〈西域傳・車師〉，中華書局，1965年，第2931頁。

道上的車師、鄯善、莎車、龜茲、于闐等西域各國的首領，在絲綢之路未通時數次遣使請求漢朝設立都護，在絲綢之路恢復後共同抵禦匈奴侵襲，為維護、發展絲綢之路貢獻良多。

絲綢之路的開通使漢朝、貴霜、安息、羅馬帝國之間建立了聯繫，促進了中原與西域、中國與亞歐各國之間的經濟文化交流。同時，絲綢之路沿途諸國之間的聯繫，也推動著東西方經濟文化的共同進步和發展。

## 第四節　絢爛多彩的絲綢之路經濟文化

漢朝時，中國與西方諸國之間的人員往來日益頻繁。在張騫第二次出使西域返漢時，「與烏孫遣使數十人，馬數十匹報謝，因令窺漢，知其廣大」[305]。西域諸國物產豐富，如安息的葡萄酒、大宛的汗血寶馬等，都被漢朝人視若珍寶。河西設四郡以後，漢朝「因益發使抵安息、奄蔡、黎軒、條支、身毒國。而天子好宛馬，使者相望於道。諸使外國一輩（批）大者數百，少者百餘人，人所齎持大放（仿）博望侯時。其後益習而衰少焉。漢率一歲中使多者十餘，少者五六輩，遠者八九歲，近者數歲而反」[306]。

漢代時商品經濟已經非常發達，往來於絲綢之路上的人員除了各國使者，也不乏商人，一時間「富商大賈周流天下，交易之物莫不通，得其所欲」[307]。「蠻夷俗貪漢財物」，中原商人將貿易拓展到了西域，西域商人也趁機與漢朝進行貿易往來，他們「多以政治使節之名，行絲綢貿易之實」[308]。

---

[305]　〔漢〕司馬遷：《史記》卷一二三〈大宛列傳〉，中華書局，1959 年，第 3169 頁。
[306]　〔漢〕司馬遷：《史記》卷一二三〈大宛列傳〉，中華書局，1959 年，第 3170 頁。
[307]　〔漢〕司馬遷：《史記》卷一二九〈貨殖列傳〉，中華書局，1959 年，第 3261 頁。
[308]　張榮芳：〈西漢屯田與絲綢之路〉，《中國史研究》1983 年第 4 期。

第二章　兩漢時期的絲路與東西方關係

## 一、絲綢之路的主要商品 —— 絲綢

中國蠶絲的生產可以追溯到比殷商更遙遠的歷史時代。殷代以後養蠶繅絲技術發展更加迅速，到西周時出現了飼養家蠶的蠶室及蠶架（栚或槌）、蠶箔（曲）、受桑器等設備，而絲綢也成為當時王室諸侯、達官貴族們衣著的主要原料。甚至有一段時間內，絲綢還曾經被當作交換媒介，等同於貨幣。

先秦時，中國絲織品的種類越來越多，有了羅、紈、綺、絺、錦、繡等。在古代，錦被視為貴重的高級織物，東周時已將「束錦」作為互贈的禮物，在此之前只是用「束帛」。戰國時開始把「錦繡」二字連用，代表最美麗的織物。

漢代時，中國的蠶絲生產、絲綢紡織技術達到了一個新的高峰，不僅蠶絲的產量增加，而且絲織品的種類花色也更加多樣化，僅是在繒或帛的總稱下，就有紗、羅、緞、絹、綺、素、練、綾、縑、絺、縵、縈等十幾個花色品種。另外，漢代的官營手工紡織業也有了一定規模，如臨淄的三服官主制御服，它下屬的紡織工場，到漢元帝時已發展到「作工各數千人，一歲費數鉅萬」[309]。與此同時，私營的手工紡織作坊也非常發達。漢代時，中國生產了大量的絲綢製品，沿著絲綢之路源源不斷地運送到了中亞、西亞和歐洲。

中國是世界上飼養家蠶和織造絲綢最早的國家，在相當長的時期內，絲綢是中國特有的產品，亞洲其他國家沒有。《史記·大宛列傳》記載：「自大宛以西至安息……其地皆無絲漆。」[310] 至於歐洲，更不知道蠶絲、絲綢的由來，他們很難理解絲綢是來源於養蠶繅絲，感覺很神祕。直到西元六世紀中國的蠶種、育蠶法才傳到東羅馬帝國（圖 2-9），以後又透過東羅馬

---

[309]　〔漢〕班固：《漢書》卷七二〈貢禹傳〉，中華書局，1962 年，第 3070 頁。
[310]　〔漢〕司馬遷：《史記》卷一二三〈大宛列傳〉，中華書局，1959 年，第 3174 頁。

第四節　絢爛多彩的絲綢之路經濟文化

再傳到東歐、西歐各國。所以在此很長一段時間內，西方的絲綢供給完全依賴中國。

圖2-9：伊斯坦堡東羅馬帝國城牆遺址

中國的絲綢在古代國際市場享有盛譽。在中國的絲綢傳入歐洲之前，希臘、羅馬人主要是穿羊毛、亞麻衣服。當輕柔光亮、色彩絢麗的絲綢傳入歐洲以後，很受歡迎和讚賞，被當作上等的衣料。古羅馬處於絲綢之路的西端，在西元前一世紀之後逐漸強盛起來，對於絲綢衣料的需求日益增加，因此，大量的中國絲綢銷往這個使用金幣的、殷富的西方大國。

中國的絲綢大量輸入西方，重要的管道有三：一是中原政府向西邊少數民族的贈賜；二是中原政府與少數民族間鉅額的絹馬等貿易；三是中亞等地商人的長途販運。因為羅馬是絲綢的最大買主，不管是從哪種管道得來的絲綢，都會源源不斷向西集中。而這些絲織品運輸、銷售到歐洲，主要是透過絲綢之路沿途一些國家或民族來完成。在漢朝時，大月氏、安

息、貴霜等在中西方絲綢貿易中都有轉運的功能。

大宛是絲綢之路上蔥嶺以西的第一個據點。初通西域時，漢武帝派遣使者到西域，都是先集中在大宛，然後再分赴各國。一時間大宛「使者相望於道」，實際上已經成了中國絲綢西運的集散中心。

大夏在大宛的西邊，是中國、安息、印度三個大國交通的中心，在被大月氏占領、建立貴霜王朝後，很快取代了大宛在絲綢之路上的重要地位。早在張騫第一次出使西域時，就看到大夏有經印度輸入的中國邛竹杖、蜀布。因此，在中國與中亞還不相通時，絲綢也是透過印度運往大夏的。西域南北道打通之後，大夏更是絲綢之路上聯結中印、中歐的樞紐，成為當時絲綢之路上重要的轉中繼站，在中西絲綢貿易中發揮作用達兩百年之久。

安息，即古代波斯的帕提亞王國，是絲綢之路上中西貿易中最重要的轉運、居間者。在最強盛之時，安息的領土東起印度河，西至兩河流域的美索不達米亞，南到埃及南部，北至裏海和黑海，是東西水陸交通的樞紐。中國向羅馬運絲綢，不管是透過大宛，還是經過貴霜王朝，都必須先匯集到安息才能繼續西行。至少在西元162年羅馬占領波斯灣頭之前，一直是這樣。由此可見，在中國與羅馬的絲綢貿易中，安息擔任至關重要的居間者。正因為如此，為了從絲綢貿易中獲取更多的利益，安息利用自己在地理位置上的優勢，一再阻止羅馬與中國直接交往，試圖長期壟斷東西方的絲綢貿易。

與此同時，羅馬也為了反壟斷、爭奪絲綢之路的貿易權，與安息進行著激烈的競爭。早在西元前141年時，羅馬帝國東進，與向西擴張的安息在幼發拉底河隔岸對峙，此後雙方一直深懷敵意。漢朝通西域後，安息與漢朝建立了良好的關係，從中獲取了大量的絲綢。而安息的近鄰羅馬人，在西元前53年進行卡萊戰役時才真正得知絲綢的消息，從那以後羅馬開

## 第四節　絢爛多彩的絲綢之路經濟文化

始想方設法到處找尋絲綢。此時的安息不只是竭力阻擋羅馬的東進，還不准羅馬商人透過安息領土直接與中國人交往、購買絲綢，而且拒絕與羅馬直接進行絲綢貿易，以達到壟斷中國與西方之間絲綢貿易的目的。為此雙方多次交戰，羅馬自始至終都沒有達到目的。為了打破安息的壟斷局面，羅馬控制了兩國之間獨立的絲綢集散地、著名的商業都市巴爾米拉，西元106年又占據了近海的絲綢貿易重鎮皮特拉，西元216年又攻占了出海口艾德薩。由此，一些西方學者就認為在安息與羅馬對峙時，羅馬的絲綢主要是間接地經海路從與中國有貿易關係的印度獲得。

一世紀中葉以後貴霜帝國崛起，在迦膩色迦王時打敗安息，其領土向西延伸到鹹海，貴霜成為絲綢貿易在中亞的重要中轉站。貴霜的絲綢主要出口到波斯。儘管貴霜與羅馬的關係相對較好，但兩國之間透過裏海北、窩瓦河口，經高加索和黑海之路可能只是有過小規模的絲綢交易。三世紀初，安息、貴霜不斷衰弱，波斯薩珊王朝逐漸興起。到西元224年時波斯薩珊王朝攻滅安息，很快又占領了貴霜的中亞地區，從此與羅馬展開了和絲綢密切相關的競爭。

總而言之，在中國絲綢的西傳中，羅馬是絲綢熱的焦點。羅馬人熱愛、尋找、得到絲綢的過程充滿了血腥，絲綢深深影響了羅馬帝國及其後的東羅馬帝國。大宛、大月氏、安息、貴霜等作為絲綢貿易的轉運、居間者，他們既是爭奪絲綢貿易權的競爭者，同時也是積極向西運送中國絲綢的傳播者。

近代考古在絲綢之路上發現了大量中國的絲絹織物，印證了漢代絲綢之路的暢通和繁榮。二十世紀初，斯坦因在古樓蘭遺址附近的漢墓裡發現了很多精美的絲絹織物，在尼雅、樓蘭等地方還發掘了一批漢簡，其中一枚漢簡上面寫有販絹商人對商品的詳細描述：「任城國亢父縑一匹，幅廣

## 第二章 兩漢時期的絲路與東西方關係

二尺四寸，長四丈，重二十克，值錢六百一十八。」[311]此漢簡中的縑產於任城國亢父，任城國設於漢章帝元和元年（西元 84 年），亢父為任城國的屬地，另外還標有匹數、尺寸、重量、價格，便於出售。二十世紀中期以後，在武威、敦煌、樓蘭、吐魯番、庫車、拜城、巴楚等地，還陸續發現有許多精美的絲綢。1959 年，東漢針黹篋在武威磨嘴子出土，在此針黹篋外面包裹著非常精美的錦絹，展示了當時已經十分高超的絲綢織造水準；在尼雅遺址又發現了東漢時的三色絲線織錦，有「延年益壽大益子孫」、「萬事如意」、菱紋的「陽」字樣等圖案，色彩繽紛，異常精美。

## 二、中國物品與科學技術的西傳

（一）植物、漆器的西傳

邛竹，亦作筇竹，又名方竹、羅漢竹，主要產地是中國雲南東北部，也產於廣西、福建等地。漢代時，中國的邛竹杖已經透過身毒傳到了大夏。此外，在大約西元前二至前一世紀時，中國的桃種已經傳入波斯，後來又輸向了亞美尼亞、希臘等地。西元一世紀時桃樹種子輸入了羅馬，被羅馬史家老普林尼稱為波斯樹。

漆器也是中國最主要的輸出品之一。自古中國出漆器，並且在漢代時也傳到了西方。那時西域地區還沒有漆器，安息以西更是沒有聽說過漆器。張騫通西域後，中國的漆器沿著絲綢之路，經過西域運向了西方。二十世紀中期，考古學家黃文弼曾在羅布淖爾發現了許多漢代漆器，其中就有來自中原的兩耳漆杯。

（二）造紙術的西傳

中國造紙術西傳之前，古埃及書寫是用紙草，古代西南亞各國是用木

---

[311] 羅振玉、王國維：《流沙墜簡》，中華書局，1993 年，第 186 頁。

## 第四節　絢爛多彩的絲綢之路經濟文化

板，古希臘、古羅馬是用從埃及進口的紙草，歐洲在中世紀時是用羊皮。中國最早用竹簡、木牘，之後用絲帛。竹簡、木牘太過笨重，絲帛輕便但價格昂貴。到二世紀初，東漢蔡倫總結了前人的造紙經驗，使用樹皮、麻頭、破布等製成了植物纖維紙。絲綢之路開通以後，中國造的紙成了透過西域向西輸出的重要商品。在甘肅西部古長城烽燧遺址中，斯坦因發現了用粟特文書寫信件的紙張，認為它可能屬於二世紀中葉的產物。此外，斯坦因還在古樓蘭所在地發現了許多公文、公牘和私人信件的紙張，都是西元二世紀下半期製造的。1950 年代，中國新疆考古工作者在尼雅的東漢遺址發現了最早的紙張。東漢時還是普遍用木簡書寫，直到二世紀後，紙張才流行起來。後來中國的紙張又向西傳到了中亞，但是造紙技術是八世紀中期才傳入中亞。

（三）冶鐵、水利灌溉術的西傳

除了絲綢之外，中國還是世界上最早掌握冶鐵鑄鋼技術的國家。春秋時中國已經能夠人工冶鐵，戰國時可以生產表面硬化鋼，漢代時又發明了鑄鐵脫碳的百煉鋼、低矽灰口鐵和球墨鑄鐵。而此時的中亞地區鑄造鐵器的技術還很落後，大宛以西至安息國「不知鑄鐵器。及漢使亡卒降，教鑄作它兵器」[312]。漢朝逃亡士兵將冶鐵技術傳到古代中亞之時，西域製造的鐵器還很粗糙，他們的「矢刀樸鈍，弓弩不利」，比當時漢朝軍隊的利劍堅盾、長柄矛戟、遠射弓弩等裝備要落後許多。隨著絲綢之路貿易的發展，西域各國逐漸掌握了中原先進的冶鐵技術，「弓矢漸利」。大約西元前二世紀時，費爾干納人（今居住在烏茲別克境內）最早從中國人那裡學會了鑄鐵技術，並向西傳到了俄國。

中國的鐵器，尤其是鐵製兵器也傳入了安息，在社會生產、生活和戰爭中貢獻良多。於是安息想方設法從漢朝引進鋼鐵，還特地在邊境木鹿城

---

[312]　〔漢〕班固：《漢書》卷九六上〈西域傳上〉，中華書局，1962 年，第 3896 頁。

設立了鋼鐵集散地。安息騎兵的武器就是用從這裡入境的鋼鐵鑄成的，因此被希臘史學家普魯塔克稱為木鹿武器。中國的鋼鐵品質上乘，鋼鐵武器以鋒利著稱。透過安息，中國的鋼鐵又傳到了羅馬。西元一世紀，鋼鐵在羅馬市場上一出現，就引起了轟動，廣受歡迎。中國先進的鐵器技術傳入西域諸國，將他們帶入了鐵器時代，使其政治、經濟、文化迅速發展。

鑿井灌溉技術也是那時由中國傳入中亞和印度。在中國，鑿井技術古已有之，商代就有甲骨文「井」字，殷墟曾出土已知最早的鑽鑿工具——銅錐。漢武帝時，在陝西大荔還出現了龍首渠，這種新式的井渠能有效控制地下水源、防止沿岸崩塌。後來西漢政府為了發展絲綢之路，遷徙了大量中原人到西北邊疆屯田，這種「井下相通引水」的技術也隨之傳到了西域。在西元前103年李廣利率軍圍攻大宛時，知道「宛王城中無井，皆汲城外流水」，想用穿井技術「徙其城下水空」，來攻占大宛城。可是當時匈奴卻為大宛送來通曉打井技術的漢人水工，李廣利得知後，不得不與大宛講和。可見，中國的鑿井技術在那時已經傳到了中亞，後來在中亞、西亞諸國逐漸推廣，成為沙漠裡主要的灌溉技術之一，促進了西域經濟的發展。

## 三、外來物種和文化藝術的輸入

漢朝時西域諸國地域廣闊，物產豐富，也有許多中原人聞所未聞的奇珍異寶。絲綢之路開通以後，不僅是西域，還有中亞、西亞及歐洲各國的特有物品隨之不斷傳入中國，大大豐富了中原人民的生活。

（一）新品種植物的輸入

透過絲綢之路輸入中國的植物新品種很多，葡萄、苜蓿、石榴、核桃、黃瓜、大蔥、大蒜、香菜、芝麻等，都源自中亞、西亞地區。最早輸

## 第四節　絢爛多彩的絲綢之路經濟文化

入中國的經濟作物是葡萄和苜蓿。《漢書·西域傳上》記載：「漢使採蒲陶、目宿種歸。」[313]葡萄，本作葡桃或蒲陶，是希臘語的譯音，原產於大宛。大宛人用葡萄釀酒，「富人藏酒至萬餘石，久者至數十歲不敗」[314]。此外，康居、大月氏、罽賓等地也盛產葡萄。張騫出使西域時，將葡萄引入中原。兩漢時期長安等地已經普遍栽種有葡萄。苜蓿，又稱連枝草，原產地也是大宛，是大宛馬的飼料，可能和大宛馬是同時輸入中國的。大宛馬稱為天馬，嗜食苜蓿。李廣利伐大宛獲得了數千匹良馬，苜蓿也被引入中原地區，並被大量栽培，迅速推廣，就連長安城也不例外，漢武帝於「離宮別觀旁盡種蒲萄、苜蓿極望」[315]。苜蓿的引進和種植，豐富了中國的飼草品種。苜蓿營養豐富，牲口特別喜歡吃，被稱為「牧草之王」。苜蓿不僅可作牲畜飼料、綠肥原料，其嫩苗還可作為蔬菜食用，內實可以釀酒，還是很好的藥用材料。

張騫兩次出使西域，對絲綢之路暢通貢獻良多，因此，這些新物種的引進常常被人們歸功於張騫，都說是張騫出使西域帶回的。如石榴，原產於安息，據文獻記載，張騫出使大夏得石榴，回到中原後就在長安臨潼一帶試種，唐代後逐漸推廣到黃河流域、長江南北。黃瓜，原稱胡瓜，產於中亞、西亞，匈奴、烏孫、大月氏都有種植，漢代時在中國北方普遍種植。後趙時為避諱，胡瓜更名為黃瓜。胡桃，即核桃，又名羌桃，張騫出使西域帶回胡桃種。西漢時，有84株核桃樹植入皇宮中的上林苑，後來普及到全國各地。胡麻，原產於大宛，「漢使張騫始自大宛得油麻種來，故名胡麻，以別中國大麻也」。而事實是，胡麻引進中國的具體時間還無從考證。

這些經濟作物都被認為是張騫通西域時帶回的，但是它們的直接輸入

---

[313]　〔漢〕班固：《漢書》卷九六上〈西域傳上〉，中華書局，1962年，第3895頁。
[314]　〔漢〕班固：《漢書》卷九六上〈西域傳上〉，中華書局，1962年，第3894頁。
[315]　〔漢〕司馬遷：《史記》卷一二三〈大宛列傳〉，中華書局，1959年，第3174頁。

第二章　兩漢時期的絲路與東西方關係

者不可能僅僅是張騫一個人，而應該是千千萬萬往來於絲綢之路上的使者和商旅們。大量的經濟作物在中國落地生根後，經過人民的辛勤栽培、改進，成為中國水果、蔬菜、油料、飼料等，深深影響著中國農業、畜牧業、紡織業的發展。

（二）毛皮、毛紡品的東來

中亞盛產毛皮，康居、奄蔡、嚴國（今烏拉爾山脈東部以南）等國的毛皮透過絲綢之路北道向東輸入到了中原地區。特別是嚴國，處在毛皮貿易的集散中心地。此外，奄蔡也大量出產貂鼠皮，在古代世界各地享有盛譽。漢代時長安城裡有許多出售毛皮的店鋪，其中有些經營毛皮的商人，十分富有，以至於被稱為「千乘之家」。

在中國西北邊疆地區居住著許多少數民族，在漢代以前那裡的毛紡技術就很發達。匈奴、烏孫、烏桓等一些少數民族，很早就能織出精美無比的毛織品。漢代時西域的毛織品沿絲綢之路源源不斷地運到中原，深受中原人民的喜愛。西域的毛織品有兩類，一是毛蓆，二是毛布。毛蓆，波斯語稱作氍毹，阿拉伯語稱作氍毹。氍毹是比較細的小毛毯，用來鋪在床前的小榻上。月氏氍毹大小相雜、細好，安息國出五色罽，天竺國「又有細布、好氍毹」[316]。漢代時，大量的毛織品輸入中原，在長安出現了專門經營毛織品的店鋪。儘管這些來自西方的毛織品價格非常昂貴，只有貴族們才有能力購買，仍影響了中國毛織業的發展。

（三）珍禽異獸的引進

漢代時，也有一些珍禽異獸經由絲綢之路輸入中國，促進了中國畜牧業發展，豐富了人民的文化生活。自古以來中國西北邊疆烏孫、匈奴等少數民族地區就出良馬，中亞一帶也產良馬，康居、大宛的馬匹更是聲名遠

---

[316]　〔南朝宋〕范曄：《後漢書》卷八八〈西域傳〉，中華書局，1965 年，第 2921 頁。

播，特別是大宛「多善馬，馬汗血，言其先天馬子也」[317]。張騫第二次出使西域時，帶回數十匹烏孫馬，漢武帝十分喜歡，將其命名為「天馬」。李廣利伐大宛，武帝又得大宛馬，他將大宛汗血寶馬稱為「天馬」，將烏孫馬改名為「西極」。西域所產的馬匹體格健壯、形態俊美，不僅有極高的觀賞價值，而且是古代軍隊不可或缺的重要裝備，這就更加促進了絲路貿易中的馬匹交易。絲綢之路開通後，西域地區出產的良馬開始源源不斷地輸入中原各地。

駱駝也是古代西域地區特有的牲畜。東漢時，中國嶺南一帶很少有人見過駱駝，所以有古諺語稱：「少所見，多所怪，見橐駝，以為馬腫背。」因為駱駝脊背上有高高聳起的駝峰，那時的人們把駱駝叫做橐駝。在古代絲綢之路上，駱駝是重要的交通工具。在西域一望無際的大沙漠裡，駱駝不僅可以供人騎乘，馱運重物，還可以辨識路途，預測天氣，被譽為「沙漠之舟」。

來自亞洲的許多珍禽異獸，也在這時傳入了中國。漢代時，條支國「出師子、犀牛、封牛、孔雀、大雀。大雀其卵如甕」[318]。安息國於「章和元年，遣使獻師子、符拔。符拔形似麟而無角」，「（永元）十三年（西元 101 年），安息王滿屈復獻師子及條支大鳥，時謂之安息雀」。[319] 此處的「師子」即獅子，「大鳥」就是鴕鳥。這些來自西域、中亞的珍禽異獸具有極高的觀賞價值，豐富了人們的知識，開闊了人們的視野。

(四) 美玉、玻璃的東傳

絲綢之路南道上的西域名城于闐，自古以來就出產美玉。于闐玉石，早在遠古時期就已經開始東運了，殷墟出土了很多採用和田玉雕刻的玉器。漢代時絲綢之路暢通，于闐美玉更是源源不斷地向東輸送。《史記‧

---

[317] 〔漢〕班固：《漢書》卷九六上〈西域傳上〉，中華書局，1962 年，第 3894 頁。
[318] 〔南朝宋〕范曄：《後漢書》卷八八《西域傳‧條支》，中華書局，1965 年，第 2918 頁。
[319] 〔南朝宋〕范曄：《後漢書》卷八八〈西域傳‧安息〉，中華書局，1965 年，第 2918 頁。

第二章　兩漢時期的絲路與東西方關係

大宛列傳》記載：「而漢使窮河源，河源出於寘，其山多玉石，採來，天子案古圖書，名河所出山曰崑崙云。」[320] 于闐的玉石就這樣輸入了河隴、中原地區。

罽賓國產的「璧流離」也透過絲綢之路輸入中國。這裡的「流離」，就是玻璃。玻璃是埃及人發明的。早在西元前 1200 年時，埃及人已經掌握了製造玻璃、琉璃的方法，之後腓尼基人從埃及人那裡學會了製造玻璃、琉璃，隨後敘利亞成為古代製造玻璃和琉璃的中心。[321] 在薩珊王朝時期，不管是環地中海區域還是今天伊朗的西部地區，玻璃生產都臻至極盛，大量的出土物可以證明這一點。至今在蘭州、武威、酒泉等地的漢墓裡都出土了玻璃耳璫，說明漢代時玻璃已經傳到了甘肅。

（五）雜技、樂曲的傳入

與此同時，亞歐的先進文化也向東傳入了中國，其中最為突出的是雜技百戲、樂曲歌舞，深深影響漢代人民的文化生活。久遠以前，西方的雜技就傳到了中國。漢武帝元封三年（西元前 108 年），大宛王「以大鳥卵及黎軒善眩人獻於漢，天子大悅」，當時外國客裡有「眩者之工」，「而角氐奇戲歲增變，其益興，自此始」。[322] 到東漢安帝時，「永寧元年，撣國王雍由調復遣使者詣闕朝賀，獻樂及幻人，能變化吐火，自支解，易牛馬頭。又善跳丸，數乃至千。自言我海西人。海西即大秦也，撣國西南通大秦」[323]。這裡的「黎軒」、「大秦」都是古代中國對羅馬帝國的譯稱，「眩人」、「眩者」指的是會吞刀吐火、屠人戲馬等的耍雜技者。漢代時，外國雜技多在大廣場上表演，節目種類繁多，內容非常豐富，有角力、競技、假面戲、化妝歌舞、鬥獸、魔術等表演。這些來自西方的雜技表演很受漢

---

[320]　〔漢〕司馬遷：《史記》卷一二三〈大宛列傳〉，中華書局，1959 年，第 3173 頁。
[321]　史樹青：〈陸離新解〉，《文史》第 11 輯，中華書局，1981 年。
[322]　〔漢〕班固：《漢書》卷六一〈張騫傳〉，中華書局，1962 年，第 2696－2697 頁。
[323]　〔南朝宋〕范曄：《後漢書》卷八六〈西南夷傳〉，中華書局，1965 年，第 2851 頁。

## 第四節　絢爛多彩的絲綢之路經濟文化

朝人的歡迎，觀賞雜技已經成為當時人們一項普遍的娛樂活動。

在中國，雜技也有十分悠久的歷史，漢代時吸收了西域雜技的精華，發展得更加精采多樣。在現存的漢代石刻畫中，還保留有當時的雜技表演畫面，刻了生動而形象的演出場面。在山東嘉祥武氏祠前石室的畫像石中，第十五石第三層右端刻的是宴飲嬉戲的場面，其中一人單腳抬起揮長袖而舞，有一人屈腿倒立行走，舞者的單腳和倒立者的雙手均支撐在非鼓非磴的革囊上。另有一小兒單手抓在倒立者的腳上，騰空飛起。此畫像石真實而又形象地反映了東漢時期雜技表演的精采美妙。

中國古代的音樂比較簡單。在漢武帝之前，中國的樂器以鐘、鼓、磬、鉦等打擊樂器為主，以笙、簫、琴、瑟等管絃樂器為輔，樂器配置和歌舞場面都很簡單。張騫出使西域以後，大量的西域樂器、樂曲沿著絲綢之路傳入中國，對中國古代的音樂產生了極其重要的影響。

漢代時，傳入中國的樂器主要有箜篌、琵琶、觱篥、笳、角、笛等。箜篌，原為印度樂器，西漢時經越南、中亞兩條線路輸入中國。漢武帝劉徹曾經下令讓樂人侯調仿製箜篌。不久後，箜篌便在中原地區開始風行。昭君出塞時，漢王朝曾經將箜篌賜予匈奴呼韓邪單于。東漢時期，中國的作曲家還專門為演奏箜篌創作了樂曲〈箜篌引〉。魏晉南北朝以後，箜篌成為中國的主要樂器。琵琶，原名批把，來自印度和波斯，相傳也是在漢代傳入中國的，隋代時成為當時九部樂中的主要樂器。觱篥，又稱篳篥，為西域龜茲的一種樂器，是一種以蘆莖為簧、短竹為管的豎笛，漢代時傳入中國。笳，又名葭，因卷葭葉吹而得名，原為匈奴樂器，故稱胡笳。相傳，胡笳是張騫從西域帶回中原的，後來一直是軍樂中的主要樂器。胡角，是羌族牧馬人用牛角製成的，原用來「驚退敵軍馬」，後來轉化為樂器，張騫通西域後傳入長安。笛，是印度的古樂器，經羌人部落傳入中國。漢武帝時丘仲將羌笛改進，稱作胡笛，笛聲悠揚動聽，深受各族人民喜愛。

第二章　兩漢時期的絲路與東西方關係

隨著西域樂器和樂人的輸入，西域樂曲也逐漸傳到了中原大地。據《晉書・樂志》記載：「胡角者，本以應胡笳之聲，後漸用之橫吹，有雙角，即胡樂也。張博望入西域，傳其法於西京，唯得〈摩訶兜勒〉一曲。李延年因胡曲更造新聲二十八解，乘輿以為武樂。後漢以給邊將，和帝時，萬人將軍得用之。」[324]「摩訶」，梵語的意思為「大」，顯然〈摩訶兜勒〉樂曲起源於天竺，經中亞傳入中國，最早將西域樂曲帶回中原的是張騫。李延年又根據〈摩訶兜勒〉這一胡曲的樂調，改造、創作出 28 支新樂曲，作為當時的軍樂。魏晉以來，還有 10 支樂曲仍然流行。這些足以說明樂曲〈摩訶兜勒〉對中國民族音樂的影響。

（六）佛教的傳入

西元前六世紀，佛教創立於印度。早在西元前三世紀中葉，佛教就傳入了西域地區。據《魏書・釋老志》記載：「及開西域，遣張騫使大夏還，傳其旁有身毒國，一名天竺，始聞有浮屠之教。」[325]「浮屠」即佛，可見張騫通西域時才聽說有佛教，之後隨著東西方交往的日益頻繁，佛教才逐漸傳入中原地區。西漢哀帝元壽二年（西元前 1 年），博士弟子景盧受大月氏王使伊存口授《浮屠經》，代表佛教開始傳入中原地區。

印度佛教傳到中國初期，人們對其了解不深，將其視為神靈，類似於神話中的老子和黃帝。同時，在佛教傳入後不久，中國本土的宗教——道教也產生了。道教的建立也受到了佛教的影響，但作為中國自身文化傳統的產物，道教的發展、興起勢必會與佛教的東傳產生矛盾和衝突。據《後漢書》記載，光武帝之子楚王劉英「少時好游俠，交通賓客，晚節更喜黃老，學為浮屠齋戒祭祀」[326]。「後桓帝好神，數祀浮圖（屠）、老子，

---

[324]　〔唐〕房玄齡等：《晉書》卷二三〈樂志〉，中華書局，1974 年，第 715 頁。
[325]　〔北齊〕魏收：《魏書》卷一一四〈釋老志〉，中華書局，1974 年，第 3025 頁。
[326]　〔南朝宋〕范曄：《後漢書》卷四二〈光武十王傳〉，中華書局，1965 年，第 1428 頁。

百姓稍有奉者，後遂轉盛。」[327] 可見皇家貴族中已有人信奉佛教，同時也說明佛教最初在中國傳揚不易，為求流行中土，只好攀附道教，很多人將老子、浮屠混而為一，佛教被視為黃老道術的一種，推測當時很少有人能分清楚什麼是佛教、什麼是道教。

在佛教界，人們普遍把漢明帝夜夢金人、遣使求法作為佛教傳入中國的開始。

西元 67 年的一天夜裡，東漢明帝夢見一個閃著白光的高大金人飛過宮殿上空。第二天，他將這個夢分享給大臣們聽，希望有人可以為他解夢、圓夢。大臣傅毅博古通今，解釋道：「我聽說天竺有得道者，人們稱之為佛，您夢中的金人就是此神。」於是，漢明帝迅速派郎中蔡愔、博士弟子秦景等人前往天竺尋訪佛法。在天竺，他們不僅得到了佛畫像、佛典，還以漢明帝的名義邀請高僧迦葉摩騰、竺法蘭到中國來傳經。68 年，迦葉摩騰、竺法蘭不顧眾弟子的勸阻，隨同蔡愔一行沿著絲綢之路，翻雪山、過流沙，到達洛陽。迦葉摩騰、竺法蘭受到漢明帝的熱情款待，並在洛陽城外專門為他們修建了寺院，供他們譯經。這座寺院就是白馬寺，是中國的第一座佛寺。迦葉摩騰、竺法蘭等人在白馬寺內翻譯了《四十二章經》、《十住斷結經》等，這是中國翻譯佛經的開始。至此佛、法、僧一應俱全，佛教真正傳到了中原大地。

---

[327] 〔南朝宋〕范曄：《後漢書》卷八八〈西域傳〉，中華書局，1965 年，第 2922 頁。

# 第二章　兩漢時期的絲路與東西方關係

# 第三章
# 西南絲路的開通

在「絲綢之路」概念提出的同時，學術界提出了「南方絲綢之路」的概念，以對應於通往西域的北方絲綢之路。但「南方絲綢之路」的概念顯得過於廣泛，因為「海上絲綢之路」也在南方，故而學術界提出了「西南絲綢之路」的概念。[328] 這與傳統意義上的北方絲綢之路相對應，基本上可以視為按照地理區域劃分的絲綢之路的一個分支。從傳統觀點來看，西南絲綢之路被認為是文獻記載的「蜀身毒道」，也就是從蜀地經由雲南、緬甸等地到達古代印度的道路。但是，僅僅將「蜀身毒道」當作西南絲綢之路的觀點無疑是狹隘的，「西南絲綢之路應該是一個具有較大的時空涵蓋性的概念，它不是來自古代的沿用相襲，而是後人根據南方古代對外交流的實際而提出來的，它並沒有特指某一時期某一道路的意思，我們自己也沒必要……將它限定在一個很小的時空範圍內。從時間上來說，從先秦以來直到近現代（至少到 1940 年代中印國際公路修通以前），跨越了 2,000 多年的歲月；就地域範圍而言，凡經過西南地區與境外溝通的道路，無論是陸路或水道都應該涵蓋在其中」[329]。總而言之，西南絲綢之路是古代透過西南地區與外部進行交流的一個縱橫交錯的多元立體的交通網路。

---

[328] 申旭：〈西南絲綢之路概論〉，《中國西南文化研究・1996》，雲南民族出版社，1996 年，第 1—27 頁。

[329] 黃光成：〈西南絲綢之路是一個多元立體的交通網絡〉，《中國邊疆史地研究》2002 年第 4 期。

# 第三章　西南絲路的開通

## 第一節　秦漢時期對西南絲綢之路的開拓與經略

中央政府對西南絲綢之路的經營早在秦朝大一統的時期就已存在，「秦時嘗破，略通五尺道，諸此國頗置吏焉」[330]。秦朝統一西南後，將西南交通線路——「五尺道」打通，並在此地設立郡守進行管理，內地與西南地區的交流也逐漸頻繁起來。經過秦末農民戰爭以及楚漢之爭，西漢王朝建立之初民生凋敝，經濟衰敗，統治者主要奉行黃老「無為而治」的理念，希望透過休養生息逐漸恢復國家的經濟與生產。

西漢之初的白登之圍給統治者的印象很深刻，「歲奉匈奴絮繒酒米食物各有數，約為昆弟以和親」[331]，而漢武帝時期，大行令王恢卻認為「漢與匈奴和親，率不過數歲即背約」[332]。事實上，和親之舉能嚴格約束漢匈雙方，成為維繫雙方友好關係的紐帶，為西漢政府集中精力恢復國內的經濟和生產力提供了機會。經過休養生息，西漢王朝經濟有所恢復與發展，出現了「非遇水旱，則民人給家足，都鄙廩庾盡滿，而府庫餘財。京師之錢累百鉅萬，貫朽而不可校。太倉之粟陳陳相因，充溢露積於外，腐敗不可食」[333]的繁榮局面。國庫的充盈，為解決匈奴邊患問題打下了經濟基礎。為了充分了解匈奴及其西域各國情況，漢武帝派張騫出使西域。張騫出使西域，對於溝通北方絲綢之路意義重大。

---

[330]　〔漢〕班固：《漢書》卷九五〈西南夷傳〉，中華書局，1962 年，第 3838 頁。
[331]　〔漢〕司馬遷：《史記》卷一一〇〈匈奴列傳〉，中華書局，1959 年，第 2895 頁。
[332]　〔漢〕班固：《漢書》卷五二〈韓安國傳〉，中華書局，1962 年，第 2398 頁。
[333]　〔漢〕班固：《漢書》卷二四〈食貨志上〉，中華書局，1962 年，第 1135 頁。

第一節　秦漢時期對西南絲綢之路的開拓與經略

## 一、秦漢對西南地區的經略

（一）秦對西南地區的經略

西元前四世紀末，秦滅古蜀國。西元前314年，秦置蜀郡，將蜀王的稱號貶為侯，並派秦大夫張若為蜀國守、陳莊為相。秦滅蜀後，繼續發展蜀地的工商業，特別是為了推動蜀地與周邊地區的經濟文化交流，西元前311年，秦惠文王令張儀、張若在舊城基礎上修建新成都城，「營廣府舍，置鹽鐵市官並長、丞，修整裡闤，市張列肆，與咸陽同制」[334]。成都城沿襲了同一時期東周列國的城市格局，有大小城之分，即被分為太城與少城。太城在東，少城「唯西南北三壁，東即大城之西墉」[335]，城內設立了徵收鹽鐵稅的官員以及負責市場管理的官員，有居民區和商業區之分。既然與秦都城咸陽同制，那麼自然有相關機構的設立與律法的頒行。同時，將咸陽城的空間模式複製於成都，表明了秦國非常重視蜀地。

秦對蜀地舊勢力的反抗進行了強硬的鎮壓。蜀國王子安陽王率殘部逃往南中地區，暗中聯繫蜀侯，伺機反秦。儘管後來蜀相陳莊殺蜀侯降秦，但蜀地政局不穩使得秦王依然決定出兵蜀地。西元前310年，秦將甘茂平定蜀亂，同時誅殺參與謀反叛亂的陳莊。甘茂平定蜀地叛亂後，在蜀地頒布並推行了《為田律》。雖然內容主要是關於田地的各種詳細規定，但更為重要的是對蜀地田界有嚴格規定，為以後蜀地生產關係的變革與改造奠定了基礎。公子通死後，秦封蜀公子惲為蜀侯。這一時期，秦在蜀地展開了土地與生產關係的改革。

西元前303年，「初為田，開阡陌」，在蜀地推行秦國的轅田制，發

---

[334]〔東晉〕常璩撰，任乃強校注：《華陽國志校補圖注》卷三〈蜀志〉，上海古籍出版社，1987年，第128頁。

[335]〔東晉〕常璩撰，任乃強校注：《華陽國志校補圖注》卷三〈蜀志〉注10引李膺《益州記》，上海古籍出版社，1987年，第131頁。

## 第三章　西南絲路的開通

展擴大私有制。這就廢除了蜀國原有的土地國有制度，從經濟上削弱了蜀地王公貴族的勢力，解放了大批勞動力，促進了生產力的發展，產生了一大批新興農戶和地主，為秦國在蜀地的持續改革和統治的鞏固奠定了廣泛的群眾基礎和社會基礎。西元前 301 年，公子惲謀反，秦將司馬錯率軍入蜀，平定蜀地叛亂。司馬錯平定蜀亂後，封蜀公子綰為蜀侯。但西元前 285 年，綰叛秦，遭到秦軍誅殺。（圖 3-1）此後，秦在蜀地再也沒有分封蜀侯，以蜀守來管理蜀地，最終消滅了蜀地的分封制度，完全採取了秦地的郡縣制。

圖 3-1：陝西歷史博物館藏秦國武士俑

而對於巴地，秦則採取了比較溫和的統治手段。西元前 314 年，秦滅宗姬巴國，在原巴國都江州的基礎上修築城池，設立巴郡。巴國滅亡，巴國王子率殘部聚守在江州東部負隅頑抗，巴地豪門大姓舊有勢力依然存在。於是，秦國對巴地採取了郡縣制與羈縻制度相結合的因地制宜的統治策略，[336]「及秦惠文王併巴中，以巴氏為蠻夷君長，世尚秦女，其民爵

---

[336]　段渝：〈涪陵小田溪巴王墓新證〉，《巴蜀歷史、民族、考古、文化》，巴蜀書社，1991 年，第

第一節　秦漢時期對西南絲綢之路的開拓與經略

比不更，有罪得以爵除」[337]。秦繼續以巴氏作為巴地眾多部落的首領，同時透過聯姻、免除賦役的方式來維繫雙方在政治上的統屬關係，以緩和當地民眾與官方的反抗浪潮。到了秦昭王時期，強化了巴地的政治秩序，「乃刻石盟要，復夷人頃田不租，十妻不算，傷人者論，殺人得以倓錢贖死。盟曰：『秦犯夷，輸黃龍一雙；夷犯秦，輸清酒一鍾。』夷人安之」[338]。由此可以看出，秦國不僅免除了巴地的田租和大部分的算賦，更重要的是，在雙方互犯的處罰上完全是有利於巴地的，自然贏得了他們的信任。

秦國在巴蜀地區設郡置縣，將原本獨立於秦國統治體系之外的政治、經濟、文化統一體──巴蜀完全納入秦國的統治之下。秦滅巴蜀後，遷徙秦地民眾入西南；至秦滅六國後，又遷徙六國貴族豪強於巴蜀，不斷移民至西南。同時，秦派遣官員治理巴蜀，以教化當地民眾。秦漢時期的地方官員一般都身兼吏與師的職責。湖北雲夢睡虎地秦簡《語書》中載，秦王政二十年（西元前227）四月初二日，秦國南郡郡守騰向本郡各縣、道釋出了一篇通告，通告中談到了秦法令與原楚人鄉俗的矛盾與牴觸的問題。通告中言：「古者民各有鄉俗，其所利及好惡不同，或不便於民，害於邦。是以聖王作為法度，以矯端民心，去其邪避（僻），除其惡俗……凡法律令者，以教道民，去其淫避（僻），除其惡俗，而使之於為善（也）。」[339]

秦統治者已經意識到在新征服的地區鄉俗與法律會產生矛盾，於是透過嚴刑酷法推行各種規章制度，袪除鄉俗的影響。這就說明，當時的官員對鄉俗民風很了解。《華陽國志》載，李冰治水過程中，「外作石犀五頭以厭水精」，並在都江堰渠首立三石人，「與江神要：水竭不至足，盛不沒

---

269 － 283 頁。
[337]　〔南朝宋〕范曄：《後漢書》卷八六〈南蠻傳〉，中華書局，1965年，第2841頁。
[338]　〔南朝宋〕范曄：《後漢書》卷八六〈南蠻傳〉，中華書局，1965年，第2842頁。
[339]　睡虎地秦墓竹簡整理小組：《睡虎地秦墓竹簡》，文物出版社，1978年，第15頁。

肩」[340]。其實這裡李冰用石牛、石人作為鎮水神靈，與蜀地民眾崇拜大石、以牛為神靈的民間宗教觀密不可分。[341] 蜀守李冰作為當地最高長官，他的言行舉止無疑會影響到當地民眾。李冰在前人治水的基礎上，透過走訪勘察，因地制宜治理都江堰，使得都江堰能充分發揮排洪灌溉的功能，建立了舉世聞名的都江堰水利工程。在治水的過程中，李冰充分尊重當地習俗，特別是行使了某些對巴蜀民眾影響頗深的巫術，透過具有巫術色彩的民間儀式來溝通天地人神，推動治水工作的開展。[342]

秦對蜀地的占領，儘管從政治歸屬方面可以認為蜀地已經成為秦的統治的一部分，但是並不意味著蜀文化已經在秦強大的軍事外力下消亡。蜀國被消滅後，當地的鬼神崇拜等民間信仰繼續長期存在於當地民眾的心中，並對其日常生活有重要的影響。由於李冰能夠尊重和接納蜀地土著文化、民俗，融入當地社會生活並且能造福百姓，因此更能得到蜀人的認可，被蜀人長久崇敬。他所開創的都江堰「歲修」後的清明放水節，雖然經過了兩千多年，但至今在西南地區仍是一件盛事。

(二) 漢朝對西南地區的經略

秦朝滅亡後，出現了長達四年的楚漢之爭。漢王劉邦以巴蜀、漢中為基地，「王巴、蜀、漢中四十一縣，都南鄭」[343]，謀臣蕭何向劉邦建議：「臣願大王王漢中，養其民以致賢人，收用巴蜀，還定三秦，天下可圖也。」[344] 西漢王朝建立之初，民生凋敝，國困民饑，政府引導饑民進入富庶的蜀地與漢中，以緩和逐漸蔓延的大饑荒，大大改善了漢初蕭條的社會

---

[340] 〔東晉〕常璩撰，任乃強校注：《華陽國志校補圖注》卷三〈蜀志〉，上海古籍出版社，1987年，第133頁。

[341] 羅開玉：《中國科學神話宗教的協合——以李冰為中心》，巴蜀書社，1989年，第151 – 153頁。

[342] 王子今：〈秦兼併蜀地的意義與蜀人對秦文化的認同〉，《四川師範大學學報》1998年第2期。

[343] 〔漢〕班固：《漢書》卷一〈高帝紀上〉，中華書局，1962年，第28頁。

[344] 〔漢〕班固：《漢書》卷三九〈蕭何傳〉，中華書局，1962年，第2006 – 2007頁。

第一節　秦漢時期對西南絲綢之路的開拓與經略

經濟現狀。由於巴蜀是漢朝興起的地方，因此，作為漢朝重要糧倉和賦稅收入來源地的巴蜀，從西漢建立之初就被中央直接掌控，是「天子自有」之地。為了表彰巴蜀、漢中地區在楚漢戰爭中的貢獻，漢高帝二年（西元前 205 年）下詔：「蜀、漢民給軍事勞苦，復勿租稅二歲。」[345] 這兩地被徵發的士兵復員後，可按照漢時的軍功爵制，獲得爵位與田宅，成為新興地主，被視為漢王朝在巴蜀、漢中地區社會統治基礎的重要組成部分。

另外，漢政府對川東地區的板楯施行了政治和經濟上的雙重安撫之策，使得板楯成為漢王朝的堅定擁護者，世代臣服於漢。[346]

西漢之初，中央政府將經略的重點放在了安定內部和穩定北方邊地方面，基本上將西南的問題擱置一邊。建元六年（西元前 135 年），漢武帝出兵東粵，東粵國人懾於漢朝軍隊的威嚴而擒殺國王歸附。當東粵國歸附後，鄱陽縣令唐蒙奉命出使南越，南越國用蜀枸醬招待漢使。唐蒙此次使越返回後，向漢武帝提出借用夜郎國精兵來征服南越的建議。唐蒙認為，從南方的長沙、南昌前往南越國難以成行多因道路不通，而南越則是聯繫內地到巴蜀地區的重要通道，可藉此契機，以武力為後盾經由控制南越達到經略西南的目的。他上書漢武帝：「南越王黃屋左纛，地東西萬餘里，名為外臣，實一州主也。今以長沙、豫章往，水道多絕，難行。竊聞夜郎所有精兵，可得十餘萬，浮船牂牁江，出其不意，此制越一奇也。誠以漢之強，巴蜀之饒，通夜郎道，為置吏，易甚。」[347]

唐蒙不但指出了可以開闢到夜郎國的道路，還建議在西南巴蜀設立官吏。這是西漢早期對西南地區的關注。漢武帝接受其建議，以唐蒙為中郎將，率領精兵千人，同時攜帶糧草與禮物從巴郡符關進入夜郎國，恩威並施，最終使夜郎國同意漢朝在其地設立官吏。對於漢武帝來說，匈奴邊患

---

[345]　〔漢〕班固：《漢書》卷一〈高帝紀上〉，中華書局，1962 年，第 33 頁。
[346]　〔漢〕班固：《漢書》卷九五〈西南夷傳〉，中華書局，1962 年，第 3838 頁。
[347]　〔漢〕司馬遷：《史記》卷一一六〈西南夷列傳〉，中華書局，1959 年，第 2994 頁。

## 第三章　西南絲路的開通

深深影響其統治思想，其晚年曾對大將衛青說：「漢家庶事草創，加四夷侵陵中國，朕不變更制度，後世無法；不出師征伐，天下不安；為此者不得不勞民。若後世又如朕所為，是襲亡秦之跡也。太子敦重好靜，必能安天下，不使朕憂。欲求守文之主，安有賢於太子者乎！」[348] 由此可見，漢武帝希望給後繼者留下一個強大的西漢王朝。

在西漢分巴隔蜀的策略下，西漢在原夜郎國地區設立犍為郡。夜郎國歸附，漢王朝賞賜頗豐。周邊「諸夷」十分羨慕，「是時邛筰之君長聞南夷與漢通，得賞賜多，多欲願為內臣妾，請吏，比南夷」，也希望能夠透過內附漢朝的方式同樣得到大量賞賜。漢武帝看到此種情形，徵詢司馬相如對經略西南的建議。深知西南實際情況的司馬相如認為，「邛、筰、冉、駹者近蜀，道亦易通，秦時嘗通為郡縣，至漢興而罷。今誠復通，為置郡縣，愈於南夷」。無論是從機構沿革上，還是在地理交通上，漢王朝都有必要在西南設郡置縣，摒棄以往放棄西南的做法，強化對西南的管理與經營，實際上就是要踐行漢武帝以非常之人去做非常之事的理想——「蓋世必有非常之人，然後有非常之事。有非常之事，然後有非常之功。夫非常者，固常人之所異也。故曰：非常之原，黎民懼焉；及臻厥成，天下晏如也」[349]。事實上，早在秦朝時期，西南巴蜀已經設立了巴郡、蜀郡、漢中郡三個郡，而僰道則是西南的主要交通要道，特別是李冰擔任蜀郡郡守時，進一步開拓僰道，使得經由僰道通往成都的交通更為便利。後來，常頞在僰道的基礎上，向南延伸，修築「五尺道」，為秦朝對夜郎國等「南夷」的經營奠定了基礎。

由於受西南自然地理條件所限，道路的開拓十分不易，唐蒙在前朝所開的五尺道基礎上開通「南夷」道，耗費了大量的人力、物力，引起了當

---

[348]〔宋〕司馬光：《資治通鑒》卷二二漢武帝征和二年閏四月條，中華書局，1956年，第726頁。
[349]〔梁〕蕭統編，〔唐〕李善注：《文選》卷四四〈難蜀父老〉，上海古籍出版社，1977年，第1993頁。

## 第一節　秦漢時期對西南絲綢之路的開拓與經略

地民眾的不滿。以巴蜀一些有名望老者以及朝中大臣公孫弘為代表的反對者，極力要求朝廷放棄開通西南之地。而司馬相如動之以情，曉之以理，從地理交通和歷史沿革兩方面，闡述了漢王朝應該恢復秦朝時在西南建立的郡縣的理由。於是，漢武帝專門派熟知巴蜀實際情況的蜀人司馬相如全權處理西南事務。司馬相如入蜀後，先後深入邛、筰、冉、駹等臨近蜀郡的部族，宣揚漢武帝的威德與強大的漢王朝實力。於是，很多部族首領紛紛接受漢王朝的招撫，「願得受號者以億計」[350]，雖然看起來有些誇張，但是卻反映了當時西南許多部落內附的願望。西元前122年，博望侯張騫告知漢武帝，他出使大夏時曾見到那裡有蜀布和邛竹杖，這些物品是從南邊的身毒國而來，說明蜀地可以通往身毒國。如果能夠打通蜀地到身毒國的交通路線，就可以聯繫身毒、大夏夾擊匈奴。（圖3-2）於是，漢武帝派遣王然于、柏始昌、呂越等人兵分數路前往尋找通往身毒國的道路。這些使者受到了滇王、昆明諸部等地方勢力的阻攔，特別是昆明部，為了奪取使團的財物，竟然殺害漢使。漢武帝派兵攻打昆明諸部中劫殺漢使的部族，大勝。後來漢武帝又多次派遣使者繼續探路，但成效不大。儘管漢使沒有尋到通往身毒國的道路，但是卻了解了西南各部落的情況，為漢王朝進一步經略西南奠定了基礎。西元前120年，漢武帝下令在長安西南開鑿昆明池，以演練水軍，還在昆明池畔刻了鯨魚以象徵滇地鯨魚山，表達了漢武帝征服滇地的決心與意志。

元鼎六年（西元前111年），司馬遷奉漢武帝之命，「西征巴、蜀以南，南略邛、筰、昆明」，返回長安後，向漢武帝報告：「其西可千餘里有乘象國，名曰滇越，而蜀賈奸出物者或至焉。」[351]而張騫在出使大夏國時所見的西南蜀地商品應該就是被蜀商透過某個通道帶到了大夏、身毒。西漢王朝首次開發西南，交通是關鍵，於是徵發民夫修建了以巴蜀四郡

---

[350]　〔漢〕司馬遷：《史記》卷一一七〈司馬相如列傳〉，中華書局，1959年，第3051頁。
[351]　〔漢〕司馬遷：《史記》卷一二三〈大宛列傳〉，中華書局，1959年，第3166頁。

## 第三章　西南絲路的開通

（蜀、巴、廣漢、犍為）為中心通向周邊民族的交通道路。但是由於地理環境複雜，加之一些民族部落的反抗騷擾，有些道路修建進展緩慢。雖然朝廷多次派兵鎮壓這些部落的反抗，但收效甚微。由於北方的匈奴不斷侵擾邊地，漢武帝採納了御史大夫公孫弘的建議，撤回西南的派遣官吏，僅保留了兩縣一都尉。為了適應新形勢的需求，元鼎三年（前114年），漢武帝下旨重築成都城，成都一躍成為僅次於都城長安的第二大城市。

圖 3-2：莫高窟第 323 窟張騫出使西域圖（唐）

　　元鼎五年（西元前112年），南粵反叛，漢武帝派馳義侯從犍為前往西南徵兵攻打南粵，但且蘭君擔心部落青年壯丁遠行難以抵抗附近部落的侵擾，便率先殺漢使和犍為郡守叛漢。且蘭君的反叛行為很快就波及巴蜀的其他地區，邛、筰等部落也隨即反叛。但這些叛亂很快就被鎮壓，且蘭君、邛君、筰侯均被誅殺。漢政府於西元前111年在這些地區設立郡縣，在且蘭地區設立牂牁郡，在邛人活動地區設立越巂郡，在筰部活動地區設

## 第一節　秦漢時期對西南絲綢之路的開拓與經略

立沈黎郡。漢武帝對反叛地區的強硬措施，使得本來抱有幻想的冉駹君十分恐慌，忙主動請求漢朝廷派遣官吏，於是漢政府在此設汶山郡；在白馬氐人生活地區設立武都郡。元封二年（西元前109年），漢武帝派巴蜀軍隊征服了滇國附近的勞深、靡莫部。對於實力較強的滇王，漢政府採取了先禮後兵的策略。滇王曾派兵劫掠漢朝派遣探路的使者，所以對漢使王然于，特別是兵臨城下的西漢軍隊驚恐不安，同意在滇地設郡置吏，並入朝謝罪。漢王朝在滇地設立益州郡，並賜滇王印，令其統轄當地各部落。元封五年（前106年），漢武帝在全國設立十三州刺史，在每年的秋天巡察郡國，強化對西南地區的控制與管轄。天漢六年（前97年），沈黎郡被裁撤，改置為兩部都尉，一治旄牛（主要管理民族事務），一治青衣（主要負責邊地移民事務）。

由於漢武帝時期政府實行鹽鐵官營的政策，在全國的40個郡中設立了49處鐵官，包括巴蜀地區的蜀郡臨邛、犍為郡武陽、犍為郡南安。西漢在蜀地設立郡縣後，作為驛站交通的郵亭成為中央政府控制西南的重要機構。「乃拜相如為中郎將，建節往使。副使王然于、壺充國、呂越人馳四乘之傳，因巴蜀吏幣物以賂西夷」[352]，這裡的「傳」是古代郵亭的別稱。因此，可以斷定在巴蜀之地已經存在郵亭，另外蜀郡還有「嚴道邛郵」。《後漢書‧任文公傳》載：「哀帝時，有言越巂太守欲反，刺史大懼，遣文公等五從事檢行郡界，潛伺虛實。共止傳舍，時暴風卒至，文公遽趣白諸從事促去，當有逆變來害人者，因起駕速驅。諸從事未能自發，郡果使兵殺之，文公獨得免。」顯然，在越巂郡設有供傳遞官方文書者休息的傳舍。特別是三國時期，張嶷重新開通了隔絕長達百年的旄牛道，重設該道路上的廢棄郵亭，「開通舊道，千里肅清，復古亭驛」[353]。元光六年（西元前129年），恰好是唐蒙開「南夷」道前夕，在西南地區廣設郵亭驛站，

---

[352]〔漢〕司馬遷：《史記》卷一一七〈司馬相如列傳〉，中華書局，1959年，第3046－3047頁。
[353]〔西晉〕陳壽：《三國志‧蜀書》卷四三〈張嶷傳〉，中華書局，1964年，第1053頁。

### 第三章　西南絲路的開通

更便於與中央溝通西南狀況,並推進「南夷」道的修築。

西漢末年,褚少孫曰:「蜀王,黃帝後世也,至今在漢西南五千里,常來朝降,輸獻於漢。」[354] 南遷蜀國殘餘勢力的一部分繼續南遷,進入今天越南的北部地區,以蜀王子為核心建立了政權。誠如約翰·F·卡迪(John F. Cady)所言,西元一世紀,當漢朝人發展與印度之間短期的貿易關係時,他們選擇從長江上游盆地出發,經過雲南西部的湄公河(瀾滄江)和薩爾溫江(怒江)的峽谷,前往緬甸的伊洛瓦底江河谷,然後再前往孟加拉灣沿岸。他們在冬季季風時節則向西出發,走向印度東部海岸的達蘭薩拉(Dharanigandhara)和羯陵伽(Kalinga)地區。

## 二、司馬相如對西南開發的貢獻

司馬相如(約西元前179年至前118年),字長卿,西漢辭賦家,被譽為「蔚為辭宗,賦頌之首」,在中國文學史上占有重要的地位。他出生於巴郡安漢縣(今四川南充),落籍於蜀郡成都,因仰慕戰國時期藺相如的為人,改名為相如。文翁為蜀郡太守時,曾派遣青年才俊前往京師遊學,司馬相如就在其中。漢景帝時,司馬相如任武騎常侍,後投奔梁孝王,廣交名士,寫下了著名的〈子虛賦〉。梁孝王去世後,他回到成都,投靠好友臨邛令王吉。臨邛巨賈卓王孫愛慕司馬相如的才華,將女兒卓文君許配給司馬相如為妻,成就了一段流傳千古的愛情佳話。漢武帝時期,由於武帝喜好辭賦,將其召到長安。司馬相如因其所作的〈天子遊獵賦〉深受皇帝的賞識,成為郎官,陪駕左右。這一時期,司馬相如充分展示了他的政治才華,為漢武帝經略西南出謀劃策。

地處西南的巴蜀之地部落眾多,「西南夷君長以什數,夜郎最大;

---

[354]　〔漢〕司馬遷:《史記》卷一三〈三代世表〉,中華書局,1959年,第506頁。

第一節　秦漢時期對西南絲綢之路的開拓與經略

其西靡莫之屬以什數，滇最大；自滇以北君長以什數，邛都最大：此皆魋（椎）結，耕田，有邑聚。其外西自同師以東，北至楪榆，名為嶲、昆明，皆編髮，隨畜遷徙，毋常處，毋君長，地方可數千里。自嶲以東北，君長以什數，徙、筰都最大；自筰以東北，君長以什數，冉駹最大。其俗或土著，或移徙，在蜀之西。自冉駹以東北，君長以什數，白馬最大，皆氐類也。此皆巴蜀西南外蠻夷也」[355]。從政治方面來說，這些部落中主要以滇、夜郎、邛都、嶲、徙、筰都、冉駹較強。從經濟上來看，夜郎、滇、邛都為一類，屬於椎髻髮式，農耕邑聚；嶲、昆明為一類，屬於編髮方式，游牧為生；徙、筰都、冉駹為一類，土著與遷徙方式並存，屬於半農半牧的生活方式；白馬氐為農耕方式。這些部族由於所處的自然地理環境不同，生產生活方式也有區別，這就讓漢朝非常不便於治理西南。

秦朝滅亡後，由於長期的戰爭大大破壞了生產力，漢初社會經濟凋敝，為了集中力量恢復社會生產力，防範北方匈奴的侵擾，政府基本上斷絕了與西南邊地的交流往來。直到高后六年（西元前 182 年），漢政府在僰道縣設關建市。文景時期，與民休息。到了漢武帝時期，國力逐漸強盛，武帝開始強化中央集權制，一改以往所奉行的黃老無為之策，北擊匈奴，南掃閩越，並積極籌劃開發西南。建元六年（前 135 年），閩越攻打南越，南越向漢政府求援，漢武帝命大行令王恢率軍出豫章支援南越。事件平息後，王恢派鄱陽令唐蒙前往南越查看相關情況，唐蒙返回後，出於制衡南越的目的，上書漢武帝，建議經略西南。這一提議恰好迎合了漢武帝大一統的思想，得到漢武帝的支持。唐蒙被任命為中郎將入蜀，借道夜郎國，打通僰道通往牂牁江的道路。由於唐蒙在開拓道路中大量徵發當地民力，並誅殺反對者，使得巴蜀人心惶惶，隨時都有可能反叛漢朝。在此危急之時，為了安撫民眾，漢武帝決定派司馬相如前往蜀地處理此事。

---

[355]　〔漢〕司馬遷：《史記》卷一一六〈西南夷列傳〉，中華書局，1959 年，第 2991 頁。

## 第三章　西南絲路的開通

漢武帝選擇司馬相如作為政府代表入蜀安撫並不是偶然的。首先，司馬相如深諳漢武帝開疆拓土之宏偉抱負。西漢政府對北方的強敵匈奴長期處於防守態勢，漢武帝心中早已不滿，積極準備反擊匈奴，解決邊地之患。司馬相如所寫的〈子虛賦〉、〈上林賦〉無一不是在為漢武帝的文治武功歌頌，也是迎合漢武帝的心理。眾所皆知，張騫對溝通西域諸國、開拓西域絲綢之路功不可沒。他在出使西域返回後，向漢武帝報告出使詳情時說：「臣在大夏（即今天阿富汗北部地區）時，見邛竹杖、蜀布。問曰：『安得此？』大夏國人曰：『吾賈人往市之身毒（印度地區）。身毒在大夏東南可數千里。其俗土著，大與大夏同，而卑溼暑熱云。其人民乘象以戰。其國臨大水焉。』以騫度之，大夏去漢萬二千里，居漢西南。今身毒又居大夏東南數千里，有蜀物，此其去蜀不遠矣。今使大夏，從羌中，險，羌人惡之；少北，則為匈奴所得；從蜀宜徑，又無寇。」[356] 張騫建議漢武帝開通南方絲綢之路，這對於渴望成就一統霸業的漢武帝而言，無疑刺激了其「指求身毒國」的決心，而這一舉措是建立在唐蒙、司馬相如在西南地區經營的基礎上的。於是，漢武帝派遣使者分別從駹、冉、徙、邛僰四條路線祕密南行，試圖打通前往身毒的道路，但均因各種條件限制而失敗。中郎將唐蒙上書漢武帝所言的借兵置吏正合帝意，《水經注》卷三三〈江水〉載，唐蒙「鑿石開閣，以通南中。迄於建寧，二千餘里。山道廣丈餘，深三四丈」。其次，司馬相如出生於巴地，生活於蜀地，對巴蜀地區的情況非常熟悉，同時，此時的司馬相如早已因文學著稱於世，在巴蜀地區有著非常崇高的聲望。因此，司馬相如成為漢武帝處理唐蒙事件的最佳人選。

司馬相如作為官方代表入蜀後，頒布了〈喻巴蜀檄〉。檄文首先將漢武帝的恩威加以讚頌，指出溝通西南與中原是安邦興國的需求，但是唐蒙濫用民力純粹是其個人行為，批評其「發軍興制，驚懼子弟，憂患長老，

---

[356]　〔漢〕司馬遷：《史記》卷一二三〈大宛列傳〉，中華書局，1959 年，第 3166 頁。

## 第一節　秦漢時期對西南絲綢之路的開拓與經略

郡又擅為轉粟運輸」，並非皇帝本意。[357] 他還特別指出，邊地將士本應報效朝廷，為政府開通西南供奉財力，感涕君恩，然而巴蜀士卒不僅不知道報效國家，反而紛紛逃亡，這也是一種罪過。他指出，為國家作出必要的犧牲是臣民的本分，責成「三老」強化對民眾的教導工作，讓民眾意識到國家開發西南的重要性和正確性。

司馬相如還反駁了以下論點：蜀地民眾認為朝廷開發西南導致民不聊生，特別是巴蜀父老認為「邛、笮、西僰之與中國並也，歷年茲多，不可記已。仁者不以德來，強者不以力並，意者其殆不可乎」的錯誤言論，認為「必若所云，則是蜀不變服而巴不化俗也」。

在司馬相如的努力下，巴蜀的民眾很快得到安撫，「皆如南夷，為置一都尉，十餘縣，屬蜀」。由於司馬相如在蜀地的安撫措施得當，唐蒙很快就打通了到夜郎國的「南夷」道。「南夷」道的通行使得夜郎國和中原內地往來日益頻繁，特別是夜郎國得到中原王朝的豐厚賞賜，引起了一些部落首領的注意。司馬相如進入與蜀郡毗鄰的民族部落中交涉談判時，十分注重宣傳漢王朝的威德，部落首領們紛紛上書請求稱臣納貢。

之後，唐蒙就開始著手西夷道的修築，徵發巴郡、蜀郡、廣漢郡數萬士卒開鑿道路。由於受地理環境所限，且工程浩大，困難重重，導致死傷眾多，耗費巨大，持續了兩年的時間還未完成，這引起了巴蜀民眾和朝廷中一些大臣的不滿。此時，在巴蜀一些年長且有聲望的人中流傳著一種開發川西、川南對王朝社稷無用的言論。以公孫弘為主的朝中大臣中也表示反對，特別是其出使巴蜀返朝後，主張「罷通西南夷」，大肆渲染西南地區的諸多不便利，認為應該暫時擱置巴蜀開發問題，專注於對付匈奴勢力。

司馬相如認為，邛、笮、冉、駹臨近蜀郡，道路也比較容易打通，倘若設立郡縣，會更有利於漢朝。於是，漢武帝聽從了司馬相如的建議，於

---

[357]　〔漢〕司馬遷：《史記》卷一一七〈司馬相如列傳〉，中華書局，1959 年，第 3044 — 3046 頁。

第三章　西南絲路的開通

西元前 129 年令司馬相如以中郎將的身分持節再次出使巴蜀。

司馬相如再次入蜀，成效斐然。除了拆除部落之間的關塞路障外，西漢政府還設立官方機構，如在蜀郡西邊，以沫水（今青衣江）、若水（今雅礱江）為界，設立官方機構，以一個都尉領十餘縣，隸屬蜀郡管轄；同時還修築靈關道，於孫水之上建築橋梁，以方便溝通邊地與內地的聯繫。自此，邛、筰、冉、駹、斯榆等西南部族皆歸附漢王朝，西至沫水、若水，南到牂柯江的大部分地區都併入了漢王朝的版圖，延伸了中原朝廷對西南邊地的控制與管轄治理，強化了這些地區與內地的聯繫。

司馬相如兩次出使巴蜀，使得漢王朝在這些地方的經略迅速展開，先後建立了西南七郡，進一步強化了漢朝與西南的經濟、文化聯繫，促進了西南地區的開發與發展，更重要的是強化了西南諸族對漢王朝的文化、政治認同感，有助於漢朝大一統政治的實現，對開通南方絲綢之路有著深遠的意義。

## 三、秦漢時期移民至西南地區

巴蜀原本為巴人、蜀人生活區域的合稱，早在殷商時代，巴人、蜀人就在四川盆地生活繁衍，至少在春秋戰國時期，巴、蜀文化已經融為一體，稱為巴蜀文化。根據考古發現，在春秋中晚期，這裡形成了一種獨具地方特色的青銅文化，如裝飾在青銅器具上的巴蜀圖語，象徵具有區域性色彩的巴蜀文化圈的形成。西元前 316 年，秦惠文王派兵攻滅蜀、巴地區，將巴蜀之地併入秦國的版圖。根據《華陽國志》卷三〈蜀志〉記載，秦滅巴蜀後，以巴蜀「戎伯尚強，乃移秦民萬家實之」[358]。為了鞏固邊地，秦王朝向西南移民。按照秦朝律法的規定，有罪之人要遷移到蜀漢地區，

---

[358] 〔東晉〕常璩撰，任乃強校注：《華陽國志校補圖注》卷三〈蜀志〉，上海古籍出版社，1987 年，第 128 頁。

以示懲罰。前238年，長信侯嫪毐叛亂，秦始皇平息叛亂後，將參與叛亂的四千家家臣遷往蜀郡；前235年，秦始皇以呂不韋門客「竊葬」呂不韋為由，將呂氏家族及其門客遷往蜀郡。一連串移民措施客觀上打破了原本封閉的巴蜀文化，促進了經濟文化交流和民族交融。

秦滅六國後，為了削弱六國舊貴族的勢力，將大量貴族遷出故地，一部分楚人被遷往巴蜀。《華陽國志》載：「（蜀）郡西南二百里。本有邛民，秦始皇徙上郡民實之。」[359] 這也被考古學所印證。這次移民的目的在於充實秦政府在蜀地的軍事力量，並維護以臨邛為中心的成都平原城市手工業經濟以及商業貿易的重要地位。秦始皇征伐西南，在西南地區設立郡縣，但是由於交通不便，加之西南部族眾多，導致政令難以通暢，特別是一些部落首領驕橫放縱，不受官府法令約束的事情時有發生。因此，只有強化臨邛的地位，才能維護朝廷在西南地區的統治。臨邛自古以來就以商品經濟繁榮而著稱，秦滅蜀後即在臨邛築城。史書記載，當時臨邛城「周迴六里，高五丈」[360]，約有民戶兩千多戶，人口一萬多人，如此規模足以彰顯其經濟地位。

秦國除了採取移民蜀地以充實邊地的措施外，還把王公貴族封於蜀地，如秦惠文王弟弟樗里子因戰功被封於蜀地的嚴道，秦對蜀地管理的重視程度可見一斑。秦統一六國後，政府將大批豪強巨賈遷往巴蜀，從政治與經濟兩個方面削弱這些大族，以斷絕其原來的生存根基，鞏固秦朝的統治。《史記》卷一二九〈貨殖列傳〉載：「卓氏之先，趙人也，用鐵冶富。秦破趙，遷卓氏。卓氏見虜略，獨夫妻推輦，行詣遷處。諸遷虜少有餘財，爭與吏，求近處，處葭萌。唯卓氏曰：『此地狹薄。吾聞汶山之下，

---

[359]〔東晉〕常璩撰，任乃強校注：《華陽國志校補圖注》卷三〈蜀志〉，上海古籍出版社，1987年，第157頁。

[360]〔東晉〕常璩撰，任乃強校注：《華陽國志校補圖注》卷三〈蜀志〉，上海古籍出版社，1987年，第128頁。

## 第三章　西南絲路的開通

沃野，下有蹲鴟，至死不飢。民工於市，易賈。』乃求遠遷。致之臨邛，大喜，即鐵山鼓鑄，運籌策，傾滇蜀之民，富至僮千人。田池射獵之樂，擬於人君。」這些在六國名噪一時的商業巨賈被遷往蜀地後，依然發揮著他們傑出的經商才能。卓氏要求遠遷，至巴蜀臨邛，因為卓氏早已知曉臨邛是一個商業非常發達的地區，對其家族而言更容易施展自己的才能。事實證明，卓氏依靠著原來的冶鐵技術，在臨邛如魚得水，再次步入上流社會，同時也推動了西南地區冶鐵業的發展。（圖 3-3）

圖 3-3：甘肅環縣博物館藏漢代三角形鐵犁鏵

秦末農民起義，劉邦被項羽封為漢王，巴蜀成為劉邦與項羽爭奪天下的大本營。跟隨劉邦入蜀的將士，將漢文化也帶入了蜀地，逐漸融合了蜀文化，形成了一種新的漢文化，開啟了漢代向西南地區移民的先河。事實上，西漢政府是有計畫地往邊地移民。晁錯上書漢文帝：「臣聞古之徙遠方以實廣虛也，相其陰陽之和，嘗其水泉之味，審其土地之宜，觀其草木之饒，然後營邑立城，制里割宅，通田作之道，正阡陌之界，先為築室，家有一堂二內，門戶之閉，置器物焉，民至有所居，作有所用，此民所以輕去故鄉而勸之新（邑）也。為置醫巫，以救疾病，以修祭祀，男女有昏，生死相恤，墳墓相從，種樹畜長，室屋完安，此所以使民樂其處而有

## 第一節　秦漢時期對西南絲綢之路的開拓與經略

長居之心也。」[361]

漢武帝開發西南，事實上也是在變相地往邊地移民，以充實地廣人稀的西南之地。漢武帝令唐蒙進兵西南夜郎國，「會唐蒙使略通夜郎西僰中，發巴蜀吏卒千人，郡又多為發轉漕萬餘人」。打通與夜郎國的聯繫後，唐蒙徵發巴蜀、廣漢民眾數萬人修築道路，由於條件惡劣，多有病亡。根據文獻記載，漢代征伐西南所使用的軍卒多來自刑徒戴罪之人。西南的且蘭君叛漢，「殺使者及犍為太守，漢乃發巴蜀罪人當擊南粵者八校尉擊之」[362]。這些軍卒中有一部分無疑來自漢地。元封二年（西元前109年），漢武帝徵調巴蜀軍隊滅滇國附近的勞深、靡莫部。同年，「嶲反，遣將軍郭昌討平之。因開為郡，治滇池上，號曰益州……漢乃募、徙死罪及奸豪實之」[363]。一部分刑徒與被治罪的豪門被遷往益州城，鞏固漢王朝在益州的統治。

由於漢武帝派往西南尋求身毒國道路的使者被劫殺，「於是漢發三輔罪人，因巴蜀士數萬人，遣兩將軍郭昌、衛廣等往擊昆明之遮漢使者」。漢景帝二年（西元前155年），分內史為左、右內史，與主爵中尉同治長安城中，所轄皆京畿之地，故合稱「三輔」。因此，三輔罪人就這樣被發配到西南地區。西漢末年，王莽篡位，發動了對西南少數民族地區的戰爭，「遣平蠻將軍馮茂發巴、蜀、犍為吏士，賦斂取足於民，以擊益州。出入三年，疾疫死者什七，巴、蜀騷動。莽征茂還，誅之。更遣寧始將軍廉丹與庸部牧史熊大發天水、隴西騎士，廣漢、巴、蜀、犍為吏民十萬人，轉輸者合二十萬人，擊之」[364]。

西漢政府設立永昌郡後，大量的漢人遷居西南，其中最有代表性的

---

[361]　〔漢〕班固：《漢書》卷四九〈晁錯傳〉，中華書局，1962年，第2288頁。
[362]　〔漢〕班固：《漢書》卷九五〈西南夷傳〉，中華書局，1962年，第3841頁。
[363]　〔東晉〕常璩撰，任乃強校注：《華陽國志校補圖注》卷四〈南中志〉，上海古籍出版社，1987年，第267頁。
[364]　〔漢〕班固：《漢書》卷九五〈西南夷傳〉，中華書局，1962年，第3846頁。

## 第三章　西南絲路的開通

就是秦朝丞相呂不韋的後裔呂氏家族遷居永昌,並設不韋縣。除了漢人南遷之外,西南部族內附也構成了兩漢時期內地與西南民族交融的另一主題。東漢建武二十七年(西元 51 年),「(哀牢夷王)賢栗等遂率種人戶二千七百七十,口萬七千六百五十九,詣越嶲太守鄭鴻降,求內屬。光武封賢栗等為君長。自是歲來朝貢」。「永平十二年(69 年),哀牢王柳貌遣子率種人內屬,其稱邑王者七十七人,戶五萬一千八百九十,口五十五萬三千七百一十一。西南去洛陽七千里,顯宗以其地置哀牢、博南二縣,割益州郡西部都尉所領六縣,合為永昌郡。始通博南山,度蘭倉水。」[365] 移民無疑有助於民族交融以及西南地區乃至東南亞與中原地區的經濟、文化交流。《隋書·梁睿傳》載:「漢代牂牁之郡,其地沃壤,多是漢人。」這種現象的出現無疑是由於漢朝政府為了更嚴格控制西南,把大量的漢族官吏及其軍隊派駐這一地區。根據劉弘先生的研究,蜀郡屬國、犍為屬國、越嶲郡、益州郡境內發現的漢代遺跡較多,而永昌、牂牁二郡境內發現的漢代遺跡較少,漢代遺跡較多的是漢民移居的主要地區。[366] 漢墓的分布,基本上可以反映當時人們的生活軌跡,成為我們研究漢代向西南地區移民的重要指標之一。

　　秦漢時期的移民,將漢地制度、語言、風俗、價值觀念等帶入巴蜀地區,經過長時期的交融,對巴蜀文化產生了重要影響。巴蜀文化經過分化、重組,迅速「秦化」,如語言方面,由「蜀左言」變為「民始能秦言」,而到了西漢時期,蜀語基本上被漢語同化,「言語頗與華同」。

---

[365]　〔南朝宋〕范曄:《後漢書》卷八六〈西南夷傳〉,中華書局,1965 年,第 2849 頁。
[366]　劉弘:〈西南絲綢之路上的漢代移民〉,《東南文化》1991 年第 6 期。

## 第二節　秦漢時期對西南絲綢之路交通路線的開拓

### 一、「蜀身毒道」的雛形

西南絲綢之路早在秦入巴蜀之時已經存在。三星堆遺址中的殷商時期古蜀國大型祭祀坑出土了來自南亞地區的象牙、海貝（圖 3-4）等物品，說明西南地區與南亞的聯繫早已有之。西元前 316 年，秦惠文王派大夫張儀、司馬錯、都尉墨率領大軍「從石牛道伐蜀」[367]。眾所皆知，這裡的「石牛道」修建於西元前 321 年。當時秦國為了征伐蜀國，藉口贈送蜀王能夠「便金的石牛」，於是蜀王派人修建連接蜀地與秦地的道路迎接「石牛」，因此這條道路被稱為「石牛道」（秦國滅蜀國後，稱這條道路為金牛道）。《華陽國志·蜀志》載，司馬錯滅蜀後，任命張若為蜀國太守，秦昭襄王三十年（前 277 年），「張若因取笮及（其）楚江南地（也）焉」[368]，那麼當時川滇之間應存在一條道路。先秦時期存在的川滇通道是否與石牛道有關聯，尚需進一步考察。

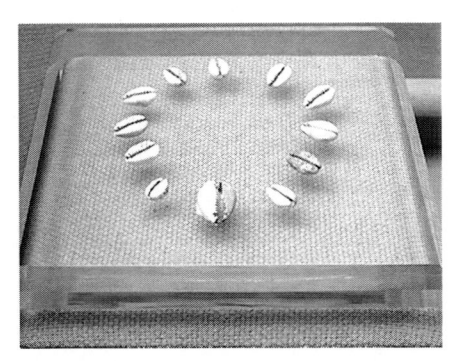

圖 3-4：吐魯番出土距今約 3000 至 2000 年的海貝

---

[367] 〔東晉〕常璩撰，任乃強校注：《華陽國志校補圖注》卷三〈蜀志〉，上海古籍出版社，1987 年，第 126 頁。

[368] 〔東晉〕常璩撰，任乃強校注：《華陽國志校補圖注》卷三〈蜀志〉，上海古籍出版社，1987 年，第 129 頁。

## 第三章　西南絲路的開通

　　西元前四世紀孔雀王朝時期大臣考底利耶（Chanakya）所著《政事論》（अर्थशास्त्रम्）提到了憍奢耶（Kāuśeya）和產於中國的成捆的絲。按照季羨林先生考證，最遲在西元前四世紀中國絲綢便輸入了印度。[369]這些絲綢無疑是透過南方絲綢之路進入南亞，而這些絲綢則產自巴蜀。四川博物館所藏在成都交通巷出土的銅戈有一個是殷周風格，在戈柄正中裝飾著「蠶」形圖案；成都百花潭中學的戰國墓葬出土的一件銅壺之上刻有一幅蠶桑圖。這些出土的文物均表明，在西漢以前蜀地的絲織業就已經存在。另外，西元前327年，馬其頓的亞歷山大大帝率軍侵入印度，當時隨他一起出征的海軍司令奈阿爾霍斯（Nearchus）在日記中提到了印度人的服裝：印度人穿的衣服是用樹上生產的棉花製成的。然而這種棉花，要不是顏色比其他任何地方能看到的更雪白明亮，那就是印度人黝黑的膚色似乎使它們看上去更潔白。他們穿一件棉製的內衣，下垂過膝而未及腳踝，一件外套，他們把部分甩在肩上，部分盤繞成團，圍在頭上。[370]根據《華陽國志》記載，西南哀牢人「有梧桐木，其華柔如絲，民績以為布，幅廣五尺以還，潔白不受汙，俗名曰『桐華布』。以覆亡人，然後服之，及賣與人」[371]。因此，「印度人在西元前四世紀穿的是用樹上的棉花織成的潔白服裝，很可能就是永昌郡所產的桐華布，在《華陽國志》中也可以找到印度商人常住永昌郡進行貿易的記載」[372]。故而，至少在西元前四世紀，西南絲綢之路已經開通，三星堆遺址出土的大量海貝也可以證明此論斷。

　　「在西元前三世紀至前二世紀期間，一些原產中國的貨物在印度使用，它們的名稱顯然是從中文來的：例如『中國布』叫『China Patta』，『竹』

---

[369]　季羨林：〈中國蠶絲輸入印度問題的初步研究〉，《歷史研究》1955年第4期。
[370]　〔印〕R‧塔帕爾著，林太譯，張蔭桐校：《印度古代文明》，浙江人民出版社，1990年，第53頁。
[371]　〔東晉〕常璩撰，任乃強校注：《華陽國志校補圖注》卷四〈南中志〉，上海古籍出版社，1987年，第286頁。
[372]　申旭：〈漢唐時期川滇緬印之間的交往〉，《雲南社會科學》1996年第1期。

## 第二節　秦漢時期對西南絲綢之路交通路線的開拓

稱為『Kichaka』，這是與漢語『ki-chok』連繫在一起的。」[373] 英國漢學家李約瑟指出：「張騫事實上已清楚地知道，在四川和印度之間，通過雲南和緬甸或阿薩密有一條商路。」而這條道路就是文獻所記載的「蜀身毒道」。[374] 根據史料記載，秦朝時期已經開通「五尺道」並在這些地區設立機構，派遣官吏。這也印證了西漢時期司馬相如入蜀安撫巴蜀民眾時，一些蜀地父老所言「邛、筰、西僰之與中國並也，歷年茲多，不可記已」[375]，即在西漢之前巴蜀與中原已多有交流。史載：「南越食蒙蜀枸醬，蒙問所從來，曰：『道西北牂牁江廣數里，出番禺城下。』蒙歸至長安，問蜀賈人，賈人曰：『獨蜀出枸醬，多持竊出市夜郎。』」[376] 由此觀之，當時在西南邊地到身毒已經形成了一定規模的貿易網路和交通路線。基於此，童恩正先生也推測：「從戰國至西漢，雲南以至中南半島各族使用的某些精緻的手工業品，似乎都是仰給於巴蜀。」[377]

## 二、五尺道

五尺道，是秦漢時期川南進入滇地的一條道路。據《史記》正義中引〈括地志〉，五尺道位於郎州，也就是今天的雲南曲靖境內。《史記》中記載，五尺道開通於秦始皇時期，而《太平御覽》卷一六六引用梁載言《十道志》言，「秦惠（文）王破滇池，始通五尺道」，將五尺道開通的時間由秦始皇時期向前推至秦惠文王時期，即西元前 337 年至西元前 310 年。五尺道究竟開通於秦始皇時期還是秦惠文王時期呢？《華陽國志·蜀志》中有這樣一段史料：

---

[373]　〔印〕R·塔帕爾著，林太譯，張蔭桐校：《印度古代文明》，浙江人民出版社，1990 年，第 118 頁。
[374]　〔英〕李約瑟：《中國科學技術史》，科學出版社，1975 年，第 376 頁。
[375]　〔漢〕司馬遷：《史記》卷一一七〈司馬相如傳〉，中華書局，1959 年，第 3049 頁。
[376]　〔漢〕司馬遷：《史記》卷一一六〈西南夷傳〉，中華書局，1959 年，第 2994 頁。
[377]　童恩正：〈試談古代四川與東南亞文明的關係〉，《文物》1983 年第 9 期。

## 第三章　西南絲路的開通

　　周顯王之世，蜀王有褒、漢之地。因獵谷中，與秦惠（文）王遇。惠王以金一笥遺蜀王。王報珍玩之物，物化為土。惠王怒。群臣賀曰：「天承我矣！王將得蜀土地。」惠王喜。乃作石牛五頭，朝瀉金其後，曰「牛便金」。有養卒百人。蜀人悅之，使使請石牛，惠王許之。乃遣五丁迎石牛。既不便金，怒遣還之。乃嘲秦人曰：「東方牧犢兒。」秦人笑之，曰：「吾雖牧犢，當得蜀也。」[378]

　　西漢揚雄《蜀王本紀》中對石牛道產生的記載具有濃厚的神話色彩：「秦惠王欲伐蜀，乃刻五石牛，置金其後。蜀人見之，以為牛能大便金。牛下有養卒，以為此天牛也，能便金。蜀王以為然，即發卒千人，使五丁力士，拖牛成道，致三枚於成都。秦道得通，石牛之力也。後遣丞相張儀等隨石牛道伐蜀。」[379]透過文獻所載可知，石牛道應開通於秦惠文王時期，這與前文提到的開通五尺道的時間大致相同，顯然二者是有某種關聯的。周宏偉教授認為五尺道就是石牛道。[380]根據這些記載，學術界長期以來認為五尺道開通於戰國末期秦時。而段渝教授認為五尺道在秦之前已經存在。商朝末年，杜宇已經經由官道從雲南的昭通前往蜀地，而常頞所通五尺道，無非是對已存在的道路再進一步整修而已。[381]葛劍雄教授也贊同五尺道開鑿並非始於秦的觀點，認為秦法是「數以六為紀」，而違背秦法中規定的「六」而公然去修「五尺」道路顯然是法律不能容忍的，因此，不可能在秦時開鑿五尺道。[382]（圖3-5）

---

[378]　〔東晉〕常璩撰，任乃強校注：《華陽國志校補圖注》卷三〈蜀志〉，上海古籍出版社，1987年，第123頁。

[379]　〔唐〕歐陽詢撰，汪紹楹校：《藝文類聚》卷九四〈獸部中〉引《蜀王本紀》，上海古籍出版社，1965年，第1626頁。

[380]　周宏偉：〈五尺道即石牛道考〉，《中國歷史地理論叢》2007年第4期。

[381]　段渝：〈五尺道的開通及其相關問題〉，《四川師範大學學報（社會科學版）》2013年第4期。

[382]　葛劍雄：〈關於古代西南交通的幾個問題〉，《中國西南的古代交通與文化》，四川大學出版社，1994年，第1－13頁。

第二節　秦漢時期對西南絲綢之路交通路線的開拓

圖 3-5：古絲綢之路交通要道 —— 崤函古道遺址

　　但在古蜀文化中，尚五的觀念早已有之，數字「五」在生活中無處不在，廣漢三星堆出土的青銅立人頭冠圖案、新都戰國蜀王墓中出土的青銅器陣列、郫縣三道堰古城遺址的建築卵石臺基等，無不反映了蜀文化所特有的尚五傳統。同時，這一觀念也影響著蜀人的物質生活和精神生活。秦國蜀守李冰主政蜀郡期間，為了迎合當地土著宗教文化觀念，治理水患時利用蜀人尚五的傳統，以五石牛壓水精，成功地修建了舉世聞名的水利設施都江堰。東漢末期，張道陵創立道教，並利用蜀文化中尚五的思想觀念來發展壯大道教，傳布五斗米道，得到民眾的響應。巴郡人張修以治療病疾為形式，傳播五斗米道，並號「五斗米師」。他們的成功，無一不是緊緊抓住了巴蜀文化核心之一的尚五傳統觀念。雖然秦漢時期對巴蜀文化進行了一定程度的改造，[383]但深深根植於民眾心中的尚五觀念遺風尚存，特別是在邊遠的地區，更是影響深遠。

---

[383]　段渝：〈論秦漢王朝對巴蜀的改造〉，《中國史研究》1999 年第 1 期。

## 第三章　西南絲路的開通

　　五尺道與尚六的秦朝文化背道而馳，但為何五尺道即使在法律制度十分嚴苛的秦朝時期依然是五尺呢？秦昭王時期，對巴地採取了與秦地嚴刑酷法截然不同的統治策略，無論是經濟上還是法律上，都採取了寬容的做法，以安撫巴地民眾，鞏固了秦在巴地的統治基礎。由此推測，秦時常頒略通五尺道的記載，滇、夜郎通巴蜀、秦、楚的道路自古即有。川、滇、黔邊區，山高谷深，地勢艱險，修築五尺道的成本遠遠低於六尺道的成本，加之巴蜀文化中尚五的傳統，修築五尺道自在情理之中。

　　《史記》卷一一六〈西南夷列傳〉記載了莊蹻伐蜀之事，「楚威王時，使將軍莊蹻將兵循江上，略巴、(蜀)黔中以西。莊蹻者，故楚莊王苗裔也。蹻至滇池，(地)方三百里，旁平地，肥饒數千里。以兵威定屬楚。欲歸報，會秦擊奪楚巴、黔中郡，道塞不通，因還，以其眾王滇，變服，從其俗，以長之。」《華陽國志・蜀志》載：蜀開明立，「號曰叢帝。叢帝生盧帝。盧帝攻秦，至雍。生保子帝。保子帝攻青衣，雄張獠、僰」[384]。說明蜀勢力已達滇地，蜀望帝還曾娶朱提梁氏的女子為妻，而朱提就在今天雲南昭通。滇地出土的青銅無格劍與巴蜀的扁莖無格柳葉形劍、滇國的戈與夜郎國的戈都有著一定關聯。

　　另外，廣漢三星堆文化遺址中所出的海貝可能來自交趾，[385] 說明蜀地與東南亞的交趾早已有交流。秦人沿著五尺道進入西南地區，並在五尺道所經區域設立機構派遣官吏。秦滅亡後，西南地區立即脫離秦的統治，「蜀故徼」也馬上被恢復了。蜀商透過走私的管道越過關隘到西南夷地區貿易。因此，五尺道應開鑿於秦始皇之前，是西南地區古蜀時期的主要交通道路。

---

[384]　〔東晉〕常璩撰，任乃強校注：《華陽國志校補圖注》卷三〈蜀志〉，上海古籍出版社，1987年，第122頁。

[385]　四川省文物考古研究所等：〈廣漢三星堆遺址二號祭祀坑發掘簡報〉，三星堆研究院等編：《三星堆研究》第1輯，天地出版社，2006年，第198頁。

## 三、「西南夷」道

秦朝時期，巴蜀地區曾設巴郡、蜀郡與漢中郡。李冰任蜀郡守時，曾疏濬蜀郡境內的河道，採取積薪燒巖的方法開鑿岷江水道崖壁，這為後世開通成都往僰道的交通路線奠定了基礎。西漢武帝時期，唐蒙出使南越返回後，向漢武帝建議以夜郎兵制越，談到從巴蜀經夜郎國沿牂柯河修建一條交通路線，可以以巴蜀之富通夜郎道。漢武帝採納了唐蒙的建議，拉開了大規模開發西南的序幕。

西元前 135 年，漢王朝在夜郎設立犍為郡，正式將夜郎國併入漢王朝的版圖，推動了巴蜀商賈透過夜郎將商品帶到滇越、東南亞、南亞地區。西元前 130 年夏，唐蒙徵發巴蜀吏卒修築「南夷」道，打通了自僰道至牂柯江的道路，此道被稱為「南夷」道，而這條道路可以說是在秦五尺道的基礎上擴建的。「南夷」道開通後，漢政府立即在此地置郵亭（圖 3-6），以方便中央與地方公文的傳遞。

「南夷」道的線路以僰道為起點，取道南廣城經上羅、羅渡、洛表到今威信，再南下鎮雄。途經南秦縣分為東西兩條路線：東線從南秦縣的東南出發到平夷（畢節），至且蘭（福泉）牂柯郡的中心地區，經由母斂山（獨山）沿剛水（都柳江）或周水（打狗河）到潭水，再從潭水經郁林郡（桂平）到達番禺（廣州）；西線從南秦縣直接南下到漢陽縣（今赫章），從漢陽縣西南入朱提到達益州郡，從益州正南到達牂柯江與夜郎國，再沿著牂柯江直下到達番禺。[386] 今貴州赫章、威寧地區發現的戰國秦漢夜郎時期的墓葬中出土的部分鐵器，時間上屬於戰國晚期至西漢前期，這些器物與中原墓葬中出土的同類鐵器形制基本相同。漢武帝開發西南，遷入大批移民，

---

[386]　藍勇：《南方絲綢之路》，重慶大學出版社，1992 年，第 22－25 頁。

### 第三章　西南絲路的開通

中原文化沿著絲綢之路傳入夜郎地區，打破了夜郎長期封閉的狀態，促使當地社會的經濟、政治、文化發生了巨大變化。

圖 3-6：懸泉置出土敦煌太守送鄯善國使者入長安簡

唐蒙開通「南夷」道後，著手開發「西夷」道，繼續徵發巴郡、蜀郡和廣漢郡的士卒數萬人鑿山築路。由於西夷道所處地理環境更為複雜惡劣，因此工程量巨大。歷時兩年道路仍然沒有修成，耗費了大量的人力、物力，遭到了當地民眾和大臣公孫弘的強烈反對，一時民怨沸騰。漢武帝派司馬相如入蜀解決此事。司馬相如入蜀後，對當地民眾動之以情、曉之以理，並從地理交通和歷史沿革兩方面說明開通「西夷」道對地方和國家的重要性，使巴蜀民眾明白通西南的重大意義，最終得到民眾的支持。「西夷」道開通後，又在此基礎上打通靈關道，在孫水（安寧河）之上修築橋

梁，以達邛都。《華陽國志·蜀志》載，臨邛「有古石山，有石礦，大如蒜子。火燒合之，成流支鐵，甚剛。因置鐵官」[387]，說明臨邛有豐富的鐵礦資源。《史記·貨殖列傳》中也記載，秦國破趙後，趙國巨賈卓氏被遷至臨邛，依靠先進的冶鐵技術和當地鐵礦資源迅速致富。

在貴州西漢後期的墓葬出土文物中，主要為漢文化器物，如鐵器類不再有蜀地風格，而完全是中原風格。這就說明，「西南夷」道路開通後，漢王朝在這些地區設立郡縣，改變了其生產關係。鐵器在提高生產力當中至關重要，這些地區逐漸由青銅時代進入了鐵器時代。

## 四、永昌道

永昌郡是漢晉時期西南絲綢之路上一個最為重要的對外商貿口岸。西元前109年，漢朝設立益州郡；東漢永平十年（67年），設立益州西部都尉。永平十二年（69年），哀牢王率族人內附，「其稱邑王者七十七人，戶五萬一千八百九十，口五十五萬三千七百一十一。西南去洛陽七千里，顯宗以其地置哀牢、博南二縣，割益州郡西部都尉所領六縣，合為永昌郡」[388]。永昌地區物產豐富，包括銅、鐵、鉛、錫、金、銀、光珠、琥珀、水精（晶）、琉璃、軻蟲、蚌珠、孔雀、翡翠、犀、象、猩猩、貊獸等。《華陽國志》中也記載了益州的西部地區盛產金銀寶貨：「土地沃腴，宜五穀。出銅、錫、黃金、光珠、虎魄、翡翠、孔雀、犀、象、蠶、桑、錦、絹、採帛、文繡……又有闟、旄、帛、疊、水精、琉璃、軻蟲、蚌珠。」[389] 但是，這些物品並非全部產自永昌本地，諸如琥珀、蚌珠、翡翠

---

[387] 〔東晉〕常璩撰，任乃強校注：《華陽國志校補圖注》卷三〈蜀志〉，上海古籍出版社，1987年，第157頁。
[388] 〔漢〕班固：《後漢書》卷八六《西南夷傳》，中華書局，1965年，第2849頁。
[389] 〔東晉〕常璩撰，任乃強校注：《華陽國志校補圖注》卷四〈南中志〉，上海古籍出版社，1987年，第285、286頁。

之類產自東南亞，而琉璃則產自中亞或南亞印度。「盤越國一名漢越王，在天竺東南數千里，與益部相近，其人小與中國人等，蜀人賈似至焉……大秦道既從海北陸通，又循海而南，與交趾七郡外夷比，又有水道通益州、永昌，故永昌出異物。」[390]

地處益州郡的永昌有如此豐富的物產與其頻繁的對外貿易往來密不可分。1978 年，重慶南岸區馬鞍山西漢墓中出土兩顆蝕花琉璃珠。[391]1991 年，四川寶興漢塔山遺址戰國墓地中出土了 3 枚有圓穿的琉璃珠，珠徑 1 公分。[392] 印度河流域是珠子加工業的起源地，早在西元前 5000 年，那裡就出現了瑪瑙珠加工行業。弗朗西斯將珠子的製作加工期分為三個時期，[393] 而四川與西南地區出土的琉璃珠多集中於戰國至漢時期，屬於第三個時期，這也證明了早在先秦時期已經開通古蜀地與中亞、南亞之間的貿易交通線，珠子沿著這條貿易道路進入巴蜀之地。

東漢時期，永昌設郡後，對外交流日益頻繁。永元六年（94 年），「徼外敦忍乙王莫延慕義，遣使譯獻犀牛、大象。九年，徼外蠻及撣國王雍由調遣重譯奉國珍寶，和帝賜金印紫綬，小君長皆加印綬、錢帛」[394]。商業的繁榮，推動永昌成為一個多民族聚集的商業城市，永昌郡「屬縣八。戶六萬。去洛六千九百里。寧州之極西南也。有閩濮、鳩獠、僄越、躶濮、身毒之民」[395]。「僄」人應是東南亞緬甸的驃國之人，「身毒之民」則是來自南亞印度，他們應該是當時因經商而居住在永昌的商人。在三星堆遺

---

[390] 〔西晉〕陳壽：《三國志・魏書》卷三〇〈烏丸鮮卑東夷傳〉引《魏略・西戎傳》，中華書局，1964 年，第 860 — 861 頁。
[391] 龔廷萬、莊燕和：〈重慶市南岸區的兩座漢土坑墓〉，《文物》1982 年第 7 期。
[392] 四川省文管會、雅安地區文管所、寶興縣文管所：〈四川寶興漢塔山戰國土坑積石墓發掘報告〉，《考古學報》1999 年第 3 期。
[393] 〔意〕杜齊著，向紅笳譯：《喜馬拉雅的人與神》，中國藏學出版社，2005 年，第 178 頁。
[394] 〔南朝宋〕范曄：《後漢書》卷八六〈西南夷傳〉，中華書局，1965 年，第 2851 頁。
[395] 〔東晉〕常璩撰，任乃強校注：《華陽國志校補圖注》卷四〈南中志〉，上海古籍出版社，1987 年，第 285 頁。

址中曾出土有大量象牙，而除了雲南西南部產象外，其他地區並不產象，境外的緬甸、印度則一直都盛產大象。《史記・大宛列傳》中記載張騫西行的見聞時講到，有個名為滇越的國家，大象是日常生活中的交通工具。滇越即今天印度東北部的阿薩姆邦，也就是古代印度的迦摩縷波國。[396] 因此，三星堆遺址所出的大量象牙應來自東南亞或南亞地區。

海貝作為貨幣曾一度流行於巴蜀西南之地，很多遺址中都發現了海貝。廣漢三星堆遺址二號祭祀坑中發現有約四千多枚海貝，[397] 四川寶興縣五龍公社瓦西溝口漢代石棺墓中發現海貝 40 多枚，[398] 雲南晉寧戰國末至西漢時期的古墓群中出土海貝多達近十五萬枚，[399] 與產於印度洋地區的海貝其形制與樣式基本一致。因此，我們有理由相信這些海貝是透過西南與印度貿易的重要交通線——「蜀身毒道」傳入巴蜀、滇地。

## 第三節　西南絲綢之路上的商品與貿易

早在秦代，西南地區已經開始對外貿易，成書於西元前六世紀末期的印度史書《國事論》記載了「Cina」[400] 產絲織品和毛紡織品。這些物品應當就是蜀地所產之物。漢初，儘管政府嚴禁西南邊地對外貿易，但走私依然存在。西漢開發西南巴蜀後，在政府的推動下，以巴蜀為中心的西南絲綢之路上的商品貿易交流日益頻繁。

東漢明帝永平十二年（西元 69 年），漢政府設立永昌郡，使得雲南西

---

[396]　汶江：〈滇越考〉，《中華文史論叢》1980 年第 2 輯。
[397]　四川省文物管理委員會等：〈廣漢三星堆遺址二號祭祀坑發掘簡報〉，《文物》1989 年第 5 期。
[398]　楊文成：〈四川寶興縣漢代石棺墓〉，《考古》1982 年第 4 期。
[399]　雲南省博物館：〈雲南晉寧石寨山第三次發掘簡報〉，《考古》1959 年第 9 期；雲南省博物館：〈雲南晉寧石寨山古墓第四次發掘簡報〉，《考古》1963 年第 9 期。
[400]　饒宗頤先生認為此乃秦的對音，因蜀於西元前 316 年被秦所滅，故此當為蜀地所產物品。詳參饒宗頤：《梵學集》，上海古籍出版社，1993 年，第 233 頁。

第三章　西南絲路的開通

部開始被開發，更多商品包括紡織品經由絲綢之路到達中亞、南亞、東南亞，甚至更遠的地區，周邊部族和小國紛紛納貢稱臣。

圖 3-7：漢代邊地集市貿易模擬場景

　　永昌成為漢朝西南地區通往外部的重要通道與貿易之地，諸多南方民族甚至東南亞、南亞的商人前往經商，有「閩濮、鳩獠、僄越、躶濮、身毒之民」，這些無不說明了蜀地與周邊地區貿易的繁榮。司馬遷在《史記·西南夷列傳》中也指出，巴蜀之富得益於與周邊的貿易往來。（圖 3-7）

## 一、商品貿易

　　早在商周時期，中國的絲織業就已經達到了相當高的水準，並已經採用較先進的紡織工具織成絲綢，[401] 作為絲綢業發達地區的四川之地的

---

[401]　夏鼐：〈我國古代蠶桑絲綢的歷史〉，《考古》1972 年第 2 期。

## 第三節　西南絲綢之路上的商品與貿易

絲織手工業水準自然居於先進地位。有學者指出，在三星堆二號祭祀坑內出土的青銅立人所穿長襟服飾中的花紋所顯示出的是蜀錦和蜀繡的特徵。[402] 張騫出使西域，在大夏國曾見到「蜀布」。季羨林先生認為：「古代西南，特別是成都，絲業的茂盛，這一帶與緬甸接壤，一向有交通，中國輸入緬甸，透過緬甸又輸入印度的絲的來源地不是別的地方，就正是這一帶。」[403] 早期西南絲綢之路對外貿易尤其是向東南亞、南亞貿易輸出的主要商品，即為蜀地絲織品。

蜀布曾是古代銷售至印度、緬甸等南亞、東南亞地區數量最大的商品，早期的蜀錦之路也可以稱為蜀布之路。按照任乃強先生的觀點，「其路，即今雲南大理（下關）渡瀾滄、潞江，經騰衝、梁河、盈江，入上緬甸、密支那，又逾重箐，至東印度阿薩密，再經中印度、北印度、巴基斯坦至阿富汗的一線」[404]。

蜀布在《史記》中多有記載，《史記・大宛列傳》載，張騫出使返回長安，向漢武帝報告自己在異域的經歷時，就提到曾在大夏見過蜀布。

有關「蜀布」的記載常見於各類文獻之中，如《華陽國志・蜀志》載：「（蜀郡）安漢，上、下朱邑出好麻，黃潤細布，有羌筒盛。」[405] 用蜀地所出產的薴麻織成的細布俗稱「黃潤細布」、最早可以追溯到商周時期，這種布應該就是張騫出使西域在中亞大夏見到的「蜀布」。而《華陽國志・巴志》載：「武王既克殷，以其宗姬（封）於巴，爵之以子……土植五穀，牲具六畜。桑、蠶麻、薴、魚、鹽、銅、鐵，丹、漆、茶、蜜，靈龜、巨犀、山雞、白雉，黃潤、細粉，皆納貢之。」[406] 這裡的「黃潤」就是指前

---

[402]　陳顯丹：〈論蜀繡蜀錦的起源〉，《四川文物》1992 年第 3 期。
[403]　季羨林：〈中國蠶絲輸入印度問題的初步研究〉，《歷史研究》1955 年第 4 期。
[404]　任乃強：〈中西陸上古商道——蜀布之路〉，《文史雜誌》1987 年第 1 期。
[405]　〔東晉〕常璩撰，任乃強校注：《華陽國志校補圖注》卷三〈蜀志〉，上海古籍出版社，1987 年，第 157 頁。
[406]　〔東晉〕常璩撰，任乃強校注：《華陽國志校補圖注》卷一〈巴志〉，上海古籍出版社，1987 年，

第三章　西南絲路的開通

文提到的「黃潤細布」，並作為當地的特產被列為貢品。（圖3-8）

蜀布究竟是何物？唐代顏師古在《漢書注》中引用了服虔的看法——細布。但是根據《農桑輯要》的記載，布屬於麻織品的範疇，直到元朝時期從西域將草棉引進內地，棉布才出現。因此，蜀布為細布的看法是有誤的。任乃強先生根據研究，認為蜀布是上古四川地區所特有的蔞麻布[407]。在〈蜀都賦〉中還提到了布匹花色，稱之為「百華投春」。[408]《後漢書·西南夷列傳》載：「土地沃美，宜五穀、蠶桑。知染採文繡，罽毲帛疊、蘭干細布，織成文章如綾錦。有梧桐木華，績以為布，幅廣五尺，潔白不受垢汙。」[409] 除了桐華布，還有細布，這表明蜀地織物品種繁多。

圖3-8：雲南省博物館藏西南絲綢之路重要貿易物品——筒鹽

除了蜀布外，古蜀對外貿易中最著名的商品莫過於蜀錦了。四川作為中國絲綢業的早期發源地之一，在戰國時代已經具有相當的規模了。在阿富汗喀布爾附近的西元前四世紀的亞歷山大城堡中發現了許多中國絲綢，[410] 而這些絲綢應該是經由南方絲綢之路，由「蜀身毒道」轉運到中亞

第4、5頁。
[407]　任乃強：〈中西陸上古商道——蜀布之路〉，《文史雜誌》1987年第1期。
[408]　〔清〕嚴可均：《全上古三代秦漢三國六朝文》第一冊《全漢文》卷五一，中華書局，1958年，第402頁。
[409]　〔南朝宋〕范曄：《後漢書》卷八六〈西南夷列傳〉，中華書局，1965年，第2849頁。
[410]　王治來：《中亞史》第一卷，中國社會科學出版社，1980年，第69頁。

第三節　西南絲綢之路上的商品與貿易

的蜀國絲綢。[411] 這表明早在西漢以前，中國的絲綢就已經傳到了中亞地區。四千多年前，蜀人已經掌握了紡織技術，廣漢三星堆遺址中出土了陶、石兩種質地的紡輪，甚至在陶器上還有繩紋、網格紋。《華陽國志·蜀志》中載「有蜀侯蠶叢，其目縱，始稱王」[412]。蠶以蜀為盛，故蜀地被稱為「蠶叢」，蜀即蠶也。巴蜀地區出土的青銅器上發現有大量的蠶紋、採桑圖等紋飾，表明在西周至春秋戰國時期，蜀人的養蠶抽絲技術已經普及。三星堆遺址中所出土的青銅人立像服飾上有起伏不平的紋飾，表明當時已經掌握了刺繡技術。西元前 316 年，秦惠文王派司馬錯征伐開明氏，在成都的夷里橋南岸設立錦官城。錦官一職的設立是為了更好地管理錦官城內的錦帛等絲織品的生產活動。1990 年，四川雅安寶興縣漢塔山戰國土坑積石墓中，出土了一串用毛線串連而成的銅管。另外，還發現了兩枚一圓一扁的銅針，其中圓針長 6.5 公分，扁針殘長 5.5 公分，表明當時為了刺繡不同的畫案需要形制不一的工具。蜀地紡織、刺繡技術的發達，使得其絲棉製品行銷海內外。湖南長沙烈士公園出土的戰國織錦，[413] 就可以看到蜀錦的影子。從出土的文物來看，蜀錦起源於商代中期，到了商末周初時，蜀錦工藝已經完全成熟，並廣為流行。（圖 3-9）

　　西漢初期，統治者實行休養生息的政策，絲織業作為統治者重視的行業，與農業生產並重，統治者推行一連串的政策發展絲織業。漢景帝後元三年（西元前 141 年）詔：「令郡國務勸農桑，益種樹，可得衣食物。」[414] 隨著漢朝實力日強，對外交往頻繁，絲織品成為對外貿易的重要物品，統治者更為重視農桑生產。元平元年（西元前 74 年），昭帝詔曰：「天下以農桑為本。日者省用，罷不急官，減外徭，耕桑者益眾，而百姓未能家給，

---

[411] 童恩正：〈略談秦漢時代成都地區的對外貿易〉，《成都文物》1984 年第 2 期。
[412] 〔東晉〕常璩撰，任乃強校注：《華陽國志校補圖注》卷三〈蜀志〉，上海古籍出版社，1987 年，第 118 頁。
[413] 高至喜：〈長沙烈士公園 3 號木槨墓清理簡報〉，《文物》1959 年第 10 期。
[414] 〔漢〕班固：《漢書》卷五〈景帝紀〉，中華書局，1962 年，第 152、153 頁。

## 第三章　西南絲路的開通

朕甚愍焉，其減口賦錢。」[415] 在官方的推動下，絲織業發展迅速，長安和臨淄成為全國著名的絲織業中心，絲織物品種包括絹、縑、紗、錦、繡等，質地優良，色彩繁多，紡織技術十分先進，如新疆民豐漢代墓葬出土的絹，經緯線路中平均每平方公分經線 43 至 46 枚、緯線 33 至 36 枚。[416] 同時，政府對絲織品的長短、厚薄、寬幅等都有嚴格規定，否則不能作為成品進行商品貿易，「布帛廣二尺二寸為幅，長四丈為匹」[417]。這都反映了當時紡織業的繁榮。

圖 3-9：新疆民豐尼雅遺址出土東漢「延年益壽」錦

中原地區所產的絲織品在大量經由西域外輸的同時，一部分也流入西南地區。漢建元六年（西元前 135 年），唐蒙從符關進入夜郎國，「（夜郎旁）小邑皆貪漢繒帛，為漢道險，終不能有也，乃且聽蒙約」。這表明西南地區的人民一定見過漢絲織品，並將其作為一種奢侈品，但由於道路所限，漢地絲織品很難到達這些地區。史載：「吏之所入，非獨齊、阿之縑，蜀、漢之布也，亦民間之所為耳。」[418] 這裡所提到的蜀布被帶到夜郎國等

---

[415]　〔漢〕班固：《漢書》卷七〈昭帝紀〉，中華書局，1962 年，第 232 頁。
[416]　武敏：〈新疆出土的漢──唐絲織品初探〉，《文物》1962 年第 7、8 期。
[417]　〔漢〕班固：《漢書》卷二四〈食貨志〉，中華書局，1962 年，第 1149 頁。
[418]　〔漢〕桓寬著，王利器校注：《鹽鐵論‧本議》，中華書局，1992 年，第 4 頁。

## 第三節　西南絲綢之路上的商品與貿易

地，並不意味著蜀地不產絲綢。四川成都百花潭中學戰國墓葬中出土的一件嵌銀錯銅壺的壺體上有一幅採桑圖，說明蜀地是中國最早養蠶的地區之一。因此，絲織業應為四川地區傳統手工業之一，「古蜀是中國絲綢的早期起源地之一，在夏商時代，古蜀絲綢已經達到相當水準」[419]。蜀地絲織品鮮有記載，是蜀地絲織業地位尚未突顯之故。

蜀地特產邛竹杖也作為暢銷商品馳名中外。《史記·大宛列傳》中張守節解釋「邛竹杖」時言：「邛都邛山出此竹，因名『邛竹』。節高實中，或寄生，可為杖。」[420]邛竹杖產自古代臨邛至邛都一帶山區，邛竹由於長成後直徑較大，因此中空可以盛納物品。由於黃潤布做工精緻，質地輕細柔軟，被裝入邛竹中遠銷異地，邛竹便成為了一種很好的運輸包裝材料。揚雄的〈蜀都賦〉中說：「筒中黃潤，一端（長度單位，二丈或言六丈）數金。」[421]黃潤布在當時屬於奢侈品。另外，邛竹杖還是一種手工藝品，勞費爾（Berthold Laufer）先生指出：「『中國人證明『邛竹』，或稱『筇』，就是所謂的方竹……主要是為了裝飾花園或寺廟的院庭而種植的，長的竹竿用作（做）枴杖，短的竹竿用來做菸斗。這種竹子的筍作（做）為菜蔬被視為比其他所有竹筍都名貴。」[422]邛竹可以製作成手杖。由於邛竹珍貴，邛竹杖也成為一種名貴的手工藝品。因此，商賈經南方絲綢之路，透過貿易方式將蜀地所產的邛竹杖帶入中亞、南亞甚至西亞地區完全有可能。蜀賈正是藉助南方絲綢之路將蜀布、邛竹杖輸入到南亞、中亞等地，並透過印度傳向南亞、東南亞各地，透過中亞阿富汗向北、向西傳到西域地區和近東及歐洲各地。

---

[419]　段渝：〈嫘祖考〉，《炎黃文化研究》1997年第4期。
[420]　〔漢〕司馬遷：《史記》卷一二三〈大宛列傳〉，中華書局，1959年，第3166頁。
[421]　〔清〕嚴可均：《全上古三代秦漢三國六朝文》第一冊《全漢文》卷五一，中華書局，1958年，第402頁。
[422]　〔美〕勞費爾著，林筠因譯：《中國伊朗編》，商務印書館，2001年，第394－395頁。

第三章　西南絲路的開通

## 二、貨幣

　　古蜀地商賈會根據不同的情況採取以物易物和貨幣交易兩種方式貿易。貝幣是目前已知中國最早使用過的物品貨幣。郭寶鈞先生認為，貝作為貨幣使用的時間大致在周穆王之後，[423] 但殷墟西區第三墓區 62 號墓中發現的兩枚銅貝證明了殷商晚期商品經濟發展到一個新階段，[424] 這就意味著雖然金屬貨幣已經出現，但是貝作為貨幣並未退出商品貿易的舞臺。中原地區的偃師二里頭文化遺址出土了海貝，意味著海貝輸入中原地區的時間在夏代晚期。隨著商代商品經濟的發展，貝因為質地堅硬、耐磨損、便於攜帶、便於保存等諸多優點，被人們選作衡量商品價值的一般等價物——貨幣，這就使得原先用牛羊、布帛等物品交易的「最早貨幣形式」被貝所代替，貝承擔了貨幣的功能。（圖 3-10）

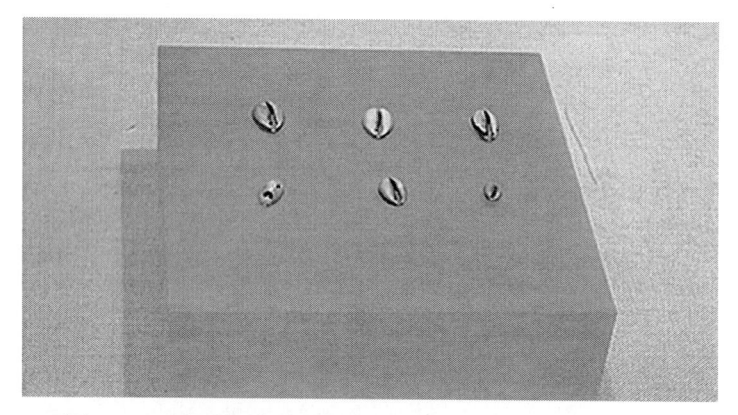

圖 3-10：新疆鄯善洋海墓葬出土距今約 2,500 年的海貝

　　秦漢時期，西南地區開始開發，特別是巴蜀地區的商品經濟已經發展到一定的規模，勢必會刺激貨幣需求。據廣漢三星堆遺址二號祭祀坑之發掘簡報知，「兩祭祀坑出土的罍、尊等禮器，器形雖與中原殷文化地區所

---

[423]　郭寶鈞：《中國青銅器時代》，生活・讀書・新知三聯書店，1963 年，第 95 — 97 頁。
[424]　詳參〈1969 — 1977 年殷墟西區墓葬發掘報告〉，《考古學報》1979 年第 1 期。

### 第三節　西南絲綢之路上的商品與貿易

出接近，說明當時蜀和中原有一定的經濟、文化交往，但也存在一定的差異，而更接近陝南漢中城固、川東巫山、湖南岳陽以及湖北棗陽、沙市等地出土的同類器，表明這些地區商代晚期文化的共性」[425]。《華陽國志·蜀志》記載：「蜀之為國，肇於人皇，與巴同囿。至黃帝，為其子昌意娶蜀山氏之女，生子高陽，是為帝嚳。封其支庶於蜀，世為侯伯。歷夏、商、周。武王伐紂，蜀與焉。」[426] 秦漢之前巴蜀與中原已多有交往，貝幣作為雙方都認可的貨幣理應在商品貿易中使用。漢武帝經略西南地區，巴蜀與中原交流更為密切。

四川廣漢三星堆遺址中，出土了來自異地他鄉的器物，包括大量的海貝、象牙、琉璃珠等物品。貝類大致可以分為四類：一是虎斑貝，二是齒貝（貨貝），三是擬棗貝，四是環紋貨貝，其中環紋貨貝出土數量最多。而這些物品多產自南亞地區，其中有一種環紋海貝只產於印度洋深水海域，顯然來自印度。[427] 但此時的巴蜀並無海路通往印度洋地區，只能說明巴蜀通往印、緬的商路已經存在。由於巴蜀、滇地均不出產此類型的貝類，只能說明其是被商賈由國外帶入。如青衣江上游的寶興縣的一批戰國至東漢的石棺墓葬中也出土了100多枚海貝；位於旄牛古道邊緣的鹽源縣也出土了隨葬的海貝。因此，秦漢時期古蜀與南亞的經濟商貿關係早已有之。在三星堆和金沙遺址中還發現有象牙，特別是三星堆遺址中出現的象群遺骸，這些並非來自成都平原和中原地區。《史記·大宛列傳》中提及大象是身毒國用於軍事作戰的工具。因此，在漢代以前，巴蜀商旅就透過這條道路將來自南亞的物品帶到內地。漢武帝開發西南後，經濟文化交流更為頻繁。（圖 3-11）根據文獻所載，這條聯繫印度大陸與中國西南邊陲

---

[425]　四川省文物管理委員會等：〈廣漢三星堆遺址二號祭祀坑發掘簡報〉，《文物》1989 年第 5 期。
[426]　〔東晉〕常璩撰，任乃強校注：《華陽國志校補圖注》卷三〈蜀志〉，上海古籍出版社，1987 年，第 113 頁。
[427]　熊永忠：〈雲南古代用貝試探〉，《四川文物》1988 年第 5 期。

## 第三章　西南絲路的開通

的通道主要指從成都出發向南，經由滇國（雲南）、越嶲國（今緬甸）進入南亞的身毒國、中亞甚至西亞和歐洲。元鼎三年（西元前114年），漢武帝下令重築成都城，成都成為西南地區的政治文化中心。「四川的古文化與漢中、關中、江漢以至南亞次大陸都有關係，就中國與南亞的關係看，四川可以說是『龍頭』。」[428]

圖3-11：甘肅省博物館藏漢代絹底平繡屯戍人物圖

另外，西漢開發西南之前，西南各土著部落內部的經濟貿易已經存在。雲南晉寧石寨山12號墓出土的一件青銅貯貝器上，展示了當時土著部落集市貿易的場面。該貯貝器上共鑄有120餘個青銅人像，人物栩栩如生，有頭頂籮筐來回走動者，有提籃、持盆席地而坐者，有相對洽談交易者，有在籃中取物者。[429] 從圖像可知，當時採取的是以物易物的貿易方式。商品貿易的繁榮，促進了貨幣的產生與流通。但根據劉弘先生的考訂，西漢之前，滇地墓葬中所出海貝並非作為流通貨幣而存在，海貝只被滇人中

---

[428]　蘇秉琦：《中國文明起源新探》，生活‧讀書‧新知三聯書店，1999年，第85頁。
[429]　易學鐘：〈晉寧石寨山12號墓貯貝器上人物雕像考釋〉，《考古學報》1987年第4期；汪寧生：〈晉寧石寨山青銅器圖像（像）所見古代民族考〉，《考古學報》1979年第4期。

第三節　西南絲綢之路上的商品與貿易

極少數社會身分很高的人所占有，是一種財富的象徵。[430] 但是，印度、東南亞諸國均曾以海貝為貨貝，作為與東南亞和南亞毗鄰地區，西南絲綢之路國內主要途經地區的雲南，其使用貝幣理應視作中外經濟文化交流的產物。

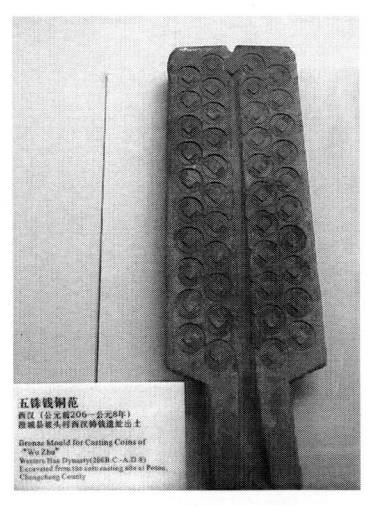

圖 3-12：陝西歷史博物館藏西漢五銖錢銅範

除了海貝之外，金屬貨幣隨著西漢對西南地區的開發也開始流通。漢武帝開發西南，置犍為、越巂、益州、牂牁四郡，沿南方絲綢之路設邛都、葉榆等數十縣。除了設立郡縣，漢王朝還號召了大量漢民從成都平原、中原地區移居到西南絲綢之路沿線地區，促進了內地與西南地區的融合與交流。西南地區經濟開始迅速發展，商品交換規模也遠遠超過從前，對錢幣的需求量也大大增加，內地所使用的金屬貨幣自然會流通於此地。在西南漢代墓葬中出土了漢文帝四銖半兩、西漢五銖、東漢五銖、新莽大泉五十和大布黃千等錢幣，就佐證了這一點。如：涼山州喜德縣拉克公社發現的合村八號大石墓中出土有漢文帝時鑄的四銖半兩錢；大涼山昭覺縣

---

[430]　劉弘：〈南方絲綢之路早期商品交換方式變更考──從滇人是否使用貝幣談起〉，《中華文化論壇》2008 年 S2 期。

## 第三章　西南絲路的開通

布西鄉東漢時期的石室墓中，隨葬有漢五銖錢；晉寧石寨山的 13 號、36 號、38 號、40 號、32 號、23 號墓都出土了漢錢幣。需要指出的是，32 號墓中的死者口內含了 8 枚五銖錢，雙手還各執了兩枚五銖錢，這就意味著西南地區民眾沿襲了漢地的喪葬習俗。[431]（圖 3-12）

漢文帝五年（前 175），下令更鑄四銖錢，取消了有關懲治盜鑄錢幣的命令，允許民間鑄錢。漢文帝曾將嚴道的銅山賞賜給寵臣蜀人鄧通，允許其鑄造錢幣。鄧通所鑄錢幣廣為流通，有「鄧通錢亦盡天下」之說，這也反映了當時蜀地與其他地區經濟貿易往來的廣泛。雲南晉寧石寨山滇王族墓群中出土了漢文帝時四銖半兩錢 3 枚，漢武帝以後的西漢五銖錢 180 枚，推測這些錢幣有可能為當時巴商蜀賈攜入。[432]西南地區豐富的礦產資源，特別是銅、鉛、錫等金屬，為當地鑄造貨幣打下基礎。《後漢書·西南夷列傳》載，永昌郡「其地出銅、鐵、錫、金、銀」等；《漢書·地理志》載，越巂郡邛都南山出銅，會無東山出碧；益州郡律高西石空山出錫，東南監町山出銀、鉛，賁古北採山出錫，西羊山出銀、鉛，南烏山出錫，來唯從山出銅；犍為郡朱提山出銀。如此就不難理解鄧通為何富甲天下了。邛都為漢武帝時期所置越巂郡的郡治，而越巂則處於蜀郡通往益州的交通要道上，繁忙的西南絲綢之路貿易，對錢幣的需求量是巨大的。於是，官方在西南地區設立了鑄幣機構。如西昌黃聯關東坪村的漢代冶銅鑄幣遺址面積達 100 萬平方公尺，出土了煉爐等生產設施，以及東漢、新莽時期的錢範、銅錠。[433]由此可見，隨著經濟的發展和貿易的繁榮，西南地區原來的物物貿易逐漸向漢地貨幣貿易轉變，漢地貨幣成為西南絲綢之路上貿易所使用的統一貨幣。

---

[431]　雲南省博物館：〈雲南晉寧石寨山第三次發掘簡報〉，《考古》1959 年第 9 期。
[432]　雲南省博物館：《雲南晉寧石寨山古墓群發掘報告》，文物出版社，1959 年，第 103 頁。
[433]　西昌地區博物館編：〈四川西昌發現貨泉錢範和銅錠〉，《考古》1977 年第 4 期；劉弘、劉世旭：〈四川西昌首次發現東漢五銖錢銅範〉，《考古》1986 年第 11 期；四川大學歷史系考古專業，西昌市文管所編：〈四川西昌東坪漢代冶鑄遺址的發掘〉，《文物》1994 年第 9 期。

## 第四節　西南絲綢之路上的宗教與文化

### 一、佛教的傳入

二十世紀初以來，佛教初傳中國的問題，學術界已經作了大量的研究，成果頗豐。目前公認，起源於印度的佛教傳入中國是沿著中亞和西域的傳統意義上的絲綢之路傳播。這一看法幾成定論，但是，也有學者認為佛教傳入中原地區的時間要早於西域。[434] 梁啟超先生提出了佛教最初傳入中國並非透過陸路而是經由海路的觀點，「佛教之來非由陸路而由海，其最初根據地不在京洛而在江淮」[435]。季羨林先生則根據考古資料論證印度佛教不是經由海路，而是由陸路傳入的，且不是由印度直接傳入中國的，而是經由兩條路線傳入的，其一為印度→大夏（大月氏）→中國，其二為印度→中亞新疆小國→中原。[436] 任繼愈先生認為四川地區出土的諸多佛教造像既不是直接從西域傳入，也不是間接從長安、洛陽傳入，最大的可能是「透過雲南輸入」[437]。這對以前佛教沿傳統意義上的絲綢之路傳入中國的觀點是一種顛覆，實際上指出了西南絲綢之路在文化傳播上的重要意義。

《史記·西南夷列傳》中記載，張騫出使西域時曾到達大夏國，在這裡看到了來自蜀地的商品，並且這些商品是經由蜀地商人轉運到身毒國的。（圖 3-13）為此，漢武帝派遣使者試圖打通前往印度的道路，但因受到滇王的阻撓而未能成功。雖然道路未能打通，但是民間交往的道路卻一直暢通無阻。西南地區由蜀地商人、西南部落首領聯合打造的西南貿易交通道

---

[434]　宋肅瀛：〈試論佛教在新疆的始傳〉，《向達先生紀念論文集》，新疆人民出版社，1986 年，第 423－424 頁。
[435]　梁啟超：〈佛教之初輸入〉，《飲冰室合集》第五二卷，中華書局，1989 年，第 7 頁。
[436]　季羨林：《中印文化交流史》，新華出版社，1993 年，第 26－27 頁。
[437]　任繼愈：《中國佛教史》第 1 卷，中國社會科學出版社，1985 年，第 187 頁。

## 第三章　西南絲路的開通

路──滇緬道，一直有中國西南與南亞大陸印度的經濟文化交流。「蜀西南經滇緬是與印度有一條原始的商路相通的。蜀物曾從這條商路輸入印度，更遠銷阿富汗（大夏）和伊朗、伊拉克等半沙漠亞熱帶氣候地區。」[438]交通路線的存在，為佛教傳入中國打下了基礎。

圖 3-13：莫高窟第 323 窟張騫出使西域抵達大夏國

根據《三國志》裴松之注所引魚豢《魏略‧西戎傳》所載：「昔漢哀帝元壽元年，博士弟子景廬受大月氏王使伊存口授《浮屠經》曰復立者其人也。《浮屠》所載臨蒲塞、桑門、伯聞、疏問、白疏間、比丘、晨門，皆弟子號也。」[439]於是，人們將漢哀帝元壽元年（西元前 20 年）作為佛教傳入內地的開始。

湯用彤先生探討了漢明帝求法，認為關於文獻記載明帝求法的情節基

---

[438] 任乃強：〈中西陸上古商道──蜀布之路〉，段渝主編《南方絲綢之路研究論集》，巴蜀書社，2008 年，第 245 頁。

[439] 〔西晉〕陳壽：《三國志‧魏書》卷三〇〈烏丸鮮卑東夷傳〉，中華書局，1964 年，第 859 頁。

## 第四節　西南絲綢之路上的宗教與文化

本屬實。[440]東漢永平六年（西元63年）曾整修褒斜道，此道為官路。佛教傳入蜀地，大致便是經此路線，過米倉山西七盤關至廣元明月峽，南下昭化，越劍門關，至綿陽、什邡、成都等地。根據歷史記載，西元前232年阿育王大力傳播佛教，派出Sona和Uttara兩名僧侶到泰國和緬甸傳授佛教巴利文經典，[441]這就意味著在西元前二、三世紀，相當於中國西漢時期，佛教已經開始向東南亞傳播。[442]西元前111年，漢武帝出兵滅南粵，攻打西南部落，並派人探求前往身毒、大夏的道路。西元前109年起，漢武帝又大規模征伐越巂、昆明、哀牢之地，並在征服地置益州郡。西元69年，哀牢人內附，東漢王朝置永昌郡，開通了西南通往東南亞的永昌道，中國與東南亞的聯繫日益密切。從文獻記載可知，西南與東南亞的聯繫在東漢初年已經建立，《後漢書·西南夷列傳》載，永寧元年（120年），撣國（即緬甸）國王雍由調向漢王庭遣使貢獻撣國樂器和幻人（魔術師），這些幻人「自言我海西人，海西即大秦也」。可見，羅馬魔術師到達漢地王庭，必須是由緬甸經過永昌道，再由蜀地到中原。三世紀末，中國求法的僧侶多經過永昌道前往南亞的室利笈多。[443]（圖3-14）

另外，中國前往印度的海路早在西漢時期已經開通，史載：「自日南障塞、徐聞、合浦船行可五月，有都元國；又船行可四月，有邑盧沒國；又船行可二十餘日，有諶離國；步行可十餘日，有夫甘都盧國。自夫甘都盧國船行可二月餘，有黃支國，民俗略與珠崖相類。其州廣大，戶口多，多異物，自武帝以來皆獻見。有譯長，屬黃門，與應募者俱入海市明珠、璧流離、奇石異物，齎黃金，雜繒而往。所至國皆稟食為耦，蠻夷賈船，

---

[440]　湯用彤：《漢魏兩晉南北朝佛教史》，上海書店，1983年，第22—30頁。
[441]　Roger Bischoff, *Buddhism in Myanmar a short history*, Sri Lanka, 1995, pp. 26-29.
[442]　John Guy, *Lost Kingdom: Hindu-Buddhist Sculpture of Early Southeast Asia*, New York: He Metropolitan Museum of Art, 2014, pp. 8-9.
[443]　［英］D·G·E·霍爾著，中山大學東南亞歷史研究所譯：《東南亞史》上冊，商務印書館，1982年，第45頁。

第三章　西南絲路的開通

轉送致之。亦利交易，剽殺人。又苦逢風波溺死，不者數年來還。大珠至圍二寸以下。平帝元始中，王莽輔政，欲燿威德，厚遺黃支王，令遣使獻生犀牛。自黃支船行可八月，到皮宗；船行可（二）月，到日南、象林界云。黃支之南，有已程不國，漢之譯使自此還矣。」[444] 到了東漢時期，這條水路理應還在使用。西南地區與南亞、東南亞的早期交往，為佛教的傳入準備了條件。童恩正先生指出，西南地區的佛教文化元素，是西南地區與印度之間古代商道的旅行者和香客們傳入的，而且時間早於北傳佛教。[445]

圖 3-14：雲南大理崇聖寺佛塔

　　從目前西南地區出土的佛教文物造像來看，更能說明佛教在西南地區的傳播情況，為研究佛教在中國的傳播路線提供了新的證據。透過對滇蜀地區出土的早期佛教造像考察，結合西南滇緬道的歷史背景，不難看出一世紀以來印度和東南亞佛教造像經由此道向中原的傳播路線是非常明確

---

[444]　〔漢〕班固：《漢書》卷二八〈地理志下〉，中華書局，1962 年，第 1671 頁。
[445]　童恩正：〈古代中國南方與印度交通的考古學研究〉，《考古》1999 年第 4 期。

## 第四節　西南絲綢之路上的宗教與文化

的。四川樂山麻浩東漢巖墓的墓門上刻著一尊佛像,「像高 37 公分,結跏趺坐（無座）,頭為高肉髻,佩頂光,右手作降魔印,左手置膝上,執一帶狀物若襟帶,為厚肉浮雕,其身軀凸出於額枋,其頂光高出額枋」。從造像中佛的衣著來看,既不是犍陀羅式的通肩袈裟,也不是印度式的半披樣式的袈裟,與漢代陶俑上常見的剪刀領式的普通衣著基本相同。[446] 樂山位於西南地區,也是西南絲綢之路的覆蓋區域,可見,此時的佛教已經在此地廣為流傳,並已與漢地風俗相結合。1989 年,四川綿陽何家山東漢 1 號墓中出土了 5 身佛像,佛像被雕刻在搖錢樹的樹幹上,結跏趺坐,頭頂有肉髻,上唇有髭,身著通肩袈裟,右手施無畏印,左手拳握執衣,衣服的下襬垂於腹前。2000 年,雲南省考古所和昭通文管所聯合發掘了一批東漢墓葬,2 號墓葬出土了 1 件陶佛像,貌似結跏趺坐,頭頂有肉髻,螺髮,面龐豐潤,雙眼微闔,鼻高且大,身穿通肩袈裟,右手施無畏印,左手拳握執衣,V 形衣領,衣袖有較寬且深的紋路,與何家山墓葬出土的佛像造型非常相似。何志國教授認為這尊佛像是中國最早的陶佛像,造像的典型特徵是受到印度初期的秣菟羅和犍陀羅佛像風格的影響,在面相上具有印度本土人種的特點,「昭通陶佛像發現的意義還在於填補了滇緬道佛像傳入四川的缺環」。

　　從印度佛像初傳中國的階段及特點來看,東漢中期階段,也就是佛教初傳時期,如重慶豐都墓葬出土的搖錢樹幹佛像形象與此時的印度佛像非常相近。因此,推測當時很可能是印度的佛像形象透過早已開通的交通路線,很快就傳入西南地區,保留著許多的印度佛教造像特徵。另外,四川三星堆遺址和雲南滇池地區出土的西南墓葬中,曾出土了大量海貝,而這種海貝的環紋貝有印度洋海貝的特徵,很顯然不是蜀滇本地產物,更加證明了西南地區與南亞之間貿易頻繁,這些海貝透過貿易或間接貿易從印度

---

[446]　李復華、陶鳴寬:〈東漢岩墓內的一尊石刻佛像〉,《文物參考資料》1957 年第 6 期。

洋沿岸被帶到了西南地區。[447] 根據史料，漢武帝時中國至印度、中國至中亞的陸上絲綢之路及中國至南亞的海上絲綢之路已經開通，彼此間聯繫主要靠商賈來維繫，在貿易的同時，附帶將南亞大陸的文化——佛教傳入中國，印度初期佛教藝術既可能經過西域絲綢之路傳入中原地區，也可能經滇緬道傳入中國西南地區。

## 二、搖錢樹的文化特質

搖錢樹，是流行於中國西南地區漢魏時期一種特殊的墓葬隨葬品，是西南文化的一道特殊景觀。搖錢樹的形式多樣，常見的有西王母、佛像、狩獵、瑞獸、仙草等。通常來看，材質可分為石質和陶質兩大類，以浮雕的形式雕刻出所要表現的各種造型。樹幹和枝葉多用青銅材質，而樹葉會鑄造成圓形方孔的形狀，故而稱之為搖錢樹。根據考古資料，搖錢樹主要分布在中國西部川、渝、滇、黔、鄂、陝、甘、寧、青等地區，但又以西南的巴蜀之地為主。

以錢繫樹，是民間一種祈求吉祥保佑的形式。《三國志‧邴原傳》引《原別傳》記載了邴原在遼原的經歷：「原嘗行而得遺錢，拾以繫樹枝，此錢既不見取，而繫錢者愈多。問其故，答者謂之神樹。原惡其由己而成淫祀，乃辨之，於是里中遂斂其錢以為社供。」原本繫錢於樹的無心之舉，在眾多人的推波助瀾下竟然成為神話。事實上，西南地區對神樹的崇拜由來已久。三星堆祭祀坑中就出土了蜀王用於進行重大祭祀活動的禮器——神樹。（圖 3-15）古代的夜郎國人也將竹子作為神靈加以崇拜。《後漢書‧西南夷列傳》載：「夜郎者，初有女子浣於遁水，有三節大竹流入足間，聞其中有號聲，剖竹視之，得一男兒，歸而養之。及長，有才武，自立為夜郎

---

[447] 羅二虎：〈漢晉時期的中國西南絲綢之路〉，《四川大學學報》2000 年第 1 期。

第四節　西南絲綢之路上的宗教與文化

侯，以竹為姓。武帝元鼎六年，平南夷，為牂牁郡，夜郎侯迎降，天子賜其王印綬。後遂殺之。夷獠咸以竹王非血氣所生，甚重之，求為立後。牂牁太守吳霸以聞，天子乃封其三子為侯。死，配食其父。今夜郎縣有竹王三郎神是也。」[448] 西南巴蜀之地對竹子（抑或神樹）的崇拜，可能就是搖錢樹信仰的源頭之一。

從考古資料來看，雲南昭通梁堆墓葬中出土的搖錢樹底座是目前紀年最早的，成都桂溪東漢墓中出土的枝端站立瑞鳥的搖錢樹形象也屬於東漢早期，可視為搖錢樹的最初階段造型。東漢中晚期，搖錢樹的發展進入穩定時期，在巴蜀經濟發達的地區大量出土，特別是搖錢樹的題材、樣式多樣化，西王母和佛像均有出現，反映了佛教在巴蜀地區的傳播。東漢末至蜀漢時期，是搖錢樹的衰落期，不再普遍出現這一時期的墓葬器物。

搖錢樹是東漢至蜀漢時期流行於西南地區一種特有的文化習俗。以四川地區為中心的西南之地墓葬中出土了許多紋飾各異的搖錢樹，暗示著墓主人死後有取之不盡、用之不竭的財富。搖錢樹的出現反映了當時商品經濟的進一步發展，貨幣（或者金錢）的價值與功能在日常生活中的地位日益突出，並產生了「金錢萬能」的觀念。從目前墓葬出土的物品來看，除了以巴蜀為中心的西南地區外，在中原、長江下游等地區均未見有搖錢樹的出土。因此，西南地區搖錢樹的出現，是遠古神樹演化而來，其造型很可能源自三星堆發現的商代1號青銅大神樹。[449] 三星堆神樹的出現，表現了人們對樹神的敬奉與崇拜，也是早期自然崇拜的典型表現形式，是生命樹、宇宙樹的一種特有形態。

動物是搖錢樹的重要組成部分，動物的出現，使搖錢樹的整體景觀呈現出非凡的天人合一的深遠意境。一類動物為日常所見的飛禽走獸，如飛

---

[448]　〔南朝宋〕范曄：《後漢書》卷八六〈西南夷傳〉，中華書局，1965年，第2844頁。
[449]　譚繼和：〈三星堆神祿文化探秘〉，《四川文物》1998年第3期。

鳥、猛虎、馬、牛、羊、龜、象、鹿等；另一類動物為神話傳說中的異獸，如青龍、天祿、闢邪、天馬、朱雀、玄武等。仙禽瑞獸的出現，是流行於漢代的方術思想的一種表現方式，只有那些得道成仙者才能駕馭這些瑞獸（鳥），這些仙禽瑞獸也成為求道者用於溝通神仙、引導昇天的一種媒介。動物搖錢樹類型可參見四川彭山江口漢墓出土的搖錢樹。[450]

圖 3-16：敦煌莫高窟第 249 窟西魏西王母形象

西王母是搖錢樹主要造型之一（圖 3-16），以山形為底座，上面塑造神仙瑞獸。東漢時期搖錢樹上的西王母形象展示了當時她在眾神中的地位，「西王母和崑崙的結合表達了對長生的追求這種最高象徵意義」[451]。何家山 2 號墓葬出土的搖錢樹中西王母形象[452]是搖錢樹中西王母形象的典型代表——西王母頭戴華勝、珠冠，額頭有白毫與三道折紋，耳旁梳角辮，內著圓領衣，外著交領衣，坐龍虎座，坐墊華麗，頭肩之後生出寶

---

[450] 沈仲常、李顯文：〈記彭山出土的東漢銅搖錢樹〉，《成都文物》1986 年第 1 期。
[451] ［美］巫鴻著，李淞譯：〈論西王母圖像及其與印度藝術的關係〉，《藝苑》1997 年第 3 期。
[452] 何志國：〈四川綿陽何家山 2 號東漢崖墓清理簡報〉，《文物》1991 年第 3 期。

### 第四節　西南絲綢之路上的宗教與文化

瓶形背屏，上承一璧流離，龍虎上方蓮花盛放。樹座下層為五馬浮雕，上層為一神獸。銅樹部分共分7層，枝片種類繁多，組合方式多樣，增強了枝葉之間的錯落感，以極其簡約的手法刻劃了西王母的神仙世界，也刻劃出先民理想中的天國世界。

佛教傳入西南地區後，搖錢樹上出現了佛像，並大量分布於蜀地至漢中的道路上。佛像在搖錢樹中的出現，說明人們將佛視為與西王母地位等同的神靈。搖錢樹佛像類型按佛像出現在錢樹上的部位可分為三種類型：一是塑造在樹座上的佛像，如彭山崖墓所出；二是鑄造於樹幹上的佛像，如綿陽何家山、忠縣塗井所出；三是出現於錢樹頂端的佛像，如漢中城固所出。2000年，重慶豐都墓葬出土的搖錢樹幹佛像是迄今為止發現的最早的搖錢樹佛像。何家山1號墓葬，佛像位於樹幹，頂髻寬平，髮際線呈連弧形，著圓領通肩袈裟，圓領高聳，兩臂衣紋褶皺分明，右手施無畏印，左手拳執衣角，結跏趺坐，橢圓環形頭光，背屏左右各三枚錢紋。佛像造型的變化似乎表現了佛教傳入西南地區後與世俗理想日益結合的趨勢。蜀地佛像的造型主要特徵基本相似，並遵循了嚴格的造像儀軌，所表現的印度風格非常明顯。[453] 這反映了佛教在傳入西南地區早期，是完全照搬了來自印度的佛像造型，並未加以過多改造。西王母形象已經從這些錢樹上消失，取而代之的是佛像，表明佛教信仰已經部分地深入民心，並滲透神仙信仰，取代了原來被視為主神的西王母。這是一種本地神與外來神互相結合、互相替代的表現形式，反映了秦漢神仙思想的發展與流變。

搖錢樹上懸掛著各式各樣的錢幣，反映了人們希望樹能生錢、財富取之不盡的世俗觀念。葉片上所鑄的錢幣紋飾多以圓形方孔的五銖錢為主，有的加以祥瑞或者符咒類的紋飾。一些搖錢樹造型中有人從錢樹上採錢或在地上撿錢等內容，寄託了人們關於樹能生錢的美好願望。東漢時期的厚

---

[453]　何志國：〈搖錢樹佛像身份探微——與溫玉成先生商榷〉，《江蘇大學學報》2007年第4期。

### 第三章　西南絲路的開通

葬奢靡之風盛行，這對於商品經濟發達的巴蜀地區那些具有一定經濟基礎的亡人而言，與普通隨葬品有著巨大差異的金錢樹，鑄造本身所耗費的材料（如青銅）所表現的價值以及蘊含的美好願望，無疑會使其大受歡迎，搖錢樹在巴蜀之地的流行就成了自然而然的事情。東漢前後出現的大量搖錢樹，正是在原始宗教走向衰落，道教、佛教開始興起，樹崇拜觀念發生變形轉化時期出現的一種特有的器物，是當時社會風俗與信仰習俗的反映。

## 三、秦漢文明與巴蜀文化

先秦時期，巴蜀與中原就已經有了接觸。《華陽國志·蜀志》載：「開明立，號曰叢帝。從帝生盧帝。盧帝攻秦，至雍。」[454] 根據推測，盧帝攻打秦國在春秋中期左右。蜀人攻秦，表明了當時蜀秦之地的人們已經有了交往，交往的路線應該是由嘉陵江翻越秦嶺，沿著陳倉古道而行至秦地。《史記·貨殖列傳》中關於「及秦文、德、穆居雍，隙隴蜀之貨物而多賈」的記載，也說明了先秦時期兩地間的經濟往來是存在的。而在成都平原發現的新石器時代文化遺跡中以三星堆一期為代表的寶墩文化，川北地區的廣元張家坡遺址、綿陽邊堆山遺址等，與漢中盆地的仰韶文化晚期以及龍山文化都有一定的聯繫。1959 年和 1980 年在四川彭州竹瓦街發現兩個青銅器窖藏坑，坑內銅器有容器類 12 件，兵器工具類 28 件。這些青銅器，很可能是蜀地模仿周人禮器和兵器的形制在蜀地鑄造或者是臨近蜀地的周人地區鑄造的[455]。（圖 3-17）

---

[454]　〔東晉〕常璩撰，任乃強校注：《華陽國志校補圖注》卷三〈蜀志〉，上海古籍出版社，1987年，第 122 頁。
[455]　Lothar von Falkenhausen, *Ancient Sichuan: Treasures from a Lost Civilization, The Chengdu Plain in the Early First Millennium BC*, Princeton University Press, 2001.

第四節　西南絲綢之路上的宗教與文化

圖 3-17：四川廣漢三星堆博物館藏青銅禮器

　　巴蜀文化的名稱出現於 1940 年代，衛聚賢先生根據成都地區出土的器物特徵首次提出了「巴蜀文化」的概念。[456] 從新石器時代末期至夏代，可視為巴蜀文化的早期。在巴蜀地區出土的這一時期器物中，如陶盉、高柄豆，就是典型的中原二里頭文化特徵，可以認為巴蜀文化受到了中原二里頭文化的影響。三星堆出土的陶器中有類似陶鬲的空足三足炊器，與中原龍山文化的陶鬲屬於同類，與關中地區客省莊二期文化的部分陶鬲形態相似。巴蜀文化的中期大致是商周時期，這是巴蜀文化的頂峰時期，這一時期可以代表其文明的典型物品是青銅器。三星堆出土了 395 公分的青銅神樹、262 公分的青銅立人像以及連耳寬 138 公分的青銅縱目面具，此外，還有數十件青銅人頭像和青銅面具，它們均代表了古代巴蜀文明的最高成就。（圖 3-18）根據相關研究，當是占據關中中部的商文化勢力越過秦嶺，向南滲透到達巴蜀地區的結果，[457] 特別是很可能與甲骨文記載的商王伐蜀、至蜀、在蜀、並卜問蜀受年的種種事情有關。巴蜀文化的晚期相當於中原的春秋戰國時期。這一時期，巴蜀地區與中原有了更密切的往來。《華陽國志・蜀志》載：「然秦惠文、始皇，克定六國，輒徙其豪俠

---

[456]　衛聚賢：〈巴蜀文化〉，載《說文月刊》第 3 卷第 4 期，1941 年。
[457]　李伯謙：〈城固銅器群與早期蜀文化〉，《考古與文物》1983 年第 2 期。

273

## 第三章　西南絲路的開通

於蜀。資我豐土，家有鹽銅之利，戶專山川之材，居給人足，以富相尚。故工商致結駟連騎，豪族服王侯美衣，娶嫁設太牢之廚膳，歸女有百兩之徒車，送葬必高墳瓦槨，祭奠而羊豕夕牲，贈襚兼加，賵賻過禮，此其所失。原其由來，染秦化故也。」[458] 蜀地的人們紛紛仿效秦文化習俗。秦惠文王普遍賜巴人「不更」，免去更卒的勞役，得到巴蜀人民的擁護。蜀人曾經發動對秦的戰爭，攻打到秦都雍地的附近，說明當時秦嶺以南的褒、漢地區都可能是蜀人的勢力範圍。在今天陝西寶雞附近的譚家村、茹家莊等秦墓葬中出土有陶釜，它是巴蜀文化中的一種典型器物。甚至有學者認為，陶釜是陶鬲足部退化而來的，而從鬲到釜的轉變最終在秦國完成。[459]

圖 3-18：四川廣漢三星堆博物館藏青銅面具

　　秦漢時期大量移民至巴蜀之地，對巴蜀舊有的社會文化格局的重構產生了廣泛而深遠的影響。這些移民中不乏當時的社會菁英，他們引領了巴

---

[458]　〔東晉〕常璩撰，任乃強校注：《華陽國志校補圖注》卷三〈蜀志〉，上海古籍出版社，1987 年，第 148 頁。
[459]　陳平：〈說釜——兼論釜、畲、鬴、鍑、鏊諸器之關係〉，《考古與文物》1982 年 5 期。

第四節　西南絲綢之路上的宗教與文化

蜀文化的重大變革，使得巴蜀文化從一支地方民族文化轉變成為秦漢大一統帝國形成的中華文明的重要部分。巴蜀文化在保持自己部分特徵的基礎上，接受了秦漢文化的改造，並透過重組與整合，形成了新的巴蜀文化。

圖 3-19：新疆維吾爾自治區博物館藏漢代木盆與木勺

秦滅巴蜀後，巴蜀地區與中原王朝開始從原來經濟占主導地位的交流，逐漸變成了全面交流，特別是文化方面的融合。西元前 316 年，秦惠文王按照司馬錯的計策滅蜀，秦文化全面進入蜀地。重慶巴南冬筍壩 11 號墓葬出土銅壺、帶鉤、半兩錢等，無不是秦文化進入巴蜀地區的證明。梁啟超先生肯定了司馬錯平定蜀地的重大意義，認為蜀人被夏化從秦定蜀就開始了。[460] 文化與政治上的認同，經濟的交流，勢必推動巴蜀文化同秦漢文化的整合。秦國征伐楚地，大量徵調巴蜀的人力、物力，「司馬錯率巴、蜀眾十萬，大泊船萬艘，米六百萬斛，浮江伐楚，取商於之地，為黔中郡」[461]。楚漢之爭，劉邦以巴蜀、漢中為基地打敗項羽，建立漢朝。漢初，民生凋敝，劉邦「令民就食蜀漢」，促使西漢經濟恢復和社會發展。

---

[460] 梁啟超：〈中國歷史上民族之研究〉，《梁啟超全集》第 12 卷，北京出版社，1999 年，第 3443 頁。

[461] 〔東晉〕常璩撰，任乃強校注：《華陽國志校補圖注》卷三〈蜀志〉，上海古籍出版社，1987 年，第 128 頁。

## 第三章　西南絲路的開通

由於秦漢制度法令通行於巴蜀，加上多次大批向巴蜀移民，已澈底改變了巴蜀原先的文化結構，並引發了巴蜀文化全面感應秦漢文化，使得巴蜀文化在形態上向著秦漢文化轉化，與秦漢文化相整合，最終成為秦漢文化圈內的一種地域亞文化。（圖 3-19）

秦始皇將呂不韋及其門客三千人遷到蜀地，這些人中不乏曾經參與編撰《呂氏春秋》的文化菁英。雖然秦始皇焚書坑儒之舉大肆破壞了先秦以來的燦爛文化，但蜀地的先秦蜀文化的精髓卻幾乎完整留存了下來。當秦漢帝國的統治者經營開發蜀地時，蜀地菁英階層（包括政治、經濟、文化）得益於王朝優惠的地方政策，成為當時新思潮（秦漢之風）的極力擁護者和倡導者。秦化成為當時的時尚之舉，巴蜀民眾（主要指菁英階層）無論是在輿服器物等日常用具方面，還是婚喪嫁娶等社會風俗方面，無不以模仿秦風為美。顯然，他們引領著巴蜀地區的新文化。秦王朝對巴蜀地區長達百年的經營統治，一方面依靠國家的強制力來推動秦文化在蜀地的發展，另一方面巴蜀民眾與外來移民的交融，使得巴蜀地區原有的社會文化被改造重構，巴蜀地區與秦地「一體化」的趨勢較為顯著。[462]

富庶的巴蜀，是統治者轉移饑民、緩解災荒的首選之地。西漢初，關中發生大饑荒，漢高祖劉邦令饑民前往富饒的巴蜀之地以穩定社會。饑民入蜀，無疑會將其他地方的文化、社會風俗等帶入蜀地。東漢時期，統治者對於流民入蜀也是採取了聽之任之的態度，並且要求地方官吏妥善安置這些入蜀流民。「其令郡國募人無田欲徙它界就肥饒者，恣聽之。到在所，賜給公田，為僱耕傭，賃種餉，貰與田器，勿收租五歲，除算三年。」[463] 漢初的休養生息政策，更是推動巴蜀經濟文化發展。漢景帝、漢武帝時期，文翁被任命為蜀地太守。文翁到達蜀地後，開始引導蜀人

---

[462]　彭文：〈從蜀墓腰坑的設置看巴蜀文化與關中文化的交流〉，《考古與文物》1996 年第 6 期。
[463]　〔南朝宋〕范曄：《後漢書》卷三〈章帝紀〉，中華書局，1965 年，第 145 頁。

## 第四節　西南絲綢之路上的宗教與文化

全面漢化，「遣寬詣博士，東受《七經》，還以教授。於是蜀學比於齊魯。巴、漢亦化之。景帝嘉之，命天下郡國皆立文學。由翁唱其教，蜀為之始也」[464]。文翁採取的教民讀書法令、選派蜀中子弟前往京師學習、在成都修學宮立精舍講堂等措施，大大促進了巴蜀文化發展。因此，在文翁等人的倡導下，蜀地民眾以能夠接受漢文化為榮。「司馬相如遊宦京師諸侯，以文辭顯於世。鄉黨慕循其跡，後有王褒、嚴遵、揚雄之徒，文章冠天下。」[465] 以司馬相如、揚雄為代表的巴蜀文化菁英們使得巴蜀文化迅速走在全國文化的前列，而漢代的巴蜀文學對於漢代辭賦貢獻頗大，這說明文翁在巴蜀地區推行漢文化教育已經取得了全面成功。（圖 3-20）

圖 3-20：新疆吉木薩爾縣博物館藏漢代鏟形陶硯

秦朝的文化專制政策在大力打擊齊魯文化、中原文化的同時，對巴蜀地區長盛不衰的各種原始宗教信仰、卜筮、方術等思想卻沒有絲毫的影響，這些思想反而受到法律的保護被完整地留存下來。蜀郡成都人嚴遵，「專精《大易》，耽於《老》、《莊》。常卜筮於市，假蓍龜以教……得百錢，則閉肆下簾。授《老》、《莊》，著《指歸》，為『道書』之宗。揚雄少師之，

---

[464]〔東晉〕常璩撰，任乃強校注：《華陽國志校補圖注》卷十〈先賢士女總贊論〉，上海古籍出版社，1987 年，第 534 頁。
[465]〔漢〕班固：《漢書》卷二八〈地理志下〉，中華書局，1962 年，第 1645 頁。

## 第三章　西南絲路的開通

稱其德」[466]。蒙文通先生指出，黃老之學於兩漢時期流行巴蜀，是巴蜀古文化的重要特點。[467] 文翁在巴蜀推行的教育措施，使得當地民眾的漢教育程度迅速提升，促使巴蜀地區培養人才和人民素養提高，儒家學說成為巴蜀文化的主流。據《華陽國志》統計，兩漢時期巴蜀地區有名望的文人有四、五十人。東漢時期巴蜀湧現了大批著名的教育家，如漢成帝時什邡楊宣教授弟子數以百計，東漢明帝、章帝時武陽杜撫有弟子上千人，漢順帝時新都楊厚有弟子三千餘人，私學教育成為巴蜀文化興盛的強大助力。

---

[466]　〔東晉〕常璩撰，任乃強校注：《華陽國志校補圖注》卷十〈先賢士女總贊論〉，上海古籍出版社，1987年，第532頁。
[467]　蒙文通：《巴蜀古史述論》，四川人民出版社，1981年，第92、98－99頁。

# 第四章
# 魏晉南北朝時代的東西方交流

## 第一節　曹魏時期的絲綢之路與東西方往來

### 一、絲綢之路的恢復與發展

兩漢以降，隨著北方民族交流與融合的急速發展，以游牧騎獵而擅長陸路交通的內徙諸胡民族，為絲路交通的拓展注入了全新的活力。

實際上，東漢晚季，內地的胡人移民已經具有相當的規模，這為西域文化在東方落地生根打下了基礎。

史載，熹平元年（西元172年）「冬十二月，日南徼外國重譯貢獻」[468]。光和六年（183年）「春正月，日南徼外國重譯貢獻」[469]。

內徙胡人劇增，以至能夠形成具有左右部落所居之地社會實力的情勢。中平元年（184年）十一月，「湟中義從胡北宮伯玉與先零羌叛，以金城人邊章、韓遂為軍師，攻殺護羌校尉伶徵、金城太守陳懿」[470]。

及至曹魏代漢，中原地區更有世相斑斕的胡風異俗流播京城的內外。

魏文帝延康元年（西元220年）二月己卯，「濊貊、扶餘單于、焉耆、

---

[468]　〔南朝宋〕范曄：《後漢書》卷八〈靈帝紀〉，中華書局，1965年，第335頁。
[469]　〔南朝宋〕范曄：《後漢書》卷八〈靈帝紀〉，中華書局，1965年，第347頁。
[470]　〔南朝宋〕范曄：《後漢書》卷八〈靈帝紀〉，中華書局，1965年，第350頁。

## 第四章　魏晉南北朝時代的東西方交流

于闐王皆各遣使奉獻」[471]。

黃初元年（西元 220 年）十一月癸酉，「更授匈奴南單于呼廚泉魏璽綬，賜青蓋車、乘輿、寶劍、玉玦」[472]。

黃初二年（西元 221 年）「十一月辛未，鎮西將軍曹真命眾將及州郡兵討破叛胡治元多、盧水、封賞等，斬首五萬餘級，獲生口十萬，羊一百一十一萬口，牛八萬，河西遂平」[473]。

黃初三年（西元 222 年）「二月，鄯善、龜茲、于闐王各遣使奉獻，詔曰：『西戎即敘，氐、羌來王，《詩》、《書》美之。頃者西域外夷並款塞內附，其遣使者撫勞之。』是後西域遂通，置戊己校尉」[474] 以領之。此已顯示出曹魏政權屬意絲路交通的政治視野。

明帝太和三年（西元 229 年）十二月「癸卯，大月氏王波調遣使奉獻。以調為親魏大月氏王」[475]。

少帝景初三年（西元 239 年）「二月，西域重譯獻火浣布，詔大將軍（曹爽）、太尉（司馬懿）臨試，以示百寮」[476]。

齊王正始四年（西元 243 年）「冬十二月，倭國女王卑彌呼遣使奉獻」[477]。

元帝咸熙二年（西元 265 年）「閏月（十一月）庚辰（按：是年閏十一月朔辛巳，故當月無庚辰日，史記有誤），康居、大宛獻名馬，歸於相國府，以顯懷萬國致遠之勳」[478]。

---

[471]　〔西晉〕陳壽：《三國志》卷二〈文帝紀〉，中華書局，1982 年，第 58 頁。
[472]　〔西晉〕陳壽：《三國志》卷二〈文帝紀〉，中華書局，1982 年，第 76 頁。
[473]　〔西晉〕陳壽：《三國志》卷二〈文帝紀〉，中華書局，1982 年，第 79 頁。
[474]　〔西晉〕陳壽：《三國志》卷二〈文帝紀〉，中華書局，1982 年，第 79 頁。
[475]　〔西晉〕陳壽：《三國志》卷三〈明帝紀〉，中華書局，1982 年，第 97 頁。
[476]　〔西晉〕陳壽：《三國志》卷四〈三少帝紀〉，中華書局，1982 年，第 117 頁。
[477]　〔西晉〕陳壽：《三國志》卷四〈三少帝紀〉，中華書局，1982 年，第 120 頁。
[478]　〔西晉〕陳壽：《三國志》卷四〈三少帝紀〉，中華書局，1982 年，第 154 頁。

第一節　曹魏時期的絲綢之路與東西方往來

隨著中原王朝進一步經營西域，三國時代的中外交通遂有日漸繁榮的氣象。

於是史家稱曰：「魏興，西域雖不能盡至，其大國龜茲、于闐、康居、烏孫、疏勒、月氏、鄯善、車師之屬，無歲不奉朝貢，略如漢氏故事。」[479]

相應階段的文物遺跡和文獻記載可以證明。從《三國志》注引《魏略·西戎傳》記錄西域地理方位、風物制度時詳述明細、如數家珍[480]，可以看到魏人因中外往來之頻繁對西方社會已有豐富的了解。其中關於大秦國「又常利得中國絲，解以為胡綾，故數與安息諸國交市於海中」的敘述，及魏賜車師後部王「一多雜守魏侍中，號大都尉，受魏王印」的記事，則直接透露了曹魏時期中原地區與西域諸國經濟、政治交往的事實。

三國時西域胡人往來洛陽的事蹟，從河西地區的有關故實可以窺其一斑。如《三國志》載淮南人倉慈，「太和（西元 227～232 年）中，遷敦煌太守。郡在西陲，以喪亂隔絕，曠無太守二十歲。大姓雄張，遂以為俗……常日西域雜胡欲來貢獻，而諸豪族多逆斷絕；既與貿遷，詐欺侮易，多不得分明，胡常怨望。慈皆勞之，欲詣洛者，為封過所；欲從郡還者，官為平取，輒以府現物與共交市，使吏民護送道路。由是民夷翕然，稱其德惠。數年，卒官。吏民悲感如喪親戚，圖畫其形，思其遺像。及西域諸胡聞慈死，悉共會聚於戊己校尉及長吏治下，發哀；或有以刀畫面，以明血誠，又為立祠，遙共祠之」[481]。

曹魏時期，西域地區的天竺、康居、安息等國，曾委派沙門曇柯迦羅等高僧，到洛陽從事佛經典籍的翻譯。對此，佛教內典有如下的記載：

---

[479]　〔西晉〕陳壽：《三國志》卷三〇〈東夷傳〉，中華書局，1982 年，第 840 頁。
[480]　〔西晉〕陳壽：《三國志》卷三〇注引魚豢：《魏略·西戎傳》，中華書局，1982 年，第 858－863 頁。
[481]　〔西晉〕陳壽：《三國志》卷一六〈倉慈傳〉，中華書局，1982 年，第 512－513 頁。

## 第四章 魏晉南北朝時代的東西方交流

> 曇柯迦羅，此云法時，本中天竺人，家世大富，常修梵福。迦羅幼而才悟，質像過人……乃棄捨世榮，出家精苦，誦大、小乘經及諸部《毗尼》。常貴遊化，不樂專守，以魏嘉平（西元 249～254 年）中，來至洛陽。於時魏境雖有佛法，而道風訛替，亦有眾僧未稟歸戒，正以剪落殊俗耳。設復齋懺，事法祠祀。迦羅既至，大行佛法。時有諸僧共請迦羅譯出戒律，迦羅以律部曲制，文言繁廣，佛教未昌，必不承用，乃譯出《僧祇戒心》，止備朝夕。更請梵僧立羯磨法受戒。中夏戒律，始自於此。[482]

當時京都洛陽的譯師，除曇柯迦羅之外，還有康居沙門康僧鎧、曇帝等。對此，佛典另有如下的記事：

> 時又有外國沙門康僧鎧者，亦以嘉平之末來至洛陽，譯出《郁伽長者》等四部經。又有安息國沙門曇帝，亦善律學，魏正元（西元 254～255 年）之中，來遊洛陽，出《曇無德羯磨》。又有沙門帛延，不知何人，亦才明有深解，以魏甘露（256～260 年）中，譯出《無量清淨平等覺經》等，凡六部經。後不知所終焉。[483]

龜茲沙門帛延，於曹魏高貴鄉公甘露三年（西元 258 年）來到洛陽，譯出《無量清淨平等覺經》兩卷、《叉須賴經》一卷、《菩薩修行經》一卷、《除災患經》一卷、《首楞嚴經》兩卷等 7 部經書。另有安息沙門安法賢，在曹魏時期譯出《羅摩伽經》三卷、《大般涅槃經》兩卷，翻譯年代不詳，其書也都相繼佚失。

在中外佛教譯經史上，佛教戒律典籍的傳來與翻譯，是曹魏佛教中的重大事件。先是曹魏境內雖有佛法流行，然而僧眾只是剃髮，也沒有稟受歸戒，所有齋供禮儀咸取法於傳統的祠祀。到了魏廢帝嘉平二年（西元 250 年），中天竺律學沙門曇柯迦羅遊化洛陽，主張一切行為應遵佛祖之

---

[482] 〔梁〕釋慧皎撰，湯用彤校注：《高僧傳》卷一〈曇柯迦羅傳〉，中華書局，1992 年，第 12－13 頁。

[483] 〔梁〕釋慧皎撰，湯用彤校注：《高僧傳》卷一〈曇柯迦羅傳〉，中華書局，1992 年，第 13 頁。

## 第一節　曹魏時期的絲綢之路與東西方往來

意，於是洛陽僧眾共請譯出戒律。曇柯迦羅恐律文繁廣，不能為大眾所接受，因而譯出《僧祇戒心》，即摩訶僧祇部的戒本一卷，又邀請當地的梵僧舉行受戒的羯磨來傳戒。這是中土有戒律受戒之始，後世即以曇柯迦羅為律宗的始祖。

安息國沙門曇帝，來到洛陽，在白馬寺譯出《曇無德（法藏）羯磨》一卷後，此書即一直在中土流行。因它原出曇無德部的廣律，即《四分律》，後來中土的律宗獨尊《四分律》便與它有著密切的關聯。當時開始依此羯磨而受戒的有朱士行等人，一般即以士行為中土出家沙門的開始。

魏晉時期中外文化交往的過程中，洛陽人朱士行的西行求法可以說是中國佛教史上的壯舉。

朱士行，祖籍潁川，少年出家。嘉平（西元249～253年）年間，西域僧人曇柯迦羅傳來《僧祇戒心》，在中國首創受戒剃僧制度。朱士行依此戒律剃度為比丘，從而成為漢地沙門第一人。朱士行出家後曾在洛陽講授《道行般若經》（《小品般若》），以其「譯理不盡，誓志捐身，遠求大本」，遂於甘露五年（260年）發跡雍州，西渡流沙，達至于闐。太康三年（282年）便以所得《放光般若經》（《大品般若》）梵書正本遣門下弟子送返陳留倉垣水南寺。時既有晉，士行以八十高齡化終於于闐，更依西方闍維法焚身起塔而葬之。[484]

還在佛教傳入中原的早期階段，朱士行就以西行求法體現了中原社會善於接納異域文化的時代意識。因此，朱士行的弘法事蹟，與天竺高僧攝摩騰、竺法蘭傳法洛陽的前哲懿行，無疑都是中原與西域交通史上傳響後世的話題，其在中外佛教文化交流史上理應享有崇高的地位。

曹魏時代洛陽佛教的傳播，雖然範圍還不廣，但已逐漸和既有的文化

---

[484]　〔梁〕釋慧皎撰，湯用彤校注：《高僧傳》卷四〈朱士行傳〉，中華書局，1992年，第145－146頁。

結合，如支謙、康僧會都是祖籍西域而生於漢地，深受漢地文化的影響。他們的譯籍不但文辭典雅，並且自由運用老氏的成語，以表達佛教思想。支謙依《無量壽經》和《中本起經》製作了連句梵唄三契，康僧會依《雙卷泥洹》製泥洹梵唄一契，他們都創作了歌詠經中故事的讚頌聲調，通於樂曲，都對佛教的傳播大有影響。至於寺塔的建築、佛像的雕塑，也各具一定規模，只是遺物不存，難言其詳了。

不僅如此，曹魏時期以創作文學作品〈洛神賦〉而聞名於世的陳思王曹植，因酷愛閱讀佛經，創作了魚山梵唄，[485]因而被稱為中國佛教音樂的創始人。

另據〈新疆龜茲故地發現金箔牆皮和佛教遺跡，展現 1,700 年前世俗生活〉一文，魏晉時代的新疆綠洲，已有佛教寺院的活動。「遺跡展示了當時的世俗化生活，並非長期以來學術界認為的古城為唐代單純的屯兵、屯田的城址。且從出土的遺物推測，該城的始建年代應在距今 1,700 年左右的魏晉時期。」

魏自曹操開始，對黃老神仙術方士採取羈縻政策，把民間的鬼神祭祀作為「淫祀」加以禁止，大規模的宗教活動受到嚴格的限制。嵇康曾譏諷過「乞胡」，表明遊化洛陽的西域僧人已經引人注目。但佛教在社會底層的傳播情況則很難了解。

魏境的佛教特別重視對戒律的譯介，表明出家僧侶的數量已經相當可觀，有了整頓和規範內部紀律的需求。當然，這也與曹魏對宗教的禁約有關。

曹氏集團與佛教的關係，是個歷史疑案。據劉宋陸澄的《法論・序》：「魏祖（曹操）答孔（孔融），是知英人開尊道（指尊佛）之情。」[486]曹植據

---

[485] 崔煉農：〈曹植私製魚山梵唄如何成為中國佛樂的標本〉，《西南民族大學學報》2017 年第 3 期，第 94 － 98 頁。

[486] 〔梁〕釋僧祐撰，蘇晉仁、蕭煉子點校：《出三藏記集》卷一二，中華書局，1995 年，第 429 頁。

《莊子‧至樂》作〈髑髏記〉，其精神本質與佛教小乘的悲觀厭世情緒極為相近。僧史稱他讀佛經，能「轉讀七聲升降曲折之響」，為後人誦經所憲章；嘗游魚山，「聞空中梵天之讚，乃摹而傳於後」。[487]「梵天之讚」，簡稱「梵唄」，屬佛教的讚美歌。或言魏明帝曾為佛圖「作周閣百間」，是為以中國傳統觀念接於佛教義理者。

與曹魏治下的中州相彷彿，偏居江東的孫吳一朝，亦有可圈可點的佛教史事可資紹述。吳都建業的般若學，相對更加發達，而其主要的弘揚者便是來自月氏故地的支謙。

支謙，一名支越，字恭明，原籍月氏，其祖在漢靈帝時歸漢。支謙的漢文水準很高，又「備通六國言」。曾從支讖的弟子支亮就學。東漢末年，避亂至吳，為孫權所聞，拜為博士。赤烏四年（西元241年）太子登卒，支謙退隱山中，從沙門竺法蘭受持五戒。據支愍度〈合首楞嚴經記〉，自黃武（222～228年）至建興（253～254年）年間，支謙共出經數十部。《出三藏記集》著錄36部，48卷，其中重要的是《大明度無極經》、《維摩詰經》。

《大明度無極經》是《道行般若》的改譯本，原譯本的晦澀詰屈處，大部改得通暢可讀，胡語音譯則改為意譯。這顯然是出於普及般若學的考慮。此處所謂「大明」，就是「般若」的意譯；「無極」則是支謙新增的，是對「大明度」威力無限的形容。由此可見，支謙在翻譯上的一般特點是雅順而不甚忠於原文。

《維摩詰經》與般若的空觀思想相通，在蔑視世俗正統觀念和批判小乘出世俗苦行方面，同樣激烈，但表現得更玩世不恭，更便於為貴族的縱慾主義辯護。它認為，佛教的根本目的，在於深入世間，解救眾生，所以修道成佛不一定落髮出家，只要證得佛教義理，居士也能出俗超凡，在享

---

[487] 〔唐〕道世：《法苑珠林》卷三六，《大正藏》第五三冊，No. 2122，頁576a。

## 第四章　魏晉南北朝時代的東西方交流

受「資財無量」的世俗生活樂趣中，就能達到涅槃解脫的境界。因為佛國與世間，無二無別，離開世間的佛國，是不存在的；「如來種」存在於「塵勞」（煩惱）之中，離開「塵勞」，也就無所謂「如來」。此經在西晉時還有竺法護、竺叔蘭的兩個譯本，至姚秦鳩摩羅什、唐玄奘也都有重譯本。《維摩詰經》在魏晉南北朝的士族階層中大受歡迎，比《般若》的影響還要深遠。直到隋唐，其風猶酣。

支謙另外一些異譯也頗有影響，其中《太子瑞應本起經》是康孟詳、竺大力於漢末所譯《修行本起經》的異譯，是敘述釋迦牟尼佛本生的故事，帶有濃厚的傳奇色彩，加上譯文流暢，影響後世中國文學的發展。

支謙還改定過維祇難、竺將炎共譯的《法句經》。此經原是為初學佛教者所作，為入門性質，對早期佛教思想作了概略的論述，比較系統，流播很廣。

支謙深諳文辭音律。據說，他曾根據《無量壽經》、《中本起經》製「贊菩薩連句梵唄」三契。這與曹植於中原地區從事佛教音樂藝術的創作，形成南北呼應的情勢。看來，三國時代也是中國佛教音樂的創作期，這為後來中國佛教音樂藝術的光大奠定了基礎。

三國時代江南吳地佛教的另一主要傳播者是康僧會。他原籍康居，世居天竺，其父經商移居交趾，是有文獻記載的第一個自南而北傳播佛教的僧侶。他不但「明解三藏」，且「博覽六經」，語言文字也曉暢明瞭、飲譽時林。康僧會曾隨南陽韓林、潁川皮業、會稽陳慧等，學習安世高的禪學，參與過《安般守意經》的注釋並為之作序。赤烏十年（西元247年），康僧會至建業，開始在南方傳教。相傳，他利用佛舍利顯神異，說動孫權為其建立佛寺，號「建初寺」，是為江南有寺之始。

西元256年，孫皓即位。他是一個殘暴的帝王。康僧會曾勸其信奉佛教，行「孝慈」、「仁德」之道。「以皓性凶粗，不及妙義」，所以康僧會「唯

敘報應近事，以開其心」，取得了一定的成功。因此，佛教史籍都將康僧會的傳教活動作為江南佛教的開端。

康僧會譯經，《出三藏記集》錄有 2 部，14 卷，僧傳所記則多一些。他也是中國佛教音樂的創作家，曾製「泥洹唄聲，清靡哀亮，一代模式」。最能代表其佛教思想的是《六度集經》。

《六度集經》共 8 卷，按大乘菩薩「六度」分為 6 章，編譯各種佛經共 91 篇，中心在用佛教的菩薩行發揮儒家的「仁道」說。他從佛教的「悲愍眾生」出發，力圖把孟子的「仁道」作為「三界上寶」，要求「王治以仁，化民以恕」。他甚至認為，對於「利己殘民，貪而不仁」的君主，臣民們可以起而棄之。他這樣調和佛家思想與儒家思想，尤其是把佛教中的消極頹廢元素改造成為可以容納儒家治世安民的做法，為中國佛教的發展開闢了另一條路，也體現了他所謂「儒典之格言即佛教之明訓」的觀點。他翻譯的《六度集經》的教義全是透過有關佛的故事陳述的，取材自蟲獸鳥龍、天王帝釋，包含有豐富的寓言和神話，有助於啟迪智慧和文藝創作。

## 二、胡漢交融由表及裡

1982 年，洛陽博物館徵集到一方出土於義馬北郊的「魏匈奴率善仟長」印（圖 4-1），從中透露出曹魏政權有意結交草原絲路沿線諸胡的意識。

圖 4-1：「魏匈奴率善仟長」印

## 第四章　魏晉南北朝時代的東西方交流

　　以往文物中所見「魏率善胡仟長」、「魏率善胡佰長」、「魏率善胡邑長」、「魏匈奴率善佰長」、「魏率善氐仟長」、「魏率善氐佰長」、「魏率善羌仟長」、「魏率善羌佰長」、「魏屠各率善仟長」、「魏屠各率善佰長」、「魏蠻夷率善仟長」、「魏蠻夷率善邑長」等諸胡官印（圖 4-2）的出土，可以折射出當時漢胡政治聯繫之密切。

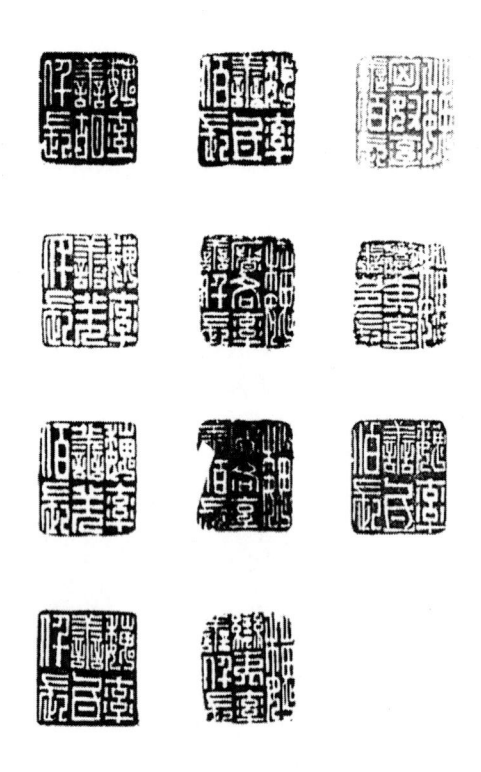

圖 4-2：「魏率善胡仟長」等官印 [488]

　　又由這枚「魏匈奴率善仟長」印出土於洛陽一帶，人們不難想像當時匈奴等五部胡人絡繹不絕地來到中原的景況。

---

[488]　圖版引自《上海博物館藏印選》，上海書畫出版社，1979 年，第 74 頁、第 75 頁、第 76 頁、第 77 頁、第 80 頁。有關曹魏時期中原王朝頒賜諸胡官印的遺跡，參見康殷、任兆鳳：《印典》所錄之圖版，國際文化出版公司，1993 年。

### 第一節　曹魏時期的絲綢之路與東西方往來

二十世紀初葉，西方探險家在漢晉時代西域鄯善國樓蘭地區及尼雅河流域，發現了數量眾多的漢晉寫本文書。其中一些涉及人事生計的漢文殘件，透露出曹魏時期中原內地與瀚海綠洲社會往來的歷史蹤跡。今擇若干紀年文牘迻錄如次，以見當時中西交通之具象。

斯坦因編 LA. Ⅱ.ii／林編 61 號樓蘭文書：

……□（嘉）平四年（西元 252 年）三月司徒府癸丑書署軍

……二年正月戊寅詔

……（咸）熙三年（266 年）十一月癸

……月壬戌詔書除郎中[489]

斯坦因編 LA. Ⅱ.ii.3／林編 330 號樓蘭文書：

出陌一□磑一合　‖‖ 景元四年（263 年）八月八日幕下史索廬靈□兼將張祿（正面）

錄事掾闕（反面）[490]

斯坦因編 LA. Ⅵ.ii.0207／林編 551 號樓蘭文書：

……種　‖‖ 咸熙二年（265 年）四月……[491]

斯坦因編 LA. Ⅵ.ii.021／林編 447 號樓蘭文書：

……咸熙二年（265 年）七月癸丑朔廿二日□□[492]

斯坦因編 LA. Ⅱ.i／林編 30 號樓蘭文書：

咸熙二年（265 年）十二月廿七監……[493]

---

[489]　林梅村：《樓蘭尼雅出土文書》，文物出版社，1985 年，第 38 頁。
[490]　林梅村：《樓蘭尼雅出土文書》，文物出版社，1985 年，第 59 頁。
[491]　林梅村：《樓蘭尼雅出土文書》，文物出版社，1985 年，第 74 頁。
[492]　林梅村：《樓蘭尼雅出土文書》，文物出版社，1985 年，第 67 頁。
[493]　林梅村：《樓蘭尼雅出土文書》，文物出版社，1985 年，第 32 頁。

## 第四章　魏晉南北朝時代的東西方交流

斯坦因編 LA.Ⅱ.ii ／林編 240 號樓蘭文書：

出黑粟三斛六斗稟戰車成輔‖　咸熙三年（266 年）二月一

一人日食一斗二升起二月一盡卅日‖[494]

斯坦因編 LA.Ⅱ.ii ／林編 253 號樓蘭文書：

出黑粟六斛稟書史王‖　咸熙三年（266 年）……[495]

沙海綠洲如此眾多的曹魏文書，顯示著中原政權曾管理兩關以西地區的過所、屯田、倉廩、給養在內的軍戍行政。

咸熙二年（265 年）十二月，司馬氏稱朔於洛陽。而以上斯編 LA.Ⅱ.ii ／林編 61 號、斯編 LA.Ⅱ.ii ／林編 240 號、斯編 LA.Ⅱ.ii ／林編 253 號三件文書，至遲於 265 年仍奉朔於曹魏。魏晉交替之初年，西域仍在中原王朝有效管理之下，只是其間西域行政尚未更改年號。

有關曹魏時代中外社會往來、文化交流的歷史情態，內地出土文物已有鮮活例證折射其流光溢彩。

1956 年，洛陽澗西區出土曹魏時代的白玉杯一件，該杯口徑 5.2 公分，底徑 4 公分，通高 11.5 公分，通體乳白，晶瑩剔透，其材質為成色上乘的和田玉，從中折射出當時東西方物質文化的交流。[496]

絲路沿線各個地區出土的這些歷史文物，從物質文化史料的角度透露出曹魏時期東西方文化往來與交流的諸般情態，是我們藉以了解當年絲綢之路的寶貴文化史資料。

---

[494]　林梅村：《樓蘭尼雅出土文書》，文物出版社，1985 年，第 53 頁。
[495]　林梅村：《樓蘭尼雅出土文書》，文物出版社，1985 年，第 54 頁。
[496]　洛陽文物工作隊：《洛陽出土文物集粹》，朝華出版社，1990 年，第 76 頁。

## 第二節 兩晉時期的絲綢之路

### 一、兩晉對絲綢之路的經略及影響

漢魏時代東西方交通交流頻繁，強化了西晉王朝對西域地區政治經營的意識。

洛陽西晉辟雍遺址出土的大晉龍興皇帝三臨辟雍皇太子又再涖之盛德隆熙之頌碑（圖 4-3），記載了晉初數以萬計四方學子前來洛陽修習儒家禮儀的事實。當時，「廓開太學，廣延群生，天下鱗萃，遠方篡訓，東越於海，西及流沙，並時集至，萬有餘人」。而辟雍碑碑陰生員題名中，有「散生西域朱喬尚建、散生西域王邁世光、散生西域隗景大卿（車師人）、散生西域隗元君凱（車師人）」及諸多敦煌寓洛生員的遺跡。[497]

史載「泰始元年（西元 265 年）冬十二月丙寅，設壇於南郊，百僚在位及匈奴南單于四夷會者數萬人」[498]，是晉朝時中外人事往來頻繁的有力佐證。

其後，西域諸國交聘洛陽者次第綿連、不絕於書。如：

太康元年（280 年）「八月，車師前部遣子入侍」[499]。

四年（283 年）「八月，鄯善國遣子入侍，假其歸義侯」[500]。

五年（284 年）十二月庚午，「林邑、大秦國各遣使來獻」[501]。

---

[497] 余嘉錫：〈晉辟雍碑考證〉，《余嘉錫論學雜著》，中華書局，1963 年，第 133 頁；張乃翥：〈三臨辟雍碑與晉武之文教視野〉，《中外關係史：新史料與新問題》，科學出版社，2004 年，第 163 — 171 頁。
[498] 〔唐〕房玄齡等：《晉書》卷三〈武帝紀〉，中華書局，1974 年，第 50 頁。
[499] 〔唐〕房玄齡等：《晉書》卷三〈武帝紀〉，中華書局，1974 年，第 72 頁。
[500] 〔唐〕房玄齡等：《晉書》卷三〈武帝紀〉，中華書局，1974 年，第 75 頁。
[501] 〔唐〕房玄齡等：《晉書》卷三〈武帝紀〉，中華書局，1974 年，第 75 頁。

## 第四章　魏晉南北朝時代的東西方交流

六年（285年）冬十月，「龜茲、焉耆國遣子入侍」[502]。

八年（287年）十二月，「南夷扶南、西域康居國各遣使來獻」[503]。

焉耆國王遣子入侍洛陽的史事，《晉書》另有相應的記載：「武帝太康中，（焉耆）其王龍安遣子入侍。」[504]

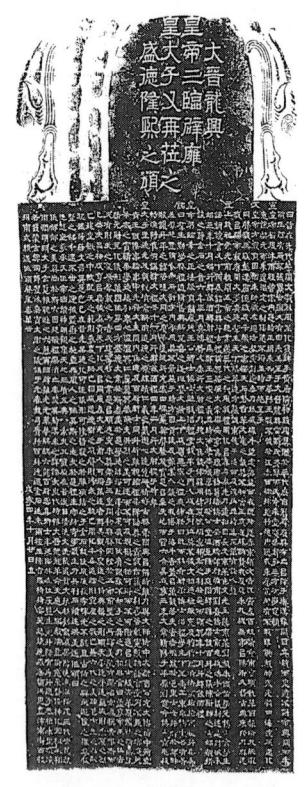

圖 4-3：洛陽西晉辟雍遺址出土的
大晉龍興皇帝三臨辟雍皇太子又再蒞之盛德隆熙之頌碑

至於當時四夷交通中夏者，史傳亦有記事，如大宛，《晉書》卷九七〈四夷傳〉記載：「大宛西去洛陽萬三千三百五十里，南至大月氏，北接康

---

[502]　〔唐〕房玄齡等：《晉書》卷三〈武帝紀〉，中華書局，1974年，第76頁。
[503]　〔唐〕房玄齡等：《晉書》卷三〈武帝紀〉，中華書局，1974年，第78頁。
[504]　〔唐〕房玄齡等：《晉書》卷九七〈四夷傳〉，中華書局，1974年，第2542頁。

居，大小七十餘城。土宜稻麥，有蒲陶酒，多善馬，馬汗血。其人皆深目多須……善市賈，爭分銖之利，得中國金銀，輒為器物，不用為幣也。太康六年（285年），武帝遣使楊顥拜其王藍庾為大宛王。藍庾卒，其子摩之立，遣使貢汗血馬。」[505] 此外，《晉書》卷九七〈四夷傳〉對康居國、大秦國都有詳細的記載。

西晉時期西域與內地之文化交流，時人文章亦有辭賦一例。潘尼〈琉璃碗賦〉讚西域傳來玻璃製品時謂：「濟流沙之絕險，越蔥嶺之峻危。於是遊西極，望大蒙。歷鐘山，窺燭龍。覲王母，訪仙童。取琉璃之攸華，詔曠世之良工。纂玄儀以取象，準三辰以定容。光映日矅，圓成月盈。纖瑕罔麗，飛塵靡停。灼爍旁燭，表裡相形。凝霜不足方其潔，澄水不能喻其清。剛堅金石，勁勵瓊玉。磨之不磷，涅之不濁。」[506] 對這類天方珍寶極盡摹狀之能事。

有關晉代西域不辭「阻遠」絡繹「方貢」的事例，洛陽出土文物中更有直接的紀事。如陝西博物館藏 2007 年洛陽邙山出土的垂拱三年（西元 687 年）大唐故處士安公康夫人墓誌並序一石，高 50 公分，寬 50 公分，厚 7.5 公分，志載「夫人諱敦，其先康居國人也。晉泰始年中（265 年至 274 年）奉表獻真珠寶物，因留子孫，遂為河南洛陽人焉」。可見上述文獻紀事信而有徵、毋庸置疑。

## 二、晉代來華僧人及其活動

西晉時期西域與中原地區的交通，可以以永嘉四年（西元 310 年）天竺僧人佛圖澄來洛陽為代表。《高僧傳》記載，佛圖澄為西域人，本姓帛。

---

[505] 〔唐〕房玄齡等：《晉書》卷九七〈四夷傳〉，中華書局，1974 年，第 2543－2544 頁。
[506] 〔唐〕歐陽詢撰，汪紹楹校：《藝文類聚》卷七三，上海古籍出版社，1965 年，第 1262－1263 頁。

## 第四章 魏晉南北朝時代的東西方交流

帛又寫作白，為龜茲王家之姓。少年出家，到罽賓求訪名師，於晉懷帝永嘉四年（310年）來到洛陽，志在弘揚佛法。「欲於洛陽立寺，值劉曜寇斥洛臺，帝京擾亂，澄立寺之志遂不果。乃潛身草野，以觀世變。時石勒屯兵葛陂，專以殺戮為威，沙門遇害者甚眾。澄憫念蒼生，欲以道化勒，於是杖策到軍門。」石勒稱王後，特別尊崇佛圖澄。佛圖澄「道化既行，民多奉佛，皆營造寺廟，相競出家」。[507]

晉時又有胡沙門「犍陀勒者，本西域人，來至洛陽積年」，後於洛陽東南磐鵄山創復伽藍，駐錫寺主，輒顯靈異。[508] 另有沙門耆域，天竺人，於晉惠帝末期到洛陽，云洛陽宮城彷彿「忉利天宮」。八王之亂，洛陽遭受兵燹，耆域辭還天竺。洛中沙門竺法行，即耆域之高足。[509] 西晉時還有另一位譯經大師，即「敦煌菩薩」竺法護。

竺法護，音譯曇摩羅刹，是西晉最有成就的譯經家。其祖籍月氏，世居敦煌，8歲出家，萬里尋師。除誦讀佛經外，還博覽六經和百家之言。後隨師遊歷西域各國，遍學36種語言，蒐集大量胡本佛經，帶回長安。西晉末年，避亂東向，死於澠池。他一生往來於敦煌、長安之間，前後47年（西元266～313年）譯經150餘部，除小乘「阿含」中的部分單行本外，大部分是大乘經典，包括「般若」類的《光贊般若經》、「華嚴」類的《漸備一切智德經》、「寶積」類的《密跡金剛力士經》、「法華」類的《正法華經》、「涅槃」類的《方等般泥洹經》等。早期大乘佛教各部類的有代表性的經典，都有譯介。這些佛教典籍的內容非常龐雜，既包括有思想深沉的多種哲學流派，又含有形式粗鄙的原始宗教觀念，大致上反映了當時佛教由天竺到西域的基本面貌，在溝通西域同內地的早期文化上，有卓越的貢

---

[507] 〔梁〕釋慧皎撰，湯用彤校注：《高僧傳》卷九〈佛圖澄傳〉，中華書局，1992年，第345－357頁。

[508] 〔梁〕釋慧皎撰，湯用彤校注：《高僧傳》卷十〈晉洛陽磐鵄山犍陀勒傳〉，中華書局，1992年，第369頁。

[509] 〔梁〕釋慧皎撰，湯用彤校注：《高僧傳》卷九〈耆域傳〉，中華書局，1992年，第364－366頁。

獻。《高僧傳》評論說：「經法所以廣流中華者，護之力也。」[510] 東晉名僧支遁稱讚竺法護「濯足流沙，領拔玄致」。名士孫綽作《道賢論》，也讚其「德居物宗」，將他比作竹林七賢中的山濤。

竺法護還有以下重要的譯經：

《光贊般若經》十卷，晉泰康七年（西元 286 年）譯於長安，是《放光般若》的同本異譯，但內容只相當於後者的前 30 品。東晉道安於泰元元年（376 年）獲得此經，與《放光》作對比研究，著《合放光光贊隨略解》、《光贊析中解》、《光贊抄解》等，將對此經的研究推及內地，促進了東晉般若學的流傳。

《正法華經》十卷，晉泰康七年（西元 286 年）譯於長安。中心思想是「會三歸一」、「藉權顯實」，也就是肯定了佛教在流布過程中廣泛吸取其他宗教流派的做法，認為是合理的。它把已經融會於大乘佛教之中而又異於原始佛教的思想信仰，解釋成是佛陀教化眾生的方便方法，同時也給原始佛教以恰當的地位，將其視為同一「佛乘」的不同表現形式。這些說法，調和了佛教內部的派別對立，也為進一步容納其他民族民間信仰崇拜融入佛教開創了道路。

《法華經》前後六譯，現存除《正法華經》外，還有秦譯的《妙法蓮華經》。隋代據上述兩個譯本作了改訂，命名為《添品妙法蓮華經》。秦譯與《正法華經》不是一個原本，主要差別是在哲學基礎上。《正法華》提倡「諸佛本淨」，「法身常存」，屬大乘「有宗」；《妙法華》宣傳「佛種從緣」，「道法」無常，屬大乘「空宗」。因此，《正法華》的譯文也反映了竺法護的佛教思想體系。

《漸備一切智德經》十卷，元康七年（西元 297 年）譯於長安西寺，與鳩摩羅什所譯《十住經》同為《華嚴經·十地品》的異譯本。此經主要是講

---

[510]　〔梁〕釋慧皎撰，湯用彤校注：《高僧傳》卷一〈竺法護傳〉，中華書局，1992 年，第 23－24 頁。

## 第四章 魏晉南北朝時代的東西方交流

述大乘菩薩修行所必須經歷的十個階段。其中有一個命題，所謂「其三界者，心之所為」，鳩摩羅什等譯作「三界虛妄，但是心作」，是大乘佛教由般若學向唯識學轉變的契機，在佛教哲學的發展史上有重要地位。

助竺法護譯經、出力最多的是聶承遠、聶道真父子。聶承遠富有文才，對竺法護所譯諸經，多有參正，像《正法華經》、《光贊般若經》等就是。聶承遠自己譯有《越難經》一卷。聶道真除擔當筆受外，還自譯有《文殊師利般涅槃經》、《異出菩薩本起經》等 24 部，三六卷。據《歷代三寶紀》卷六載，他還撰有《眾經錄目》，記載竺法護所譯部分佛經目錄。

大約與竺法護同時在長安譯經的，還有帛法祖。法祖一名帛遠，姓萬氏，河內（今河南沁陽）人，《出三藏記集》有傳，說他深研佛經，博讀世典。在長安築造精舍，以講習為業，僧俗稟受者近千人。惠帝末年，為鎮守關中的河間王顒所敬。道士、祭酒王浮，與佛教爭邪正，每為法祖所屈，王浮憤而作《老子化胡經》，攻擊佛教，成為兩晉佛道二教爭論優劣的一大公案。法祖的影響遠及關隴，「崤函之右，奉之若神」，在西北少數民族中享有極高的威信。死後，「群胡」共分祖屍，各起塔廟供養之。法祖精通胡漢語，譯有《弟子本》、《五部僧》等佛經，並注《首楞嚴經》。東晉孫綽作《道賢論》，將他比作竹林七賢中的嵇康。

西晉長安是佛教義學最發達的地區，而洛陽有譯者法立、法矩、安法欽等。此外，竺叔蘭為河南（洛陽市東）尹樂廣的賓客，曾同無羅叉於陳留倉垣（開封北）譯出《放光般若經》。交州有「西域人」強梁婁至，「志情曠放，弘化在懷」，太康二年（西元 281 年）譯出《十二遊經》。佛教教義在全國多處開始傳播。

在支持佛教傳播上，晉室貴族中有中山王和河間王，士族官僚中有周嵩和石崇，一批名僧因為被這類貴族官僚賞識，成為清談的名士，諸如支孝龍、劉元真、法祚等。支孝龍與阮瞻等並稱「八達」，他的名言是「無心

於貴而愈貴，無心於足而愈足」。此種「無心」和「自足其性」之說，與向秀、郭象的《莊子注》大同，然而流行最廣的仍是般若思想。朱士行於于闐所得的《放光般若經》，於元康元年（西元291年）由竺叔蘭和無羅叉在陳留倉垣水南寺譯出，受到中山王的熱烈歡迎，同時「大行京華，息心居士翕然傳焉」。

這些無疑都體現了魏晉時代東西方文化的交流。

## 三、異質文化交融及其在絲路沿線的遺跡

1907年1月31日，英籍探險家斯坦因（M. A. Stein）在新疆米蘭一處被標示為M. III的寺院遺址中，發現其牆裙壁畫中繪有數量不少的有翼天使形象。[511] 由遺址文化層中出土的書寫有佉盧文的絲綢遺物來判斷，這座寺院及其壁畫遺跡的年代當在三世紀至四世紀初葉。這一文物遺跡的發現，說明具有西方希臘、羅馬古典繪畫風格的美術作品，在西晉時代就已浸染到東傳中國的佛教藝術系統中。如此看來，佛教文化沿著絲綢之路傳播東方的過程中，受到中亞地區西方文化的薰陶——犍陀羅佛教藝術由此產生。這正是絲綢之路多元文化相互融合的結果。十六國以來，中原佛教藝術相容西域風尚、漢地情調於一體的事態，實際上亦是域外異質文化與當地傳統文化不斷滲透、融合的表現。

1980年代末，考古學者繼斯坦因在新疆米蘭發現有翼天使繪畫之後，在當地吐蕃戍堡西南一座佛寺遺址中，再次發現一幅有翼天使像的壁畫。其中描繪了兩軀半身雙翼的天使，形象、儀態與斯坦因此前發現的同類美術作品「若出一人之手」，畫風具有明顯的希臘風格和安息藝術的遺

---

[511]　A. Stein, Serindia. *Detailed Report of Explorations in Central Asia and Westernmost China, Vol. I*, Oxford: Clarendon Press, 1921, pls. XL-XLII.

## 第四章　魏晉南北朝時代的東西方交流

韻。[512]這類美術作品在帕米爾以東地區的發現，證明了西元四世紀中葉以前西方羅馬藝術或中亞犍陀羅藝術循著中外文化交往的足跡，逐漸東傳漢地的過程。這無疑從文化遺跡角度折射出歷史文獻上述記事的真實。

晉代西域胡人交接中原的往事，內地、西陲文物系列中亦有相應遺跡可供尋蹤。

圖 4-4：洛陽出土西晉韓壽墓墓表殘件

二十世紀初葉，洛陽西晉墓葬遺跡中出土了一件柱狀墓表殘石。這件石刻殘高 113 公分，柱徑 33 公分。柱身頂端有凸狀榫頭，當年應有其他構件坐落於其上。榫頭以下之柱身，遍雕縱向凸起的稜弧，其間又有瓣狀繩紋兩匝環繞於上段，從而傳達出濃郁的希臘、羅馬古典柱式的風格。在此柱身的上段，有連綴的墓表望板，內有殘刻隸書文曰「□（晉）□（故）□（散）□（騎）□（常）／侍驃騎將軍／南陽堵陽韓／□（府）□（君）□（神）□（道）□（碑）」（圖 4-4）。據研究，此墓表係西晉名族南陽韓壽的

---

[512]　王炳華：〈絲路考古新收穫〉，《新疆文物》1991 年第 2 期。另參見沈福偉：《中西文化交流史》，上海人民出版社，2006 年，第 97 頁。

神道遺物，在中國西晉文物比較缺乏的情況下，顯然具有十分珍貴的價值。[513] 墓表顯示出來的西域柱式形制，為後來六朝陵墓墓表所沿襲，可以看出當時西域建築文化對中原社會的影響——至今依然屹立於地中海沿岸諸國的不計其數的各式稜柱，毫無疑義正是華夏同類遺跡的文化源頭。

這些西方建築的經典傑作，以其美輪美奐的視覺魅力，贏得了東方世界由衷的讚賞。當人們來到義大利南部克羅托內市（Crotone）圍繞著那些亭亭玉立的古代稜柱時，我們可以想像到這種極具審美價值的「西方樣本」，以其充斥張力的資源品格，落根於絲路異域的必然。

1996年8月，山東滕州夏樓村一晉墓出土了6件陶俑。內有胡俑2件，「頭戴高冠，凹眼高鼻，有唇髭」。其中M：1號俑，高34公分，腳穿前翹尖頭鞋，背部刻一「胡」字，具有明顯的西域胡人的特徵。[514] 據希臘上古歷史學家希羅多德《歷史》一書的記載，當時往來西域的「塞人，是斯基泰部落，他們頭戴高聳的尖頂厚氈帽，穿著褲子」[515]。因此，我們認為山東滕州出土的這兩件胡俑應是西域塞人流寓中原的美術寫影，與同墓出土畫像石中「有尾持物羽人」這類美術題材，共同反映了內地與西域文化交流的資訊。

新疆吐魯番吐峪溝出土的元康六年（西元296年）月氏僧竺法護與漢人聶承遠等譯《諸佛要集經》一頁，[516] 說明漢地譯經隨著中外文化交流的展開已經西漸於高昌一帶。

近代西域地區出土的歷史文物中，亦一再顯示出西晉王朝對這一地區

---

[513] 洛陽博物館：〈西晉散騎常侍韓壽墓表跋〉，《文物》1982年第1期。
[514] 滕州市文化局、滕州市博物館：〈山東滕州市西晉元康九年墓〉，《考古》1999年第12期。
[515] 轉引自張廣達、榮新江：《于闐史叢考·上古於闐的塞種居民》，上海書店，1993年，第195頁。
[516] ［日］香川默識：《西域考古圖譜》下冊·佛典之部（一），（東京）國華社，1915年；羽田亨：《西域文明史概論》，（東京）弘文堂，1970年，第100－101頁及圖13；［日］井之口泰淳：《西域出土佛典的研究》，圖版冊，第1頁。

## 第四章　魏晉南北朝時代的東西方交流

政治現實的關注。新疆羅布泊樓蘭古城在歷史上的情況，史籍《史記》、《漢書》多有記載，但是自東漢以後就缺乏記載。目前所能借助的研究資料，主要是 1901 年 3 月斯文‧赫定發掘樓蘭城址及其以後英國人斯坦因、日本人橘瑞超等在樓蘭獲得的大批資料，其中主要是魏晉時期的木簡殘紙文書資料。

樓蘭遺址發現的這些墨書的殘紙和木簡，堪稱當年遺落西域的文化瑰寶。殘紙中有永嘉元年（西元 307 年）及永嘉四年（310 年）的年號，因此這批殘紙當是西晉至十六國早期的遺物。除公文文書外，還有私人的信札和信札的草稿。書體除介乎隸楷之間的楷書外，還有行書和草書。這些殘紙是研究魏、晉、十六國書法的寶貴資料，不但使我們得以窺見晉人在西域的活動紀實，更以晉人的真實用筆，為研究當時東方書風的演化軌跡提供了珍貴的文獻資料。

樓蘭位於敦煌以西，沿疏勒河西行至羅布泊便可到樓蘭，因此樓蘭便成為途接塔里木盆地與內地中原的樞紐，是絲綢之路上最重要的綠洲之一。

樓蘭出土的簡紙文書，不僅是研究中國古史、中西交通史、絲綢之路文化史最直接的第一手基礎資料，而且是研究西域史、樓蘭鄯善史、魏晉前涼斷代史最真實的歷史資料。樓蘭的興衰、生態的發展變化、環境的變遷，是一面歷史的鏡子。

在瀚海綠洲出土的這些西域文書中，尤其值得留意的歷史文獻如《樓蘭尼雅出土文書》第 53 頁錄 240 號文書所見：

出　黑粟三斛六斗稟戰車成輔

一人日食一斗二升起二月一盡卅日

## 第二節 兩晉時期的絲綢之路

咸熙三年（西元266年）二月一日監……[517]

同書第54頁錄253號文書：

出黑粟六斛稟書史王

咸熙三年（266年）……[518]

同書第38頁錄62號文書：

……月壬戌詔書除郎中

……□□承泰始二年（266年）二月癸（正面）

□春□家書（反面）[519]

同書第86頁錄684號文書：

晉守侍中大都尉奉晉大侯親晉鄯善、焉耆、龜茲、疏勒……

另在同一地區出土的西晉簡牘中，有泰始年間事涉西域長史府的多件文書的發現。如編號L.A.Ⅵ.ⅱ-014-沙木725號簡，文曰：

月七日詣督泰始四年（268年）閏月己巳言

L.A.Ⅵ.ⅱ-015-沙木752號簡，文曰：

西域長史承移今初除月廿三日當上道從上郆至天水。[520]

L.A.Ⅱⅱ-孔木49號簡，文曰：

麥 ‖‖ 泰始五年（269年）十一月九日倉曹掾李足監倉蘇良

奏曹史淳于仁兵曹史靳仁從掾位張雅[521]

---

[517] 林梅村：《樓蘭尼雅出土文書》，文物出版社，1985年，第53頁。
[518] 林梅村：《樓蘭尼雅出土文書》，文物出版社，1985年，第54頁。
[519] 林梅村：《樓蘭尼雅出土文書》，文物出版社，1985年，第38頁。
[520] 侯燦、楊代欣：《樓蘭漢文簡紙文書集成》第2冊，天地出版社，1999年，第382頁。
[521] 侯燦、楊代欣：《樓蘭漢文簡紙文書集成》第1冊，天地出版社，1999年，第110頁。

## 第四章　魏晉南北朝時代的東西方交流

L.A.Ⅵ.ⅱ-044-沙木736號簡，文曰：

〔上殘〕泰始六年（270年）五月七日兵曹史瓠今從掾位趙辯

兵曹史車成岱（正面）

〔上殘〕吳樞錄事掾梁鷟（背面）。[522]

以上簡文透露，西晉初年西域長史府曾以「倉曹」、「監曹」、「奏曹」、「兵曹」等明確的分曹主事的行政制度，行使著西域地區富有成效的國家管理。簡文提示我們，「兵」、「粟」、「倉」諸事，在西域長史府日常行政中占有舉足輕重的地位；並且，洛陽朝廷當時在西域長史新舊除授、官員更替之際，必有通知沿途當政按時接洽的移書。

近代以來的考古發掘，出土了不少魏晉南北朝時期的簡牘和寫本墨跡。這不僅為我們了解漢字字型的演變、發展提供了極為寶貴的歷史資料，同時也讓我們對當時書家的藝術創造性有了更深刻的理解。而這些墨跡的本身，往往也是傑出的藝術作品，是書法學習與研究的重要資源。

中國西北地區出土了眾多的魏晉十六國時期的簡牘、紙本墨跡，其中著名的如《樓蘭殘紙》等，二十世紀初期以來即陸續出土於新疆古樓蘭遺址。這裡是曹魏、西晉至前涼時期管理西域地區最高軍政長官——西域長史的駐地和管轄的場所。這些殘紙多為戍邊吏士所書，記載了當年這裡人文生活的具體情節，由於當地氣候乾燥，因此雖經千載而紙墨如新，是非常難得的書法史資料。《樓蘭殘紙》字型類型豐富，反映了魏晉時期字型演變中多姿多彩的特色。

漢字書法藝術亦在樓蘭地區廣泛傳播和發展。魏晉南北朝時期的樓蘭書法，已具有鮮明的地域性和極高的獨創性審美價值。無論從數量或品質及時代的先後來看，樓蘭書法在整個中國書法藝術史上都具有重要的地

---

[522]　侯燦、楊代欣：《樓蘭漢文簡紙文書集成》第2冊，天地出版社，1999年，第392頁。

## 第二節　兩晉時期的絲綢之路

位。在傳統書法寶藏中，魏晉墨跡遺跡甚少，數百件屬於魏晉時期的樓蘭簡紙文書的發現，無疑填補了中國書法藝術史中的空白。它們是漢字文化在西域地區留下的珍貴遺產。

有關西晉王庭羈縻塔里木綠洲諸國的往事，當地另有其他文物遺跡的顯示。1982年，新疆博物館考古隊在焉耆縣博格達沁古城東5公里處一座晉墓中，發掘出土了包括九龍黃金帶扣、包金鐵劍在內的一批珍貴文物。這件黃金帶扣鑲嵌紅綠寶石，長約10公分，寬約5公分，重48克。學者們認為屬於焉耆王室之物。這件帶扣與1991年湖南安鄉縣西晉劉弘墓出土的帶扣及朝鮮平壤石巖里9號樂浪古墓出土的帶扣質地類似、形制相似，所以可以推知應是西晉王朝頒賜綠洲藩屬王室的遺物。[523]

此外，1924年新疆鄯善縣出土了晉人寫本陳壽《三國志·吳書》殘卷，內容為《吳書·虞翻傳》至同書《張溫傳》遺留文字。1956年1月10日，新疆吐魯番一座佛塔遺址中，再次出土晉代寫本《三國志》殘卷，內容係《孫權傳》，殘存570餘字。以上兩卷之書風，「字跡十分類似，捺筆極重，隸書氣味很濃厚」，具有鮮明的晉人書法的時代特徵。[524]《三國志》成書於晉初，作為漢地傳統文化典籍，其流布西陲邊地之迅捷，一方面顯示出西晉時期中原文明對西域地區極具張力的影響，另一方面也透露出一種帶有時政意義的文化典籍，更在西晉王朝極具效率的管理制度下及時通行邊疆地區的情勢。

新疆羅布泊地區，出土有東晉咸和年間（西元326年至334年）前涼西域長史李柏致焉耆王書簡草稿之殘卷，內中透露出中原王朝對西域地區的政治影響。[525]

---

[523]　林梅村：《尋找樓蘭王國》，北京大學出版社，2009年，第82頁。
[524]　郭沫若：〈新疆新出土的晉人寫本三國志殘卷〉，《文物》1972年第8期。
[525]　王國維：〈羅布淖爾東北古城所出晉簡跋〉、〈羅布淖爾北所出前涼西域長史李柏書稿跋〉，《觀堂集林》卷17，中華書局，1959年，第863－865、871－876頁。

## 第四章　魏晉南北朝時代的東西方交流

　　1965 年 7 月，北京地區西晉華芳墓中出土了一件波斯薩珊形態的玻璃碗殘件。此碗侈口斂頸，球腹圜底，腹部凸起一排十個橢圓形乳釘，底部有七對稍微凸起的釘足。碗高 7.2 公分，口徑 10.7 公分，透明而呈淡綠色。華芳係西晉幽州刺史王浚之妻，葬於永嘉元年（西元 307 年）。這件生活用具是中國境內發現的時代較早的波斯薩珊玻璃器製品，[526] 反映出西晉年間中外交通的暢達。

　　與此相表裡，近代以來中國西北一帶相繼出土了數以百計的晉代官印。這些印章大多為西晉王朝頒發給邊服渠酋的職官印信，[527] 從中不難看出司馬氏政權結好四方的政治態度。考古資料顯示，西晉王朝頒賜諸胡官印的數量，已遠遠超出漢魏兩代同類官印數量的總和，這充分反映出西晉年間漢胡政治階層人事往來的頻繁。

圖 4-5：1973 年洛陽博物館徵集的據傳出土於甘肅的「晉歸義胡王」金印

　　1973 年，洛陽博物館徵集的據傳出土於甘肅的「晉歸義胡王」金印（圖 4-5）[528] 及往年出土的「晉歸義胡侯」、「晉率善胡仟長」、「晉率善胡佰長」、「晉支胡率善仟長」、「晉鮮卑歸義侯」、「晉屠各率善佰長」、「親晉羌

---

[526]　北京市文物工作隊：〈北京西郊西晉王浚妻華芳墓清理簡報〉，《文物》1965 年第 12 期；安家瑤：〈北周李賢墓出土的玻璃碗——薩珊玻璃器的發現與研究〉，《考古》1986 年第 2 期。
[527]　康殷、任兆鳳：《印典》所輯漢晉官印各例，國際文化出版公司，1993 年。
[528]　賀官保、陳長安：〈洛陽博物館館藏官印考〉，《文物》1980 年第 12 期。又見《洛陽市文物志》，中州古籍出版社，1995 年，第 361－362 頁。

第二節　兩晉時期的絲綢之路

王」(2 枚)、「晉歸義羌王」(2 枚)、「親晉氐王」、「晉歸義氐王」(3 枚)、「晉蠻夷王」、「晉蠻夷歸義王」、「晉蠻夷歸義侯」、「晉蠻夷率善仟長」、「晉蠻夷率善佰長」、「晉匈奴率善佰長」官印等,[529] 即西晉王庭頒賜睦鄰友好或者嚮慕歸化的胡人首領及部落大人的印信。

北京首都博物館藏有一方西晉「晉匈奴歸義王」金印。印重 86.9 克,含金量為 60%。印正方形,邊長 2.2 公分,厚 2.5 公分。駝紐,紐高 1.7 公分。印面刻陰文「晉匈奴歸義王」六字。其刻功用刀平直,字口方齊。[530] 這方金印,不僅為研究西晉時期漢與匈奴的關係提供了珍貴的實物資料,更從文化群(cul-turegroups)層面顯示出當時「胡人」與「匈奴」被晉人視為不同民族的事實,這就為澄清洛陽文博界長期以來將「晉歸義胡王」印認定為「匈奴」官印提供了甄別依據。西晉王朝對職貢部落酋帥官印的頒授,尚有略次一等的印信遺跡,內地亦有文物的面世。

不僅如此,來自於出土文物的符號集合資訊顯示,「晉歸義胡王」印信的頒授,出土遺物已有不止一例的發現——它無疑從一個側面透露了中原王朝頻繁與四夷蕃王部落接觸的真實史態。如果從中亞七河流域昭武九姓的商貿史來分析,則這類「歸義胡王」顯然指的就是「利之所在,無遠弗屆」的粟特諸胡部落東來華夏的首領。

1964 年,新疆吐魯番阿斯塔那遺址延昌二十九年(西元 589 年)唐紹伯墓出土了一件繡有漢字「胡王」的牽駝紋織錦。[531] 這件有豐富的中外文化交流資訊的織錦的出土,無論從遺址所在地理位置的典型性還是文化內

---

[529]　《上海博物館藏印選》,上海書畫出版社,1979 年,第 77－80 頁;姜東方:〈晉匈奴歸義王金印〉,《文物》1988 年第 6 期;陝西省文管會、陝西博物館陳全方:〈陝西出土的一批古代印章資料介紹〉,《文物資料叢刊》1977 年第 1 期;《漢銅印叢》第 8 卷第 3 冊,中華書局,1962 年,第 14 頁。

[530]　姜東方:〈晉匈奴歸義王金印〉,《文物》1988 年第 6 期。

[531]　新疆維吾爾自治區博物館:〈吐魯番阿斯塔那——哈拉和卓古墓群發掘簡報〉,《文物》1973 年第 10 期。參見新疆社會科學院考古研究所:《新疆考古三十年》,新疆人民出版社,1983 年,第 87 頁。

## 第四章　魏晉南北朝時代的東西方交流

涵的可融性上來說,都印證了中外古代民族之間的人文往來。

中古時期中原、西域兩地先後出現的這些與「胡王」有關的文物,折射出中原社會與西域粟特胡人部落綿延不斷的政治、經濟聯繫。

中古時期中外交流東往西來的歷史動態,兩晉以後中原史乘、西域文物遺跡中亦有另外的例證。

《晉書》卷一〇七〈石季龍載記〉云,太寧元年(西元349年)後趙「龍驤孫伏都、劉銖等結羯士三千伏於胡天,亦欲誅(冉)閔等」[532]。其中記載的「胡天」,正是原在中亞粟特石羯部落中的祆神祠廟。中原地區因東來粟特胡人的成千積聚而流行祆教之信仰,十六國時期已經形成一種能夠影響當地政治局勢的社會勢力。

1907年,英國探險家斯坦因在敦煌烽燧遺址中發掘出一組西晉末年(西元312年前後)的粟特文古信札。據研究,這些文書是移居涼州和敦煌的粟特人寫給故鄉撒馬爾罕(今烏茲別克境內)貴人的書信。信中談到,這些以涼州為大本營的粟特商團,在東起洛陽、西至敦煌的廣大地區從事絲綢等物的長途販運,經營的商品有金、麝香、胡椒、樟腦、麻織物、糧食及中原絲綢。[533]

西晉時期西域胡人來臻華夏的事例,洛陽地區已有文化遺跡可資尋覓。

2003年冬,文物部門在洛陽偃師縣西首陽山南麓發掘了一座永康元年(西元300年)的西晉墓,編號為2003YHDM37。墓中出土陶俑、陶房、陶磨、陶碗、陶碓、陶牛、陶雞、陶狗、陶車輪、陶空柱盤、陶燈、陶盾及銅質飾件等諸多陪葬明器,另有鐫刻「永康元年二月廿一日安文明妻支

---

[532]　〔唐〕房玄齡等:《晉書》卷一〇七〈石季龍載記〉,中華書局,1974年,第2791頁。
[533]　W. B. Henning, The Date of the Sogdian Ancient Letters, *Bulletin of the School of Oriental and African Studies*,XII, 1948, pp. 602-605; N.Sims-Williams, The Sogdian Merchants in China and India, A.Cadonna&L.Lanciotti (eds.), *Cina e Iran.Da Alessandor Magno alla Dinastia Tang*, Firenze, 1996, pp. 47-48.

伯姬喪」銘文的磚一塊（圖4-6）。[534]

依照該磚透露墓主的姓氏資訊，結合當年洛陽地區大量留寓西域胡人的人文背景，我們認為墓主夫婦應為安國粟特胡人與月氏胡姓裔民組成的家庭。這與斯坦因在敦煌烽燧遺址發掘出土的粟特文書信札寫卷中透露的西晉末年粟特胡人興販洛陽的事實，有著內在的現實因緣。

圖4-6：洛陽邙山南麓出土西晉月氏人支伯姬磚志

1965年1月10日，吐魯番地區安伽勒克古城遺址一座寺廟廢墟中，出土了一只盛有多種古代寫本文書的陶甕。這些文書中，一件北涼時代的漢文《金光明經》寫卷及其題記引起了人們的留意。題記全文如下：

金光明經卷第二　凡五千四百卅三言／庚午歲八月十三日於高昌城東胡天南太后祠下為索將軍佛子妻息闔家寫此／金光明一部。斷手訖竟，筆墨大好，書者手拙，具字而已，後有聰睿攬／採之者，貫其奧義，疾成佛道。[535]

---

[534] 洛陽市第二文物工作隊、偃師商城博物館：〈河南偃師西晉支伯姬墓發掘簡報〉，《文物》2009年第3期。
[535] 吐魯番文書整理小組、新疆維吾爾自治區博物館：〈吐魯番晉－唐墓葬出土文書概述〉，《文物》

此中明確透露出當年高昌城下有「胡天」神祠的事實。[536]

關於這件文書的寫作年代，學者們認為或在北涼承玄三年（西元 430 年），或在北魏太和十四年（490 年）。文書書法運筆之形意雋美、揮灑自如，題記措辭之文理曉暢、雅俗兼工，無不反映出中古時代吐魯番地區中原傳統文化根基的深固。

中原地區胡天祆神的祠奉，史籍另有資訊的顯示。史載，北魏靈太后幸嵩高山，「從者數百人，升於頂中。廢諸淫祀，而胡天神不在其列」[537]。這也反映出北魏祆教與西域宗教的傳播保持有密切聯繫的情勢。

## 第三節　南北朝時期絲綢之路的繁榮

### 一、東來西往的貢使及其貿易

北魏拓跋氏之興起，以馬上馳騁風捲中外，故其立國以來，東西兩地經濟往來、文化交流不絕於時日。太延五年（西元 439 年）削平河西，域外文明遂又乘時疾進暢化於東方。

史載，太武帝太延元年（435 年），「遣使者二十輩使西域」[538]。太延二年（436 年），「遣使六輩使西域」[539]。太延三年（437 年），「遣散騎侍郎董琬、高明等多齎錦帛，出鄯善，招撫九國，厚賜之……琬過九國，北行至烏孫國。其王得魏賜，拜受甚悅……琬於是自向破洛那，遣明使者

---

1977 年第 3 期。

[536] 王丁：〈南太后考〉，《粟特人在中國——歷史、考古、語言的新探索》，中華書局，2005 年，第 430－456 頁；王丁：〈吐魯番安伽勒克出土北涼寫本金光明經及其題記研究〉，《敦煌吐魯番研究》第 9 卷，中華書局，2006 年，第 35－55 頁。

[537] 〔北齊〕魏收：《魏書》卷一三〈靈太后傳〉，中華書局，1974 年，第 338 頁。

[538] 〔北齊〕魏收：《魏書》卷四下〈世祖紀〉，中華書局，1974 年，第 85 頁。

[539] 〔北齊〕魏收：《魏書》卷四下〈世祖紀〉，中華書局，1974 年，第 87 頁。

第三節　南北朝時期絲綢之路的繁榮

舌。烏孫王為發導譯，達二國，琬等宣詔慰賜之。已而琬、明東還，烏孫、破洛那之屬遣使與琬俱來貢獻者，十有六國。自後相繼而來，不間於歲，國使亦數十輩矣」[540]。史載，「琬等使還京師，具言凡所經見及傳聞旁國」[541]，對北魏朝野了解西域各國的風土人情、地理物產有著重大的影響。

當時西域的大月氏國，「其國人商販京師，自云能鑄石為五色琉璃。於是採礦山中，於京師鑄之。既成，光澤乃美於西方來者。乃詔為行殿，容百餘人，光色映澈，觀者見之，莫不驚駭，以為神明所作。自此中國琉璃遂賤，人不復珍之」[542]。此為西方技術落植東土的例項。

太平真君五年（西元 444 年）三月，「遣使者四輩使西域」。正平元年（451 年）正月，「破洛那、罽賓、迷密諸國各遣使朝獻」[543]。這正是河西內屬後中外社會互動之先聲。

獻文帝皇興二年（西元 468 年），北魏遣「使者韓羊皮使波斯，波斯王遣使獻馴象及珍物。經于闐，于闐中於王秋仁輒留之，假言慮有寇不達。羊皮言狀，顯祖怒，又遣羊皮奉詔責讓之」[544]。

宣武帝景明三年（西元 502 年），「疏勒、罽賓、婆羅捺、烏萇、阿喻陀、羅婆、不崙、陀拔羅、弗波女提、斯羅、噠舍、伏耆奚那太、羅槃、烏稽、悉萬斤、朱居槃、訶盤陀、撥斤、厭味、朱沴洛、南天竺、持沙那斯頭諸國並遣使朝貢」[545]。

正始四年（507 年）九月甲子，「疏勒、車勒阿駒、南天竺、婆羅等諸國遣使朝獻……冬十月丁巳，高麗、半社、悉萬斤、可流伽、比沙、疏

---

[540]　〔唐〕李延壽：《北史》卷九七〈西域傳〉，中華書局，1974 年，第 3206 頁。
[541]　〔唐〕李延壽：《北史》卷九七〈西域傳〉，中華書局，1974 年，第 3207 頁。
[542]　〔唐〕李延壽：《北史》卷九七〈西域傳〉，中華書局，1974 年，第 3226－3227 頁。
[543]　〔北齊〕魏收：《魏書》卷四下〈世祖紀〉〉，中華書局，1974 年，第 107 頁。
[544]　〔北齊〕魏收：《魏書》卷一〇二〈西域傳〉，中華書局，1974 年，第 2263 頁。
[545]　〔北齊〕魏收：《魏書》卷八〈世宗紀〉，中華書局，1974 年，第 195 頁。

勒、于闐等諸國並遣使朝獻……戊辰，疏勒國遣使朝貢」[546]。

永平元年（508年）「二月辛未，勿吉、南天竺國並遣使朝獻……三月……己亥，斯羅、阿陀、比羅、阿夷義多、婆那伽、伽師達、于闐諸國並遣使朝獻……秋七月辛卯，高車、契丹、汗畔、罽賓諸國並遣使朝獻……是歲，高昌國王麴嘉遣其兄子私署左衛將軍孝亮奉表來朝，因求內徙，乞師迎接」[547]。

永平二年（509年）正月「丁亥，胡密、步就磨、忸密、槃是、悉萬斤、辛豆那、越拔忸諸國並遣使朝獻。壬辰，嚈噠、薄知國遣使來朝，貢白象一。乙未，高昌國遣使朝貢……三月癸未，磨豆羅、阿臛社蘇突闍、地伏羅諸國並遣使朝獻……十有二月……疊伏羅、弗菩提、朝陀吒、波羅諸國並遣使朝獻」[548]。

永平三年（510年）「九月壬寅，烏萇、伽秀沙尼諸國並遣使朝獻。丙辰，高車別帥可略汗等率眾一千七百內屬。……十月……戊戌，高車、龜茲、難地、那竭、庫莫奚等諸國並遣使朝獻」[549]。

永平四年（511年）「三月癸卯，婆比幡彌、烏萇、比地、乾達諸國並遣使朝獻……六月乙亥，乾達、阿婆羅、達舍、越伽使密、不流沙諸國並遣使朝獻……八月辛未，阿婆羅、達舍、越伽使密、不流沙等諸國並遣使朝獻……九月甲寅……嚈噠、朱居槃、波羅、莫伽陀、移婆僕羅、俱薩羅、舍彌、羅槃陀等諸國並遣使朝獻……冬十月丁丑，婆比幡彌、烏萇、比地、乾達等諸國並遣使朝獻……十有一月……戊申，難地、伏羅國並遣使朝獻」[550]。

---

[546]〔北齊〕魏收：《魏書》卷八〈世宗紀〉，中華書局，1974年，第204－205頁。
[547]〔北齊〕魏收：《魏書》卷八〈世宗紀〉，中華書局，1974年，第205－207頁。
[548]〔北齊〕魏收：《魏書》卷八〈世宗紀〉，中華書局，1974年，第207－209頁。
[549]〔北齊〕魏收：《魏書》卷八〈世宗紀〉，中華書局，1974年，第209－210頁。
[550]〔北齊〕魏收：《魏書》卷八〈世宗紀〉，中華書局，1974年，第210－211頁。

### 第三節　南北朝時期絲綢之路的繁榮

延昌元年（512 年）「戊申，疏勒國遣使朝獻……三月辛卯朔，渴槃陀國遣使朝獻……（十月）嚈噠、于闐、高昌及庫莫奚諸國並遣使朝獻」[551]。

延昌二年（513 年）八月「庚戌，嚈噠、于闐、槃陀及契丹、庫莫奚諸國並遣使朝獻」。[552]

延昌三年（514 年）「十有一月庚戌，南天竺、佐越費實諸國並遣使朝獻」[553]。

音樂史蹤載籍，亦為我們提供了北魏宣武皇帝時期的中西文化交流的例證。

魏朝「自宣武已後，始愛胡聲，洎於遷都。屈茨（龜茲）、琵琶、五絃、箜篌、胡笛、胡鼓、銅鈸、打沙羅、胡舞，鏗鏘鏜鎝，洪心駭耳，撫箏新靡絕麗，歌響全似吟哭，聽之者無不悽愴。琵琶及當路琴瑟殆絕音。皆初聲頗覆閒緩，度曲轉急躁。按此音所由，源出西域諸天諸佛韻調，婁羅胡語，直置難解，況覆被之土木？是以感其聲者，莫不奢淫躁競，舉止輕飆，或踊或躍，乍動乍息，蹺腳彈指，撼頭弄目，情發於中，不能自止。論樂豈須鐘鼓，但問風化淺深。雖此胡聲，足敗華俗。非唯人情感動，衣服亦隨之以變。長衫戇帽，闊帶小靴，自號驚緊，爭入時代。婦女衣髻，亦尚危側，不重從容，俱笑寬緩……易俗移風，實在時政」[554]。

中國音樂史上如此之敘事，已從一個文化視域折射出北魏時期西域文明對內地世俗社會的衝擊。

魏孝明帝時代，熙平二年（西元 517 年）正月「癸丑，地伏羅、罽賓國

---

[551]　〔北齊〕魏收：《魏書》卷八〈世宗紀〉，中華書局，1974 年，第 211－212 頁。
[552]　〔北齊〕魏收：《魏書》卷八〈世宗紀〉，中華書局，1974 年，第 213 頁。
[553]　〔北齊〕魏收：《魏書》卷八〈世宗紀〉，中華書局，1974 年，第 214 頁。
[554]　〔唐〕杜佑撰，王文錦等點校：《通典》卷一四二〈樂典·二〉，中華書局，1988 年，第 3614－3615 頁。

## 第四章　魏晉南北朝時代的東西方交流

並遣使朝獻……秋七月乙丑,地伏羅、罽賓國並遣使朝獻」[555]。

神龜元年（518年）閏七月「丁未,波斯、疏勒、烏萇、龜茲諸國並遣使朝獻」[556]。

正光二年（521年）五月「乙酉,烏萇國遣使朝貢。閏月丁巳,居密、波斯國並遣使朝貢。六月己巳,高昌國遣使朝貢」[557]。

北魏遷都洛陽以來西域諸國遣使朝貢如此之頻繁,反映出當時中外交流、社會往來的暢通。對於西方世界絡繹款塞、頻示友好的行為,北魏王庭亦有不失時機之回應。

神龜元年（518年）,胡靈太后遣敦煌人宋雲與崇立寺比丘惠生西行取經。宋雲一行尋訪沿途,遠至中亞,於正光三年（522年）二月返回洛陽,凡得佛經「一百七十部,皆是大乘妙典」[558]。惠生此行有〈行記〉一篇,詳細記載了經歷諸國的道裡物產、風土人情,對中原社會了解西域風俗有著積極的意義。

有關北魏時代中國與中亞迷密等國之間的交往,歷史文獻及文物遺跡均有相應的線索。

《北史·西域傳》:「迷密國,都迷密城,在者至拔西,去代一萬二千一（六）百里。正平元年（451年）,遣使獻一峰黑橐駝。」[559]

1979年以來,巴基斯坦伊斯蘭瑪巴德真納大學的達尼教授（Ahmad Hasan Dani）與德國海德堡大學的耶特馬爾教授（Karl Jettmar）率領一支巴基斯坦——德國聯合考古隊,在中巴喀喇崑崙公路沿線對古代巖刻進行了三年有餘的田野調查。在位於沙提阿勒（Shatial）附近的印度河南岸一

---

[555]〔北齊〕魏收:《魏書》卷九〈肅宗紀〉,中華書局,1974年,第225－226頁。
[556]〔北齊〕魏收:《魏書》卷九〈肅宗紀〉,中華書局,1974年,第228頁。
[557]〔北齊〕魏收:《魏書》卷九〈肅宗紀〉,中華書局,1974年,第232頁。
[558]〔魏〕楊衒之撰,范祥雍校注:《洛陽伽藍記校注》卷五,上海古籍出版社,1978年,第252頁。
[559]〔唐〕李延壽:《北史》卷九七〈西域傳〉,中華書局,1974年,第3221頁。

帶，他們發現了一例漢文題記和數以百字計的粟特文題記。其中不少粟特文題記提到去往中國的旅行者的名字。[560]

這一考古隊在另一處稱作「洪扎靈巖」（Sacred Rock of Hunza）的石刻題記群中，發現了刻有大量貴霜帝國時期的佉盧文銘詞和笈多帝國時期的婆羅米文銘詞及粟特文題記。其中最為珍貴的是一條直寫的漢文題記：「大魏使谷魏龍今向迷密使去。」研究者認為，這條漢文題記應當刻於西元444年至453年之間。[561]

## 二、西域物產與文化之東漸

頻繁的貢使往來，促進了西域及中原地區經濟文化的交流，當時西域諸國人物風情因中外交流而為中原熟知者，則縑緗綿潤，史筆不絕。

北史對大秦國、南天竺國、地伏羅國、嚈噠國、康國皆有較為細緻的記載。當北魏遷都洛陽以來：

神龜（西元518～520年）中，其國（波斯國）遣使上書貢物，云：「大國天子，天之所生，願日出處常為漢中天子。波斯國王居和多千萬敬拜。」朝廷嘉納之。自此，每使朝獻。恭帝二年（西元555年），其王又遣使獻方物。隋煬帝時，遣雲騎尉李昱使通波斯。尋使隨昱貢方物。[562]

北魏時東西方如此頻繁的人際往來，使兩地間的物質生活發生了變革。與上述西域異國時常東來的「方物」之獻相印證，洛陽作為北魏京都曾經有過油橄欖作物的引進。

《洛陽伽藍記》記載，京都華林園「景陽山南有百果園，果列作林，林

---

[560] A. H. *Dani, Human Records on Karakorum Highway*，Islamabad, 1983, pp.26-28.
[561] 馬雍：〈巴基斯坦北部所見大魏使者的岩刻題記〉，《西域史地文物叢考》，文物出版社，1990年，第129－137頁。
[562] 〔唐〕李延壽：《北史》卷九七〈西域傳〉，中華書局，1974年，第3223頁。

## 第四章　魏晉南北朝時代的東西方交流

各有堂。有仙人棗，長五寸，把之兩頭俱出，核細如針。霜降乃熟，食之甚美。俗傳云出崑崙山，一日西王母棗」[563]。

有關「西王母棗」移植中原的事，漢籍文獻另有彌足珍貴的史料，如《西京雜記》卷一曰：「初修上林苑。群臣遠方各獻名果異樹，亦有製為美名……弱枝棗、玉門棗（出崑崙山）、棠棗、青華棗、梬棗、赤心棗、西王棗（王母棗）。」[564] 此外，《鄴中記》亦言：「石虎園中有西王母棗，冬夏有葉，九月生花，十二月乃熟，三子一尺。又有羊角棗，亦三子一尺。」郭子橫《洞冥記》曰：「嶧細棗，出嶧山。山臨碧海上，萬年一實，如今之軟棗。咋之有膏，膏可燃燈。西王母握核以獻帝。」盧諶《祭法》曰：「春祠用棗油。」

這種「霜降乃熟」，「冬夏有葉，九月生花，十二月乃熟」，「咋之有膏，膏可燃燈」，春祠有「棗油」可用的「西王母棗」，正是中古時期久行西域、地中海沿岸國家的油橄欖。這種原產西域的油類作物，正是隨著絲綢之路物質文化交流，落植生根於中華。

北朝晚季，中原胡化風氣有甚於此前，至有國人竟以諸胡技能封王開府者。史載：「後魏有曹婆羅門，受龜茲琵琶於商人，世傳其業。至孫妙達，尤為北齊高洋所重，常自擊胡鼓以和之。周武帝聘虜女為後，西域諸國來媵，於是龜茲、疏勒、安國、康國之樂，大聚長安。胡兒令羯人白智通教習，頗雜以新聲。」[565] 至於北齊胡風之擅盛，史志唱賞，別見精采：

雜樂有西涼鼙舞、清樂、龜茲等。然吹笛、彈琵琶、五絃及歌舞之伎，自文襄以來，皆所愛好。至河清（西元 562～564 年）以後，傳習尤盛。後主唯賞胡戎樂，耽愛無已。於是繁手淫聲，爭新哀怨。故曹妙達、安未弱、安馬駒之徒，至有封王開府者，遂服簪纓而為伶人之事。後主亦

---

[563]　〔魏〕楊衒之撰，范祥雍校注：《洛陽伽藍記校注》卷一，上海古籍出版社，1978 年，第 66 頁。
[564]　〔晉〕葛洪著，周天遊校注：《西京雜記》卷一，中華書局，1985 年，第 6 頁。
[565]　〔後晉〕劉昫等：《舊唐書》卷二九〈音樂志二〉，中華書局，1975 年，第 1069 頁。

## 第三節　南北朝時期絲綢之路的繁榮

自能度曲，親執樂器，悅玩無倦，倚弦而歌，別採新聲，為〈無愁曲〉，音韻窈窕，極於哀思，使胡兒閹官之輩，齊唱和之。[566]

從中可以看出北朝晚期中原地區諸胡文化對世人生活品格的影響。北齊中書侍郎祖珽善彈，武成「帝於後園使珽彈琵琶，和士開胡舞，各賞物百段」。[567] 就連蜚聲史壇的魏收，亦「既輕疾，好聲樂，善胡舞」[568]。

西域文化影響中原生活之所及，對於繪畫亦有可資圈點的史例：

曹仲達，本曹國人也。北齊最稱工，能畫梵像，官至朝散大夫。國朝宣律師撰《三寶感通記》，具載仲達畫佛之妙，頗有靈感。[569]

南北朝時期，南朝與西域亦有人文交流，只是憚於北朝政權對隴右、河西走廊的控制，南朝與西域的交通，往往取道吐谷渾據有的柴達木盆地「河南道」一線來完成。南朝交通西域的史事，可以從劉宋一朝窺見其一斑。

史籍記載，劉宋時粟特人入貢建康凡兩次。第一次奉使在元嘉十八年（西元441年）：「是歲，肅（粟）特國、高麗國、蘇靡黎國、林邑國並遣使獻方物。」[570] 第二次，「又有粟特國，太祖世，並奉表貢獻……大明（457～464年）中，遣使獻生師子、火浣布、汗血馬。道中遇寇，失之」[571]。而據有高昌前後的沮渠氏北涼政權，自元嘉十九年（西元442年）六月之後，始有四次遣使劉宋的記事，[572] 其中第四次於大明三年（459年）十月「戊申，河西國遣使獻方物。庚戌，以河西王大沮渠安周為征虜

---

[566]　〔唐〕魏徵等：《隋書》卷一四〈音樂志〉，中華書局，1973年，第331頁。
[567]　〔唐〕李延壽：《北史》卷四七〈祖珽傳〉，中華書局，1974年，第1739頁。
[568]　〔唐〕李延壽：《北史》卷五六〈魏收傳〉，中華書局，1974年，第2038頁。
[569]　〔唐〕張彥遠：《歷代名畫記》卷八〈敘歷代能畫人名〉，人民美術出版社，1963年，第158頁。
[570]　〔梁〕沈約：《宋書》卷五〈文帝紀〉，中華書局，1974年，第88頁。
[571]　〔梁〕沈約：《宋書》卷九五〈索虜傳〉，中華書局，1974年，第2357－2358頁。
[572]　〔梁〕沈約：《宋書》卷五〈文帝紀〉，中華書局，1974年，第89－92頁。

## 第四章　魏晉南北朝時代的東西方交流

將軍、涼州刺史」。[573]

北涼移居高昌前後，曾有向劉宋王朝進獻佛經的記事。《出三藏記集》卷十〈毗婆沙經序〉載此經由沙門道泰自西域獲得梵本，攜歸北涼，大沮渠河西王請天竺沙門浮陀跋摩主持開譯。據唐長孺先生考證，這次北涼向劉宋的輸經，應是元嘉二十年（西元 443 年）至大明三年（459 年）沮渠無諱或沮渠安周偏安高昌時期的事情。[574]

自元嘉五年（428 年）至昇明三年（479 年），僅柔然使宋即有十次之多，[575] 可見當年南朝與西域交通的頻繁。

西域與南朝交通的事蹟，僧傳文獻和出土遺物亦有不少輔證。以高昌等地出土南朝遺卷為例，如下幾種頗具文物價值。新疆鄯善縣吐峪溝出土佛經殘卷卷末有漢文題記，文曰：「《持世》第一，歲在己丑，涼王大且渠安周所供養經。吳客丹陽郡張傑祖寫。用紙廿六枚。」[576] 這件文書顯示，南朝時期江南與吐魯番一帶不僅有官府的使者往還及僧徒行蹤，還有普通訊教庶民較長時間的流寓。柏林藏吐魯番出土佛經殘卷 Ch.422 有文曰：「使持節侍中都督南徐……騎大將軍開府儀同……郡開國公蕭道成。」[577] 與之有關聯的文字又見於柏林藏編號為 Ch.2521+Ch.2836 吐魯番出土佛經殘片，文曰：「使持節侍中都督南徐兗北徐……六州諸軍事驃騎大將軍開府儀同三司錄尚書事南徐州刺史竟陵郡開國公蕭道成，普為一切敬造供養。」[578] 唐長孺先生認為，依據殘卷內蕭道成的具銜，這兩件文書的年代

---

[573]　〔梁〕沈約：《宋書》卷六〈武帝紀〉，中華書局，1974 年，第 124 頁。

[574]　唐長孺：〈南北朝期間西域與南朝的陸道交通〉，《魏晉南北朝史論拾遺》，中華書局，1983 年，第 173—175 頁。

[575]　唐長孺：〈南北朝期間西域與南朝的陸道交通〉，《魏晉南北朝史論拾遺》，中華書局，1983 年，第 179 頁。

[576]　〔日〕池田溫：《中國古代寫本識語集錄》，（日本）大藏出版株式會社，1990 年，第 86 頁。

[577]　Gerhard Schmitt - Thomas Thilo, *Katalog chinesischer buddhistischer Textfragmente*, Bd. 1, Akademie-Verlag, Berlin, 1975, S. 108-109.

[578]　Gerhard Schmitt - Thomas Thilo, *Katalog chinesischer buddhistischer Textfragmente*, Bd. 1, Akademie-Verlag, Berlin, 1975, S. 205-209.

## 第三節　南北朝時期絲綢之路的繁榮

當在劉宋末年。

另，日本書道博物館藏《佛說金剛般若波羅密經》題記曰：「大同元年（西元535年）正月一日，散騎常侍淳于□於芮芮，願造《金剛般若經》一百分。令□屆梁朝，謹卒本誓。以斯功果，普施人□境。」[579] 這一殘卷證明，當北魏分蘗的南梁蕭衍中晚期，江南一帶仍有國家使人經由綠洲的吐魯番地區通聘於柔然。這與北朝晚期北周、北齊競相結好於柔然，正有異曲同工之時代運籌。

北魏時期的中外佛教往來極為頻繁，《洛陽伽藍記》記載，北魏遷都洛陽以來，京城宣陽門外四里至洛水上作浮橋，被稱作永橋。永橋以南，圜丘以北，伊水洛水之間，夾御道有四夷館。道東有四館，分別為金陵、燕然、扶桑和崦嵫。道西有四里，依次為歸正、歸德、慕化和慕義。[580]

僧傳佛陀之記事，可以印證洛陽佛教與代北恆安佛法及印度舊軌淵源的聯繫。其次可知，洛中少林寺之千年以降傳響天下者，緣於建立之初「造者彌山而僧廩豐溢」的規模，及其寺僧自惠光一輩以來習於武術者。

勒那漫提，「天竺僧也。住元魏洛京永寧寺，善五明，工道術」[581]。

南天竺沙門菩提達摩，「香至王第三子，姓剎帝利，本名菩提多羅……[以梁普通二年]（西元521年）十一月二十三日屆洛陽，當魏孝明帝正光二年也。寓止嵩山少林寺，面壁而坐。」[582] 菩提達摩以泛海自南梁抵洛陽，其於嵩山推弘禪法、衣缽傳續，從而開創中國禪宗的法系。

沙門菩提流支，「北天竺人也。遍通三藏，妙入總持，志在宏法，廣

---

[579] 〔日〕池田溫：《中國古代寫本識語集錄》，（日本）大藏出版株式會社，1990年，第119頁。
[580] 〔魏〕楊衒之撰，范祥雍校注：《洛陽伽藍記校注》卷三，上海古籍出版社，1978年，第159－161頁。
[581] 〔唐〕道宣：《續高僧傳》卷三三〈勒那漫提傳〉，《大正藏》第50冊，No.2060，頁644a。
[582] 〔元〕覺岸：《釋氏稽古略》卷二，〈大正藏〉第49冊，No.2037，頁796c。

第四章　魏晉南北朝時代的東西方交流

流視聽……帝每令講《華嚴經》，披釋開悟，精義每發」[583]。

當此之時，菩提流支、勒那漫提等所譯梵本，多為印度菩薩無著、世親一系的大乘經論，如《深密解脫經》、《入楞伽經》、《攝大乘論》、《十地經論》等，他們的譯經事務得到北魏皇室及崔光一輩顯臣名士的襄助，因而必然有力推動了大乘禪法在中原地區的流行。

## 三、東西方文化交流之遺珍

由於南北朝時絲綢之路交通比較通暢，在社會生活領域內的一些物質文明，也已隨著大量胡人移民的內徙，在東方世界大放異彩。

1964 年 12 月，河北定縣北魏遺址中出土了一件太和五年（西元 481 年）的石函。函中有貨幣、金、銀、銅、琉璃、玉、瑪瑙、水晶、珍珠、貝、珊瑚等 5657 件文物。貨幣中含波斯薩珊朝銀幣 41 枚，其得標本「7：3」號銀幣，係耶斯提澤德二世（438～457 年）時之物，其邊沿左邊有一「S」符號，下邊有一行印上去的嚈噠文字——表示此幣可以在其國境內使用。「這枚銀幣是中國境內第一次發現的和嚈噠國相關的實物史料」，對研究中古時期中國與中亞地區的社會交往有珍貴的價值。[584]

1981 年 9 月，山西省大同市西郊小站村發現了北魏屯騎校尉、建威將軍、洛州刺史封和突墓。墓中出土鎏金銀盤一件，據考係波斯薩珊王朝東傳中國之物品。學者們研究認為，這件銀盤中鏨雕的行獵者應當為薩珊朝第四代國王巴哈拉姆一世，而其藝術風格卻又受到希臘羅馬造型藝術的影響。從出土文物例項上來說，這件西域器物在中原的出現，真實地反映了

---

[583]　〔唐〕道宣：《續高僧傳》卷一〈菩提流支傳〉《大正藏》第 50 冊，No.2060，頁 428a。
[584]　河北省文化局文物工作隊：〈河北定縣出土北魏石函〉，《考古》1966 年第 5 期，第 269－270 頁。

第三節　南北朝時期絲綢之路的繁榮

北魏時期中原地區與西方國家文化往來的密切。[585]

1988年8月，山西省大同市南郊張女墳第107號北魏墓中，出土了一件具有薩珊風格的玻璃碗和一件鎏金刻花銀碗。玻璃碗呈淡綠色透明狀，高7.3公分，腹徑11.3公分，口徑10.4公分，直口、鼓腹、圜底，腹部有三十五個磨花橢圓形凸起裝飾，分四行交錯排列，圜底有六個磨花凹圓裝飾。銀碗高4.6公分，口徑10.2公分，敞口、圓腹、圓底。口沿下鏨聯珠紋兩道，腹部外壁飾四束「阿坎瑟斯（Acanthus）」葉紋，每束葉紋中間的圓環內，各鏨一高鼻深目、長髮披肩的男子頭像。圜底有八等分圓圈葉紋。[586]

1988年，山西大同北魏平城遺址出土了一件具有西亞古埃蘭藝術遺風的花瓣紋玻璃缽。學者們認為，這件器物應為薩珊波斯仿製當地古器而流入中國者。[587]

此外，1980年代以來，山西大同南郊北魏墓葬遺址中，出土了三件鎏金高足銅杯和一件銀碗。研究顯示，其器形和紋飾帶有明顯的希臘風格。[588]

洛陽邙山出土的交河、鄯善內徙胡人墓誌，載北魏正始二年（西元505年）十一月二十七日「前部王車伯生息妻鄯月光」卒葬於洛陽。嗣後當地出土的鄯乾墓誌，則更為詳細地記載了這一西域移民落籍中原的情形：「君諱乾，司州河南洛陽洛濱里人也。侍中鎮西將軍鄯善王寵之孫，平西將軍青、平、涼三州刺史鄯善王臨澤懷侯視之長子。考以去真君六年（445年）歸國。自祖已上，世君西夏。君初宦，以王孫之望，起家為員外散騎侍郎，入領左右輔國將軍、城門校尉，出為征虜將軍、安定內史。春秋卅

---

[585] 有關封和突墓出土波斯銀盤與北魏時代中外文化交流的情況，參見馬雍：〈北魏封和突墓及其出土的波斯銀盤〉，《西域史地文物叢考》，文物出版社，1990年，第138－146頁。
[586] 山西省考古研究所、大同市博物館：〈大同南郊北魏墓群發掘簡報〉，《文物》1992年第8期。
[587] 張增光：〈大同市城南發現北魏墓群〉，《北朝研究》1989年第1期。
[588] 大同市博物館：〈山西大同南郊出土北魏鎏金銅器〉，《考古》1983年第11期；山西省考古研究所、大同市博物館：〈大同南郊北魏墓群發掘簡報〉，《文物》1992年第8期。

### 第四章　魏晉南北朝時代的東西方交流

四,以永平五年(512年)歲次壬辰正月四日薨。蒙贈征虜將軍、河州刺史,諡曰定……延昌元年(512年)八月廿六日卜塋丘兆,於洛北芒而窆焉。」[589]

墓誌如此之記事,透露了北魏統一河西以來西域民族遞有移籍中原的事實。此外,史籍記載北魏時期高昌一帶漢胡文化交融世態有云:車師「文字亦同華夏,兼用胡書。有毛《詩》、《論語》、《孝經》、歷代子史。集學官弟子,以相教授。雖習讀之,而皆為胡語……俗事天神,兼信佛法……孝明帝正光(西元520～524年)中,(高昌王麴)嘉遣使借五經、諸史,並請國子助教劉燮以為博士」[590],透露出中原文明西漸磧西的史例。

敦煌遺書 S.996《雜阿毗曇心經》卷六題記有云:

《雜阿毗曇心經》者,法盛大士之所說,以法相理玄,籍浩博歡……名曰毗曇。是以使持節侍中駙馬都尉羽真太師、中書監領祕書事車騎大將軍都督諸軍事啟府洛州刺史昌黎王馮晉國,仰感恩遇,撰寫十一切經,一一經一千四百六十紙,用答皇施。願皇帝陛下、太皇太后……太(大)代太和三年(西元479年)歲次己未十月己巳廿八日丙申,於洛州所書寫成訖。[591]

敦煌遺書 P.2189《東都發願文》殘卷有尾題,文云:

大統三年(西元537年)五月一日,中京廣平王大覺寺涅槃法師智嚴供養《東都發願文》一卷。仰奉明王殿下,在州施化,齊於稱之世,流潤與姬文同等。十方眾生,□同含生,同於上願。[592]

---

[589] 張乃翥:《洛陽與絲綢之路》,國家圖書館出版社,2009年,圖版37。又見趙萬里:《漢魏南北朝墓誌集釋》,科學出版社,1956年,圖版212。
[590] 〔唐〕杜佑撰,王文錦等點校:《通典・邊防典七・車師》,中華書局,1988年,第5204—5205頁。
[591] 黃永武:《敦煌寶藏》第8冊,(臺北)新文豐出版公司,1981年,第183頁。
[592] 孫曉林:〈跋 P.2189 東都發願文殘卷〉,《敦煌吐魯番研究》第2卷,北京大學出版社,1997

第三節　南北朝時期絲綢之路的繁榮

　　按，此「廣平王大覺寺」者，本在北魏晚期的洛陽。《洛陽伽藍記》卷四：「大覺寺，廣平王懷舍宅也，在融覺寺西一里許。北瞻芒嶺，南眺洛汭，東望宮闕，西顧旗亭，禪（神）皋顯敞，實為勝地。」[593]

　　敦煌遺書中的這些文物資訊，透露出北魏時代洛陽與河西一線文化往來的暢通。1965年7月，洛陽邙山北魏元邵墓出土胡俑三件，其中，虬髯俑兩件，皆高15.3公分。俱卷髮，虬髯，高鼻深目，著紅色圓領大衣，下著長褲。另一件幼童崑崙俑，高9.6公分，卷髮，上身穿窄袖緊身衫，下身著褲，高筒皮靴長可及膝。全身屈膝蹲坐狀，雙臂抱面伏攏於膝蓋上。觀其通身之狀摹造型、意象神態，明顯刻劃的是一個遊子悲戚思鄉的形象。

　　由元邵墓各式胡俑形象，可以想像到西元六世紀中葉洛陽一帶胡人部落的永珍世態。[594]

　　不僅如此，元邵墓陪葬明器中，有彩繪陶牛車一套。從生物學特徵考察，其駕轅的陶牛顯然即為南亞次大陸國家常見的「印度瘤牛（Bos indicus）」的形象刻劃（圖4-7）。這反映出當年洛陽市井生活對這一南亞牲畜視覺形象的熟稔，進而折射出兩地物產往來的存在。

　　1989年，洛陽漢魏故城大市遺址出土一件仿玻璃黑釉陶盞。陶盞外壁周身各點綴以大、小兩圈連珠紋圖案，[595] 其美術風格頗有模仿薩珊玻璃同類器物堆塑磨琢工藝的意致。

---

　　　　年，第331－335頁。
[593]　〔魏〕楊衒之撰，范祥雍校注：《洛陽伽藍記校注》卷四，上海古籍出版社，1978年，第234頁。
[594]　洛陽博物館：〈洛陽北魏元邵墓〉，《考古》1973年第4期；張乃翥：〈元邵墓明器陶俑的文化形態〉，《洛陽大學學報》1992年第2期；張乃翥：〈北魏元邵墓出土文物的民族學研究〉，《北朝研究》1992年第3期。
[595]　中國社會科學院考古研究所洛陽漢魏城隊：〈北魏洛陽城內出土的瓷器與釉陶器〉，《考古》1991年第12期。彩圖引中國社會科學院考古研究所：《中國社會科學院考古研究所考古博物館洛陽分館》，文化藝術出版社，1998年，第74頁。

## 第四章　魏晉南北朝時代的東西方交流

圖 4-7：洛陽北魏元邵墓出土「印度瘤牛」塑像

1957 年，有西方學者提出收藏於斯德哥爾摩而出土於洛陽的一件銀碗可能是「薩珊或後薩珊期」的銀碗。這件銀碗「有並列的自口沿至器底的十二瓣，但曲窪很淺，每瓣平直，不作圓弧形，口沿曲處亦未形成小彎」。[596] 雖然另有學者認為這件器物「既不是薩珊的，也不是粟特的」，[597] 但這件銀器來源於西域諸胡民族卻是沒有疑義的。

可以啟發思路的是，二十世紀初葉，英籍探險家斯坦因（A.Stein）在新疆樓蘭 L.K 遺址一座五至六世紀的墓葬中發現了一件薩珊玻璃碗。[598] 由此可見，薩珊生活用品之東傳中原，並非沒有可能，這從《洛陽伽藍記》等歷史文獻關於西域器物大量傳入中原的生活敘事中亦可獲得相應的印證。

孝昌元年（西元 525 年），東陽王元榮出任瓜州刺史，於敦煌傳寫佛經、開窟造像，復將中原佛教文化的影響傳至河西。[599]

2013 年，洛陽北郊紅山鄉張嶺村東南發掘出一座北魏晚期的陵墓。該

---

[596] Bo Gyllensvard, T'ang Gold and Silver, *Bulltetin of the Museum of Far Eastern Antiquities*, no. 29, 1957, figs.216 & p. 31.

[597] Assadulah Souren Melikian-Chirvani, Islamic Metalwork from the Iranian World, W. Watzen(ed.), *Pottery and Metal in T'ang China*, London, 1971.

[598] Sir Aurel Stein, *Inner most Asia. Detailed Report of Explorations in Central Asia, Kan-Su and Eastern Iran*, Vol. 1, Oxford: The Clarendon Press, 1928，P.190.

[599] 宿白：〈東陽王與建平公〉（二稿），《中國石窟寺研究》，文物出版社，1996 年，第 244－259 頁。

## 第三節　南北朝時期絲綢之路的繁榮

墓平面整體呈「甲」字形，南北總長58.9公尺，深8.1公尺。其中墓道長39.7公尺，寬2.9公尺。墓室長19.2公尺，寬12公尺。其規模之宏大，在洛陽北魏陵墓群體中，屬於北魏皇室的等級。發掘者傾向於認為，這座陵墓應該就是北魏晚期的節閔帝元恭的陵寢。

這座陵墓曾多次被盜，在此次發掘出土的120多件遺物中，值得人們留意的是一件殘破而有西域風格的青瓷龍柄雞首壺和一枚拜占庭帝國阿納斯塔修斯（Anastásios）一世（西元491年至518年在位）發行的金幣（圖4-8）。

圖4-8：洛陽北魏大墓出土的拜占庭帝國金幣

這枚金幣發行年代的下限與節閔帝當政之年（西元531年）相去不遠，可知北魏晚期中原地區與東羅馬帝國的社會往來並未因為天路遙遠、關山難度而被阻隔，這勢必與中古絲綢之路在東西方政治往來、經濟貿易領域發揮著強大的資源溝通功能有著必然的聯繫。這由《洛陽伽藍記》所載中外交通盛事之奇聞異趣可以窺見。

南北朝時期諸胡文化浸染中夏的情況，文字學方面亦有若干史料記載可見。

蕭繹〈簡文帝法寶聯璧序〉「大秦之籍，非符八體；康居之篆，有異六

## 第四章　魏晉南北朝時代的東西方交流

爻」[600]之駢舉，應該透露出梁朝文士對西域內傳文獻的基本了解。

庾信〈哀江南賦〉「新野有生祠之廟，河南有胡書之碣」[601]的傾訴，似乎於哀思先祖之字裡行間，兼有感傷中原凌亂、洙泗羶腥的文意。史載：

〔天興〕六年（西元403年）冬，詔太樂、總章、鼓吹增修雜伎，造五兵、角觝、麒麟、鳳皇、仙人、長蛇、白象、白虎及諸畏獸、魚龍、辟邪、鹿馬仙車、高絙百尺、長趫、緣橦、跳丸、五案以備百戲。大饗設之於殿庭，如漢晉之舊也。[602]

可見，這種淵源於西方胡風民俗中的題材，隨著絲綢之路沿線社會、文化交流的暢開，已為北魏上層社會所欣賞並納入宮廷禮樂的範疇。

由畏獸、辟邪作為宮廷雜伎載於上述音樂史志的文獻，可知這類藝術題材因其具有充滿個性化視聽寓意的舞臺角色而有極高的演藝價值。

1969年，日本學者長廣敏雄研究了洛陽北魏墓誌中的「畏獸」裝飾雕刻，留意到這些美術題材中含有東西方文化元素相互融合的現象——包括若干畏獸圖像的榜題命名，可能屬於漢地傳統文化有意移植域外詞語概念的範疇。

如正光三年（西元522年）馮邕妻元氏墓誌蓋，中央為一蓮花圖案，其周圍雙龍交蟠，四隅各一神獸，且有榜題曰「拓遠」、「蛤蟧」、「拓仰」、「攫天」。四側上層為蓮花盤托摩尼珠、神獸異禽，下層為二方連續裝飾雲紋圖案。志石四側亦刊刻神獸異禽。榜題前側為「挾石」、「發走」、「獲天」、「齧石」，後側為「撓攝」、「掣電」、「懽憘」、「壽福」，左側為「迴光」、

---

[600]　〔唐〕道宣：《廣弘明集》卷二〇〈梁簡文帝法寶聯璧序〉，上海古籍出版社，1991年，第250頁。
[601]　〔北周〕庾信撰，〔清〕倪璠注，許逸民點校：《庾子山集》卷二，中華書局，1980年，第106頁。
[602]　〔北齊〕魏收：《魏書》卷一〇九〈樂志〉，中華書局，1974年，第2828頁。

## 第三節　南北朝時期絲綢之路的繁榮

「捔遠」、「長舌」，右側為「烏獲」、「礔電」、「攫撮」。這是中原北魏石刻遺跡中一組附有詳細榜題標識的美術樣本。[603]

北魏石刻文物中與元氏墓誌美術形制相似的作品，另有正光五年（西元 524 年）元昭墓誌、孝昌二年（526 年）侯剛墓誌、永安二年（529 年）苟景墓誌及爾朱襲墓誌等一批北朝大族墓誌。[604]

其中苟景墓誌，蓋石頂面有浮雕神獸異禽及蓮花和摩尼珠形象。

爾朱襲墓誌，蓋石頂面四隅各鐫一朵蓮花圖案，每兩朵蓮花之間有守四方、闢不祥的四神形象，蓋石四側為形若如意的雲氣紋飾。志石四側共有十二個人立的神獸形象。

元昭墓誌，蓋石除四隅有四朵蓮花圖案外，蓮花之間還有神獸和異禽形象，中央主題線雕是二龍爭璧，空間填飾雲氣，整個蓋石畫面有強烈的飛動氣質。

王悅墓誌，蓋石中央和四隅各鐫蓮花一朵，中央蓮花兩側為二龍交蟠，四隅蓮花之間為神獸賓士。[605]

這種肩頭生發火焰的神異美術形象，洛陽近畿的鞏縣石窟窟龕裝飾雕刻中亦有。如該窟第 1 窟北壁壁基畏獸雕刻、第 3 窟北壁壁基畏獸雕刻、第 4 窟南壁壁基畏獸雕刻及中心柱平座北面壁基所見畏獸雕刻，無一不傳達著這種具有域外美術情調的審美意致。

如果聯繫上述樂志史料對畏獸、闢邪角色的認定，則以上列舉的諸多文物例證，似不若洛陽近年出土的一例石棺床雕塑更加具有情態造型的審美意趣與解讀生活的史料功能。

---

[603]　［日］長廣敏雄：《六朝時代美術研究》，（東京）美術出版社，1969 年。
[604]　以上具有西方美術元素的北魏墓誌，見趙萬里：《漢魏南北朝墓誌集釋》，科學出版社，1956 年。
[605]　宮大中：《洛都美術史跡》，湖北美術出版社，1991 年，第 338 頁。

第四章　魏晉南北朝時代的東西方交流

　　洛陽出土的這一北朝石刻構件，係一石棺床平座的壼門立面。其周身以分檔布白、減底剃地的密體雕刻技巧，塑造了包括各類神異動物形象和諸多裝飾紋樣的美術題材。在這些美術造型遺跡中，構圖最富有表演意趣的畫面，是壼門左右兩端處於對稱格局的「畏獸戲䰩邪」的一對藝術構圖——圖中肩後生焰、頸戴項圈、手足環釧、腰束護鎧、披帛繞身的畏獸，以馬步跳躍的體態，與一膊間生翼的䰩邪呈現出對應嬉戲的情節。其畫面使我們情不自禁地聯想起時至今日仍活躍於神州大地的「舞獅」。

　　洛陽地區以上石刻資料中的美術圖案，從構圖風格角度審查，在畫面意境和技法運用上，與中國新石器時代以來造型美術的傳統格調有明顯的差別。

　　藝術史研究顯示，中國造型美術自史前時代迄至秦漢，其構圖布局傳達的是一種注重畫面主題形象的意境傳寫，而省略裝飾題材的氛圍配置的創作正規化。以中國彩陶文化美術造型中最具情節表現意致的青海大通縣上孫家寨馬家窰文化遺址出土的舞蹈紋彩陶盆構圖為例，畫面中雖然有成組的主體人物栩栩如生的動態刻劃，但人物形象的周圍，卻留下了大量空間不作主體背景的裝飾烘托。這類以畫面題材省略而突出主體繪象的美術創作方法，構成了中國傳統美術圖畫演繹的根本理路。兩漢以降以畫像石、墓葬壁畫及絹帛繪畫為代表的傳統美術作品，無一不是秉承著這樣的創作模式。

　　然而，當佛教文化傳入中國以來，原在印度及中亞地區流行已久的佛教石刻造像藝術遂又沿著絲綢之路傳播於中原一帶。此後，以秣菟羅藝術和犍陀羅藝術為代表的一種西域美術時尚——尤其是其中以密體造型為題材表現程序的裝飾技巧，開始移植於內地的美術創作中——這類帶有強烈密集裝飾意味的美術作品，其造型板塊上運用精心布局、合理搭配的分檔布白手法，將每一構圖的空間分布組織得周密無間、和諧有序，從而

第三節　南北朝時期絲綢之路的繁榮

與西方美術中那些傳響悠久的裝飾風格保持著極大的情調一致性。總之，這類具有典型密體造型藝術風格的美術作品，其文化淵源與古代西方美術有著不可分割的內在聯繫。包括洛陽龍門石窟在內的北魏佛教造像藝術和上述同一時期的世俗石刻藝術，展示給我們的正是這樣一種美術情調。這種極具繁縟視覺意致的造型風格，甚至影響到盛唐以前的一些美術表達——兩京地區出土的為數眾多的墓葬、宗教石刻，其裝飾刻劃中就繼承了這種富麗繁縟的風格。

根植於西域祆教信仰、中原石刻藝術品中的畏獸，從美術創作角度來看，體現了北魏社會吸納域外文化元素的審美需求。這種不同民風習俗的相互薰染，促進了內地文化生活的多元建構。

洛陽北魏故城中二十世紀出土有鑄銅帶翼童子形象兩尊，童子皆圓雕，男性，裸體，跣足，雙手合十，頸部繫一串珠項鍊，身高不到5公分。這種帶翼人物形象的出現，中國尚有塔克拉瑪干沙漠東南緣古米蘭佛寺遺址同類遺跡的先例。[606]

雖然如此，洛陽美術遺跡中的這些創作案例，其中包含的文化資訊，仍然值得我們分析。

近年以來，隨著學術界開始重視祆教文化遺產研究，海內外一批學者開始對東西方文物遺跡中的祆教美術元素廣泛搜尋。中外學者們著重對這些石刻作品的美術題材及其突出的文化背景——粟特人的祆教情結作了深入的研究。在這一研究系列中，一批富有影響的學術成果相繼問世。

如果人們從中國美術史的整體系列中加以客觀考察，上述美術作品的域外風格自然有著無可否認的真實定性。但是，當我們參考這些美術樣

---

[606]　段鵬琦：〈從北魏通西域說到北魏洛陽城——五六世紀絲綢之路淺議〉，《洛陽——絲綢之路的起點》，中州古籍出版社，第352－353頁；A. Stein, Serindia. *Detailed Report of Explorations in Central Asia and Westernmost China*, Vol. IV, Oxford: Clarendon Press, 1921, pls. XL-XLV.

## 第四章　魏晉南北朝時代的東西方交流

本的連帶資訊時,卻對這等藝術樣品的文化內涵有著更為複雜的甄別性考慮。

以馮邕妻元氏墓誌蓋雕刻圖案為例,其神獸異禽榜題中「拓遠」、「蛉蟠」、「拓仰」、「攫天」、「挾石」、「發走」、「獲天」、「齧石」、「撓撮」、「掣電」、「懽憘」、「壽福」、「迴光」、「挏遠」、「長舌」、「烏獲」、「礔電」、「攫撮」之名,在此前中國古典文獻中可以檢閱其出處。

迴光——光顧無遺也。《三國志‧魏書‧陳思王傳》:「葵藿之傾葉,太陽雖不為之迴光,然向之者誠也。」《宋書‧謝靈運傳》:「元誕德以膺緯,肇迴光於陽宅。」

挏遠——謂掎角,相撲格鬥貌也。《左傳‧襄公十四年》注:「角者當其頭也,掎者踣其足也。」〈西京賦〉:「叉蔟之所攙捔。」注:「攙捔,貫刺之也。」

烏獲——古之神力猛士也。《孟子‧告子下》:「然則舉烏獲之任,是亦為烏獲而已矣。」《史記‧秦本紀》:「武王有力好戲,力士任鄙、烏獲、孟說皆至大官。」[607]《韓非子‧觀行》:「烏獲輕千鈞而重其身。」

攫撮——鳶梟俯襲之貌也。《後漢書‧輿服志》注:「冠插兩鶡,鷙鳥之暴疏者也。每所攫撮,應爪摧衂。天子武騎故以冠焉。」

凡此中國傳統文獻之遣辭,皆說明上述文言固有漢地鄉土概念的成分。

此外,美術刻劃中出現各種形象詭異的藝術題材,在中國早期生活實際中亦有先例。

《楚辭‧天問》王逸序云:屈原「見楚有先王之廟及公卿祠堂,圖畫天地山川神靈,琦瑋僪佹,及古賢聖怪物行事」[608]。這說明上古時代至少

---

[607]　〔漢〕司馬遷:《史記》卷五〈秦本紀〉,中華書局,1959年,第209頁。
[608]　〔漢〕王逸注,〔宋〕洪光祖補注:《楚辭補注》卷三〈天問章句‧第三‧離騷〉,中華書局,

第三節　南北朝時期絲綢之路的繁榮

中國江漢地區已有圖繪靈異物象的傳統。

《山海經·西山經》亦謂：「三危之山，三青鳥居之……其上有獸焉，其狀如牛，白身四角，其豪如披蓑。」

今由洛陽北朝文物石刻造型、文字榜題之同出，無疑反映出當年這類美術作品的創作，兼有融會、捏合東西方文化元素的情狀。這是洛陽古代社會人文格局的客觀現實，它折射的正是當時中外文化交流帶有細節意義的真實與客觀。

北魏時代中原地區如此光華四溢的域外世相，無疑使人們直接感受到西域文明流播洛陽的歷史現實。

除此之外，在一般不易被人們透過視像觀察感受域外文明影響內地的資訊領域內，學者們的研究也為人們了解古代洛陽與西域之間的文明交流，提供了令人耳目一新的考古學資料與論述。

中國考古工作者透過考察發現，北魏時代的洛陽城市建制，率先突破了三代以降「面朝後市」的都城空間布局。這種呈方形平面的城市輪廓及里坊「配置形制橫豎成排，大小基本劃一，排列比較整齊，大致成棋盤格式」[609]的都城規劃形態，實際上正是北魏時期隨著中西交通的日益拓展，中原王朝仿效包括西爾卡普（Sirkap，西元前二世紀至貴霜時期）古城，錫爾蘇克（Sirsukh，西元一世紀末至三世紀初）古城，詹巴斯卡拉（Dzhan-bas-kala，西元前四世紀至西元一世紀）古城，木鹿（Merv，西元三世紀左右）古城，托普拉克卡拉（Toprak-kala，西元前一世紀至西元六世紀）古城及塔利──巴爾祖（Тали-барзу，約建於四世紀，毀於阿拉伯人入侵之時）古城等中亞都城建制模式的結果。古代城際之間建築領域內的這些文明的傳播與資源滲透，自然是經由絲綢之路上絡繹往來的各國使節及興胡

---

1983 年，第 85 頁。
[609]　宿白：〈北魏洛陽城和北邙陵墓〉，《文物》1978 年第 7 期。

## 第四章 魏晉南北朝時代的東西方交流

商販、弘法僧團的溝通與傳摹！[610]因此，北魏洛陽都城的建制模式，在絲路沿線的文明傳播史上，留下了重要的一頁。

在回顧以上北魏時期中外人文交流的史料的同時，我們還希冀回歸到「絲路本真」的歷史視域來考察與絲綢相關的一些素材——北魏佛教寺院故實透露的與植桑養蠶事業相關聯的若干文獻。

《洛陽伽藍記》有謂：

> 景樂寺，太傅清河文獻王懌所立也。懌是孝文皇帝之子，宣武皇帝之弟。閶闔南御道（東），西望永寧寺正相當。寺西有司徒府，東有大將軍高肇宅，北連義井里。（義）井里北門外有桑樹數株，枝條繁茂。[611]

而洛陽白馬寺存活至今的一棵合圍五公尺的北魏古桑，可謂當時寺院經營桑蠶生產的文物孑遺。凡此足見元魏時期洛京桑絲產業的蛛絲馬跡。

北朝晚期，西來胡風梵韻對北齊美術畫派的影響，當地另有文物遺跡可資參照。二十世紀初葉，河南安陽近郊一座北齊墓葬中出土了一組石棺床雕刻。這批石刻文物出土後迅疾流散美國、德國、法國，從而引起國外學界的關注。1925 年，瑞典學者喜龍仁（O.Sirén）撰文指出了這批石刻的出土地點。[612]1955 年，西方中古史學者斯卡格里亞（Gustina Scaglia）以〈北齊闕龕中的中亞人〉為文，透過與北齊響堂山石窟的比較研究，將這批棺床石刻判定為北齊文物。[613]

斯卡格里亞留意到，這批石刻分藏在波士頓藝術博物館中的兩件屏風雕刻中，有希臘化酒器「來通」（rhyton）出現於石刻宴飲場景中。斯氏據

---

[610] 孟凡人：〈試論北魏洛陽城的形制與中亞古城形制的關係——兼談絲路沿線城市的重要性〉，杜金鵬、錢國祥主編《漢魏洛陽城遺址研究》，科學出版社，2007 年，第 211－225 頁。
[611] 〔魏〕楊衒之撰，范祥雍校注：《洛陽伽藍記校注》卷一，上海古籍出版社，1978 年，第 52 頁。
[612] O. Sirén, *Chinese Sculpture,* Published by Ernest Benn, Ltd. 1925, pp. 5-9, pls. 304-323.
[613] Custina Scaglia, Gentral Asians on Northern Ch'i Gate Shrine, *Artibus Asiae,* Institute of Fine Arts, Vol. XXI-1, 1958, pp. 9-28.

## 第三節　南北朝時期絲綢之路的繁榮

此認為，棺床石刻繪畫中極具生活情調的藝術情節，表達的正是中亞粟特人的生活畫卷！而且，「這件紀念性文物，十之八九是為一位駐在鄴都的（粟特）人物製作的，（而）他很可能是一位薩寶」。[614]

安陽棺床石刻中內容豐富的胡人生活場景，很容易讓人們聯想到北齊鄴下胡風盛行的人間生態自有的廣博歷史背景。

與之同期的北周，以地近西域而多有胡邦文化的浸染。1983年秋冬，寧夏回族自治區文物部門發掘了北周柱國大將軍大都督李賢夫婦墓。[615]這座葬於天和四年（西元569年）的貴族墓葬，其眾多的隨葬品中的一件鎏金銀壺、一件玻璃碗及一枚青金石戒指，值得人們特別留意。這件銀壺的腹部，一周錘鍱出六身滿頭卷髮、高鼻深目的胡人男女形象，其圖畫內容表現的是希臘神話故事帕里斯的審判、掠奪海倫及其回歸的情節。這與馬其頓東征以來中亞地區流行希臘文化傳統有所關聯。[616]加之這件銀壺的壺頸、壺座焊接有三圈聯珠紋圓珠，因此已使這一餐飲用具透露出濃郁的西域波斯文化的美術風尚。據夏鼐、宿白等鑑定，這件銀壺確為波斯薩珊王朝流入中國的製品。它與此前封和突墓出土的波斯銀盤一樣，反映了北朝時代波斯與中國社會往來的密切。

同墓出土的這件碧綠色的深腹、圜底的玻璃碗，其外壁堆飾有經過雕琢的圓圈，故而造型風格亦明顯帶有薩珊玻璃器皿的工藝特徵。[617]

這枚鑲有青金石戒面的黃金戒指，僅從其材料來源於阿富汗地區即可

---

[614]　Custina Scaglia, Gentral Asians on Northern Ch'i Gate Shrine', *Artibus Asiae*, Institute of Fine Arts, Vol. XII -1, 1958，P.27

[615]　寧夏回族自治區博物館、寧夏固原博物館：〈寧夏固原北周李賢夫婦墓發掘簡報〉，《文物》1985年第11期。

[616]　有關李賢墓所出銀瓶圖案內容的解說，參見［日］B.L. パルツヤク、穴澤和光：〈北周李賢夫とその妻銀制水瓶について〉，《古代文化》第41卷第4號，1989年。

[617]　有關這類玻璃器皿的文化特徵與性質，可參見安家瑤：〈中國的早期玻璃器皿〉，《考古學報》1984年第4期；宿白：〈中國境內發現的中亞與西亞遺物〉，《中國大百科全書·考古學卷》，中國大百科全書出版社，1986年，第677－681頁。

## 第四章　魏晉南北朝時代的東西方交流

看出其與西域人文活動的實際聯繫。

除了中原以往出土的眾多粟特人墓誌文獻及胡貌陶俑外，近年中原地區又有若干粟特人典型遺跡的發現，這為研究中古粟特文明東漸華夏提供了珍貴的歷史資料。

2000 年，西安市北郊未央區坑底寨村發掘了北周大象元年（西元 579 年）同州薩保安伽墓。墓誌記載，安伽本為姑臧昌松人，「不同流俗，不雜囂塵，績宣朝野，見推里閈，遂除同州薩保」。[618] 可見安伽其人正以門望出身及享譽群類引起北周政權的重視。安氏受職於「同州薩保」這一京畿地區的祆教神祝職事，正從側面反映出北朝晚期中原地區粟特部落的社會影響。

2003 年夏秋，西安市同一地區又發掘了北周大象二年（580 年）涼州薩保史君墓。墓中出土了刻有漢——粟特文雙語題記和祆教圖畫的石堂，為研究中原粟特人的社會生活提供了資料。漢文題記有，史君「長子毗沙，次維摩，次富□多」[619] 的內容，透露了這一粟特家族在眷戀舊邦祆教信仰的同時，已逐漸信奉了佛教。

2004 年，安伽墓北側又發現了北周天和六年（571 年）甘州刺史康業墓。[620] 西安北郊粟特墓葬如此密集，反映了北朝晚期關中一帶粟特部落人文事態的活躍。而中原地區社會生活與西域人文情調的雜糅，必與上述粟特部落之人事交葛、思想有所關聯。

從中國歷史的發展階段來考察，魏晉南北朝時期，中國封建社會國體分散、民族交往激盪。當時的中外社會往來，亦呈活力充斥、流波跌宕之勢。相對大一統帝國政治一元化局面高度強化的勢態，這一時期的局面為

---

[618]　圖版見陝西省考古研究所：《西安北周安伽墓》，文物出版社，2003 年，第 61 頁。
[619]　西安市文物保護考古所：〈西安北周涼州薩保史君墓發掘簡報〉，《文物》2005 年第 3 期；楊軍凱：《北周史君墓》，文物出版社，2014 年，第 47 頁。
[620]　西安市文物保護考古所：〈西安北周康業墓發掘簡報〉，《文物》2008 年第 6 期。

## 第三節　南北朝時期絲綢之路的繁榮

東西方各族人民的往來交流營造了異常寬容的氛圍。這無疑促成了絲綢之路沿線各個民族文化交流的暢達。這種包容異域文化相互交流的風氣，下啟中原地區的隋唐帝國走向東方封建國家繁榮昌盛之道。

第四章　魏晉南北朝時代的東西方交流

# 第五章
# 隋唐絲路的繁榮

## 第一節　隋朝對絲綢之路的經營

### 一、隋朝與突厥的和戰

　　南北朝分立攻伐之際，在中國的北方草原，一支游牧民族——突厥崛起。西元552至555年間，突厥先後對柔然發動了三次戰爭，滅柔然，建立突厥汗國，開始對周邊政權、部落的征討，其疆域「東自遼海以西，西至西海萬里」，並多次入侵北齊、北周。北齊、北周面對突厥的強大威脅選擇了妥協，「周人東慮，恐齊好之深；齊氏西虞，懼周交之厚。謂虜意輕重，國遂安危」[621]。這種情況一直持續到隋朝建立。

　　隋朝建立後，與突厥的關係基本上成為其對外關係的主軸，突厥問題能否解決關乎隋朝能否奪得絲綢之路的控制權。隋朝與突厥的關係大致可分為三個階段：第一階段為開皇元年至四年（西元581～584年），雙方處於戰爭相持階段；第二階段從開皇五年至仁壽四年（585～604年），雙方關係改善，友好多於矛盾；第三階段是大業元年至十一年（605～615年），隋與東、西突厥的友好關係強化，出現友好團結的新局面。[622]

---

[621]　〔唐〕魏徵等：《隋書》卷八四〈突厥傳〉，中華書局，1973年，第1866頁。
[622]　趙雲旗：〈論隋與突厥關係的發展進程〉，《中央民族學院學報》1992年第3期。

## 第五章　隋唐絲路的繁榮

開皇元年（西元581年）、開皇二年（582年），突厥沙缽略可汗藉口為北周千金公主復仇，聯合前北齊營州刺史高寶寧攻陷臨榆關，並欲約諸部大舉攻隋。隋朝新立，面對突厥緊逼，隋文帝大懼，急令邊地修築長城，並發兵屯北境，命陰壽鎮幽州、虞慶則鎮并州，以防備突厥。沙缽略可汗率兵入侵隋朝邊地，大敗隋軍。面對這一危急局面，隋朝統治者積極調整策略，反擊突厥。開皇二年（582年）四月，隋朝大將軍韓僧壽破突厥於雞頭山；六月，上柱國李充破突厥於馬邑。開皇三年（583年），隋文帝在討伐突厥詔書中說：「朕受天明命，子育萬方，愍臣下之勞，除既往之弊。以為厚斂兆庶，多惠豺狼，未嘗感恩，資而為賊，違天地之意，非帝王之道。節之以禮，不為虛費，省徭薄賦，國用有餘。因入賊之物，加賜將士，息道路之民，務於耕織。清邊致勝，成策在心……朕分置軍旅，所在邀截，望其深入，一舉滅之。」[623]不僅減少了給突厥的「賜物」，還在政治上打擊突厥可汗的聲望，同時也減輕了中原王朝的經濟負擔。更為重要的是，這一舉措表明了隋文帝打算徹底解決突厥這一邊患問題的決心。隋文帝任命衛王爽為行軍元帥，同時又以河間王弘，上柱國豆盧勣、竇榮定，左僕射高熲，右僕射虞慶則並為元帥，分八道出塞反擊。衛王爽督總管李充等四將出朔州道，與沙缽略可汗遇於白道。行軍總管李充對衛王爽說：「周、齊之世，有同戰國，中夏力分，其來久矣。突厥每侵邊，諸將輒以全軍為計，莫能死戰。由是突厥勝多敗少，所以每輕中國之師。今者沙缽略悉國內之眾，屯據要險，必輕我而無備，精兵襲之，可破也。」[624]經過周密部署，隋軍與突厥展開了拉鋸戰，戰鬥十分激烈，雙方各有勝負。儘管開展了對突厥的一系列反擊戰爭，但並未完全削弱突厥實力，隋朝仍然處於防禦地位。

突厥佗缽可汗去世後，其弟沙缽略繼立可汗，其子庵邏被立為第二可

---

[623]　〔唐〕魏徵等：《隋書》卷八四〈突厥傳〉，中華書局，1973年，第1866頁。
[624]　〔唐〕魏徵等：《隋書》卷五四〈李徹傳〉，中華書局，1973年，第1368頁。

## 第一節　隋朝對絲綢之路的經營

汗；木杆可汗之子大邏便立為阿波可汗，沙缽略從父玷厥立為達頭可汗。隋奉車都尉長孫晟深知突厥內部勢力林立，便建議實施遠交近攻之策離間突厥：「臣聞喪亂之極，必致昇平，是故上天啟其機，聖人成其務。伏唯皇帝陛下當百王之末，膺千載之期，諸夏雖安，戎場尚梗。興師致討，未是其時，棄於度外，又復侵擾。故宜密運籌策，漸以攘之，計失則百姓不寧，計得則萬代之福。吉凶所繫，伏願詳思。臣於周末，忝充外使，匈奴倚伏，實所具知。玷厥之於攝圖，兵強而位下，外名相屬，內隙已彰，鼓動其情，必將自戰。又處羅侯者，攝圖之弟，奸多而勢弱，曲取於眾心，國人愛之，因為攝圖所忌，其心殊不自安，跡示彌縫，實懷疑懼。又阿波首鼠，介在其間，頗畏攝圖，受其牽率，唯強是與，未有定心。今宜遠交而近攻，離強而合弱，通使玷厥，說合阿波，則攝圖回兵，自防右地。又引處羅，遣連奚、霫，則攝圖分眾，還備左方。首尾猜嫌，腹心離阻，十數年後，承釁討之，必可一舉而空其國矣。」[625] 於是，隋朝採納了長孫晟的離間計，在軍事上進行反擊的同時，實施離間之策，以弱化突厥宗室內部凝聚力，進而達到削弱突厥的目的。

　　隋朝派遣太僕元暉出伊吾道，遊說玷厥，賜狼頭纛，而玷厥遣使者來朝時，隋文帝故意引居攝圖使上，反間計達到了預期效果。另外，授長孫晟車騎將軍之職，出黃龍道，齎幣賜奚、霫、契丹等，以其為嚮導，到達處羅侯所，「深布心腹，誘令內附」，成功地瓦解了突厥諸可汗，並導致突厥內部的相互猜忌與彼此征伐，大力支持隋朝解決突厥問題。西元587年，沙缽略可汗去世，隋朝冊封處羅侯為莫何可汗。588年，莫何可汗死於西征途中，而沙缽略之子雍虞閭則在隋朝的支持下成為可汗。突厥以金山為界，形成了東、西對峙的局面，突厥對隋朝邊地的威脅暫時解除。589年，隋文帝南征凱旋，實現了大一統。突厥都藍可汗部再度興起，積

---

[625]　〔唐〕魏徵等：《隋書》卷五一〈長孫覽傳附晟傳〉，中華書局，1973年，第1330－1331頁。

極擴大在西域高昌等地的影響力。[626] 隋文帝採用了離間之計，一方面對都藍可汗很冷淡，另一方面又答應都藍可汗之弟染干求婚。達頭可汗認為其權威受到了挑戰，聯合其他部族攻打染干，染干投奔隋朝。在隋朝的支持下染干反擊達頭可汗。雙方的戰爭一直持續到603年，以漠北染干（啟民可汗）的勝利告終。從此，突厥完全分裂為東、西兩部分，染干則統治著東突厥。

隋煬帝繼位後四處征伐，但關乎西北邊地安危的突厥問題並未從根本上解決，直至隋朝滅亡。

## 二、裴矩對河西、西域的經略

在隋朝經略西北的歷史中，裴矩是無法繞過的人物。裴矩，字弘大，河東聞喜人，其祖上因避亂曾經遷居涼州，因此，裴矩對西北瞭若指掌。裴矩入仕隋朝後，多次參與制定和執行隋朝對突厥、吐谷渾的政治與征伐策略，在對隋朝對絲綢之路、西北邊地的經略中極為重要。

突厥分裂後，隋朝強化了對絲綢之路的控制，往來於東西方的商旅使團逐漸增加，而處於河西走廊中部的張掖則成為絲路貿易重鎮。大業三年（西元607年），隋煬帝派遣裴矩掌管張掖商貿事宜，目的是為了「引致西蕃」，開展絲路貿易。

為了保障招商事務的順利進行，首先必須解決突厥問題，於是裴矩出使突厥，以和親之名聯合突利可汗部。608年，玉門道行軍大將薛世雄進駐伊吾，裴矩隨行，在原伊吾城的東面修築新伊吾城。裴矩派人照會西域各國，「天子為蕃人交易懸遠，所以城伊吾耳。咸以為然，不復來競」，裴矩指出隋朝建築新城的目的是為了便於西域各國商旅使團貿易。因此，

---

[626]　〔唐〕魏徵等：《隋書》卷八三〈高昌傳〉，中華書局，1973年，第1847頁。

## 第一節　隋朝對絲綢之路的經營

新伊吾城的修建並未引起西域各國的反對。610年，隋朝便設郡於新伊吾城。裴矩因新伊吾城的順利修築，得到隋煬帝四十萬錢的獎賞[627]。（圖5-1）

圖5-1：陝西歷史博物館藏隋代綠玻璃瓶

同時，隋朝統治者對啟民可汗部進行了一連串安撫以配合河西招商活動。大業二年（西元606年），隋煬帝隆重接待了來朝的啟民可汗，為使團舉行了盛大的百戲表演。大業三年（607年）正月，啟民可汗來朝，隋煬帝大陳文物以示親重；四月，隋煬帝北巡至榆林，啟民可汗為迎接隋煬帝專門修建御道，召集所部諸國奚、霫、室韋等酋長相迎，並與義成公主前往行宮拜見皇帝，前後獻馬三千匹。啟民可汗上表說：「至尊今還如聖人先帝，捉天下四方坐也。還養活臣及突厥百姓，實無少短。臣今憶想聖人及至尊養活事，具奏不可盡，並至尊聖心裡在。臣今非是舊日邊地突厥可汗，臣即是至尊臣民。至尊憐臣時，乞依大國服飾法用，一同華夏。臣今率部落，敢以上聞伏願天慈不違所請。」[628]回顧雙邊的友好關係，並希望能夠使用中原服飾體制。但隋煬帝並未同意啟民可汗的請求，而是表達了對其民族習俗的尊重：「先王建國，夷夏殊風，君子教民，不求變俗。斷

---

[627]　〔唐〕魏徵等：《隋書》卷六七〈裴矩傳〉，中華書局，1973年，第1581頁。
[628]　〔唐〕魏徵等：《隋書》卷八四〈突厥傳〉，中華書局，1973年，第1874頁。

## 第五章　隋唐絲路的繁榮

髮紋身，咸安其性，旃裘卉服，各尚所宜，因而利之，其道弘矣。何必化諸削衽，縻以長纓，豈遂性之至理，非包含之遠度。衣服不同，既辨要荒之敘，庶類區別，彌見天地之情。」[629]並在大帳中宴請了啟民可汗與各部落酋長，賜物二十萬段。事後，隋煬帝還親臨啟民可汗居住地，賜金甕、衣服被褥等物品。在雙方的共同努力下，隋朝與東突厥的關係進一步深化。啟民可汗卒，隋煬帝廢朝三日以示悼念。隋朝對啟民可汗的禮遇，事實上阻止了東、西突厥再次聯盟。

東、西突厥分裂後，以達頭可汗為代表的西突厥勢力獨大，在西元594年至599年間，多次與都藍可汗發生戰爭，直到599年都藍可汗被部將殺死，才占領漠北突厥領地，成為東、西突厥的大可汗，自稱為步伽可汗。在與都藍可汗征戰的同時，達頭可汗多次率兵入侵隋朝邊地，裴矩曾以行軍長史的身分率軍抗擊突厥軍隊的侵擾。603年（或604年），西突厥泥利可汗去世後，其子達漫尊稱處羅可汗。處羅可汗統治西突厥時期，屬國多有叛亂，內部矛盾重重，危機四伏，最為典型的事件是鐵勒諸部脫離突厥自立。此時裴矩得知西突厥的情況後，上奏隋煬帝。隋朝遣派崔君肅前往西突厥，勸說處羅可汗內附。處羅可汗儘管率部內附，但僅為權宜之舉，一旦其勢力強大立即就不再服從隋朝。610年，隋煬帝西巡期間，命侍御史韋節召處羅，讓處羅前往大斗拔谷，而處羅則以「其國人不從」為藉口拒絕前往。隋煬帝十分惱火，但又無可奈何。裴矩見此情此景，上奏：「處羅不朝，恃強大耳。臣請以計弱之。分裂其國，即易制也。」[630]他藉助此時達頭可汗之孫射匱遣使求婚的機會，激化射匱與處羅之間的矛盾，建議隋煬帝「願厚禮其使，拜為大可汗，則突厥勢分，兩從我矣」[631]。隋朝扶持射匱之舉，導致射匱與處羅的相互征伐，射匱在隋

---

[629]　〔唐〕魏徵等：《隋書》卷八四〈突厥傳〉，中華書局，1973年，第1874頁。
[630]　〔唐〕魏徵等：《隋書》卷八四〈西突厥傳〉，中華書局，1973年，第1878頁。
[631]　〔唐〕魏徵等：《隋書》卷八四〈西突厥傳〉，中華書局，1973年，第1878頁。

朝的支持下大敗處羅。裴矩又派人將處羅的母親從長安接到玉門關內晉昌城，用來感化處羅。處羅見大勢已去，只好歸附。西突厥則由射匱統治，一直與隋朝保持著友好關係。

由於裴矩採取了靈活的外交手段與措施，使得隋朝得以解決西突厥問題，並在西突厥扶持了親隋勢力，即使在隋末唐初時，西突厥也未參與反叛中原王朝的活動。裴矩對解決西突厥問題功不可沒，得到隋煬帝的嘉獎，「賜矩以貂裘及西域珍器」。

## 三、隋朝對西域的經營與管理

西元609年，隋將宇文述率兵西征吐谷渾。吐谷渾大敗，具王伏允逃亡山谷地區。隋朝在吐谷渾故地——西平（今青海樂都）臨羌城以西，且末以東，祁連以南，雪山以北，東西四千里，南北兩千里，設立了河源、西海、鄯善、且末四郡，「謫天下罪人為戍卒以守之。命劉權鎮河源郡積石鎮，大開屯田，扞禦吐谷渾，以通西域之路」[632]。無論是鄯善，還是且末，都位於絲綢之路南路的要衝，這就意味著屯田的主要目的除了要防備吐谷渾的反撲，更為重要的是要保障西域絲綢之路交通的暢通。

裴矩曾提出經營西域的方針：「突厥、吐渾分領羌胡之國，為其擁遏，故朝貢不通。今並因商人密送誠款，引領翹首，願為臣妾。聖情含養，澤及普天，服而撫之，務存安輯。故皇華遣使，弗動兵車，諸蕃既從，渾、厥可滅。混一戎夏，其在茲乎！」[633] 這為隋煬帝經營西域提供了方向。大業四年（西元608年）冬十月，「帝以右翊衛將軍河東薛世雄為玉門道行軍大將，與突厥啟民可汗連兵擊伊吾，師出玉門，啟民不至。世雄孤軍

---

[632] 〔宋〕司馬光：《資治通鑒》卷一八一隋煬帝大業五年四月辛丑條，中華書局，1956年，第5645頁。
[633] 〔唐〕魏徵等：《隋書》卷六七〈裴矩傳〉，中華書局，1973年，第1580頁。

## 第五章　隋唐絲路的繁榮

度磧,伊吾初謂隋軍不能至,皆不設備;聞世雄軍已度磧,大懼,請降。世雄乃於漢故伊吾城東築城,留銀青光祿大夫王威以甲卒千餘人戍之而還」。[634] 新伊吾城的修築象徵隋朝開始經略西域,王威也成為隋朝在西域屯田第一人。

裴矩經略西北多年,促進了中原與西域之間的交往。由於隋朝與西域經濟往來密切,朝廷需要對西域各國詳情有真實深入的了解,裴矩就利用其在河西管理商業事宜的便利,透過往來其間的各國商旅使團,廣泛收集西域地區政教經濟、民族風俗、山川交通、物產等方面的資料,編撰成《西域圖記》。這對隋朝了解西域、經略西域具有十分重大的意義,也為後人留下了大量西域的相關資料。後世史臣評價說:「自古開遠夷,通絕域,必因宏放之主,皆起好事之臣……是知上之所好,下必有甚者也。煬帝規摹宏侈,掩吞秦、漢,裴矩方進《西域圖記》以蕩其心,故萬乘親出玉門關,置伊吾、且末,而關右暨於流沙,騷然無聊生矣。」[635] 儘管因為突厥、吐谷渾時常侵擾西北邊地,阻礙了絲綢之路的暢通,但「商人密送誠款,引領翹首,願為臣妾」,西域民眾迫切希望能夠強化與中原的交往與聯繫。[636]

《西域圖記》原書已佚,但據《隋書・裴矩傳》相關記載可以看出當時裴矩編撰此書之目的。《西域圖記・序》中稱:「自漢氏興基,開拓河右,始稱名號者,有三十六國,其後分立,乃五十五王。仍置校尉、都護,以存招撫。然叛服不恆,屢經征戰。後漢之世,頻廢此官。雖大宛以來,略知戶數,而諸國山川未有名目。至如姓氏風土,服章物產,全無纂錄,世所弗聞。復以春秋遞謝,年代久遠,兼併誅討,互有興亡。或地是故邦,

---

[634]　〔宋〕司馬光:《資治通鑒》卷一八一隋煬帝大業四年冬十月條,中華書局,1956年,第5642頁。

[635]　〔唐〕魏徵等:《隋書》卷八三〈西域・附國傳〉,中華書局,1973年,第1859頁。

[636]　余太山:〈隋與西域諸國關係述考〉,《文史》第69輯,中華書局,2004年,第49—57頁。

改從今號，或人非舊類，因襲昔名。兼復部民交錯，封疆移改，戎狄音殊，事難窮驗。于闐之北，蔥嶺以東，考於前史，三十餘國。其後更相屠滅，僅有十存。自餘淪沒，掃地俱盡，空有丘墟，不可記識。」[637]這裡指出當時中原對西域缺乏客觀真實了解的狀況，對其山川地勢和風土人情都是一知半解。加上西域部族眾多，語言又有差異，使中原對西域的了解更是難上加難。隋朝滅陳後，統治者迫切需要打通西域往來中原的貿易交通線，便於東西商旅使團的往來，「皇上膺天育物，無隔華夷，率土黔黎，莫不慕化。風行所及，日入以來，職貢皆通，無遠不至」[638]。為了能夠詳細地記載西域地理情況，裴矩傾注了大量心血，將文獻資料與現實地理山川情況相對照，同時派人進行實地調查，根據調查結果繪製成地圖，「仍別造地圖，窮其要害」。《西域圖記》為隋朝經略西域絲綢之路提供了客觀真實的依據。

## 四、隋朝對吐谷渾的征伐與隋煬帝西巡

晉太康四年（西元 283 年），遼東鮮卑慕容部首領慕容涉歸之子慕容吐谷渾率部落民眾遷徙到陰山地區，後經河套、隴山向西北發展，至其子吐延時期，吐谷渾部逐漸強盛。至五世紀末六世紀初，吐谷渾控制的疆域東至疊川，西鄰于闐，北接高昌，東北通秦嶺，方圓千餘里。這樣，吐谷渾實際上就控制了西域南道。從其所控制區域來看，恰好處於東西方陸路交通的要道，便於利用交通便利之優勢展開周邊貿易往來。「國無常賦，須則稅富室商人以充用焉」，對商業徵收的賦稅已經成為國家財政的重要來源。為了更方便從東西方貿易中獲取高額利潤，吐谷渾早在南北朝時期就接受了南朝宋、齊、梁的封號稱「河南王」，與南朝政權的貢使貿易更是

---

[637]　〔唐〕魏徵等：《隋書》卷六七〈裴矩傳〉，中華書局，1973 年，第 1578 — 1579 頁。
[638]　〔唐〕魏徵等：《隋書》卷六七〈裴矩傳〉，中華書局，1973 年，第 1579 頁。

往來不斷。同時，吐谷渾也同北朝政權保持著密切的貿易關係。西魏廢帝三年（554年），吐谷渾王誇呂派遣使者通貢北齊，遭到西魏涼州刺史史寧的伏擊，而貢使僕射乞伏觸狀、將軍翟潘密也被俘獲。這些事件說明吐谷渾在絲路貿易中活動的頻繁。

關於隋煬帝對吐谷渾用兵的評價，學界眾說紛紜。《隋書·裴矩傳》載：「矩盛言胡中多寶物，吐谷渾易可併吞，帝由是甘心。」這將珍玩寶物對隋煬帝的吸引當作其出兵吐谷渾的主要目的，但實際上隋朝征伐吐谷渾有多方面的原因。吐谷渾的崛起對中原王朝的危害日益嚴重，即使到了隋朝初期，吐谷渾對隋朝邊地的侵犯依然不斷。開皇初年吐谷渾「以兵侵弘州」，迫使隋朝放棄弘州，以堅壁清野來應對吐谷渾的侵擾。隋朝在反擊突厥的同時，也改變了對吐谷渾消極防禦的策略，進行了一連串的反擊。開皇元年（西元581年），派行軍元帥元諧率領步兵數萬反擊侵犯涼州的吐谷渾軍隊。開皇三年（583年），吐谷渾寇臨洮，刺史皮之信陣亡，汶州總管梁遠率兵抵禦，但未能阻擋吐谷渾的勇猛勢頭，吐谷渾又寇廓州。隋文帝於開皇四年（584年）派大將軍賀婁子干徵發五州的將士征討吐谷渾，收效甚微，被迫在隴西一帶讓民眾修築堡壘來防禦吐谷渾。

由於吐谷渾內部的權力爭奪，開皇六年（西元586年），吐谷渾太子崐訶曾一度派人與隋朝聯繫，密謀降隋。開皇八年（588年），吐谷渾裨王拓跋木彌為避禍請求降服，「渾賊昏狂，妻子懷怖，並思歸化，自救危亡」。為了避免激怒吐谷渾王誇呂，隋朝並未收納。隋朝的態度主要基於當時統一全國的戰爭大局，避免與突厥、吐谷渾、陳朝的多線作戰。平定陳後，吐谷渾暫時修復了與隋朝的緊張關係，並「奉表稱藩」。但好景不長，隋煬帝繼位後，吐谷渾開始斷絕貢使往來，時常抄掠邊地。隋煬帝開始著手解決吐谷渾問題。大業四年（608年），裴矩策動鐵勒部進攻吐谷渾，大敗吐谷渾。同時，隋朝派安德王雄出澆河，許公宇文述出西平，相互配合，

吐谷渾王伏允只好退守南山積蓄實力。大業五年（609年）四月，隋煬帝決定親征吐谷渾，率百官、後妃等從關中西行，經隴山、臨洮，渡黃河，到達西平。大業五年（609年）五月上旬，隋煬帝在拔延山進行圍獵，「長圍周亙二十里」，表面是一場圍獵活動，實際上是對吐谷渾戰前的一場軍事演習。五月中旬，進入長寧谷，在金山大宴群臣。隋朝的一連串施壓措施並未使得吐谷渾有所屈服，這使得隋煬帝下定決心澈底征服吐谷渾。隋軍採取了四路合圍的策略方針，派內史元壽南屯金山，兵部尚書段文振北駐雪山，太僕卿楊義臣東屯琵琶峽，張壽西屯泥嶺。在隋朝四面出兵的打擊下，伏允僅率數十騎逃竄。五月底，吐谷渾仙頭王率十萬眾降隋。六月初，隋將梁默、李瓊等追擊伏允殘部。西域伊吾城衛尉劉權從西邊出兵攻擊吐谷渾，「逐北至青海，虜獲千餘口，乘勝至伏俟城」。[639]

## 第二節　唐朝絲綢之路的繁盛

### 一、唐朝對西域河隴的開拓與經營

（一）唐朝對西域的爭奪與控制

隋末唐初，西北邊地除了回紇、吐谷渾勢力外，突厥成為諸勢力最強大的一支。「隋季世，虛內以攻外，生者罷道路，死者暴原野，天下盜賊共攻而亡之。當此時，四夷侵，中國微，而突厥最強，控弦者號百萬，華人之失職不逞皆往從之，甚之謀，導之入邊，故頡利可汗自以為強大古無有也。」於是，突厥成為絲綢之路上唐朝的勁敵。西突厥再次興起，不斷擴大其在西域地區的勢力，「因並鐵勒，下波斯、罽賓，控弦數十萬，徙

---

[639]　〔唐〕魏徵等：《隋書》卷六三〈劉權傳〉，中華書局，1973年，第1504頁。

## 第五章　隋唐絲路的繁榮

廷石國北之千泉,遂霸西域諸國」。[640] 唐朝建立後,東突厥的歸附促進了唐朝統一西域。西域部族在唐朝的威懾下,紛紛來附。630 年九月,伊吾「舉其屬七城來降」,唐朝在其地設立了西伊州;[641] 632 年七月,焉耆向唐朝貢獻方物,特別是為了從西域諸國與中原貿易中獲得更多的利益,「突騎支(焉耆王)請復開磧路,以便往來」[642],希望能夠重新開闢大磧道以便商路通暢,得到唐朝應允。但大磧道的開闢,大大損害了高昌的商業利益,特別是對於以商業為主要經濟來源的綠洲國家而言,商業路線的變更無疑是一個生死攸關的問題。高昌於貞觀十二年(638 年)聯合西突厥進攻焉耆:「十二年,處月、處密與高昌攻陷焉耆五城,掠男女一千五百人,焚其廬舍而去。」[644] 640 年,唐朝派交河道行軍大總管侯君集征討高昌,並進而打擊西突厥乙毗陸可汗勢力,同時聯合焉耆夾擊高昌。[645] 在唐朝的打擊下,高昌出降,西突厥勢力倍受打擊,西突厥阿史那賀魯臣服唐朝。為了確保唐朝在西域的利益並維持控制區域的安定,貞觀十四年(640 年),唐朝先後在高昌設立西州和安西都護府,並在可汗浮圖城設立庭州。安西都護府成為唐朝管理西域地區的最高軍政機構,使得唐朝強化了在西域的統治力。(圖 5-2)

　　焉耆為了自身利益,對唐朝時服時叛,並最終投向了西突厥乙毗射匱可汗。西突厥勢力的增強,對於唐朝在西域的統治無疑是一個威脅。貞觀十八年(西元 644 年)九月,唐朝任命安西都護郭孝恪為總管,攻擊焉耆,最終打擊了西突厥。647 年,藉助西突厥內亂,唐朝攻取焉耆,大破

---

[640]　〔宋〕歐陽修、宋祁:《新唐書》卷二一五〈突厥傳〉,中華書局,1975 年,第 6069 頁。
[641]　〔宋〕司馬光:《資治通鑑》卷一九三唐太宗貞觀四年條,中華書局,1956 年,第 6081－6082 頁。
[642]　〔宋〕司馬光:《資治通鑑》卷一九四唐太宗貞觀六年條,中華書局,1956 年,第 6096 頁。
[643]　〔日〕松田壽男:《古代天山の歷史地理學的研究》,(東京):早稻田大學出版部,1970 年,第 17 頁。
[644]　〔後晉〕劉昫等:《舊唐書》卷一九八〈焉耆國傳〉,中華書局,1975 年,第 5301－5302 頁。
[645]　〔宋〕歐陽修、宋祁:《新唐書》卷二二一〈西域傳上〉,中華書局,1975 年,第 6229 頁。

## 第二節　唐朝絲綢之路的繁盛

乙毗射匱可汗，設立焉耆都督府，同時扶持龜茲王弟葉護，對西突厥殘部進行招降。唐朝透過對西域的軍事討伐，基本上瓦解了西突厥乙毗射匱可汗的勢力，控制了西域地區。但短短幾年間，唐朝扶植的沙缽羅葉護阿史那賀魯在統一西突厥後，勢力日漸增強，開始與唐朝爭奪西域控制權，對庭州發起進攻，「咄陸五啜、弩失畢五俟斤皆歸之，勝兵數十萬，與乙毗咄陸可汗連兵，處月、處密及西域諸國多附之」。「秋，七月，西突厥沙缽羅可汗寇庭州，攻陷金嶺城及蒲類縣，殺略數千人。」[646] 西域諸國震動，唐朝控制力急遽下降。因此，唐朝從永徽二年（651年）至顯慶三年（658年）間，先後發動了弓月道、蔥山道兩次行軍，並於657年派蘇定方為伊犁道行軍大總管，討伐西突厥沙缽羅可汗。「（蘇）定方將唐兵及回紇萬餘人擊之。沙缽羅輕定方兵少，直進圍之……先攻步軍，三衝不動，定方引騎兵擊之，沙缽羅大敗……於是胡祿屋等五弩失畢悉眾來降，沙缽羅獨與處木昆屈律啜數百騎西走。時阿史那步真出南道，五咄陸部落聞沙缽羅敗，皆詣步真降。」[647] 此次對西域的用兵，取得了決定性的勝利，最終解決了西域諸國時服時叛的問題。

圖 5-2：高昌故城遺址

---

[646]　〔宋〕司馬光：《資治通鑒》卷一九九唐高宗永徽二年條，中華書局，1956年，第6274頁。
[647]　〔宋〕司馬光：《資治通鑒》卷二〇〇唐高宗顯慶二年條，中華書局，1956年，第6306頁。

## 第五章　隋唐絲路的繁榮

　　為此，唐朝政府將安西都護府升格為安西大都護府，並將治所移至龜茲，而原治所西州則設立西州都督府。在安西大都護府的管轄區域內，州縣制與軍鎮制（安西四鎮）並存，在歸附的西域諸部族地方勢力區域施行羈縻州府制度。軍鎮的設立，主要是為了震懾西域地區。安西四鎮屬於唐、吐蕃、西突厥三方力量的交會之地，因此，對安西四鎮的控制無疑是唐朝掌控西域南部諸勢力、抵禦吐蕃勢力北進、控制絲綢之路西域段的重要保障。「焉耆、龜茲之設鎮，止駐兵以維交通，仍立國王主持政事，臣其人而不有其地。」[648] 西元 702 年，於庭州設立北庭大都護府，天山以北的濛池、昆陵兩都護府歸北庭管轄。

　　吐蕃王朝崛起後，不斷對外擴展勢力。松贊干布在位期間，唐蕃一直保持著友好往來關係。但隨著吐蕃勢力的北進，與唐朝在西域產生了利益衝突。龍朔二年（西元 662 年）十二月，吐蕃策動西域的龜茲、疏勒及弓月等西突厥的親蕃勢力叛亂，唐朝派遣蘇海政及唐朝冊立的西突厥阿史那步真與阿史那彌射平叛，但因西突厥內部矛盾重重，導致平叛無功而返。西突厥的阿史那都支率眾叛唐附蕃，圍攻庭州。為了防禦西突厥的反叛勢力，龍朔三年（663 年），唐朝在庭州設立金山都護府。但西突厥兩廂十姓以及龜茲、疏勒、弓月等部族的附蕃，沉重打擊了唐朝在西域的統治，特別是在西域設立的羈縻州府基本瓦解，動搖了西域原有的統治秩序和政治格局。670 年，吐蕃再次進攻西域，唐蕃在西域的爭奪進一步惡化。「夏，四月，吐蕃陷西域十八州，又與于闐襲龜茲撥換城，陷之。罷龜茲、于闐、焉耆、疏勒四鎮。」[649] 唐朝派薛仁貴出兵青海，但卻兵敗大非川，唐朝暫無力恢復安西四鎮，[650] 安西大都護府也將治所由龜茲遷往西州。[651]

---

[648]　岑仲勉：《隋唐史》，中華書局，1982 年，第 108 頁。
[649]　〔宋〕司馬光：《資治通鑑》卷二〇一唐高宗咸亨元年條，中華書局，1956 年，第 6363 頁。
[650]　〔日〕森安孝夫：〈吐蕃の中央アジア進出〉，《金沢大學文學部論集・史學科篇》第 4 號，1984 年，第 4 頁。
[651]　國家文物局古文獻研究室等：《吐魯番出土文書》第 6 冊，文物出版社，1985 年，第 470 —

第二節 唐朝絲綢之路的繁盛

　　吐蕃的咄咄緊逼，使唐朝失去對西域的控制權，對唐朝的統治威信而言，無疑是沉重的打擊。於是，唐朝自西元673年至675年，積極出兵西域，打擊吐蕃在西域的勢力，並取得階段性勝利。戰後，唐朝恢復了安西四鎮，並設立了毗沙、龜茲、焉耆、疏勒等四個羈縻都督府。調露元年（西元679年）六月，西突厥阿史那都支和李遮匐、吐蕃聯合進攻唐朝。唐朝派遣裴行儉以冊立波斯王、安撫大食的名義，借道西突厥境，西進途中祕密招集西州與四鎮都督府的諸胡勢力，智擒西突厥左廂可汗阿史那都支，招撫了西突厥右廂可汗李遮匐，西突厥兩廂十姓部落降唐。裴行儉以平突厥之功被封聞喜縣開國公。[652] 垂拱元年（西元685年）十一月，唐朝再次採取冊立西突厥可汗後裔的措施以招慰、安撫十姓部落，平定被吐蕃支持的他匐為首的叛亂。垂拱二年（686年）九月，冊立阿史那步真之子阿史那斛瑟羅襲繼往絕可汗兼濛池都護，主管五弩失畢部落。（圖5-3）

圖5-3：新疆森木賽姆唐代拓厥關遺址

---

479頁。
[652]　戴良佐：《西域碑銘錄》，新疆人民出版社，2013年，第86－90頁。

349

## 第五章　隋唐絲路的繁榮

吐蕃與西突厥殘餘勢力一直是唐朝在西域統治的不安定因素，為了割斷二者的聯合，西元679年，碎葉取代焉耆成為安西四鎮之一。這次調整是唐朝對西域策略的重大調整，位於絲綢之路北道交通樞紐的碎葉地位自然有所提升，是唐朝勢力在西域西部的延伸。垂拱二年（686年），唐朝為了減輕物力和人力負擔，暫罷安西四鎮守軍，撤回了各鎮戍防士兵，各羈縻都督承擔了原由軍鎮承擔的防衛工作，而吐蕃乘機進攻西域，攻占焉耆，甚至到達河西地區。但吐蕃後因內亂，暫停西域的軍事擴張行動。692年，武威道行軍總管王孝傑與武衛大將軍阿史那忠節攻擊吐蕃，並於十月間大破吐蕃，安西四鎮光復。之後，唐朝採納了王孝傑增兵西域、長期屯戍留守以鞏固西域邊陲的建議，唐朝在西域的控制重新被強化。萬歲通天二年（696年），吐蕃向唐朝議和，並要求罷棄安西四鎮戍兵，「欽陵力言，安西四鎮即舊日突厥五俟斤轄境，與吐蕃唯界一磧，漢兵易從此侵入，要求唐朝拔去鎮守，使各國離立，作為漢、蕃之中間地帶，元振婉辭卻之」。在與吐蕃談判的同時，唐要求吐蕃歸還吐谷渾諸部和青海故地。聖曆二年（699年），吐蕃噶爾家族覆滅，吐蕃在西域的爭奪步調減緩，而依附於吐蕃的阿史那俀子、阿史那僕羅、阿史那拔布等西突厥勢力完全潰敗。七世紀末，復興的後東突厥汗國逐漸加入與唐朝爭奪西域的行列。由於不斷受到後東突厥的攻擊，西突厥繼往絕可汗、濛池都護阿史那斛瑟羅，於開元元年（713年）二月，進攻北庭都護府。為了應對後東突厥的入侵和日益惡化的西域形勢，唐朝在四鎮經略使的基礎上又設立了磧西節度使。此時，突厥突騎施的勢力逐漸強盛，成為唐朝在天山北部統治的威脅。唐朝對突騎施的安撫並不能阻止其政治野心的膨脹，突騎施娑葛自立為汗，於708年殺唐使者御史中丞馮嘉賓，進攻唐朝。「於是娑葛發五千騎出安西，五千騎出撥換，五千騎出焉耆，五千騎出疏勒，入寇。」[653] 娑

---

[653]　〔宋〕司馬光：《資治通鑑》卷二〇九唐中宗景龍二年條，中華書局，1956年，第6627－6628頁。

## 第二節　唐朝絲綢之路的繁盛

葛攻陷安西，阻斷安西四鎮的交通道路。709 年，突騎施與鼠尼施部聯合進攻唐朝，安西與焉耆被攻破，唐將張君義等立即增援安西與焉耆。為了防止大食東進與東突厥汗國聯合，唐朝對突騎施由軍事打壓改為政治扶持，同時將北庭都護府升格為大都護府。這樣就形成了安西、北庭兩大都護府分治天山南北，共同維護唐朝在西域政治統治的格局。（圖 5-4）

圖 5-4：新疆北庭都護府故城遺址

　　唐朝與突騎施雙方的聯盟關係純粹屬於政治、經濟利益等各種因素妥協下的產物，雙方在抵禦大食東進的過程中勢必發生利益分配不均的情況。因此，突騎施時而侵犯安西四鎮，時而遣使朝貢，叛服不定。特別是西元 727 年，突騎施蘇祿與吐蕃聯合進攻安西大都護府，唐朝以安西主將皆加授四鎮節度使、北庭主將皆加授伊西節度使的方式來強化西域的軍事協同作戰能力，以抵禦突騎施與吐蕃的軍事進攻。同時，唐朝緩和與大食的對立關係，並利用各政治勢力之間的矛盾與利害關係分化吐蕃與突騎施蘇祿的聯盟，最終大破其聯盟，擊敗突騎施蘇祿。738 年九月，曾經隸屬

## 第五章　隋唐絲路的繁榮

突騎施汗國的西域諸部大都直接歸附唐朝,「九月,戊午,處木昆、鼠尼施、弓月等諸部先隸突騎施者,皆帥眾內附,仍請徙居安西管內」[654]。唐朝冊立西突厥汗裔阿史那聽為十姓可汗統領西突厥諸部,以保證對西域天山北部的控制。

天寶之初,大食在西域的影響力衰弱,唐朝開始集中力量反攻大食。「若開得大勃律已東直至于闐、焉耆、甘、涼、瓜、肅已來,吐蕃更不敢停。」[655] 驅逐了吐蕃在大勃律的勢力,北庭節度使王正見也奪取了碎葉、石國等重鎮和城邦,但在唐與大食的怛邏斯之戰中,葛邏祿、東拔汗那臨陣倒戈於大食,導致唐朝爭奪河中地區的願望澈底破滅。「大食既並波斯,突騎施又亡,其地東盡蔥嶺,西南際海,方萬餘里。」[656]

安史之亂與藩鎮割據,極大地削弱了唐朝的國力,吐蕃亦開始重新爭奪西域地區。唐朝在與突厥爭奪西域諸勢力控制權的過程中,並未非常重視吐蕃向西域的滲透。八世紀中葉,庭州陷蕃,對唐朝來說是一個警示。儘管唐很快收復了庭州,但唐蕃在西域的爭奪戰也再次掀起。對於回紇而言,希望能夠從唐朝借兵平叛中獲取最大利益。唐代宗繼位後,政權內部矛盾重重。各方藩鎮擁兵自重,在其地域內徵收賦稅增強自己的實力,宛如國中之國;而代宗佞佛,也大大地消耗了人力和財力。從外部環境來說,吐蕃對西北邊地步步緊逼。唐朝在平定安史之亂的過程中,邊防力量大大削弱,特別是朔方軍受損最為嚴重。「中年以僕固之役,又經耗散,人亡三分之二,比於天寶中有十分之一。今吐蕃充斥,勢強十倍,兼河、隴之地,雜羌、渾之眾,每歲來窺近郊」[657],吐蕃已經完全占領了河隴之地。因史朝義有與回紇聯合的可能,唐朝不得不與回紇聯合。此時回紇

---

[654]　〔宋〕司馬光:《資治通鑑》卷二一四唐玄宗開元二十七年條,中華書局,1956年,第6839頁。
[655]　〔宋〕王欽若等:《冊府元龜》卷九九九〈外臣部・請求〉,中華書局,1960年,第11724頁。
[656]　〔宋〕司馬光:《資治通鑑》卷二三三唐德宗貞元二年條,中華書局,1956年,第7505頁。
[657]　〔後晉〕劉昫等:《舊唐書》卷一二〇〈郭子儀傳〉,中華書局,1975年,第3464頁。

第二節　唐朝絲綢之路的繁盛

儼然已經成為漠北最強的一支政治勢力，與北進的吐蕃之間的衝突不可避免。永泰元年（765年），僕固懷恩曾引誘吐蕃、回紇進攻唐境。僕固懷恩死後，吐蕃與回紇之間的矛盾爆發，也為唐朝、回紇的聯合提供了契機。回紇首領羅達干拜見唐將郭子儀，提出希望能夠追殺吐蕃軍，以報國恩。隨後，回紇軍與唐朝朔方兵馬使白元光，「共破吐蕃等十餘萬眾，斬首五萬餘級，生擒一萬餘人，駝馬牛羊凡百里相繼，不可勝紀，收得蕃落五千餘人」[658]，揭開了唐朝、回紇聯合抗蕃的序幕。貞元四年（788年），咸安公主嫁入回紇後，為了顯示雙方關係的密切，更重要的是，迫於吐蕃在西域地區的強大態勢，回紇「屢請佐天子共滅吐蕃」，維護回紇在西域地區的既得利益。同年冬，吐蕃聯合原屬回紇的葛邏祿、白服突厥及點戛斯大舉進攻北庭，唐將楊襲古求援於回紇，回紇大相頡干迦斯率軍前來援救，吐蕃大敗回紇。此時，恰逢回紇內亂，忠貞可汗被殺，其子被立為可汗。由於葛邏祿攻取回紇的浮圖川，回紇被迫遷西北部羊馬至牙帳的南部以躲避其鋒芒。唐朝竭力聯合回紇以抗吐蕃，吐蕃圍困龜茲，唐朝出兵助回紇。「吐蕃大軍圍攻龜茲，天可汗領兵救援。吐蕃□□，奔入于術。四面合圍，一時撲滅……遂築京觀，敗沒餘燼。」[659]

（二）唐朝、吐蕃對吐谷渾故地的爭奪

吐谷渾故地是西域連接唐朝的重要交通地帶，可以說是扼絲綢之路南道的咽喉，是溝通東西方貿易往來的樞紐，也是唐朝西進和抵禦來自西域反叛勢力東推的重要緩衝區。因此，唐朝對於吐谷渾的控制，使得吐谷渾故地成為遏制吐蕃擴張的天然屏障，更在對抗吐蕃東進、穩定唐朝西北邊防、掌控西域等地區上具有重要的策略意義。對於吐蕃而言，占領吐谷渾

---

[658]　〔後晉〕劉昫等：《舊唐書》卷一九五上〈回紇傳〉，中華書局，1975年，第5206頁。
[659]　程溯洛：〈釋漢文九姓回鶻毗伽可汗碑中有關回鶻和唐朝的關係〉，《中央民族學院學報》1978年第2期；林梅村、陳凌、王海誠：《九姓回鶻可汗碑研究》，余太山主編《歐亞學刊》第1輯，中華書局，1999年，第160—161頁。

353

## 第五章　隋唐絲路的繁榮

不僅可以以吐谷渾為根據地東進河隴、西達西域，更主要的是可以控制河西走廊重要通道，並取代唐朝成為河西走廊貿易通道的實際控制者。為此，雙方為爭奪吐谷渾故地的控制權而展開激烈的爭奪戰。

龍朔三年（西元 663 年），吐蕃對吐谷渾的占領，使得唐朝憂慮重重。乾封元年（666 年）五月，唐朝冊封河源郡王諾曷鉢為青海王，表明了唐朝對吐蕃占領吐谷渾的不滿與希望支持吐谷渾復國的態度。唐高宗與大臣們商討是否征討吐蕃的問題時，眾說紛紜。右宰相閻立本認為：「自去歲以來，微少甘澤，粟價騰踴，倍於常年，閭閻之間，大有飢乏。今又遠興師旅，將轉益憂勞。如臣愚見，以為未可。」大將契苾何力認為：「吐蕃在西，經途稍遠，又與諸羌連接，臣恐大軍才到，便即西走。且山路險阻，遠逐甚難，軍糧雖繼，未易深入。慮其開春以後，必來侵逼。吐渾如其更來，臣請不須救援。蠻夷無識，便謂國力已廢，遂自驕矜，無所懼憚。然後命將出師，一舉可滅之矣。」左宰相姜恪對前者進行了反駁：「何力言非也。吐谷渾歸附日久，吐蕃乘勝逼之，必不能御。倘若不救，坐見滅亡。此則邊境憂虞，無所控告。既虧聖德，又沮國威。臣之愚慮，謂宜拯恤。且使小蕃得存，然後更圖大舉。」[660] 大臣們分為兩種截然不同的觀點，也對唐高宗的決策產生了影響，使他無法下定決心進攻吐蕃援助吐谷渾。而吐蕃則借唐朝按兵不動的時機，進一步強化了對吐谷渾的統治，多次從吐谷渾地徵收賦稅，充盈國庫。[661] 吐蕃在準備充分的情況下，主動出擊，於 670 年初攻破唐朝西域羈縻十八州，占領安西四鎮，唐朝朝廷上下震驚。唐高宗下詔令「右威衛大將軍薛仁貴為邏娑道行軍大總管，左衛員外大將軍阿史那道真、右衛將軍郭待封為副，率眾十餘萬以討之」[662]。但因將領

---

[660]　〔宋〕王欽若等：《冊府元龜》卷九九一〈外臣部・備禦第四〉，中華書局，1960 年，第 11642 頁。
[661]　王堯、陳踐：《敦煌本吐蕃歷史文書》（增訂本），民族出版社，1992 年，第 146 － 155 頁。
[662]　〔後晉〕劉昫等：《舊唐書》卷一九六上〈吐蕃傳上〉，中華書局，1975 年，第 5223 頁。

## 第二節　唐朝絲綢之路的繁盛

內部矛盾，唐將郭待封並未按照軍事整體部署進行作戰，導致唐軍在與吐蕃軍的大非川激戰中敗北。此戰直接影響到後來唐朝與吐蕃之間的戰局。唐朝被迫放棄安西四鎮建制，將安西都護府遷至西州，吐谷渾亦正式併入吐蕃，唐朝從此轉入策略防禦狀態。西元672年，吐蕃遣使至唐，試探唐對吐蕃占領吐谷渾的態度。隨後，又遣吐渾彌使唐，請求與吐谷渾修好關係，遭到唐朝拒絕。在無法得到唐朝認可的情況下，吐蕃對唐朝進行了軍事逼迫，陳兵隴右，唐朝對此無可奈何。面對吐蕃的逼迫，唐高宗令大將劉仁軌鎮洮河軍，於儀鳳二年（677年）十二月下詔發兵征討吐蕃。次年九月，洮河道行軍大總管兼安撫大使李敬玄率兵十八萬與吐蕃論欽陵戰於青海。青海之戰，唐朝再次兵敗。唐朝派婁師德出使吐蕃，唐蕃雙方基本上達成和解，唐朝承認吐蕃占領吐谷渾的事實，吐蕃暫緩對西北地區的軍事進攻。（圖5-5）

圖5-5：青海都蘭吐蕃墓出土尚結思木簡

　　調露二年（西元680年）七月，吐蕃大將贊婆與原吐谷渾叛臣素和貴率兵三萬眾進攻河源，屯兵良非川。河西鎮撫大使李敬玄率軍阻擊，與吐蕃軍激戰於湟川，唐軍大敗。河源軍副使黑齒常之偷襲吐蕃軍，贊婆等落荒而逃。黑齒常之也因此被提升為河源軍經略大使，並開始經營河源地區，使之成為抵禦吐蕃進攻的重要基地。武後則天臨朝主政，開始對吐蕃採取主動進攻的策略，於692年任命王孝傑為武威將軍行軍總管，出征西域，進攻吐蕃，恢復曾被吐蕃一度占領的龜茲、于闐、疏勒、碎葉四鎮，

## 第五章　隋唐絲路的繁榮

並置安西都護府於龜茲,鎮守西域。[663] 安西四鎮的恢復,對唐朝上下無疑是一種極大的鼓舞。此後,唐蕃直接爭奪西域的戰爭持續不斷,各有勝負。萬歲通天元年(696 年)三月,王孝傑為肅邊道行軍大總管,御史大夫婁師德為副總管,出兵青海,征討吐蕃,與吐蕃在羅汗山展開激戰,遭到慘敗。不到三十年,唐蕃之間發生了三次大規模的戰爭,最終以唐朝的失敗而告終。吐谷渾故地最終成為吐蕃的屬部,吐蕃也控制了絲綢之路上的吐谷渾道。吐蕃此後以此為基礎繼續進攻河西、隴右及西域地區,成為唐朝西境最大的勁敵。[664] 萬歲通天元年(696 年)九月,吐蕃遣使至唐,提出「罷安西四鎮戍兵,並求分十姓突厥之地」的要求,以解決唐蕃在西域及吐谷渾故地對峙的局面。唐朝朝野在討論吐蕃要求的過程中,郭元振對當時吐蕃內部形勢進行了客觀分析,提出以歸還吐谷渾故地作為唐蕃雙方的交換條件,並拖延談判時間達到吐蕃內耗的目的。「郭元振這一獻策的高明之處不僅在於既具有原則的堅定性,又具有策略的靈活性,而且在於洞察蕃中君臣矛盾,以曠日持久的議和談判進一步催化之矛盾,以動搖噶爾家族的統治地位,顯示出非凡的外交才能。」[665] 郭元振成功地預測了噶爾家族與贊普之間的矛盾,贊普都松莽布支親政後,誅殺噶爾家族。噶爾家族的覆滅,並不意味著吐蕃對吐谷渾故地乃至西域地區爭奪態勢的削弱。在對吐谷渾地區派遣官吏、徵收賦稅等日常政務的同時,贊普還親自巡視吐谷渾地區。敦煌古藏文文獻記載:「開元十五年(727 年),贊普以政務巡臨吐谷渾……冬,贊普牙帳駐於『交工納』,任命外甥吐谷渾小王、尚·本登蔥、韋·達札恭祿三人為大論。吐谷渾諸部之大部均頒與賞賜。」[666] 由此進一步強化了對吐谷渾的統治。(圖 5-6)

---

[663] 〔後晉〕劉昫等:《舊唐書》卷九三〈王孝傑傳〉,中華書局,1975 年,第 2977 頁。
[664] 陳楠:《藏史叢考》,民族出版社,1998 年,第 108 頁。
[665] 薛宗正:《安西與北庭——唐代西陲邊政研究》,黑龍江教育出版社,1998 年,第 161–162 頁。
[666] 王堯、陳踐:《敦煌本吐蕃歷史文書》(增訂本),民族出版社,1992 年,第 152 頁。

## 第二節　唐朝絲綢之路的繁盛

圖 5-6：西藏拉薩大昭寺前《唐蕃會盟碑》

開元十五年（西元 727 年）至開元十六年（728 年）間，吐蕃多次侵犯唐朝邊境，唐玄宗對此非常震怒，期望藉助軍事力量來解決吐蕃問題，與吐蕃在河隴地區多有交戰，連敗吐蕃。吐蕃遣使求和，唐玄宗見武力達到了預期目的，對吐蕃的請和之舉欣然接受，立即遣皇甫唯明及內侍張元方出使吐蕃，降書贊普與金城公主。吐蕃也派使者名悉臘至長安城，覲見唐朝皇帝。在金城公主的努力下，唐蕃恢復昔日臣屬藩附的友好和平關係。唐蕃雙方於開元二十年（732 年）進行會盟，並在赤嶺樹立界碑，相約互不侵犯。赤嶺劃界立碑後，唐蕃雙方也維持了一段和平友好時期，隨著開元二十四年（736 年）吐蕃出兵攻破唐朝經略西域的要塞小勃律，唐蕃戰爭再次爆發。次年三月，唐將崔希逸大破吐蕃於青海之上，南入吐蕃兩千餘里，斬首兩千餘級，掠奪了大量羊馬。從此，唐蕃在河西隴右地區戰爭不斷。金城公主的去世，使雙方失去了友好談判的一個紐帶，戰爭規模進一步升級。唐朝在西北地區設立了安西、北庭、河西、隴右四個節度使，重

第五章　隋唐絲路的繁榮

點防禦吐蕃的進攻。安史之亂爆發後，唐玄宗徵調大量河隴及朔方等地的兵力前去平叛，導致西北邊防兵力空虛，吐蕃趁機在西域、劍南、河隴三個方向展開了全面進攻，並大舉進攻防備空虛的河隴地區，到762年已基本上控制了河隴地區，澈底切斷了唐朝與西域的交通。（圖5-7）

圖5-7：敦煌文獻 P.T.1217
〈龍年孟春諸大尚論將軍衙署收到由宗喀紫帳發來的文告〉

## 二、戍邊與屯田

唐朝建立後，儘管中原地區趨於安定，但突厥不斷侵擾邊地。西元629年，唐太宗派大將李靖為行軍總管，率十萬大軍進攻突厥，並大破東

突厥，俘獲頡利可汗。唐朝聲威大震，各民族首領於次年尊稱唐太宗李世民為天可汗。「貞觀中，李靖破吐谷渾，侯君集平高昌，阿史那社爾開西域，置四鎮。前王之所未伏，盡為臣妾，秦、漢之封域，得議其土境耶！於是歲調山東丁男為戍卒，繒帛為軍資，有屯田以資糧糧，牧使以娩羊馬。」[667]630年，伊吾城主率部歸唐，唐朝在伊吾置西伊州。侯君集破高昌後，於貞觀十四年（640年）八月在高昌設立西州，九月置安西大都護府，主管西域相關事務。貞觀二十二年（648年），郭孝恪破龜茲，將安西都護府遷至龜茲，下轄安西四鎮——龜茲、于闐、碎葉、疏勒。唐高宗初年，唐朝政府在西突厥故地的天山北路置北庭都護府，南路置四鎮都督府。這就基本完成了經略西域的策略部署。為了強化與西域于闐的關係，對于闐地區實行羈縻府州的政策，強化了唐朝中央政府在這一地區的統治地位。

圖 5-8：新疆博物館藏唐代蒲類州之印

唐朝在天山南北統治的確立，需要以安西四鎮為基點維護唐朝在西域的統治，並以此防備突厥勢力的反撲。貞觀十四年（640年）唐朝設立西州

---

[667] 〔後晉〕劉昫等：《舊唐書》卷一九六上〈吐蕃傳上〉，中華書局，1975年，第5236頁。

## 第五章　隋唐絲路的繁榮

後,「歲調千兵,謫罪人以戍」[668]。如果按照每人給十畝的規定,那麼這千名士兵屯田規模就達萬畝。貞觀十六年 (642 年) 正月,「募戍西州者,前犯流死亡匿,聽自首以應募。辛未,徙天下死罪囚實西州」[669]。西州成為當時流放犯人的主要地方,所流放的犯人也成為開發西州的重要力量。《唐六典》記載,「安西二十屯」、「焉耆七屯」,每屯為五千畝,那麼安西屯田高達十萬畝,安西四鎮之一的焉耆屯田三萬五千畝。(圖 5-8)

　　為了安定西域,保障絲綢之路的通暢,唐朝以伊州為中心經略西域,具有軍事防禦色彩的屯田就成為非戰時的主要工作。「唐自武德以來,開拓邊境,地連西域,皆置都督、府、州、縣。開元中,置朔方、隴右、河西、安西、北庭諸節度使以統之,歲發山東丁壯為戍卒,繒帛為軍資,開屯田、供糧糧,設監牧、畜馬牛,軍城戍邏,萬里相望。」[670] 邊地屯田成為解決邊軍糧食不足問題的良方之一,《唐六典》卷七「工部屯田郎中」條記載:「凡軍州邊防鎮守,轉運不給,則設屯田,以益軍儲。」原河源軍副使黑齒常之因大敗吐蕃大將贊婆立下赫赫軍功,而被擢升為河源軍經略大使。之後,黑齒常之開始經營河源。他認為河源地區為唐蕃力爭之要衝,但由於河源遠離中原,需要強化運輸,以保障後勤供應。因此,他向高宗建言:「宜增兵鎮守,而運餉須廣。」、「(黑齒常之) 乃斥地置烽七十所,墾田五千頃,歲收粟斛百餘萬。」[671] 這裡所提到的「墾田」就是邊地所盛行的「營田」。由於軍糧得到保障,唐朝的河源防線更為堅固,成為抗禦吐蕃的中堅力量。西元 681 年,不甘失敗的贊婆強化了駐青海的軍事力量,也在青海進行屯田。黑齒常之「馳掩其屯,破之,悉燒糧倉,獲羊、

---

[668]　〔宋〕歐陽修、宋祁:《新唐書》卷二二一上〈西域傳上〉,中華書局,1975 年,第 6222 頁。
[669]　〔宋〕歐陽修、宋祁:《新唐書》卷二〈太宗紀〉,中華書局,1975 年,第 41 頁。
[670]　〔宋〕司馬光:《資治通鑑》卷二二三代宗廣德元年七月條,中華書局,1956 年,第 7146 頁。
[671]　〔宋〕歐陽修、宋祁:《新唐書》卷一一〇〈黑齒常之傳〉,中華書局,1975 年,第 4121－4122 頁。

## 第二節 唐朝絲綢之路的繁盛

馬、甲首不貲」[672]。有了黑齒常之在青海地區的經營，唐朝對青海邊地的控制逐漸穩固，吐蕃漸漸放棄了在青海地區的進攻態勢，唐蕃雙方轉入相持狀態。

唐玄宗時期，邊地屯田日趨制度化，[673] 西州都督府對轄區屯田據實上報給主管屯田事務的伊西支度營田使處。阿斯塔那 226 號墓所出〈唐開元十年（722 年）伊吾軍上支度營田使留後司牒為烽鋪營田不濟事〉[674] 中，對唐朝政府在伊州施行屯田管理的情況記載較詳細，涉及的鎮戍地點有赤亭鎮、柳谷鎮、白水鎮、維磨戍、酸棗戍、銀山戍等。「唐制：凡天下邊軍，皆有支度使，以計軍資糧仗之用。節度不兼支度者，支度自為一司；其兼支度者，則節度使自支度。凡邊防鎮守轉運不給，則開置屯田以益軍儲，於是有營田使。」[675]

營田使作為政府管理邊地州府軍屯事務的最高官員，令節度使根據轄區內的田畝數量自支軍糧的做法，無疑為藩鎮割據局面的產生提供了必要的經濟基礎，這也是統治者始料未及的。甚至連具備警戒職責的烽鋪都承擔了一定的屯田任務，如烽鋪剾田。從阿斯塔那 226 號墓所出〈唐開元某年伊吾軍典王元琮牒為申報當軍諸烽鋪剾田畝數事〉[676] 中可見，烽鋪人員除了種植糧食作物外，還種植了一些諸如豆類作物，但是要對剾田中所種作物種類、數量據實上報。（圖 5-9）

---

[672]　〔宋〕歐陽脩、宋祁：《新唐書》卷一一〇〈黑齒常之傳〉，中華書局，1975 年，第 4122 頁。
[673]　吳大旬：〈從出土文書看唐代伊州的屯田管理〉，《新疆師範大學學報》2005 年第 4 期。
[674]　國家文物局古文獻研究室等：《吐魯番出土文書》第 8 冊，文物出版社，1987 年，第 194 – 195 頁。
[675]　〔宋〕司馬光：《資治通鑒》卷二一〇唐睿宗景雲元年十二月條注，中華書局，1956 年，第 6660 – 6661 頁。
[676]　國家文物局古文獻研究室等：《吐魯番出土文書》第 8 冊，文物出版社，1987 年，第 202 – 203 頁。

第五章　隋唐絲路的繁榮

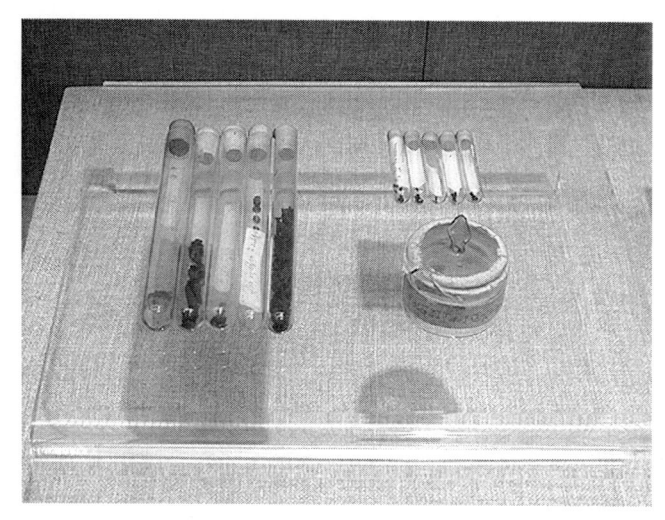

圖 5-9：河南洛陽博物館藏唐代含嘉倉糧食標本

　　安史之亂後，唐朝元氣大傷，政府對屯田事務更為重視。「元和中，振武軍飢，宰相李絳請開營田，可省度支漕運及絕和糴欺隱。憲宗稱善，乃以韓重華為振武、京西營田、和糴、水運使，起代北，墾田三百頃，出贓罪吏九百餘人，給以耒耜、耕牛，假種糧，使償所負粟，二歲大熟。因募人為十五屯，每屯百三十人，人耕百畝，就高為堡，東起振武，西逾雲州，極於中受降城，凡六百餘里，列柵二十，墾田三千八百餘頃，歲收粟二十萬石，省度支錢二千餘萬緡。」[677] 除了將罪人派到邊地進行屯墾，另外還招募人員屯田，節省了國庫開支，「省度支錢二千餘萬緡」。《唐六典》卷五〈尚書兵部〉載：「舊健兒在軍，皆有年限，更來往，頗為勞弊。開元二十五年敕以為天下無虞，宜與人休息。自今以後，諸軍鎮量閒劇利害，置兵防健兒，於諸色徵行人內及客戶中募取丁壯情願充健兒長住邊軍者，每年加常例給賜，兼給永年優復。其家口情願同去者，聽至軍州，各給田地屋宅。」在官方的鼓勵下，一部分跟隨充軍犯人的家屬自然成為邊屯招募的對象。

---

[677]　〔宋〕歐陽脩、宋祁：《新唐書》卷五二〈食貨志三〉，中華書局，1974 年，第 1373 頁。

自西漢之始起，中原王朝就延續了對邊地包括絲綢之路重要經過區域——西域的屯戍政策。屯田不僅有效地保障了軍糧供應，同時也為西域地區實行有效的軍事、政治管理和保護絲綢之路的通暢提供了可靠的保證，強化了中央集權。

## 三、唐朝對絲綢之路的商業貿易管理

　　經過隋末農民戰爭，唐朝統治者採取種種措施來推動生產力的解放與發展，均田制的實行，使得一些無主荒地得到開墾，特別是邊地屯田高達5,000萬畝，天寶八載（西元749年）全國屯墾共計收穫兩百萬石糧食。[678] 隨著農田的開墾，人口數量也逐漸增加，從武德初年（618年）約200萬戶到天寶元年（742年）增加至近900萬戶，民戶數量增加了四五倍。人口的增加必然會給國家帶來鉅額的賦稅收入，「課丁八百二十餘萬，其庸調租等約出絲綿郡縣計三百七十餘萬丁，庸調輸絹約七百四十餘萬匹，（每丁計兩匹）綿則百八十五萬餘屯，每丁三兩，（六兩為屯，則兩丁合成一屯）租粟則七百四十餘萬石，（每丁兩石）約出布郡縣計四百五十餘萬丁，庸調輸布約千三十五萬餘端。（每丁兩端一丈五尺，十丁則二十三端也）其租：約百九十餘萬丁江南郡縣，折納布約五百七十餘萬端。大約八等以下戶計之，八等折租，每丁三端一丈，九等則二端二丈，今通以三端為率。二百六十餘萬丁江北郡縣，納粟約五百二十餘萬石。大凡都計租稅庸調，每歲錢粟絹綿布約得五千二百三十餘萬端匹屯貫石，諸色資課及句剝所獲不在其中。」[679]（圖5-10）

---

[678]　〔唐〕杜佑撰，王文錦等點校：《通典》卷二〈食貨二・屯田〉，中華書局，1988年，第44頁。
[679]　〔唐〕杜佑撰，王文錦等點校：《通典》卷六〈食貨六・賦稅下〉，中華書局，1988年，第110頁。

第五章　隋唐絲路的繁榮

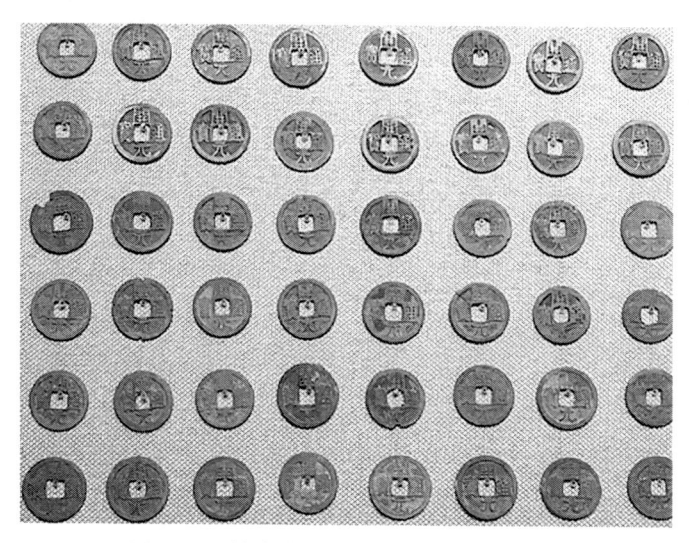

圖 5-10：甘肅高臺縣博物館藏開元通寶

生產力恢復後，經濟發展迅速，「自貞觀以後，太宗勵精為理。至八年（西元 634 年）、九年（635 年），頻至豐稔，米斗四五錢，馬牛布野，外戶動則數月不閉。至十五（640 年）年，米每斗值兩錢。」[680]「至（開元）十三年（725 年）封泰山，米斗至十三文，青、齊穀斗至五文。自後天下無貴物，兩京米斗不至二十文，麵三十二文，絹一匹二百一十二文。東至宋、汴，西至岐州，夾路列店肆待客，酒饌豐盛。每店皆有驢賃客乘，倏忽數十里，謂之驛驢。南詣荊、襄，北至太原、范陽，西至蜀川、涼府，皆有店肆，以供商旅。遠適數千里，不持寸刃。二十年（732 年），戶七百八十六萬一千二百三十六，口四千五百四十三萬一千二百六十五。」[681] 經濟持續發展，商品生產與流通也繁榮起來，僅從《通典》卷六〈賦稅〉所載天寶年間庸調收入中，即可看出當時紡織業的規模，「庸調輸絹約七百四十餘萬匹，綿則百八十五萬餘屯……布約千三十五萬餘端」。一些地區的特色產

---

[680]　〔唐〕杜佑撰，王文錦等點校：《通典》卷七〈食貨七・歷代盛衰戶口〉，中華書局，1988 年，第 149 頁。

[681]　〔唐〕杜佑撰，王文錦等點校：《通典》卷七〈食貨七・歷代盛衰戶口〉，中華書局，1988 年，第 152 頁。

第二節　唐朝絲綢之路的繁盛

品也被銷往其他地區，茶葉經濟滲透到民眾生活各個層面。安徽祁門作為著名產茶地區，「千里之內，業於茶者七八矣。由是給衣食、供賦役，悉恃此。祁之茗色黃而香，賈客咸議，愈於諸方。每歲二三月，齎銀緡繒素求市，將貨他郡者，摩肩接跡而至。」[682] 作為絲綢之路交通樞紐城市的敦煌，各地物品彙集於此，並轉運至西域或者中原，反映出絲綢之路商品貿易的繁盛。敦煌文獻 P.3579〈年代不明將去西州物色目〉中記載的物品，包括「大家絹貳拾匹、樓綾叁匹、漆椀一個、閻家絹一匹、氾師子樓綾兩匹、絹兩匹、碧綾半匹、漆楪子兩個、漆盞子一個、白絹一匹、細褐丈五、綠絹一丈、香一兩、赤羅一個、弓一張」[683]。這些物品中，「香一兩」可能來自西域南亞地區，[684] 其中某些紡織品則應該來自中原或者敦煌本地自產。（圖 5-11）

圖 5-11：河南洛陽博物館藏唐代彩繪載絲駱駝

---

| [682] | 〔唐〕張途：〈祁門縣新修閶門溪記〉，〔清〕董誥等編《全唐文》卷八〇二，上海古籍出版社，1990 年，第 3737 頁。 |
| [683] | 唐耕耦、陸宏基：《敦煌社會經濟文獻真跡釋錄》第四輯，全國圖書館文獻微縮複製中心，1990 年，第 18 頁。 |
| [684] | 鄭炳林：〈晚唐五代敦煌寺院香料的科徵與消費〉，《敦煌學輯刊》2011 年第 2 期。 |

## 第五章　隋唐絲路的繁榮

商品交換的日益頻繁，推動著經濟的飛速發展。

其一，貨幣量投放加大。開元、天寶年間，朝廷每年鑄造錢幣額度高達三十萬緡錢以上。唐朝貨幣已經成為絲綢之路上的國際強勢貨幣。伯希和在絲綢之路中部的西域敦煌沿線進行考古挖掘過程中，曾發現了多枚唐朝錢幣。[685] 甚至一些貨幣經濟不發達的地區都開始使用銅錢了。「大曆以前，淄青、太原、魏博雜鉛鐵以通時用，嶺南雜以金、銀、丹砂、象齒。今一用泉貨，故錢不足。」[686] 貨幣的短缺，推動了具有匯兌功能的飛錢的產生。飛錢產生於唐憲宗時，「時商賈至京師，委錢諸道進奏院及諸軍、諸使富家，以輕裝趨四方，合券乃取之，號『飛錢』」。[687] 這一現象的出現，反映了當時商品交易量的巨大，經營飛錢的專門機構被稱作「櫃坊」、「質庫」。宋代的「交子」就受到飛錢的影響，「會子、交子之法，蓋有取於唐之飛錢」[688]。為了規範飛錢管理，三司成為官方飛錢的管理機構。「（建中）七年五月，戶部王紹、度支盧坦、鹽鐵王播等奏：『伏以京都時用多重見錢，官中支計，近日殊少。蓋緣比來不許商人便換，因茲家有滯藏，所以物價轉高，錢多不出。臣等今商量，伏請許令商人於三司任便換見錢，一切依舊禁約。伏以比來諸司諸使等，或有便商人，錢多留城中，逐時收貯，積藏私室，無復通流。伏請自今已後，嚴加禁約。』」[689] 官方匯兌，需要繳納百分之十的手續費，因此，商販對此多有牴觸。

其二，坊市出現了嚴格劃分。都城長安作為絲綢之路上經濟、文化、政治交流中心，為保障商品交換、市場營運良性發展，對長安城實行了坊市分離的措施，並設立有相應的管理機構和行業機構。清人徐松《唐兩京

---

[685]　[法]蒂埃里著，郁軍譯：〈關於伯希和在絲綢之路發現的唐代貨幣〉，《中國錢幣》1998年第4期。
[686]　〔宋〕歐陽脩、宋祁：《新唐書》卷五二〈食貨志二〉，中華書局，1974年，第1360頁。
[687]　〔宋〕歐陽脩、宋祁：《新唐書》卷五四〈食貨志四〉，中華書局，1974年，第1388－1389頁。
[688]　〔元〕脫脫等：《宋史》卷一八一〈食貨志下三〉，中華書局，1977年，第4403頁。
[689]　〔後晉〕劉昫等：《舊唐書》卷四八上〈食貨志上〉，中華書局，1975年，第2103頁。

## 第二節　唐朝絲綢之路的繁盛

城坊考》中載:「東市,南北居二坊之地,當中東市局,次東平準局、鐵行、資聖寺、西北街。東北隅有放生池。西市,南北盡兩坊之地,市內有西市局、市署、平準局、衣肆、鞍轡行、秤行、寶家店、張家樓、侯景先宅、放生池、獨柳。」[690] 兩京地區專門設兩京諸市署管理各民族交易事宜,「掌財貨交易、度量器物,辨其真偽輕重。市肆皆建標築土為候,禁權固及參市自殖者」[691]。

其三,設立關防,勘驗過所公驗。《唐六典》卷三〇〈三府督護州縣官吏〉載:「關令,掌禁末遊,伺奸匿。凡行人車馬出入往來,必據過所以勘之。丞,掌付事勾稽,監印,省署抄目,通判關事。」如果冒名申請過所公驗度關者,則處以一年的徒刑。往來於絲綢之路上的商販,必須持有朝廷統一頒發的通行證明——過所(或公驗),[692] 以保障商人與貨物的安全。吐魯番文書〈唐貞觀廿二年庭州人米巡職辭為請給公驗事〉中記載,庭州籍粟特人米巡職為了前往西州做生意,向官府申請公驗,以便能順利透過各關卡。申請報告上記載了本人姓名與年齡、所帶奴婢姓名與年齡、攜帶物品等情況。庭州官員根據其報告對其批覆:「巡職庭州根民,任往西州市易,所在烽燧勘放。」[693] 除了具有合法的過所公驗外,還要有購買商品的市券,特別是對奴婢進行買賣的行為,需要附有保人證明文書。

唐朝時期,萬國來朝,朝貢貿易是唐朝與其他政權或地方勢力進行經濟交流的重要途徑。朝貢貿易的具體事務由鴻臚寺掌管,並對朝貢物品採取不同的處理措施。「海外諸蕃朝賀進貢使有下從,留其半於境;繇海路朝者,廣州擇首領一人、左右二人入朝;所獻之物,先上其數於鴻臚。凡客還,鴻臚籍衣齎賜物多少以報主客,給過所。蕃客奏事,具至日月及所

---

[690]　〔清〕徐松撰,張穆校補,方嚴點校:《唐兩京城坊考》,中華書局,1985年。
[691]　〔宋〕歐陽脩、宋祁:《新唐書》卷四八〈百官志二〉,中華書局,1974年,第1264頁。
[692]　李葉宏:〈唐朝絲綢之路貿易管理法律制度探析——以過所為例〉,《武漢理工大學學報》2009年第5期。
[693]　國家文物局古文獻研究室等:《吐魯番出土文書》第7冊,文物出版社,1986年,第8—9頁。

## 第五章　隋唐絲路的繁榮

奏之宜，方別為狀，月一奏，為簿，以副藏鴻臚。獻馬，則殿中、太僕寺蒞閱，良者入殿中，駑病入太僕。獻藥者，鴻臚寺驗覆，少府監定價之高下。鷹、鶻、狗、豹無估，則鴻臚定所報輕重。凡獻物，皆客執以見，駝馬則陳於朝堂，不足進者州縣留之。」[694] 唐朝政府在邊地設互市，以方便與藩國貿易，為此專門設互市監，隸屬少府。開元年間，「吐蕃又請交馬於赤嶺，互市於甘松嶺。宰相裴光庭曰：『甘松中國阻，不如許赤嶺。』乃聽以赤嶺為界，表以大碑，刻約其上」。[695] 甘松嶺用於吐蕃與唐朝互市。「其後突厥款塞，玄宗厚撫之，歲許朔方軍西受降城為互市，以金帛市馬，於河東、朔方、隴右牧之。」[696] 西受降城成為突厥與唐朝互市地點。安祿山精通六種藩語，曾擔任互市郎一職。長慶二年（西元 822 年），唐與回鶻互市兩次，支付馬價絹 20 萬匹；太和元年（827 年），唐與回鶻互市兩次，馬價絹高達 46 萬匹。唐朝與回鶻互市中的不公平交易，給唐朝帶來了沉重的經濟負擔，特別是安史之亂後，「回紇恃功，歲入馬取繒，馬皆病弱不可用」[697]。（圖 5-12）

　　驛路對絲路貿易的順暢與繁榮，無疑是一個非常重要的因素。《唐六典》卷五載，唐代全國共設大小驛站 1639 所，其中水驛 260 所，陸驛 1297 所，水陸並用驛站 86 所。這些驛站的數量足以說明唐朝驛站遍布全國各地的盛況。國家對驛遞系統投入資金龐大，按照《唐六典》「戶部郎中」條的記載，全國所徵收稅費的三分之一用於驛遞，而三年一大稅（150 萬貫）、每年一小稅（40 萬貫）的額度，每年用在驛遞上面的費用達 70 萬貫之多。[698] 唐朝貞觀年間，漠北部族尊奉唐太宗為天可汗，並開通參天可汗道。「諸酋長奏稱：『臣等既為唐民，往來天至尊所，如詣父母，請於

---

[694]〔宋〕歐陽脩、宋祁：《新唐書》卷四八〈百官志二〉，中華書局，1974 年，第 1257－1258 頁。
[695]〔宋〕歐陽脩、宋祁：《新唐書》卷二一六上〈吐蕃傳上〉，中華書局，1974 年，第 6085 頁。
[696]〔宋〕歐陽脩、宋祁：《新唐書》卷五〇〈兵志〉，中華書局，1974 年，第 1338 頁。
[697]〔宋〕歐陽脩、宋祁：《新唐書》卷五〇〈兵志〉，中華書局，1974 年，第 1339 頁。
[698]〔唐〕李林甫等著，陳仲夫點校：《唐六典》卷三，中華書局，1992 年，第 77 頁。

回紇以南、突厥以北開一道,謂之參天可汗道,置六十八驛,各有馬及酒肉以供過使,歲貢貂皮以充租賦,仍請能屬文人,使為表疏。』上皆許之。」[699]

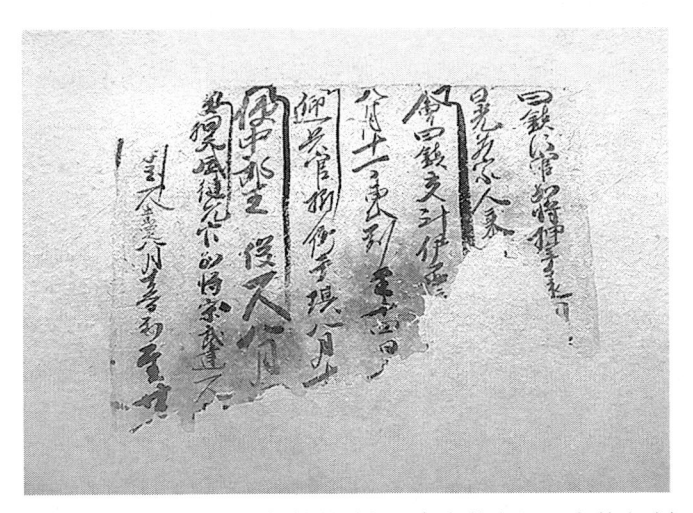

圖 5-12:新疆吐魯番博物館藏〈唐天寶十載交河郡客使文卷〉

顯慶二年(西元 657 年),蘇定方擊敗西突厥沙鉢略可汗後,唐朝政府立即著手設立郵驛。[700] 唐朝憑藉強大的國力建立起發達的驛站系統,中原與周邊部族的貿易線路初步完善。唐朝宰相賈耽指出:「其入四夷之路與關戍走集最要者七:一曰營州入安東道,二曰登州海行入高麗渤海道,三曰夏州塞外通大同雲中道,四曰中受降城入回鶻道,五曰安西入西域道,六曰安南通天竺道,七曰廣州通海夷道。」[701]「于闐西五十里有葦關,又西經勃野,西北渡係館河,六百二十里至郅支滿城,一曰磧南州。又西北經苦井、黃渠,三百二十里至雙渠,故羯飯館也。又西北經半城,百六十里至演渡州,又北八十里至疏勒鎮。自疏勒西南入劍末谷、青

---

[699] 〔宋〕司馬光:《資治通鑒》卷一九八唐太宗貞觀二十一年正月條,中華書局,1956 年,第 6245 頁。
[700] 〔宋〕司馬光:《資治通鑒》卷二〇〇唐高宗顯慶二年十月條,中華書局,1956 年,第 6307 頁。
[701] 〔宋〕歐陽脩、宋祁:《新唐書》卷四三下〈地理志七下〉,中華書局,1974 年,第 1146 頁。

## 第五章　隋唐絲路的繁榮

山嶺、青嶺、不忍嶺，六百里至蔥嶺守捉，故羯盤陀國，開元中置守捉，安西極邊之戍。有寧彌故城，一曰達德力城，曰汗彌國，曰拘彌城。于闐東三百九十里，有建德力河，東七百里有精絕國。于闐西南三百八十里，有皮山城，北與姑墨接。凍凌山在于闐國西南七百里。又于闐東三百里有坎城鎮，東六百里有蘭城鎮，南六百里有胡弩鎮，西二百里有固城鎮，西三百九十里有吉良鎮。于闐東距且末鎮千六百里。自焉耆西五十里過鐵門關，又二十里至于術守捉城，又二百里至榆林守捉，又五十里至龍泉守捉，又六十里至東夷僻守捉，又七十里至西夷僻守捉，又六十里至赤岸守捉，又百二十里至安西都護府。又一路自沙州壽昌縣西十里至陽關故城，又西至蒲昌海南岸千里。自蒲昌海南岸，西經七屯城，漢伊修城也。又西八十里至石城鎮，漢樓蘭國也，亦名鄯善，在蒲昌海南三百里，康豔典為鎮使以通西域者。」[702]

通西域途中所設立的驛所，為過往商使提供了極大便利，也為絲綢之路的安全提供了基本保障。唐朝政府在西域地區施行羈縻政策，羈縻府州的設立可以更好地管理西域本地事務。[703] 而作為西域地區最高管理機構的安西與北庭都護府，一部分經費開支就來自絲路商貿的稅收，減輕了中央政府對西域羈縻府州的財政支出。「開元七年（西元 719 年）……詔焉耆、龜茲、疏勒、于闐徵西域賈，各食其徵。由北道者輪臺徵之。」[704]

絲路商業的繁榮，中原王朝對外交往的頻繁，使得專門從事翻譯職業的譯語人必不可少，並早在漢代就已經出現，[705]《史記》卷一二三〈大宛列傳〉載，張騫自西域返回漢朝，「騫因分遣副使使大宛、康居、大月氏、大夏、安息、身毒、於寘、扜罙及諸旁國。烏孫發導譯送騫還，騫與烏孫

---

[702]　〔宋〕歐陽脩、宋祁：《新唐書》卷四三下〈地理志七下〉，中華書局，1974 年，第 1150 — 1151 頁。
[703]　吳玉貴：〈唐代西域羈縻府州建置年代及其與唐朝的關係〉，《新疆大學學報》1986 年第 1 期。
[704]　〔宋〕歐陽脩、宋祁：《新唐書》卷二二一上〈焉耆國傳〉，中華書局，1974 年，第 6230 頁。
[705]　王子今、喬松林：〈譯人與漢代西域民族關係〉，《西域研究》2013 年第 1 期。

遣使數十人,馬數十匹報謝,因令窺漢,知其廣大」。西州出現了專門從事翻譯的譯語人(也稱譯人)。[706]「譯人」一詞也較早在傳世文獻中出現,「譯人傳辭,皆跪,手據地竊語」[707]。吐魯番阿斯塔那墓葬出土文書〈唐譯語人何德力代書突騎施首領多亥達幹收領馬價抄〉[708]中就出現了「譯語人何德力」,可見,「譯語人」職業在絲綢之路貿易背景下應運而生。長安作為當時國際貿易中心,譯語人更是不可缺少。[709]如唐朝宰相李德裕曾提道:「右緣石佛慶等皆是回鶻種類,必與本國有情。紇扢斯專使到京後,恐語有不便於回鶻者,不為翻譯。兼潛將言語輒報在京回鶻,望賜劉沔、忠順詔,各擇解譯蕃語人不是與回鶻親族者,令乘遞赴京,冀得互相參驗,免有欺蔽。」[710]這裡提到的「石佛慶」就是從事翻譯的人員。

## 第三節　青海道的繁榮

青海省自古以來就是游牧民族生活聚居的地方,這裡曾經生活著羌、匈奴、鮮卑、吐蕃、吐谷渾等民族。從地理位置來看,它處於中西方交流的絲綢之路上,是西方通往中原地區的主要門戶,[711]在古史典籍中留下了豐富的記載敘述,眾多的考古遺跡也分布在這一區域。著名歷史學家唐長孺教授在〈南北朝期間西域與南朝的陸道交通〉中寫道:「漢代以來,由河西走廊出玉門、陽關以入西域,是內地和西北邊區間乃至中外間的交通要道。但這並非唯一的通路,根據史籍記載,我們看到從益州到西域有一條

---

[706]　李方:〈唐西州的譯語人〉,《文物》1994年第2期。
[707]　〔西晉〕陳壽:《三國志》卷三〇〈魏書·東夷傳·扶餘〉,中華書局,1974年,第841頁。
[708]　國家文物局古文獻研究室等:《吐魯番出土文書》第8冊,文物出版社,1987年,第87頁。
[709]　韓香:〈唐代長安譯語人〉,《史學月刊》2003年第1期。
[710]　〔唐〕李德裕:〈論譯語人狀〉,〔清〕董誥等編《全唐文》卷七〇一,上海古籍出版社,1990年,第3189頁。
[711]　丁柏峰:〈絲綢之路青海道與河湟民族走廊的形成〉,《青海師範大學學報(哲學社會科學版)》2015年第3期。

第五章　隋唐絲路的繁榮

幾乎與河西走廊並行的道路。這條道路的通行歷史悠久，張騫在大夏見來自身毒的邛竹杖與蜀布是人所共知的事，以後雖然不那麼顯赫，但南北朝時對南朝來說卻是通向西域的主要道路，它聯結了南朝與西域間的政治、經濟和文化。」[712]

## 一、兩漢時期的青海道

中國與中亞、南亞、西亞乃至歐洲的交往早已有之，作為絲綢之路重要一環的青海，與中原、西域的聯繫亦早已存在。成書於戰國時期的《穆天子傳》記載了周穆王西巡的事蹟。周天子西巡途經青海之地，雖然有濃厚的神話色彩，但所記載的沿途地理狀況並非憑空想像，是作者親身經歷或者由其他親身經歷的人敘述記載而成。[713]西漢時期，張騫出使西域，打通了西漢與西域諸民族交往聯繫的通道，也成為絲綢之路開通的重要標誌。但在張騫「鑿空」西域前，由祁連山南沿湟水到達青海湖，再經由柴達木盆地到今天新疆若羌的古青海路已經存在。[714]《漢書‧西域傳》記載：「出陽關，自近者始，曰婼羌。婼羌國王號去胡來王。去陽關千八百里，去長安六千三百里，辟在西南，不當孔道……西與且末接。隨畜逐水草，不田作，仰鄯善、且末穀。山有鐵，自作兵，兵有弓、矛、服刀、劍、甲。西北至鄯善，乃當道云。」[715]這裡的記載，表明漢以前，在柴達木盆地生活的諸羌與周邊的民族就有貿易關係，他們透過青海到達西域地區與西域進行貿易往來。[716]考古學家裴文中先生認為，湟水兩旁地廣肥

---

[712]　唐長孺：〈南北朝期間西域與南朝的陸道交通〉，《魏晉南北朝史論拾遺》，中華書局，1983年，第168頁。
[713]　錢伯泉：〈先秦時期的絲綢之路——穆天子傳研究〉，《新疆社會科學》1982年第3期。
[714]　崔永紅、張得祖、杜常順主編：《青海通史》，青海人民出版社，2002年，第136頁。
[715]　《漢書》卷九六上〈西域傳〉，中華書局，1962年，第3875頁。
[716]　［日］松田壽男、長澤和俊著，耿世民、孟凡人譯，陳公柔校：〈塔里木盆地諸國〉，《考古學參考資料》第3－4集，文物出版社，1980年，第168－199頁。

## 第三節　青海道的繁榮

沃，宜於居住，況湟河河谷文化發達，「由史前至漢代，皆為人類活動甚盛的地方，所有遺址遺物，到處皆是，與甘肅境內之渭河上游及洮河流域相同」[717]，並推斷在漢以前的東西交通路線中，這條路線非常重要，而且是諸線路中的主要道路。而這一區域的文化遺跡也證明了該古道路的存在。青海境內馬家窯類型時期的遺址墓葬中出土的諸如海貝、綠松石等物品，並非是青海地區所產，應來自其他地區。樂都柳灣半山類型墓葬中出土了大量主要產自於湖北、陝西等地的綠松石，特別需要指出的是，海貝的出土更說明了青海與外界的聯繫。考古學家黃文弼先生將經由青海湖西部、柴達木盆地北進入噶斯口至婼羌的道路命名為「北魏至隋唐之吐谷渾道」。[718]

據周偉洲先生研究，經由青海柴達木盆地到達西域的青海路大致可以分為三條：一是由伏俟城經白蘭（今青海都蘭、巴隆一帶），向西北至今小柴旦、大柴旦到達敦煌，由敦煌西出陽關至西域鄯善；二是由伏俟城經青海湖南邊的白蘭，西至今格爾木，再西北經尕斯庫勒湖越阿爾金山至西域鄯善；三是由伏俟城經白蘭、經格爾木，再往西南至布倫臺，西越阿爾金山，沿著今阿牙克庫木湖北上至且末。[719] 裴文中先生認為，「漢以前的東西交通」是以青海道為主要道路的。兩漢時，青海河湟地區羌族部落繁多，有燒當羌，彡姐羌，卑湳羌，累姐羌罕種羌，湟中羌，義從胡，先零羌，煎鞏，黃羝，开（小开、大开）羌，零吾羌等，[720] 匈奴勢力在漢初時如日中天，成為河西走廊交通路線的實際控制人，在匈奴控制區域的諸羌部族則成為匈奴脅迫的對象。在匈奴的支持下，西羌頻繁侵擾漢朝邊地，而漢初因國力衰弱，統治者只好採取休養生息之策，對外來侵擾採取

---

[717]　裴文中：〈史前時期之東西交通〉，《邊政公論》1948 年第 7 卷 4 期。
[718]　黃文弼：〈羅布淖爾考古記〉第三章《樓蘭及鄯善在中西交通上之地位》，中國西北科學考察團叢刊，1948 年，第 44 — 51 頁。
[719]　周偉洲：《吐谷渾史》，寧夏人民出版社，1985 年，第 135 — 136 頁。
[720]　李健勝、武剛：《早期羌史研究》，人民出版社，2014 年，第 115 — 116 頁。

## 第五章　隋唐絲路的繁榮

防禦的政策，甚至以和親的方式交好於匈奴。經過文景之治，西漢的國力日盛，漢武帝時期，確立了「北卻匈奴，西逐諸羌」的對外策略方針。西羌在漢武帝的眼中就是匈奴的重要追隨者，《後漢書》卷八七〈西羌傳〉載：「及舜流四凶，徙之三危，河關之西南羌地是也。濱於賜支，至乎河首，綿地千里。賜支者，〈禹貢〉所謂析支者也。南接蜀、漢徼外蠻夷，西北（接）鄯善、車師諸國。所居無常，依隨水草。地少五穀，以產牧為業。」[721]西羌所生活的地方正是河西地區、河湟流域，是連接西域以及巴蜀、中原地區的重要地帶。因此，張騫在第一次出使西域時經隴西郡出發，借道湟水，返回時途經于闐、鄯善，打算從羌中道歸漢，但又被匈奴俘獲。[722]為了聯合大夏國夾擊匈奴，張騫建議「今使大夏，從羌中，險，羌人惡之；少北，則為匈奴所得；從蜀宜徑，又無寇」[723]。羌中道的威脅來自羌人，也從另一方面說明了羌族勢力的強大，阻隔了往返於絲綢之路的商路使團。隴西郡相當於今天的甘肅東部。秦時羌中指臨洮以西羌人生活區域，漢時羌中則包括祁連山以南、金城以西、婼羌以東之地。[724]由是可見，西漢之初，從關中出發，越過隴山、經湟水流域到達柴達木盆地，翻越阿爾金山進入西域地區的婼羌，這條道路是通暢的。另外，西漢西北邊地的天水、隴西、北地、上郡藉助於西部羌中道的便利交通，展開對外貿易，「然西有羌中之利，北有戎翟之畜，畜牧為天下饒」[725]。

元狩二年（西元前121年），霍去病出擊河西匈奴（圖5-13），「金城、河西西並南山至鹽澤，空無匈奴」，並在朔方以西的地方屯田，為經營河西地區奠定了良好的基礎。與此同時，驅逐諸羌勢力，激起西羌十萬餘眾

---

[721]　〔南朝宋〕范曄：《後漢書》卷八七〈西羌傳〉，中華書局，1965年，第2869頁。
[722]　〔漢〕司馬遷：《史記》卷一二三〈大宛列傳〉，中華書局，1959年，第3159頁。
[723]　〔漢〕司馬遷：《史記》卷一二三〈大宛列傳〉，中華書局，1959年，第3166頁。
[724]　魏迎春、鄭炳林：〈漢婼羌管轄範圍與南山羌中道考〉，《2010絲綢之路與西北歷史文化學術討論會論文集》，甘肅文化出版社，2013年，第1—11頁。
[725]　〔漢〕司馬遷：《史記》卷一二九〈貨殖列傳〉，中華書局，1959年，第3262頁。

第三節　青海道的繁榮

的反抗，導致西羌與匈奴再次聯合抗漢。西元前 111 年，將軍李息、郎中令徐自為平定西羌進入湟水流域，行軍路線可能就是沿著張騫說的羌中道行進的。西漢政府置張掖、酒泉郡，並在上郡、朔方、西河、河西屯田戍邊。趙充國平定西羌後，「初置金城屬國以處降羌」。他深知河湟地區乃溝通絲綢之路東西方交通的重要區域，「冰解漕下，繕鄉亭，浚溝渠，治湟狹以西道橋七十所，令可至鮮水左右」，[726] 即設立郵驛系統，築路架橋，在打通舊有交通路線的基礎上將道路進一步延伸，使得漢中央的詔令可以達到鮮水，而原有的護羌校尉也得到復置並成為常設之職位。[727] 他還向漢武帝建議經略河湟，提出十二條建議。[728] 趙充國的屯田建議，得到了漢武帝的贊同。漢朝積極開發河湟之地，促進了溝通青海道交通，促進了河湟流域的經濟、文化發展，同時也鞏固了漢朝在西北邊地的統治。

圖 5-13：甘肅蘭州五泉山公園霍去病戎裝像

---

[726]　〔漢〕班固：《漢書》卷六九〈趙充國傳〉，中華書局，1962 年，第 2986 頁。
[727]　李正周：〈從懸泉簡看西漢護羌校尉的兩個問題〉，《魯東大學學報》2009 年第 5 期。
[728]　《漢書》卷六九〈趙充國傳〉，中華書局，1962 年，第 2987 — 2988 頁。

## 第五章　隋唐絲路的繁榮

始元六年（西元前 85 年），漢朝設立金城郡。作為河西與羌中道的交會點，金城郡的設立無疑大大強化了漢政府對西邊諸羌的防範與管轄，這為漢中央政府深入羌中之地奠定了基礎。後來，趙充國以金城為基地，逐漸向諸羌地推進。同年，先零羌通使匈奴，匈奴派遣使者到達小月氏，「傳告諸羌曰：『漢貳師將軍眾十餘萬人降匈奴。羌人為漢事苦。張掖、酒泉本我地，地肥美，可共擊居之』」[729]。西元前 61 年，諸羌叛漢，漢宣帝決定再次征伐羌，趙充國放棄先前自湟水西上與河西諸郡合兵攻擊罕開羌的部署，而是先出兵逼近金城、武威一帶的先零羌，進而進入罕開羌地，招撫了罕開，平定羌亂。平亂後，趙充國屯兵湟水流域，設立金城屬國來統轄諸羌。漢朝澈底打通了羌中道。

關於羌中道的考察成為學術界的焦點。劉光華、吳礽驤兩位先生直接將絲綢之路青海段認為是羌中道。[730]而初師賓先生則認為：「所謂羌中道，即今從甘、青交界之湟水西溯，穿行於古羌中人聚居地，或北出今祁連山、抵張掖與河西大道交接；或復西進，出柴達木西緣，至新疆婼羌、且末直接通連西域南道。此道乃河西絲路的重要輔線。」[731]吳礽驤先生又提出，漢武帝至元帝時期，羌人的一支東遷到洮河、白龍江流域後逐漸西移到今天的青海湖附近。史籍所載「羌中」主要是指西海（即青海湖）以西、崑崙山以東，以柴達木盆地為中心的區域，「羌中道」應該是指西海羌人聚居區之北、沿著柴達木盆地北進入噶斯口到鄯善，進而與南道接入的道路，那麼經過湟中的道路不能稱之為羌中道或者羌中道北線，而是稱之為湟中道。[732]周偉洲先生直接將從青海向西經由柴達木盆地進入西域的道路

---

[729]　〔漢〕班固：《漢書》卷六九〈趙充國傳〉，中華書局，1962 年，第 2973 頁。
[730]　劉光華：〈漢武帝對河西的開發及其意義〉，《蘭州大學學報》1980 年第 2 期；吳礽驤：〈兩關以東的絲綢之路〉，《蘭州大學學報》1980 年第 4 期。
[731]　初師賓：〈絲路羌中道開闢小議〉，《西北師範學院學報》1982 年第 2 期。
[732]　吳礽驤：〈也談羌中道〉，《敦煌學輯刊》1984 年第 2 期。

## 第三節　青海道的繁榮

稱為青海道。[733] 趙榮先生則認為,「從整個地理形勢分析,古青海道只能沿湟水河谷,經今西寧、湟源縣,然後分南北兩支:或走日月山北段、青海湖北岸,沿布哈河入柴達木盆地北部水草帶(塞什騰山之南)西去;或是走日月山南口、青海湖南岸,過青海南山的橡皮山,向西南經今巴隆、香日德等沿盆地南沿水草帶西去」。無論是羌中道,還是湟中道,都可以歸屬於青海道。[734]（圖 5-14）

圖 5-14：青海省博物館藏海北州祁連縣出土西元前三世紀狼噬牛金牌飾

西漢末年,王莽誘使當時游牧在西海(青海湖)的羌人西遷,獻出西海及允谷鹽池,在羌人生活區域設立西海郡,管理修遠、監羌、興武、罕虜、順礫五縣障塞,同時將一些囚犯、罪臣遷到西海地區,「徙者以千萬數」,以鞏固漢朝所控制的通往西域的青海道。而王莽新政後,西海諸羌東犯,並進攻金城、隴西地,於是這條交通路線被隔斷。東漢建立後,政府繼續經營青海道。永元十四年(西元 102 年),中央政府用兵青海,漢遂控制了西海與大小榆谷。同時,大將軍曹鳳建議復置西海郡以鞏固大小榆谷,在這些地區廣設屯田,以斷絕羌與胡人的交往,安定東漢的西部邊

---

[733]　周偉洲:〈古青海路考〉,《西北大學學報》1982 年第 1 期。
[734]　趙榮:〈青海古道探微〉,《西北史地》1985 年第 4 期。

地。於是曹鳳被授予金城西部都尉一職，屯兵於龍耆（今青海湖東部海晏附近）。永建六年（131 年），護羌校尉韓皓「轉湟中屯田置兩河間，以逼群羌」。後馬續被任命為都尉，開始經營湟水區域，「兩河間羌以屯田近之，恐必見圖，乃解仇詛盟，各自儆備。續欲先示恩信，乃上移屯田還湟中，羌意乃安。至陽嘉元年（132 年），以湟中地廣，更增置屯田五部，並為十部」[735]。漢桓帝時期，白馬羌叛漢，殺害廣漢屬國長吏，引起了連鎖反應。「是時西羌及湟中胡復畔為寇，益州刺史率板楯蠻討破之，斬首招降二十萬人。」[736] 這一時期，活動於巴蜀地區的白馬羌與湟中的羌進逼蜀地，說明此時青海道已經是湟水、隴西乃至西域與西南蜀地聯繫的主要交通路線。三國蜀漢時期，宰相諸葛亮第一次北伐，河西涼州曾派兵支援蜀軍，「諸葛丞相弘毅忠壯，忘身憂國，先帝託以天下，以勗朕躬。今授之以旄鉞之重，付之以專命之權，統領步騎二十萬眾，董督元戎，龔行天罰，除患寧亂，克復舊都，在此行也……涼州諸國王各遣月支、康居胡侯支富、康植等二十餘人詣受節度」[737]。涼州軍與蜀軍會師，不會經由曹魏所掌控的河西道，或許是利用青海道。

## 二、魏晉南北朝時期的青海道

魏晉南北朝時期是青海道的興盛時期，吐谷渾在這一時期逐漸發展壯大，佛教的傳播多經由此條交通路線進行。五胡十六國時期，吐谷渾利用各方政治勢力的重重矛盾，周旋於各強權之間。碎奚時期（西元 351～375 年），為了避開前秦勢力西進的鋒芒，碎奚向苻堅稱臣納貢，被任命為安撫將軍、漒川侯；視連在位期間，被前秦任命為沙州牧、白蘭王。

---

[735] 〔南朝宋〕范曄：《後漢書》卷八七〈西羌傳〉，中華書局，1965 年，第 2894 頁。
[736] 〔南朝宋〕范曄：《後漢書》卷八七〈西羌傳〉，中華書局，1965 年，第 2897 頁。
[737] 〔西晉〕陳壽：《三國志·蜀書·後主傳》注引《諸葛亮集》，中華書局，1964 年，第 895 頁。

## 第三節　青海道的繁榮

自420年進入南北朝之始，南北政權對峙，河西走廊政權更迭頻繁，吐谷渾統治者更是左右逢源，不斷壯大自己的勢力，於梁武帝末年，以伏俟城為中心，稱汗立國，悄然崛起於西部。南朝宋少帝景平元年（423年），吐谷渾阿豺向劉宋朝貢，並接受封號澆河公。《魏書·吐谷渾傳》記載：「吐谷渾，本遼東鮮卑徒河涉歸子也。涉歸一名弈洛韓，有二子，庶長曰吐谷渾……於是遂西附陰山，後假道上隴……吐谷渾遂徙上隴，止於枹罕暨甘松，南界昂城、龍涸，從洮水西南極白蘭數千里中，逐水草，廬帳而居，以肉酪為糧。西北諸種謂之阿柴虜。」[738]《北史》卷九六〈吐谷渾傳〉載：「慕璝招集秦、涼亡業之人，及羌戎雜夷眾至五六百落，南通蜀、漢，北交涼州、赫連，部眾轉盛。」慕璝可汗時期，接受南朝劉宋所授的隴西公封號，聯合周邊政權共同抵抗西秦。赫連定於431年滅西秦後被慕璝擊敗。慕璝將俘獲的赫連定送往北魏都城平城邀功，被北魏封為大將軍、西秦王。當時吐谷渾控制了南至巴蜀、北到河西的交通道路。《南齊書》卷五九〈河南氐羌〉載：「鮮卑慕容廆庶兄吐谷渾為氐王。在益州西北，互數千里。其南界龍涸城，去成都千餘里。大戍有四，一在清水川，一在赤水，一在澆河，一在吐屈真川，皆子弟所治。」[739] 清水川即今天青海曲什安河以北的駱駝灘；澆河即今青海貴德縣河陰鎮以東地區，為吐谷渾王阿豺所建。但是北魏滅北涼後，於444年大舉進攻吐谷渾，《宋書·鮮卑吐谷渾列傳》載：「索虜拓跋燾遣軍擊慕延（即慕利延），大破之，慕延率部落西奔白蘭，攻破于闐國。虜虜復至，（元嘉）二十七年（450年），遣使上表云：『若不自固者，欲率部曲入龍涸越亹門。』」吐谷渾被迫西撤，同時向北魏納貢請降。由於北魏在與劉宋戰爭中大敗，南北方處於僵持狀態，吐谷渾趁機向劉宋納貢，接受其封賜。既遣使北魏稱臣，又接受南朝封號，使得吐谷渾勢力得到恢復與發展。柔然興起後，與北魏多次發生大

---

[738]　〔北齊〕魏收：《魏書》卷一〇一〈吐谷渾傳〉，中華書局，1974年，第2233－2234頁。
[739]　〔梁〕蕭子顯：《南齊書》卷五九〈河南氐羌〉，中華書局，1972年，第1025－1026頁。

第五章　隋唐絲路的繁榮

規模的戰爭，雙方也一時處於膠著狀態。這就使得與南北方政權同時交好的吐谷渾所控制區域成為東西往來、南北交通商旅僧使的最佳選擇，吐谷渾所控制的河南道很快就成為絲綢之路交通線上最為繁忙的道路，也成為四世紀至七世紀中西陸路交通線的重要道路。（圖 5-15）

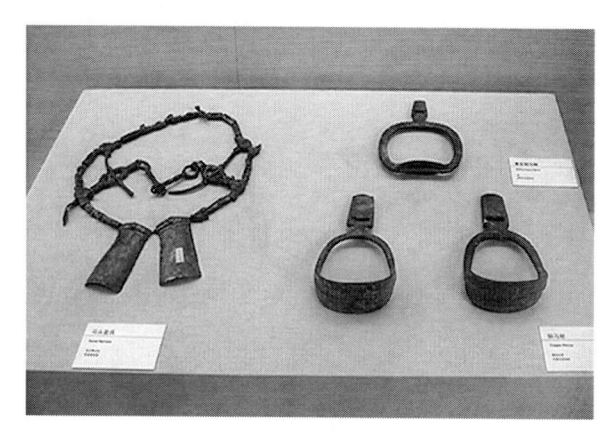

圖 5-15：魏晉時期的馬具

吐谷渾與佛教淵源頗深，早在西晉惠帝年間（西元 290 年至 306 年），「初祖道化之聲被於關隴。崤函之右奉之若神。戎晉嗟慟行路流涕。隴上羌胡率精騎五千。將欲迎祖西歸⋯⋯群胡既雪怨恥。稱善而還。共分祖屍各起塔廟」[740]。劉宋時期，京城中興寺高僧釋慧遊歷西域地區弘揚佛法，後沿絲綢之路河南道返回南朝，「路由河南。河南吐谷渾慕延世子瓊等敬覽德問。遣使並資財令於蜀立左軍寺。覽即居之」。這裡所載的慕延就是史書上所載吐谷渾王慕利延，這也成為吐谷渾王室信仰佛教的明證。《梁書》卷五四〈西北諸戎傳〉載，吐谷渾河南王伏連籌死後，「子呵羅真立。大通三年（529 年），詔以為寧西將軍、護羌校尉、西秦、河二州刺史。真死，子佛輔襲爵位」。而根據周偉洲先生的考證，佛輔為吐谷渾第十六王，530 年至 534 年在位。[741]「佛輔」之名應是崇佛之人的佛號，而吐谷

---

[740]　〔梁〕釋慧皎撰，湯用彤校注：《高僧傳》卷一，中華書局，1992 年，第 26 — 27 頁。
[741]　周偉洲：《吐谷渾史》，寧夏人民出版社，1984 年，第 224 頁。

### 第三節 青海道的繁榮

渾王將佛號貫於姓名之中反映了王室對佛教的尊崇態度。[742]《高僧傳》卷八〈齊蜀齊後山釋玄暢〉記載：「釋玄暢，姓趙，河西金城人⋯⋯至升明三年（479年）又遊西界，觀矚岷嶺，乃於岷山郡北部廣陽縣界，見齊後山，遂有終焉之志⋯⋯以齊建元元年（479年）四月二十三日建剎立寺，名曰齊興⋯⋯齊驃騎豫章王嶷作鎮荊、峽，遣使徵請。河南吐谷渾主，遙心敬慕，乃馳騎數百，迎於齊山。值已東赴，遂不相及。」[743] 吐谷渾王遣使迎請釋玄暢，說明當時佛教在社會上層王室中已經頗為流行。吐谷渾十三王度易侯至十八王誇呂時期，吐谷渾的佛教得到長足發展，這主要得益於吐谷渾王的推動。根據文獻記載，十三王度易侯、十四王伏連籌、十六王佛輔、十八王誇呂都是佛教的積極擁護者，並與梁武帝崇佛有著直接關係。南朝是吐谷渾佛教來源地之一。[744]《梁書》卷五四〈西北諸戎傳〉載，南朝梁立國後，吐谷渾河南王休留代去世，「子休運籌襲爵位。天監十三年（514年），遣使獻金裝馬腦鍾二口，又表於益州立九層佛寺，詔許焉」。吐谷渾王室在益州建立佛教寺院，主要是為了向南朝梁武帝示好。另外，吐谷渾還向梁朝求佛經，《南史》卷七〈梁本紀〉記載，梁大同六年（540年）五月，「河南王遣使朝，獻馬及方物，求釋迦像並經論十四條。敕付像並《制旨涅槃》、《般若》、《金光明講疏》一百三卷」。《宋高僧傳》卷二七〈唐京兆大興善寺含光傳〉中記載了釋贊寧的評論——「係曰：『未聞中華演述佛教，倒傳西域，有諸乎？』通曰：『昔梁武世，吐谷渾誇呂可汗使來求佛像及經論十四條，帝與所撰《涅槃》、《波若》、《金光明》等經疏一百三卷付之。原其使者必通華言，既達音字，到後以彼土言譯華成胡，方令通會。彼亦有僧，必展轉傳譯，從青海西達蔥嶺北諸國，不久均行五竺，更

---

[742] 張澤洪、焦麗鋒：〈絲綢之路河南道多元宗教文化傳播研究〉，《世界宗教文化》2015年第6期。
[743] 〔梁〕釋慧皎撰，湯用彤校注：《高僧傳》卷八，中華書局，1992年，第314－316頁。
[744] 姚崇新：〈吐谷渾佛教論考〉，《敦煌研究》2001年第1期。

## 第五章　隋唐絲路的繁榮

無疑矣』」[745]。在佛教回傳的過程中，先要透過吐谷渾人翻譯成吐谷渾語，經青海湖之西到達蔥嶺北部的諸國。吐谷渾人及其控制區成為佛教回傳的重要媒介，吐谷渾人也因處於東西方政治、經濟、文化交流的重要交通線路上，而扮演著東西方交流不可或缺的角色。

這一時期，僧侶多經由絲綢之路河南道往返於東西方或者南下前往巴蜀、南亞地區，因此僧侶的求法活動也推動了佛教在吐谷渾的傳播。東晉著名僧人法顯為求法，自東晉隆安三年（西元 399 年）始，從長安出發，越隴山，經由柴達木盆地，逾蔥嶺，遊歷三十餘國。關於這一點，可見《法顯傳校注》：「初發跡長安，度隴，至乾歸國夏坐。夏坐訖，前行至耨檀國。度養樓山，至張掖鎮。」[746]（圖 5-16）

圖 5-16：永靖炳靈寺石窟第 169 窟法顯供養像

---

[745]　〔宋〕贊寧撰，范祥雍點校：《宋高僧傳》，中華書局，1987 年，第 679 頁。
[746]　〔東晉〕法顯撰，章巽校注：《法顯傳校注》卷一，上海古籍出版社，1985 年，第 3 頁。

## 第三節　青海道的繁榮

據梁朝釋慧皎所著《高僧傳》記載，高僧釋法獻「以宋元徽三年（西元475年），發踵金陵，西遊巴蜀。路出河南，道經芮芮。既到于闐，欲度蔥嶺，值棧道斷絕，遂於于闐而反，獲佛牙一枚，舍利十五身，並《觀世音滅罪咒》及《調達品》，又得龜茲國金錘鍱像，於是而還。其經途危阻，見其別記。佛牙本在烏纏國，自烏纏來芮芮，自芮芮來梁土，獻齎牙還京，五十有五載。」釋法獻自475年從金陵出發到達巴蜀，並經由絲綢之路河南道到達于闐。這一時期，僧侶多經由河南道吐谷渾境內至西域、巴蜀地區弘揚佛法。《高僧傳》還記載了東晉僧人曇弘兩次往返於巴蜀與長安兩地的經歷：「昔長安曇弘法師，遷流岷蜀，道洽成都。河南王藉其高名，遣使迎接。弘既聞（玄）高被擯，誓欲申其清白，乃不顧棧道之難，冒險從命。既達河南，賓主儀畢，便謂王曰：『既深鑑遠識，何以信讒棄賢。貧道所以不遠數千里，正欲獻此一白。』王及太子赧然愧悔，即遣使詣高，卑辭遜謝，請高還邑。」[747]

「初發京師，西行四十日，至赤嶺，即國之西疆也，皇魏關防正在於此。赤嶺者不生草木，因以為名。其山有鳥鼠同穴……發赤嶺西行二十三日，渡流沙，至土谷渾國。路中甚寒，多饒風雪，飛沙走礫，舉目皆滿，唯吐谷渾城左右暖於餘處……從土谷渾西行三千五百里，至鄯善城。」[748]這是楊衒之依據《惠生行記》、《宋雲家紀》、《道榮傳》，記載宋雲、惠生前往西域求經之事。宋雲、惠生自洛陽西行，至關、隴，沿今天蘭州西行至赤嶺，這一段道路是河南道的東段，再由赤嶺繞青海湖南端西去至吐谷渾城，繼續西行越阿爾金山到達鄯善國。馬曼麗先生認為，宋雲未記錄從京師出發經由哪一條具體路線過赤嶺到達吐谷渾國，很可能是走當時習慣的路線：經金城郡（治今甘肅蘭州西固）、鄯善鎮（今青海樂都）、西平（今青海西寧）、臨羌（今青海湟源），然後向西經日月山口進入共和以西的沙

---

[747]　〔梁〕釋慧皎撰，湯用彤校注：《高僧傳》卷一一，中華書局，1992年，第410頁。
[748]　〔魏〕楊衒之撰，范祥雍校注：《洛陽伽藍記校注》卷五，上海古籍出版社，1978年，第252頁。

漠地帶。宋雲一行在吐谷渾王都吐谷渾城（今青海都蘭）住了幾日，然後繼續西行到達鄯善城（今新疆婼羌境）。[749]（圖 5-17）

圖 5-17：天水麥積山石窟第 44 窟正壁西魏坐佛像

按照史書記載，吐谷渾遣使東魏是「假道蠕蠕」。吐谷渾通往柔然道路有二。其一為高昌路，也就是穿過柴達木盆地向西越阿爾金山到達鄯善國，再向北過高昌、哈密等地進入蒙古草原。據《北史》卷九八〈高車傳〉記載：「宣武詔之曰：『卿遠據沙外，頻申誠款，覽揖忠志，特所欽嘉。蠕蠕、嚈噠、吐谷渾所以交通者，皆路由高昌，掎角相接。今高昌內附，遣使迎引。蠕蠕往來路絕。』」可見，當時高昌路被經由河南道前往柔然、丁零的使者僧侶所使用。其二是涼州路，從吐谷渾境內向北出祁連山的扁

---

[749] 馬曼麗：〈宋雲絲路之行初探〉，《青海社會科學》1985 年第 4 期。

都口，經涼州西部進入柔然。儘管此路線比高昌路線稍近，但是能否順利通過此路段則取決於與西魏保持名義上歸屬關係的涼州地方勢力的態度。西元542年至545年間，吐谷渾使者可以順利通過河西走廊到達柔然和東魏。直到553年，涼州路都是吐谷渾使者選擇的主要路線。[750] 因此，我們相信當時南北方商使僧侶經由吐谷渾所控制的河南道往返者，也必然會利用此道路。《續高僧傳》卷二〈闍那崛多傳〉載：「時年二十有七，受戒三夏……路由迦臂施（即迦畢試）國，淹留歲序……將事巡歷，便踰大雪山西足……至厭怛國……又經渴囉槃陀及于闐等國……又達吐谷渾國，便至鄯州。於時即西魏大統元年也，雖歷艱危心逾猛勵。發蹤跋涉，三載於茲……以周明帝武成年，初屆長安，止草堂寺。」闍那崛多是所見史籍所載南北朝時期最後一位經河南道來到長安的僧人。迦臂施即巴克特里亞古國。大雪山則處於吐火羅與粟特之間，即今興都庫什山。厭怛國位於中亞兩河流域。渴囉槃陀為帕米爾古國。于闐位於西域。「又達吐谷渾國，便至鄯州」，經過塔里木南端，進入吐谷渾故地的湟水流域。李宗俊先生認為宋雲走的是南朝以來僧侶們經常行走的絲綢之路河南道，並不需繞道湟水谷地和日月山。[751]

## 三、隋唐時期的青海道

隋朝建立後，吐谷渾勢力依然控制著東西交通要道上的鄯善、且末等地，對往來於東西方的商旅徵收關稅，並伺機東進。隋煬帝大業初年，裴矩在《西域圖記·序》中言：「以國家威德，將士驍雄，泛濛汜而揚旌，越崑崙而躍馬，易如反掌……但突厥、吐渾分領羌胡之國，為其擁遏，故朝

---

[750] 周松：〈吐谷渾遣使東魏路線考〉，《中國歷史地理論叢》2003年第3期。
[751] 李宗俊：〈唐代石堡城、赤嶺位置及唐蕃古道再考〉，《民族研究》2011年第6期。

## 第五章　隋唐絲路的繁榮

貢不通。今並因商人密送誠款，引領翹首，願為臣妾。」[752]說明當時東西方交通被阻斷的主要原因在於突厥和吐谷渾對西域諸國的統治。為此，隋煬帝於大業五年（西元609年）三月，親征吐谷渾。吐谷渾大敗，可汗伏允率殘部逃亡党項地，青海道被打通，西域與內地的交通道路再次通暢。六月，隋煬帝巡視張掖，並置西海、河源、鄯善、且末四郡。由此，西域諸國紛紛朝貢隋朝。

隋朝末年，各地起義不斷，吐谷渾重新占領鄯善、且末，控制吐谷渾道。唐貞觀四年（630年），東突厥被滅，焉耆王突騎支派使入貢，並「復請開大磧路以便行李，太宗許之」[753]。這就意味著此時吐谷渾依然控制著青海通往西域的道路，因此，打通被吐谷渾阻隔的東西方交通，成為唐朝應突騎支之請出兵吐谷渾的主要原因之一。貞觀八年（634年），唐朝以吐谷渾拘押唐行人鴻臚丞趙德楷為由，派李靖等五路大軍出兵吐谷渾。唐軍很快擊潰了吐谷渾，吐谷渾「舉國請降。伏允帥千餘騎逃磧中，十餘日，眾散稍盡，為左右所殺」[754]，青海道被打通。西域諸國開始頻繁朝貢唐朝，根據《冊府元龜》卷九七〇〈外臣部‧朝貢三〉所載，僅貞觀九年（635年），就有西突厥、于闐、焉耆、疏勒、吐火羅、百濟、朱俱波、甘棠等國遣使朝貢唐朝。貞觀十五年（641年），文成公主入吐蕃。貞觀十七年（643年）、貞觀二十一年（647年）和唐高宗顯慶二年（657年），王玄策經吐蕃出使天竺，僧侶玄太、玄照、道玄、道方、道生、道宣經吐蕃至天竺取經。這些人所經由吐谷渾到吐蕃，甚至到達印度的道路，實際上可以認為是「（漢唐和親）開闢了自中原繞道至吐谷渾或自中原經吐谷渾、吐蕃到印度半島各港口然後由海路西運的新的絲綢之路」[755]。

---

[752]　〔唐〕魏徵等：《隋書》卷六七〈裴矩傳〉，中華書局，1973年，第1580頁。
[753]　〔後晉〕劉昫等：《舊唐書》卷一九八〈焉耆國傳〉，中華書局，1975年，第5301頁。
[754]　〔宋〕司馬光：《資治通鑒》卷一九四太宗貞觀九年條，中華書局，1956年，第6113頁。
[755]　崔明德：《漢唐和親史稿》，海洋大學出版社，1992年，第62頁。

## 第三節　青海道的繁榮

　　唐代僧人道宣在《釋迦方志》中記載：「自漢至唐往印度者，其道眾多，未可言盡。如後所紀，且依大唐往年使者，則有三道。依道所經，具睹遺跡，即而序之。其東道者，從河州西北度大河，上漫天嶺，減四百里至鄯州。又西減百里至鄯城鎮，古州地也。又西南減百里至故承風戍，是隋互市地也。又西減二百里至清海，海中有小山，海周七百餘里。海西南至吐谷渾衙帳。又西南至國界，名白蘭羌，北界至積魚城，西北至多彌國。又西南至蘇毗國。又西南至敢國。又南少東至吐蕃國。又西南至小羊同國。又西南度咀倉法關，吐蕃南界也。又東少南度末上加三鼻關，東南入谷，經十三飛梯、十九棧道。又東南或西南，緣葛攀藤，野行四十餘日，至北印度尼波羅國（此國去吐蕃約為九千里）。」[756] 道宣指出，唐朝時唐人前往印度的道路主要有三條，其中東道與經過吐谷渾故地的青海道重合。據森安孝夫先生考證：「早在635年唐朝已經控制了從吐谷渾透過柴達木盆地，直接出西域地區的羅布地區。」[757] 儘管大非川之戰中唐朝大敗，吐蕃占領吐谷渾故地，但是吐蕃並未對吐谷渾完全掌控。唐朝於670年試圖奪回大非川領土，「馬年（即670年），贊普駐沃塘。于吉瑪闊（大非川）擊斃眾多唐人。」[758] 694年，吐蕃大將噶爾·達古被粟特人俘獲，這裡的粟特人應該是在唐朝的支持下反抗吐蕃。因此，王小甫先生認為吐蕃打通進入西域的道路應該是在720年[759]，青海道才能完全處於吐蕃的掌控之下。

　　長慶二年（822年），大理卿劉元鼎作為會盟使奉詔出使吐蕃，他是經由青海道進入吐蕃境內。根據他個人的記載，其行進路線為從長安出發，

---

[756] 〔唐〕道宣：《釋迦方志》卷一〈遺跡篇第四〉，中華書局，1983年，第14－15頁。
[757] 〔日〕森安孝夫：〈吐蕃の中央アジア進出〉，《金沢大學文學部論集·史學科篇》第4號，1984年，第6頁。
[758] J. Bacot, F. W. Thomas, and Ch. Toussaint, *Documents de Touen-houang Relatifs a L'Histoire du Tibet*, Paris, 1940, p. 33; 王堯、陳踐：《敦煌本吐蕃歷史文書》，民族出版社，1992年，第146頁。
[759] 王小甫：《唐、吐蕃、大食政治關係史》，北京大學出版社，1992年，第166頁。

## 第五章　隋唐絲路的繁榮

逾成紀、武川，抵河廣武梁，經過蘭州、龍支城到達河湟流域的鄯州。[760] 這一時期，湟水流域的交通道路依然被吐蕃所控制，龍支城內的百姓對唐軍何時收復此地翹首以盼。位於青海省玉樹藏族自治州首府結古鎮南約 20 公里處的貝納溝的一塊峭壁上雕刻有九尊浮雕佛像，由於後來在這裡建有一座佛殿，因此被稱為大日如來佛堂或文成公主廟。距離造像不遠處刻有一方藏文題記[761]，霍巍先生依據王堯先生的譯文「狗年」，將題記中的年代考訂為赤德松贊在位時的狗年（806年）。[762] 該造像由大譯師益西央主持塑造，根據題記內容可知，是為了給贊普父子祈福，同時，也從另一方面反映了吐蕃對此地區的掌控。（圖 5-18）

圖 5-18：青海玉樹文成公主廟前的道路

生活於河西地區的吐谷渾勢力對絲綢之路南路也產生了很大的影響。早在武則天時期，大臣郭元振上〈安置降吐谷渾狀〉中道：「臣謂宜當循其

---

[760] 〔唐〕劉元鼎：《使吐蕃經見紀略》，〔清〕董誥等編：《全唐文》卷七一六，上海古籍出版社，1990 年，第 3261 — 3262 頁。

[761] 謝佐：《青海金石錄》，青海人民出版社，1993 年，第 21 頁；王堯：〈青海玉樹地區貝考石窟摩崖吐蕃碑文釋讀〉，《唐研究》第十卷，北京大學出版社，2004 年，第 493 — 500 頁；謝繼勝：〈川青藏交界地區藏傳摩崖石刻造像與題記分析〉，《中國藏學》2009 年第 1 期。

[762] 霍巍：〈青藏高原東麓吐蕃時期佛教摩崖造像的發現與研究〉，《考古學報》2011 年第 3 期。

情以為制,勿驚擾之,使其情地稍安,則其繫戀心亦日厚。當涼州降者,則宜於涼州左側安置之;當甘州、肅州降者,則宜於甘、肅左側安置之;當瓜州、沙州降者,則宜於瓜、沙左側安置之。但吐渾所降之處,皆是其舊居之地,斯輩既投此地,實有戀本之情。若因其所投之地而便居之,其情易安。因數州而磔裂之,則其勢自分。……何如分置諸州,使每州皆得吐渾使役,欲有他懷,必不能遠相連結總去。」[763] 這也奠定了後來吐谷渾部族在河西的分布格局。敦煌文獻 S.6342〈咸通年間張議潮奏表並批答〉記載:「咸通二年(西元 861 年)收涼州,今不知卻廢,又雜蕃、渾。」歸義軍首任節度使張議潮收復涼州後,開始驅逐吐蕃舊有勢力,曾經一度驅逐了盤踞涼州的吐蕃及依附於吐蕃的奴部吐谷渾殘餘勢力,但吐谷渾、吐蕃殘餘勢力依然生活在這裡,甚至到了乾符元年(874 年),活動於這一帶的吐谷渾與嗢末聯合起來,驅逐了回鶻勢力。

## 四、青海道上的經濟與貿易

(一) 商品貿易

《南齊書》卷五九〈芮芮虜傳〉記載:「芮芮(即柔然)常由河南道而抵益州。」由此可見,河南道成為西部少數民族政權乃至西域諸國與南方政權交往的主要通道。阿豺統治末期,吐谷渾勢力已經開始向蜀地以及河西地區滲透,「南通蜀漢,北交涼州、赫連,部眾轉盛」[764]。永康八年(西元 419 年),乞伏熾磐派遣徵西將軍他子討伐吐谷渾覓地,覓地率眾歸降熾磐,成為其弱水護軍,可知吐谷渾勢力已經達到今天河西地區的黑河流域。柔然常利用河南道至蜀地向南朝朝貢,而這些民族政權的朝貢多帶有貿易的性質,柔然所利用的河南道正是由吐谷渾所掌控,吐谷渾是中

---

[763] 〔唐〕杜佑撰,王文錦等點校:《通典》卷一九〇〈邊防六〉,中華書局,1955 年,第 5167 頁。
[764] 〔北齊〕魏收:《魏書》卷一〇一〈吐谷渾傳〉,中華書局,1974 年,第 2235 頁。

## 第五章　隋唐絲路的繁榮

間者的角色。柔然經過青海貴德一帶的澆河城到達西強城，根據《通典》卷一七四〈州郡四〉「廓州達化縣」條所載「澆河城即晉時吐谷渾王阿豺所築，在縣西一百二十里」，推斷澆河城可能就是阿豺為經過其控制區域進行東西方貿易的商旅使團提供便利的城鎮，使其成為東西方貿易的中轉站。到了431年，吐谷渾兼併西秦故地，盡占青海湖流域。436年，吐谷渾王慕延利入于闐、徵罽賓，「遣使通劉義隆求援，獻烏丸帽、女國金酒器、胡王金釧等物」[765]。誇呂在位時期，益州由梁武帝之子武陵王蕭紀統治。按照文獻記載，蕭紀統管益州期間，大力發展當地經濟。《南史》中記載，蕭紀「在蜀十七年，南開寧州、越嶲，西通資陵、吐谷渾。內修耕桑鹽鐵之功，外通商賈遠方之利，故能殖其財用，器甲殷積。馬八千匹，上足者置之內廄，開寢殿以通之，日落，輒出步馬」。《梁書·諸夷傳》載：「其（河南國）地與益州鄰，常通商賈，民慕其利，多往從之，教其書記，為之辭譯，稍桀黠矣。」[766] 益州成為吐谷渾對外貿易的重要樞紐，蕭紀透過與周邊地區的經濟貿易往來，使益州地區的經濟實力日益增強，軍事力量壯大。《魏書》卷一〇一〈吐谷渾傳〉記載，吐谷渾酋長阿豺「田於西強山，觀墊江源，問於群臣曰：『此水東流，有何名？由何郡國入何水也？』其長史曾和曰：『此水經仇池，過晉壽，出宕渠，號墊江，至巴郡入江，度廣陵會於海。』」吐谷渾與益州的交通十分通暢，藉助交通的便利條件，吐谷渾與益州經濟往來頻繁。魏廢帝元欽二年（西元552年），西魏「獲其僕射乞伏觸扳、將軍翟潘密、商胡二百四十人，駝騾六百頭，雜彩絲絹以萬計」[767]。西魏一次性俘獲胡商兩百多人，同時還有吐谷渾官方的護衛，意味著吐谷渾已深入國際貿易，以從中獲取鉅額利潤。（圖5-19）

---

[765]　〔北齊〕魏收：《魏書》卷一〇一〈吐谷渾傳〉，中華書局，1974年，第2237頁。
[766]　〔唐〕姚思廉：《梁書》卷五四〈諸夷·西北諸戎傳〉，中華書局，1973年，第810－811頁。
[767]　〔唐〕令狐德棻等：《周書》卷五〇〈吐谷渾傳〉，中華書局，1971年，第913頁。

第三節　青海道的繁榮

圖 5-19：陝西歷史博物館藏西魏彩繪載物駱駝

1970 年代，青海大通縣上孫家寨乙區第 3 號墓葬中出土了一件單耳銀壺，從銀壺的器形與紋飾來看，應當來自西亞安息國。[768] 青海郭里木出土的一號棺板畫 A 板的狩獵圖前方繪有一支商隊出行圖，商隊的中間有載滿貨物的駱駝，駱駝的前方有三騎，後面跟著一騎，駝後一人則頭頂纏巾，腰間束一箭囊，貌似一位承擔押運商隊的武士。[769] 霍巍教授根據許新國先生提供的關於郭里木流散於民間的吐蕃棺板畫的一幅照片指出，這是一幅描繪奔喪情景的照片。在這幅照片中，有一臥地休息的駱駝，駱駝身上馱有貨物，後面跟隨著一隊押運貨物的騎馬人員，與前文所說一號棺板畫中所描繪的商隊圖類似。[770] 吐蕃占領吐谷渾後，所統治下的吐谷渾人同絲綢之路上的胡人一樣從事絲路貿易。也有學者認為，吐蕃對西域河西的軍事擴張帶有一定的商業目的，為了控制國際商業貿易通道，將絲綢等國際貿易的重要商品作為對外掠奪的主要對象，也為了獲得更大的經濟利益。[771] 早在南北朝時期，史寧帶領西魏的軍隊與突厥木汗可汗襲擊了

---

[768] 青海省文物考古所：《上孫家寨漢晉墓》，文物出版社，1993 年，第 220 頁。
[769] 羅世平：〈天堂喜宴——青海海西州郭里木吐蕃棺板畫箋證〉，《文物》2006 年第 7 期。
[770] 霍巍：〈吐蕃時代考古新發現及其研究〉，科學出版社，2012 年，第 140－141 頁。
[771] 張雲：〈吐蕃絲路的貿易問題〉，《唐代吐蕃史與西北民族史研究》，中國藏學出版社，2004

## 第五章　隋唐絲路的繁榮

吐谷渾，這次襲擊中繳獲了大量吐谷渾的珍寶，「敦是渾之舊都，多諸珍藏……生獲其征南王，俘虜男女、財寶，盡歸諸突厥……木汗亦破賀真，虜渾主妻子，大獲珍物」[772]。這表明吐谷渾利用絲綢之路的貿易獲得了大量珍寶，以致成為隋朝裴矩勸隋煬帝出兵吐谷渾的藉口之一。

隋朝在西域設立鄯善等四郡後，大將薛世雄又修築伊吾城，以鞏固隋朝在西域絲綢之路北道的統治。據《隋書》卷六七〈裴矩傳〉記載：「破吐谷渾，拓地數千里，並遣兵戍之，每歲委輸巨億萬計。」占領吐谷渾地後，原本被吐谷渾阻隔的絲綢之路重新打通，西域諸族紛紛重新對中原朝貢，進行貿易往來。大業五年（西元609年），隋煬帝西巡，並在武威、張掖隆重接見了外國國君、貢使、商人等，極大地激發了胡商來華貿易的熱情，促進了東西方的經濟、文化交流，也強化了隋朝同西域各國政治上的聯繫，僅615年來長安朝貢者就有西突厥、龜茲、疏勒、于闐、安國、曹國、何國、穆國等國貢使，隋朝也派出使者韋節、杜行滿出使西域諸國，並到達今天喀什米爾的罽賓國和印度半島等地。（圖5-20）

圖5-20：青海省博物館藏唐代石雕馬

---

年，第160頁。
[772]　〔唐〕令狐德棻等：《周書》卷二八〈史寧傳〉，中華書局，1971年，第468頁。

## 第三節　青海道的繁榮

　　初唐文成公主入藏，吐蕃與唐朝保持著良好關係。同時，吐蕃與處於唐蕃之間的吐谷渾也維持著友好關係。松贊干布去世後，祿東贊父子專權，改變了原來奉行的與唐友好的政策，並開始進攻與吐谷渾關係密切的白蘭羌。顯慶元年（656年）十二月，「吐蕃大將祿東贊率兵一十二萬擊白蘭氏，苦戰三日，吐蕃初敗後勝，殺白蘭千餘人，屯軍境上以侵掠之」[773]。吐蕃還聯合吐谷渾小王進攻唐軍，敦煌文獻 P. T. 1288 號《吐蕃大事記年》記載：「及至羊年（659年），贊普駐於『札』之鹿苑，大論東贊前往吐谷渾（阿豺）。達延莽布支於烏海之『東岱』處與唐朝蘇（定）方交戰。達延亦死，（唐）以八萬之眾敗於一千。」[774] 吐谷渾小王達延莽布支戰死後，餘部內附唐朝，但遭到祿東贊的進攻。660年，論欽陵率軍大舉進攻吐谷渾，在吐谷渾親蕃大臣素和貴的導引下，擊敗之。吐谷渾諾曷缽可汗率殘部奔赴涼州，請遷居內地。唐高宗下詔：「以涼州都督鄭仁泰為青海道行軍大總管，帥右武衛將軍獨孤卿雲、辛文陵等分屯涼、鄯二州，以備吐蕃⋯⋯又以左武衛大將軍蘇定方為安集大使，節度諸軍，為吐谷渾之援。」[775] 涼州駐軍接應吐谷渾殘部後，唐又派大將薛仁貴等救援吐谷渾，但被吐蕃所敗，吐谷渾之地完全被吐蕃占領。吐蕃占領吐谷渾，直接威脅著西域、河隴地區，特別是667年，吐蕃又攻占唐朝生羌十二州，控制了青海大部分地區。吐蕃占領吐谷渾後，吐谷渾成為其物資供應的重要地區。

　　唐蕃之間經過大非川之戰、青海之戰、素羅汗山之戰三次大規模戰役，「最終以唐朝的澈底失敗而告結束，唐朝欲收復吐谷渾故地、幫助吐

---

[773]　〔宋〕王欽若等：《冊府元龜》卷九九五〈外臣部・交侵〉，中華書局，1960年，第11687頁。
[774]　J. Bacot, F. W. Thomas, and Ch. Toussaint, *Documents de Touen-houang Relatifs a L'Histoire du Tibet,* Paris, 1940, p. 33; 王堯、陳踐：《敦煌本吐蕃歷史文書》，民族出版社，1992年，第146頁。
[775]　〔宋〕司馬光：《資治通鑑》卷二〇一唐高宗龍朔三年五月條，中華書局，1956年，第6335－6336頁。

## 第五章　隋唐絲路的繁榮

谷渾復國的目的計畫也隨之澈底落空。吐谷渾故地終於成為吐蕃的屬部，吐蕃移民大量遷入青海地區，並將這一地區作為補充人力、物力的基地。吐蕃此後又繼續進攻唐河西、隴右及西域地區，成為唐朝西境最大的勁敵」。[776] 吐谷渾的青海道也被吐蕃所掌控，原來經由吐谷渾地往來於東西方的交通道路被阻斷，吐谷渾原來倚仗絲綢之路交通線路的優勢進而被吐蕃取代。

圖 5-21：青海都蘭出土的「太陽鳥」花紋的絲綢

隋朝時期，吐谷渾王伏允就積極向中原王朝請求互市以發展經濟。吐蕃占領吐谷渾故地後，根據與唐朝的協議，雙方「請交馬於赤嶺，互市於甘松嶺」。赤嶺設有驛站，唐與吐蕃可以透過更換驛傳馬匹來傳遞雙方公文，並在甘松嶺開展互市貿易，進行物品交換。唐朝方面同意了吐蕃開互市的請求，還對其大加賞賜。太常博士獨孤及在代宗永泰二年（西元 766 年）給吐蕃贊普的信中就明確表示：「金玉綺繡，問遺往來，道路相望，歡好不絕。」[777] 這展示了唐蕃雙方經由吐谷渾故地絲綢之路進行經濟往來的

---

[776]　陳楠：《藏史叢考》，民族出版社，1998 年，第 108 頁。
[777]　〔唐〕獨孤及撰，劉鵬、李桃校注：《毗陵集校注》卷一八〈敕與吐蕃贊普書〉，遼海出版社，

第三節　青海道的繁榮

繁榮景象。（圖 5-21）

眾所皆知，粟特人在絲綢之路貿易中一直扮演著重要角色。1907 年，斯坦因在敦煌西北長城烽燧遺址發現的粟特文古信札，粟特文專家亨寧（W.B. Henning）認為 2 號信札寫於西元 311 年前後。[778] 信札是一名旅居敦煌的粟特商人寫給撒馬爾罕的生意合作夥伴。信中首先向酒泉的 Armat-sach、姑臧的 Arsach 問好，並提到了敦煌、金城以及派人前往內地（中原）進行貿易的消息。[779] 由此可見，在四世紀初，粟特人頻繁往返於敦煌與內地間，雖然這一時期西晉末年的戰亂導致中原與河西涼州間的貿易中斷，但是從其對酒泉、姑臧的朋友問候來看，這裡似乎並沒有受到戰爭的影響，可能是因為河西遠離中原之故。

北魏時期，僧人宋雲等取道吐谷渾前往印度，文獻記載道：「從土谷渾西行三千五百里，至鄯善城。其城自立王為土谷渾所吞。今城（內主）是土谷渾第二息寧西將軍總部落三千以禦西胡。」[780] 因此，陳寅恪先生說：「六朝、隋唐時代蜀漢亦為西胡行賈區域，其地之有西胡人種往來僑寓，自無足怪也。」[781]，「蜀漢之地當梁時為西域胡人通商及居留之區域」[782]，據此推斷，蜀地成為粟特人商貿聚集地。青海省文物考古所發掘的青海都蘭吐蕃墓葬中出土有各類絲綢的殘片，發掘隊長許新國先生認為，這些絲綢品種中有 18 種可能為中亞、西亞所織造，其中有一件為中古波斯人使用的缽羅婆文字錦，是目前世界上所發現僅有的一件確證無疑

---

2007 年。

[778] W. B. Henning, *The Date of the Sogdian Ancient Letters*, BSOAS, VOLXⅡ, 1948, PP.601-605.

[779] Annette L. Juliano and Judith A. Lerner, *Monks and Merchants: Silk Rood Treasures from Northeast China*, New York, 2001, p. 49.

[780] 〔魏〕楊衒之撰，范祥雍校注：《洛陽伽藍記校注》卷五，上海古籍出版社，1978 年，第 252 頁。

[781] 陳寅恪：〈李太白氏族之疑問〉，《金明館叢稿初編》，生活・讀書・新知三聯書店，2001 年，第 314 頁。

[782] 陳寅恪：《隋唐制度淵源略論稿》，上海古籍出版社，1982 年，第 80 頁。

## 第五章　隋唐絲路的繁榮

的八世紀波斯文字錦，這些出土絲綢中粟特錦的數量龐大。[783] 粟特錦數量在出土錦數量中占有很大的比例，再次說明了粟特人在吐谷渾地區商業貿易中的重要地位。（圖 5-22）

圖 5-22：吐魯番博物館藏唐代貞觀十四年康業相墓表

吐魯番發現的一件粟特語文書（T. ii.D.94）中記載了粟特人的一條自西向東的商路，依次為：拂菻、波斯、安國、吐火羅、石國、粟特、石汗那、漢盤陀、佉沙、于闐、龜茲、焉耆、高昌、薩毗、吐蕃、吐渾、彌藥和薄骨律。[784] 可見，粟特無論是在西域還是在吐蕃、吐谷渾，甚至是在彌藥地區的商貿網路中都是重要角色。這條經由吐谷渾地區的商路自然也成為當時人們所使用的道路之一。《續高僧傳》卷二六〈釋道仙傳〉載：「本康居國人，以遊賈為業。往來吳蜀，江海上下，集積珠寶。」南北朝時期，粟特人已往來於南方與巴蜀之地經商。有學者認為，在吐魯番阿斯塔

---

[783] 許新國、趙豐：〈都蘭出土絲織品初探〉，《中國歷史博物館館刊》1991 年第 15、16 期；霍巍：〈粟特人與青海道〉，《四川大學學報》2005 年第 2 期。

[784] 林梅村：〈粟特文買婢契與絲綢之路上的女奴貿易〉，《文物》1992 年第 9 期。

第三節　青海道的繁榮

那——哈拉和卓古墓群中出土了一批蜀地生產的絲織品，有可能便是透過絲綢之路河南道由蜀地運往高昌地區的。[785]霍巍則認為，很可能是粟特人充當了轉手貿易的仲介。[786]新疆發現的古藏文簡牘中多次出現的「Sog」一詞，學術界傾向於認為其指的是粟特人，表明吐蕃占領西域後，活躍於西域的粟特人並沒有因為統治西域者的更換而改變其在絲綢之路上所扮演的角色，粟特人與新的占領者吐蕃人之間保持著密切的聯繫。[787]隋朝時期，在益州從事商業活動的粟特商人頗多，《隋書‧儒林‧何妥傳》載：「父細胡，通商入蜀，遂家郫縣，事梁武陵王紀，主知金帛，因致鉅富，號為西州大賈。」何妥很可能就是來自西域的粟特人。（圖5-23）

圖5-23：甘肅省文物考古研究所藏唐胡人牽駝圖模印磚

（二）貨幣

西晉張軌統治涼州晚期，重新發行五銖錢，促進了河西絲綢之路的商業貿易繁榮與發展。《太平御覽》卷七五八引〈前涼錄〉載：「張軌時，西胡致金胡瓶，皆拂菻作奇狀，並人高，二枚。」[788]這段史料證明，四世紀

---

[785] 陳良偉：《絲綢之路河南道》，中國社會科學出版社，2002年，第248頁。
[786] 霍巍：〈粟特人與青海道〉，《四川大學學報》2005年第2期，第96頁。
[787] 榎一雄：《講座敦煌》2〈敦煌の歷史〉，（日本）大東出版社，1980年；Fang Kuei Li, Notes on Tibetan Sog, *Central Asiatic Journal 3*, 1957, pp. 139-142.
[788] 〔宋〕李昉等：《太平御覽》卷七五八〈前涼錄〉，中華書局，1960年影印本，第3365頁。

397

初，羅馬帝國與涼州的張軌政權有貿易往來。1956年，青海西寧隍廟街出土了76枚波斯薩珊王朝卑路斯王朝（西元457年至483年）銀幣。[789]銀幣直徑2.8公分，正面為頭戴冠冕的卑路斯王頭像，背面是祆教的祭壇，壇的上方有熊熊燃燒的火焰，外圍有一圈聯珠紋。關於此項考古發現，徐蘋芳先生認為：「西寧波斯銀幣的埋藏雖已晚至唐代以後，仍可說明四至六世紀河西走廊被地方政權割據之後，從蘭州（金城）經樂都（鄯州）、西寧（鄯城）、大通，北至張掖，或西過青海湖吐谷渾國都伏俟城至敦煌或若羌的這條『青海道』路線，它是通西域的絲綢之路上的重要路線。」[790]

圖5-24：寧夏固原博物館藏東羅馬金幣

1999年，青海烏蘭縣銅普大南灣遺址出土了1枚查士丁尼一世（西元527年至565年在位）時期東羅馬金幣以及波斯薩珊王朝時期的6枚銀幣。[791]其中，這枚查士丁尼一世時期的金幣雙面均有銘文，直徑12毫米，厚0.1毫米，重4.5克，金幣的正面為皇帝胸像，右手持十字架，十字架上有一地球，有銘文；背面為天使像，手持十字架，十字架上有一地球。[792]2002年，青海都蘭北朝吐谷渾墓葬出土的芝諾皇帝時期的金幣，雙面均有銘文，直徑14毫米，重2.36克，正面為身穿戎裝皇帝胸像，背

---

[789] 夏鼐：〈青海西寧出土的波斯薩珊朝銀幣〉，《考古學報》1958年第1期。
[790] 徐蘋芳：〈考古學上所見中國境內的絲綢之路〉，《燕京學報》1995年第1期。
[791] 青海省文物考古研究所：〈青海烏蘭縣大南灣遺址試掘簡報〉，《考古》2002年第12期。
[792] 閆璘：〈青海烏蘭縣出土東羅馬金幣〉，《中國錢幣》2001年第4期。

## 第三節　青海道的繁榮

面為勝利女神像，手持十字架。[793] 金幣側緣順時針銘文「DNTHEODO-SIVSPFAVG」17 個字母，銘文是省略的拉丁字母，全文可復原如下：D(ominvs) N(oster)，意為我們的君王，Theodosius (elix) AVG (ustus)，全句意譯為：連綿不絕的迪奧多西斯。（圖 5-24）

南北朝時期，羅馬帝國與中國已有往來，史籍中將其稱為大秦或者拂菻國。到了隋唐時期，雙方經濟貿易往來更為頻繁。《隋書》記載：「（波斯）西去海數百里，東去穆國四千餘里，西北去拂菻四千五百里，東去瓜州萬一千七百里。」裴矩在《西域圖記‧序》中記載關於敦煌前往西海的三條道路中言：「北道從伊吾，經蒲類海、鐵勒部、突厥可汗庭，度北流河水至拂菻國，達於西海。」當時的人們已經很清楚前往拂菻的交通路線，這是拂菻與中原王朝密切往來的重要證據。開元七年（西元 719 年），安國向唐朝進貢的物品包括波斯馬婁、拂菻繡氍毹、鬱金香、生石蜜等物品。[794] 這些貢品中特別強調了「拂菻繡氍毹」，「意在強調它是拜占庭名產，並非布哈拉土貨」。[795] 粟特對波斯所產的絲織品的青睞，也反映了波斯商品在絲綢之路乃至中國的流行程度。波斯曾派使者前往長安請求派遣一名漢官駐守波斯，「（開元）十年（722 年）三月庚戌，波斯國王勃善活遣使獻表，乞授一名漢官，許之」。[796] 因為中亞地區諸國頗受大食的欺凌，希望能夠在唐朝的支持下對抗大食。開元十二年（西元 724 年），大食軍隊進攻拔汗那，突騎施可汗蘇祿遣其子支援，突襲大食軍隊，大食慘敗，這就是渴水日戰役。[797] 此戰使得大食軍隊對突騎施產生了畏懼情緒，促使大食的勢力逐漸收縮，這就為吐蕃勢力進入西域提供了一定的條件。

蔡鴻生先生談到粟特文化特徵時說：「九姓胡以『善賈』著稱於世，靠

---

[793]　〈青海都蘭出土拜占庭金幣〉，《中國文物報》2002 年 7 月 24 日第 1 版。
[794]　〔北宋〕王欽若等：《冊府元龜》卷九九九〈外臣部‧請求〉，中華書局，1960 年，第 11722 頁。
[795]　蔡鴻生：《唐代九姓胡與突厥文化》，中華書局，1998 年，第 65 頁。
[796]　〔北宋〕王欽若等：《冊府元龜》卷九九九〈外臣部‧請求〉，中華書局，1960 年，第 11723 頁。
[797]　H. A. R. Gibb, *The Arab Conquests in central Asia*, London, 1923, p. 66.

『興胡之旅』即商隊從事亞洲內陸的轉運貿易。在城邦的經濟生活中，商品貨幣關係超過土地依附關係。所謂『財多為貴』正是胡俗的特色。」[798]《安祿山事蹟》中記載：「潛於諸道商胡興販，每歲輸異方珍貨計百萬數。每商至，則祿山胡服坐重床，燒香列珍寶，令百胡侍左右，群胡羅拜於下，邀福於天。」[799] 敦煌文獻 P. 2613〈唐咸通十四年（西元 873 年）正月四日沙州某寺交割常住物點檢歷〉中記載的金銀器物中包括有「柒兩佛臨銀盞子一」[800]，這件器物應該是粟特人帶入敦煌的。敦煌地區對外貿易十分發達，金銀錢進入敦煌與少數民族貿易活動有著直接的關係。據敦煌文獻相關記載，金銀錢幣主要來源於回鶻和西域等地，與貿易納貢關係密切，晚唐五代敦煌市場使用金銀錢強勢貨幣，數量較大。[801] 而羅馬金幣具有國際強勢貨幣的功能，加上粟特等商業民族穿梭於絲綢之路各地，因此，不難想像來自羅馬的金幣為何在中國各地多有發現。

## 第四節　中原王朝與邊地民族的絹馬貿易

### 一、隋唐絹馬貿易概況

自漢代以來，中原王朝就透過絲綢之路與周邊的草原民族保持著茶馬、絹馬貿易往來，也構成了絲綢之路貿易史的重要內容之一。西漢時期，中原從北方的匈奴人手中透過貿易獲得良馬，產自烏孫、大宛的馬匹更是馬中的優良品種。漢武帝為求良馬，曾派使者攜一尊黃金鑄就的馬前往大宛國求馬，可見其對馬的痴迷。他還作了一首〈西極天馬歌〉以表達

---

[798] 蔡鴻生：《唐代九姓胡與突厥文化》，中華書局，1998 年，第 4 頁。
[799] 〔唐〕姚汝能：《安祿山事蹟》，上海古籍出版社，1983 年，第 12 頁。
[800] 唐耕耦、陸宏基：《敦煌社會經濟文獻真跡釋錄》第三輯，全國圖書館文獻縮微複製中心，1990 年，第 11 頁。
[801] 鄭炳林、楊富學：〈晚唐五代金銀在敦煌的使用與流通〉，《甘肅金融》1997 年第 8 期。

第四節　中原王朝與邊地民族的絹馬貿易

對西域寶馬的讚譽:「天馬來兮從西極,經萬里兮歸有德。承靈威兮降外國,涉流沙兮四夷服。」[802] 故有人認為漢武帝是由於垂涎大宛的馬匹而征伐大宛。至東漢,元和元年(西元84年),「北單于復願與吏人合市,詔書聽雲(武威太守溫雲)遣驛使迎呼慰納之。北單于乃遣大且渠伊莫訾王等,驅牛、馬萬餘頭來與漢賈客交易」[803]。由此可見,漢代大規模絹馬貿易通常是在政府的管理下進行的,是一種官方行為,同時民間貿易也摻雜其中。

581年,楊堅建立隋朝,結束了魏晉以來200多年的分裂割據局面。隋朝初建,周邊少數民族,諸如突厥、吐谷渾等,時常侵擾邊地,特別是突厥自南北朝末期崛起,並以漠北為中心建立了突厥汗國,一度曾控制了南自大漠以北、北到貝加爾湖、東起興安嶺、西達裏海的廣大區域,成為與中原王朝相抗衡的勁敵。特別是隋朝剛建立的第二年(西元582年),突厥以四十萬兵力入侵中原,導致武威、天水、安定、金城、上郡、弘化、延安等地均遭到洗劫,「六畜咸盡」。隋朝被迫以「修築長城,發兵屯北境」作為應對之策。隋朝透過一連串措施與經營,逐漸消除了突厥對邊地的威脅,與突厥的貿易往來逐漸頻繁。

突厥是一個典型的游牧民族,「其俗畜牧為事,隨逐水草,不恆厥處。穹廬氈帳,被髮左衽,食肉飲酪,身衣裘褐」。突厥還盛產良馬,「突厥馬技藝絕倫,筋骨合度,其能致遠,田獵之用無比。史記匈奴畜馬,即駃騠(古代良馬名稱)也」[804]。突厥憑藉此優勢建立了強大的騎兵,對中原王朝造成了巨大威脅,「突厥興亡,唯以羊馬為準」[805]。突厥的木杆可汗曾「控弦數十萬」,可見其騎兵數量之巨。隋朝與突厥的絹馬貿易多是

---

[802]　〔漢〕司馬遷:《史記》卷二四〈樂書〉,中華書局,1959年,第1178頁。
[803]　〔南朝宋〕范曄:《後漢書》卷八九〈南匈奴傳〉,中華書局,1965年,第2950頁。
[804]　〔宋〕王溥:《唐會要》卷七二〈諸蕃馬印〉,中華書局,1955年,第1306頁。
[805]　〔後晉〕劉昫等:《舊唐書》卷六二〈鄭元璹傳〉,中華書局,1975年,第2380頁。

## 第五章　隋唐絲路的繁榮

透過貢使的方式進行的,「拜染干為意利珍豆啟民可汗……上以宗女義成公主妻之……歲遣朝貢。大業三年(西元 607 年)四月,煬帝幸榆林,啟民及義成公主來朝行宮,前後獻馬三千匹。帝大悅,賜物萬二千段」[806]。隋煬帝西巡途中,曾設宴款待突厥部落酋長三千五百人,賜物 20 萬段。這裡所賜之物當與隋煬帝賜予啟民可汗的物品相同,其中應有絹帛之類的物品。

突厥汗國時期,「在突厥人向中國提供的商品中,馬匹是最受中國人青睞的商品,至於其他國家,則是突厥武器和中國絲綢。……突厥人主要向中國輸出馬匹以及較少量的駱駝和羊,中國人以成匹的絲綢來換取馬匹,對漢人而言,此乃外貿中最古老也是最寶貴的貨幣形式」[807]。突厥人利用馬匹換來中原絲綢,與中亞乃至歐洲的商人進行貿易,以換取更多的金銀。早在六世紀中期,西突厥就曾與薩珊波斯王朝進行了長期的戰爭,其目的之一就是獲得金銀貴金屬。在羅馬人的眼中,突厥是一個對黃金極端熱衷的民族。亞美尼亞史學家摩西·達蘇蘭西(Movsés Dasxuranci)曾記載下了這樣一段話:「他指導與訓練一名叫安德烈的聰明貴族,然後派他(到達汗廷),皇帝向突厥人許諾無以計數的財富。他這樣說:『如果他們真心幫助我的話,我這方面將滿足這些野獸般的、熱愛黃金的辮髮民族的貪欲。』當北方之國的副王葉護可汗,他在王國中的地位僅次於國王,聽到這個許諾,想到未來來自拜占庭的大量禮物和征服波斯屬下的那些國家時的戰利品,於是熱切地答應了這件事。」從摩西筆下對突厥人的描述可以推測,突厥人在控制絲綢之路貿易通道的過程中獲得了鉅額商業利潤。

突厥透過絹馬貿易獲得中原的絲綢,而馬匹則是中原王朝對外貿易中

---

[806] 〔唐〕魏徵等:《隋書》卷八四〈突厥傳〉,中華書局,1973 年,第 1872 — 1874 頁。
[807] 〔法〕弗朗索瓦·蒂埃里:〈論中國及粟特對突厥社會貨幣的影響(西元六至九世紀)〉,《粟特人在中國——歷史、考古、語言的新探索》,中華書局,2006 年,第 243 頁。

第四節　中原王朝與邊地民族的絹馬貿易

最重要的物品之一。唐朝前期，突厥是唐朝絹馬貿易的主要對象，特別是後突厥汗國的建立，唐朝在與其多次交戰中損失了大量戰馬。開耀元年（西元681年）七月，夏州群牧使安元壽奏言：「自調露元年（679年）九月以來，喪馬一十八萬餘匹，監牧吏卒為虜所殺掠者八百餘人。」[808] 戰馬的大量損耗，使得唐朝政府迫切需要透過貿易的方式補充。至毗伽可汗在位時期，雙方保持了友好的關係，絹馬貿易重開，但規模較小，唐朝每年從突厥獲得三四千匹馬。唐朝建立後，絹馬貿易也是唐朝與西北邊地少數民族進行貿易的主要方式之一。唐高祖李淵起兵之初，突厥始畢可汗就曾派遣使者獻良馬千匹。

唐太宗在早期征伐中騎乘的名馬基本上來自突厥等北方民族，「昭陵六駿」諸如白蹄烏、特勒驃、颯露紫、什伐赤、青騅、拳毛䯄、都與突厥及其突厥語有關係。[809] 突厥與唐朝的絹馬貿易一直持續到唐玄宗時期，「開元三年（西元715年）……冊立（蘇祿）為忠順可汗。自是每年遣使朝獻……時杜暹為安西都護，（金河）公主遣牙官齎馬千匹詣安西互市」[810]。儘管這次貿易被杜暹所拒絕，但可以看出當時突厥與唐朝貿易物品的大宗仍為馬匹，可以說，「突厥馬是唐朝馬的主要來源」[811]。安史之亂爆發後，唐政府西北邊防戍空虛，吐蕃東進，趁機占領河隴地區。而河隴地區畜牧業發達，豐茂的水草非常適宜發展畜牧業，也是唐朝戰馬的重要來源地。歐陽脩認為：「唐世牧地皆與馬性相宜，西起隴右、金城、平涼、天水，外暨河曲之野，內則岐、豳、涇、寧，東接銀、夏，又東至於樓煩。」[812] 這足以證明河隴地區是唐宋之際重要的產馬區域，而吐蕃占領

---

[808] 〔宋〕司馬光：《資治通鑒》卷二〇二唐高宗開耀元年七月條，中華書局，1956年，第6402頁。
[809] 葛承雍：〈唐昭陵六駿與突厥葬俗研究〉，《中華文史論叢》總第60輯，上海古籍出版社，1999年。
[810] 〔後晉〕劉昫等：《舊唐書》卷一九四〈突厥傳〉，中華書局，1975年，第5191頁。
[811] E. H. Schafer, *The Golden Peaches of Samarkand*, University of California Press, 1963, p. 63；〔美〕謝弗著，吳玉貴譯：《唐代的外來文明》，中國社會科學出版社，1995年，第143頁。
[812] 〔宋〕歐陽脩：《歐陽脩全集·奏議集》卷一六〈唐監牧劄子（嘉祐五年）〉，中國書店，1986

403

## 第五章　隋唐絲路的繁榮

河隴則斷絕了唐朝從該地區大規模獲得馬匹資源的可能。馬匹是重要的軍事策略資源之一，據《舊唐書·地理志》統計，安西、北庭、河西、朔方、河東、范陽、平盧、隴右、劍南九個節度使擁有的戰馬數量高達十三萬匹[813]，成為各藩鎮節度使割據的軍事基礎之一。元代史學家馬端臨指出，安祿山起兵的緣由之一就是占有優良的戰馬資源，肅宗時軍事力量增強的原因也歸於「得馬數萬」。儘管這種論斷有失偏頗，但從中反映出馬匹對當時社會影響是很大的。

吐蕃占領河隴西域，在一定程度上斷絕了唐朝從西域、河隴地區獲得馬匹，儘管尚有零星貿易往來，但規模上已遠遠小於回紇與唐朝的絹馬貿易，回紇則成了唐朝馬匹的重要來源。早在唐初，唐朝與回紇就已經開始了友好交往，貞觀三年（西元629年），回紇「始來朝，獻方物」，為以後雙邊交流往來奠定了基礎。貞觀十七年（643年）六月，「薛延陀真珠可汗使其姪突利設來納幣，獻馬五萬匹，牛、橐駝萬頭，羊十萬口」[814]，一次獻這麼多的馬，可見其國內馬的總體數量是龐大的。安史之亂期間，為了避免腹背受敵，在李泌的勸說下，唐德宗確定了聯合回紇抵抗吐蕃的策略，[815]答應與回紇和親，回紇與唐朝關係更為密切，絹馬貿易也更加頻繁。回紇藉助其在絲路貿易上的控制權，獲得鉅額利益。[816]隨著吐蕃與唐朝關係的緩和，回紇自恃其功，將絹馬貿易作為其獲得超值回報的重要手段，頻繁開展貢使貿易，給唐朝政府造成了沉重的財政負擔。[817]乾元

---

年，第884－886頁。

[813]〔後晉〕劉昫等：《舊唐書》卷三八〈地理志一〉，中華書局，1975年，第1385－1388頁。

[814]〔宋〕司馬光：《資治通鑑》卷一九七唐太宗貞觀十七年六月條，中華書局，1956年，第6199頁。

[815]冠群：〈中唐時期李唐「聯回抗蕃」政策之檢討〉，《陝西師範大學學報》2011年第2期。

[816] Christopher I. Beckwith, The Impact of the Horse and Silk Trade on the Economies of T'ang China and the Uighur Empire: On the Importance of International Commerce in the Early Middle Ages, *Journal of the Economic and Social History of the Orient*, Vol. 34, 1991, pp. 183-198.

[817]劉義棠：《維吾爾研究·回鶻馬研究》，（臺北）正中書局，1975年，第364－365頁。

## 第四節　中原王朝與邊地民族的絹馬貿易

之後，「(回紇)屢遣使以馬和市繒帛，仍歲來市，以馬一匹易絹四十匹，動至數萬馬」[818]，代宗時期，回紇「歲送馬十萬匹，酬以縑帛百餘萬匹。而中國財力屈竭，歲負馬價」[819]。據不完全統計，自乾元元年(西元758年)至開成五年(840年)，唐朝政府至少從西北購買了140萬餘匹馬。[820]

圖 5-25：青海湖

　　吐谷渾是一個地處西部與突厥並駕齊驅的強大民族，早在魏、周時期就以伏俟城為國都建立了民族政權。名馬青海驄就產自吐谷渾，「青海周迴千餘里，中有小山，其俗至冬輒放牝馬於其上，言得龍種。吐谷渾嘗得波斯草馬，放入海，因生驄駒，能日行千里，故時稱青海驄焉」[821]。發達的畜牧業為吐谷渾的迅速崛起奠定了必要的經濟基礎，北魏政權曾一次獲得其「駝馬二十餘萬」，可見其畜牧業的規模。隋朝建立，吐谷渾對中原政權邊地侵擾更為頻繁。隋煬帝繼位後，在征服西突厥的同時，平定吐谷渾也是其軍事進攻的重點目標。大業五年(609年)，隋軍大敗吐谷渾，

---

[818]　〔後晉〕劉昫等：《舊唐書》卷一九五〈回紇傳〉，中華書局，1975年，第5207頁。
[819]　〔宋〕歐陽脩、宋祁：《新唐書》卷四一〈食貨志〉，中華書局，1975年，第1348頁。
[820]　馬俊民：《唐代馬政》，西北大學出版社，1995年。
[821]　〔唐〕魏徵等：《隋書》卷八三〈吐谷渾傳〉，中華書局，1973年，第1842頁。

## 第五章　隋唐絲路的繁榮

伏允僅率數千騎逃往党項，吐谷渾故地被納入隋朝版圖。隋設立西海、河源、鄯善、且末等四郡，派遣官吏進行管理，這些地區的畜牧品也源源不斷地被輸送到內地，使青海等地區的經濟有所開發，促進了吐谷渾社會經濟的發展，強化了與內地的經濟交流。（圖 5-25）

吐蕃政權崩潰後，党項崛起，早在代宗時期，唐將郭子儀已經意識到了党項勢力的崛起，並將吐蕃、党項的問題並列：「吐蕃、党項不可忽，宜早為之備。」[822] 畜產品是党項與中原貿易物品中的大宗商品，畜產品交易給党項帶來了可觀的經濟利益。欲獲得更多的馬匹資源，必先控制牧場，河隴的優良牧場必然會激起党項控制的慾望。党項勢力對河隴地區積極擴張，攻占西涼府、甘、肅、瓜諸州，控制河西地區，占據更廣闊的產馬區。何亮在《安邊書》中強調了靈武之地的重要性[823]，清代學者顧祖禹在《讀史方輿紀要》中也說，「欲保秦隴，必固河西；欲固河西，必斥西域」[824]。夏州党項勢力逐漸向河西地區延伸。党項以夏州為中心逐漸壯大，唐末農民起義爆發後，居於夏州的拓跋氏加入到各地的「勤王」行列。[825] 因此，我們可以相信，中原王朝從党項控制區域也獲得了一定數量的馬匹。特別是五代時期，「（後唐）明宗時，詔沿邊置場市馬，諸夷皆入市中國，而回鶻、党項馬最多」[826]，「党項之眾競赴都下賣馬……每年不下五六十萬貫」[827]。宋初，契丹勢力南擴，北宋政權志在燕幽之地，西北地區的策略地位下降，這些無疑替党項的發展創造了有利的社會環境和地理條件。[828]

---

[822]　〔宋〕司馬光：《資治通鑑》卷二二二唐代宗廣德元年條，中華書局，1956 年，第 7143 頁。
[823]　〔宋〕李燾：《續資治通鑑長編》卷四四宋真宗咸平二年六月戊午條，中華書局，1979 年，第 947 頁。
[824]　〔清〕顧祖禹：《讀史方輿紀要》卷六三〈陝西十二〉，中華書局，2005 年，第 2972 頁。
[825]　康蘭英：《榆林碑石》，三秦出版社，2003 年，圖見第 75 頁，錄文見 242 頁。
[826]　〔宋〕歐陽修：《新五代史》卷七四〈四夷附錄・党項〉，中華書局，1974 年，第 912 頁。
[827]　〔宋〕王溥：《五代會要》卷二九〈党項羌〉，上海古籍出版社，1978 年，第 462－463 頁。
[828]　陸寧：〈論五代党項周邊地緣關係〉，《西北第二民族學院學報》2004 年第 3 期。

## 二、唐朝與回紇（鶻）、党項的政治角逐

### （一）唐朝與回紇（鶻）

七世紀初至八世紀中葉，出於對河西、西域肥沃土地的垂涎和對絲綢之路控制權的覬覦，回紇與吐蕃兩大政權圍繞著北庭、西州、涼州等河西走廊地區展開爭奪戰。咸亨元年（西元670年），吐蕃大將論欽陵攻占安西四鎮，切斷唐朝到西北邊境及中亞的交通，控制通往中亞的交通，引起唐朝與吐蕃間連年的戰爭。692年，唐將王孝傑率兵奪回安西四鎮，恢復絲綢之路的暢通。安史之亂爆發後，唐朝西北邊地防戍軍隊東調，吐蕃趁機占領西域、河隴地區，絲綢之路貿易路線北移，經漠北迴紇控制區域連接東西方。回紇統治者利用便利的交通控制著絲綢之路貿易，將中原的絲綢轉運到西亞和歐洲等地獲取暴利，這就刺激了絹馬貿易規模的擴大。

西元960年代，吐蕃完全占據河西走廊及隴右一帶，控制了絲綢之路東段要道，中原與西域之間的道路受到阻遏。唐朝與安西、北庭都護府的聯繫，與西域各國的交往，被迫繞道回紇汗國領地，回紇也積極配合，並派兵護送。於是被稱為「回紇道」的草原絲綢之路開通了，唐朝對西域鞭長莫及，北庭就完全隸屬於回紇汗國。顯然，這一時期絲綢之路上次紇是最大的受益者，他們操控甚至壟斷了唐朝與西方各國的絲綢貿易。八世紀初，回紇趁突厥內亂，聯合葛邏祿、撥悉密等部，擊走烏蘇可汗，接著襲破撥悉密。天寶四年（西元745年），回紇滅東突厥汗國，占據突厥故地，「斥地愈廣，東極室韋，西（至）金山，南控大漠，盡得古匈奴地」[829]，成了漠北繼匈奴、突厥之後又一個強大的汗國。在其政權存在的將近100年中，回紇在相當程度上維護和利用了絲路交通。（圖5-26）

---

[829]〔宋〕歐陽脩、宋祁：《新唐書》卷二一七〈回紇傳〉，中華書局，1975年，第6115頁。

第五章　隋唐絲路的繁榮

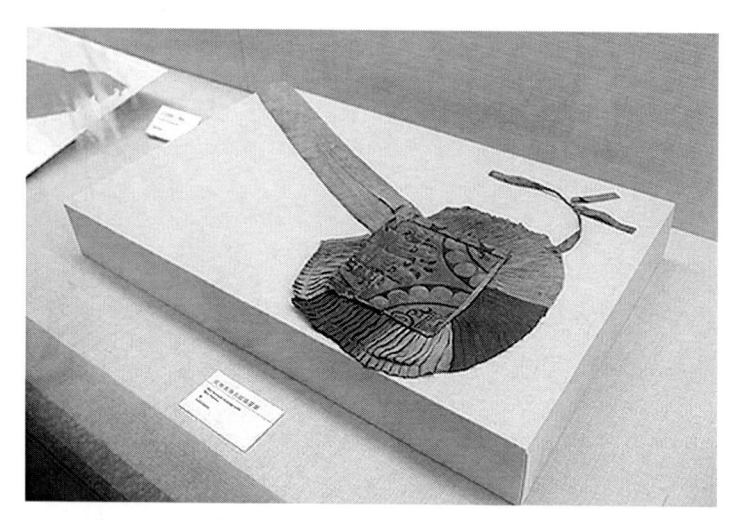

圖 5-26：青海省博物館藏唐代紅地連珠鳥紋錦覆面

　　安史之亂使唐朝遭到沉重打擊，唐肅宗即位後極力想恢復昔日四方來朝的輝煌。面對叛軍、藩鎮、突厥、吐蕃諸政治軍事勢力紛湧的局面，回紇派遣使者希望能夠助唐討賊，因此唐朝決定施行與回紇聯合抗蕃的策略。西元 756 年九月，封故邠王守禮男承寀為敦煌王，出使回紇和親，冊回紇可汗女為毗伽公主。[830] 唐朝與回紇和親，象徵雙方聯合的開始。為了密切聯盟關係，除了和親外，唐肅宗還令廣平王與葉護結為兄弟，當葉護從東京至，文武百官前往長樂驛迎接。回紇大首領達乾等 13 人跟隨葉護至扶風，郭子儀奉旨宴請，葉護太子在宴會上言：「國家有難，遠來相助，何暇食焉？」這充分顯示了其作為軍事聯盟者的責任感，並且宴會剛結束就立即開拔，連敗叛軍。按照當初唐肅宗與回紇的約定──「克城之日，土地、士庶歸唐，金帛、子女皆歸回紇」，說明回紇出兵助唐是帶著某種附帶條件的。葉護收復長安後，打算履行唐肅宗的許諾，而廣平王李俶下馬拜葉護說：「今始得西京，若遽俘掠，則東京之人皆為賊固守，不可復取矣。願至東京乃如約。」由此可見，廣平王也是以利益來引導回紇繼續

---

[830]　〔後晉〕劉昫等：《舊唐書》卷八六〈高宗中宗諸子傳〉，中華書局，1975 年，第 2834 頁。

## 第四節　中原王朝與邊地民族的絹馬貿易

助唐平叛。758 年，唐肅宗冊封回紇葛勒可汗為英武威遠毗伽闕可汗，並將女兒寧國公主嫁給回紇葛勒可汗為妻。這一些措施，無疑促進了唐朝與回紇的聯盟。唐肅宗在位的短短六年間，曾連嫁三女與回紇可汗為妻，足見唐肅宗向回紇借兵的急迫心理。而回紇則不斷出兵援唐，先後助唐收復兩京，平定安史餘部。但令唐朝上下始料未及的是，「回紇騎兵入援，不僅是為了承擔屬國的義務，更主要的是為了趁機掠奪所攻陷的富庶城市和實現與中原皇室通婚，以『誇耀於諸夷』的夙願」。[831]

　　安史之亂以前，唐朝馬政十分發達，除了在太僕寺設立監牧掌管馬政外，另外在幽、岐、寧、涇等地設立八坊、四十八監養馬。開元十三年（西元 725 年），坊監的馬匹有 43 萬匹。[832] 為提升馬匹品質，還從邊地民族購買良馬用來改良馬匹，引進少數民族和國外的馬匹達 83 種之多。[833] 眾所皆知，回紇曾出兵助唐收復長安、洛陽，為了回報回紇，唐朝封葉護為司空、忠義王，每年送回紇絹 2 萬匹，自朔方軍領取。[834] 同時唐朝也因為馬政荒廢，出於對吐蕃東進的現實考慮，迫切需要從回鶻獲得馬匹以補充騎兵。787 年，李皋為對抗吳少誠，即「市回鶻馬益騎兵，嘗大畋以教士，少誠憚之」；[835] 816 年，唐討伐藩鎮吳元濟，因缺戰馬，「命中使以絹萬匹，市馬於河曲」[836]，彌補了唐朝策略物資的不足。回紇是一個商業性民族，唐朝與回紇之間經常進行大規模的絹馬及茶馬貿易。最初，絹馬貿易是在官方的統一管理下進行，透過互市這一特定場所進行交易，交易價格相對公允。回紇幫助唐朝平定安史之亂後，絹馬貿易達到高潮，「時回紇有助收西京功，代宗厚遇之，與中國婚姻，歲送馬十萬匹，酬以縑帛

---

[831]　楊聖敏：《回紇史》，廣西師範大學出版社，2008 年，第 120 頁。
[832]　〔宋〕司馬光：《資治通鑑》卷二一二唐玄宗開元十三年條，中華書局，1956 年，第 6767 頁。
[833]　馬俊民：〈關於唐代胡馬引進及其歷史作用〉，《天津師範大學學報》1988 年第 4 期。
[834]　〔宋〕司馬光：《資治通鑑》卷二二〇唐肅宗至德二年十一月條，中華書局，1956 年，第 7044 頁。
[835]　〔後晉〕劉昫等：《舊唐書》卷一三一〈李皋傳〉，中華書局，1975 年，第 3640 頁。
[836]　〔宋〕王溥：《唐會要》卷七二〈馬〉，中華書局，1955 年，第 1304 頁。

百餘萬匹」[837]。回紇從貿易中獲取了豐厚利潤，商業經濟得到迅速發展。唐朝除維持原有的貢賜外，每年贈回紇十萬匹絹，並約定開通絹馬互市。如此一來，回鶻與唐朝絹馬貿易更為頻繁，一年中數次絹馬貿易成為常態，如長慶「二年（822年）二月，賜回紇（鶻）馬價絹五萬匹。三月，又賜馬價絹七萬匹」[838]。十二月，償還回鶻馬價絹八萬匹。[839]特別是827年，唐朝一次付給回鶻馬價絹高達五十萬匹，這是唐朝付給回鶻馬價絹數量最多的一次，這一年也是歷年來付馬價絹最多的年分。安史之亂後，回鶻以助唐平叛之功，提高馬匹價格，企圖獲得更多的絹帛絲織品。「回紇恃功，自乾元之後，屢遣使以馬和市繒帛，仍歲來市，以馬一匹易絹四十匹，動至數萬馬。其使候遣繼留於鴻臚寺者非一，蕃得帛無厭，我得馬無用，朝廷甚苦之。是時特詔厚賜遣之，示以廣恩，且俾知愧也。」[840]隨著付給回鶻馬價絹日益增加，唐朝最終不堪重負，導致以經濟利益維繫起來的唐朝與回鶻的盟友關係分崩離析。唐朝詩人白居易在〈陰山道〉中寫道：「陰山道，陰山道，紇邏敦肥水泉好。每至戎人送馬時，道傍千里無纖草。草盡泉枯馬病羸，飛龍但印骨與皮。五十匹縑易一匹，縑去馬來無了日。」白居易痛斥當局為了應對絹馬貿易中的不公平交易而不顧百姓疾苦。（圖5-27）

---

[837]〔宋〕歐陽脩、宋祁：《新唐書》卷五一〈食貨志一〉，中華書局，1975年，第1348頁。
[838]〔後晉〕劉昫等：《舊唐書》卷一九五〈回紇傳〉，中華書局，1975年，第5212頁。
[839]〔北宋〕王欽若等：《冊府元龜》卷九九九〈外臣部・互市〉，中華書局，1960年，第11727頁。
[840]〔後晉〕劉昫等：《舊唐書》卷一九五〈回紇傳〉，中華書局，1975年，第5207頁。

第四節　中原王朝與邊地民族的絹馬貿易

圖 5-27：甘肅省博物館藏唐代對鳥紋錦

回鶻勢力衰微後，絹馬貿易規模日漸萎縮。開成五年（西元 840 年），漠北回鶻汗國滅亡，大批回鶻人遷居河西走廊一帶，成為吐蕃的屬民。西遷後的回鶻人分居在河西各地，部分回鶻人到了甘州，甘州逐漸發展為回鶻在河西較為集中的聚集區之一。此外，還有許多部落散布於河西和隴右。後來建立了三個政權：西州回鶻王國、喀喇汗王朝和甘州回鶻政權。解體後的回鶻各支，也在不斷地為絲綢之路的暢通盡心盡力。其中，僕固俊率領北庭一帶的回鶻部落，與吐蕃展開了激烈的爭奪。回鶻汗國解體時，吐蕃內部也是一片混亂。842 年，吐蕃末代贊普郎達瑪被殺，因二王子爭奪贊普之位，邊將混戰不已，吐蕃分崩離析。唐大中年間，吐蕃將領論恐熱趁亂率眾大掠鄯、廓、瓜、肅、伊、西等州，嚴重破壞了絲綢之路的通暢。唐宣宗大中元年（847 年），吐蕃聯合回鶻侵擾河西，河西節度使王宰率兵討之。[841] 張議潮於大中二年（848 年）趁吐蕃內亂率領沙州軍民發動起義，奪取沙、瓜兩州。後張議潮率兵聯合回鶻攻克甘州、肅州、伊

---

[841]　〔宋〕歐陽脩、宋祁：《新唐書》卷八〈宣宗紀〉，中華書局，1975 年，第 247 頁。

第五章　隋唐絲路的繁榮

州、西州等地。儘管張議潮收復了沙州等地，但仍有其他州縣在吐蕃控制之下，沙州至長安的交通仍然受到吐蕃阻擾，絲綢之路尚未暢通。敦煌文書 S.2589〈中和四年 (884) 肅州防戍都營田康使君、縣承 (丞) 張勝君等狀〉中提到「党項」、「回鶻使」、「(嗢) 末使」[842]，表明党項、回鶻、嗢末皆已作為政治勢力參與到了河隴政治角逐中。咸通七年 (866 年)，北庭回鶻首領僕固俊配合張議潮軍，收復了北庭、西州等地。隨著吐蕃的沒落，絲綢之路在唐政府的經營下，恢復暢通，且得到進一步的發展完善。回鶻重新控制絲綢之路在西域的各交通要道，獨享中西貿易之利。僕固俊創立的西州 (高昌) 回鶻王國逐漸強盛起來，疆域不斷擴大，後來建立西州回鶻汗國，一直與歸義軍保持著友善的關係。張淮深掌控歸義軍政權時，因未完全得到唐中央政府的支持，西州回鶻勢力逐漸深入到甘州等地，不斷侵擾瓜州。經過二十多年的東征西戰，至 900 年左右，回鶻占領甘州，甘州回鶻王國政權正式形成。

(二) 唐朝與党項

安史之亂後，唐政府西北邊防戍空虛，吐蕃趁機占領河隴地區，党項諸部紛紛內遷至邠、寧、鄜、延、靈、夏、麟、府州等地。[843]內遷的党項諸部生活在靈州附近區域，其崛起與絲綢之路靈州段有著緊密的聯繫。[844]唐朝與党項在絲綢之路上的糾葛自然離不開靈州段。(圖 5-28)

---

[842] 唐耕耦、陸宏基：《敦煌社會經濟文獻真跡釋錄》第四輯，中國全國圖書館文獻微縮複印中心，1990 年，第 486 頁；中國社會科學院歷史研究所等編：《英藏敦煌文獻（漢文佛經以外部分）》第 4 冊，四川人民出版社，1991 年，第 111 頁。

[843] 〔宋〕歐陽脩：《新五代史》卷七四〈党項傳〉，中華書局，1974 年，第 912 頁。

[844] 魯人勇：〈靈州西域道考略〉，《固原師專學報》1984 年第 3 期；嚴耕望：《唐代交通圖考》，上海古籍出版社，2007 年；蘇哲：〈伯二九九二號文書三通五代狀文的研究〉，北京大學中國古代史研究中心編：《敦煌吐魯番文獻研究論集》第五輯，北京大學出版社，1990 年；陸慶夫：〈論甘州回鶻和中原王朝的貢使關係〉，《民族研究》1999 年第 3 期；趙貞：〈敦煌文書中所見晚唐五代宋初的靈州道〉，《中國歷史地理論叢》2001 年第 4 期；陳旭：〈隋宋時期中西交通史中的靈州〉，《陰山學刊》2004 年第 4 期；薛正昌：〈唐代長安——靈州道：歷史與文化〉，《江漢論壇》2004 年第 4 期；〔日〕長澤和俊：《絲綢之路史研究》，天津古籍出版社，1990 年；〔日〕前田正名：《河西歷史地理學研究》，中國藏學出版社，1993 年。

第四節　中原王朝與邊地民族的絹馬貿易

圖 5-28：天津博物館藏西夏文「靜州糧官專印」銅印

九世紀初，党項問題顯露端倪，盜寇擾邊現象時有發生，「振武有党項、室韋，交居川阜，凌犯為盜，日入匿作，謂之『刮城門』。居人懼駭，鮮有寧日」[845]。党項的侵擾已嚴重影響了民眾的正常生活。元和九年（西元 814 年），党項寇振武；長慶二年（822 年）六月，「党項寇靈州、渭北，掠官馬」[846]；太和中，河西党項擾邊；「太和、開成之際，其藩鎮統領無緒，恣其貪婪，不顧危亡，或強市其羊馬，不酬其直，以是部落苦之，遂相率為盜，靈、鹽之路小梗」[847]。以上均表明當時党項危及了西北地區正常的政治秩序，並開始集結起來寇擾邊地，嚴重影響了絲綢之路的通暢。因豐州附近党項叛擾，致使胡落池的鹽無法運往振武、天德兩軍及營田水運官健，被迫用河東白池鹽代替胡落池鹽。[848]太和五年（831 年）九月，豐州刺史李公政上奏：党項在黑山劫掠歸國的回鶻差兵馬使，將僕

---

[845]　〔後晉〕劉昫等：《舊唐書》卷一五一〈范希朝傳〉，中華書局，1975 年，第 4058 頁。
[846]　〔宋〕司馬光：《資治通鑑》卷二四二唐穆宗長慶二年條，中華書局，1956 年，第 7818 頁。
[847]　〔後晉〕劉昫等：《舊唐書》卷一九八〈党項傳〉，中華書局，1975 年，第 5293 頁。
[848]　〔後晉〕劉昫等：《舊唐書》卷四八〈食貨志〉，中華書局，1975 年，第 2110 頁。

## 第五章　隋唐絲路的繁榮

固全等七人殺害。[849] 會昌三年（843年），党項寇鹽州，十一月，寇邠寧。面對党項對邊地的不斷侵擾，李德裕指出：「党項愈熾，不可不為區處。聞党項分隸諸鎮，（綏、銀、靈、鹽、夏、邠、寧、延、麟、勝、慶等州皆有党項，諸鎮分領之）剽掠於此則亡逃歸彼。節度使各利其駝馬，不為擒送，以此無由禁戢。」[850] 白居易在代擬〈薛伾鄜坊觀察使制〉中亦言：「鄜時延安，抵於中部，羌夷種落，散在其間。戎夏雜居，易擾難理。」[851] 他指出在鄜、延地區党項部落分布範圍較廣，且各地節度使因己私利而縱容其發展，造成不易掌控的現象。《元和郡縣圖志》卷四〈關內道四〉「天德軍」條：「先是緣邊居人，常苦室韋、党項之所侵掠，投竄山谷，不知所從。」[852]

九世紀中葉，西北地區發生巨大變化：開成五年（西元840年），黠戛斯率兵攻陷回鶻，回鶻汗國崩潰；會昌二年（842年），吐蕃因內部王位之爭而崩潰，邊將混戰不休；大中二年（848年），張議潮在沙州建立歸義軍政權；大中三年（849年），唐朝收復河湟三州七關等。短短十年間，西北地區發生了巨大變化，党項趁機崛起。吐蕃統治崩潰後，各方勢力都急於登上河隴政治舞臺，党項為其中之一。張議潮建立歸義軍政權後，並未完全掌控轄區內各族。敦煌文書S.5697〈申報河西政情狀〉載：「同緣河西諸州，蕃、渾、嗢末、羌、龍狡雜，極難調伏。」[853] 這很清楚地道出了當時河西複雜的民族狀況，歸義軍政權根本無法完全掌控轄區內的各股民族勢力。而唐政府亦試圖掌控河隴地區。咸通七年至十一年（866年至870

---

[849]〔北宋〕王欽若等：《冊府元龜》卷九九五〈外臣部·交侵條〉，中華書局，1960年，第11687頁。

[850]〔宋〕司馬光：《資治通鑒》卷二四七唐武宗會昌三年十一月條，中華書局，1956年，第7993頁。

[851]〔唐〕白居易：《白居易集》卷五五〈薛伾鄜坊觀察使制〉，中華書局，1979年，第1162頁。

[852]〔唐〕李吉甫著，賀次君點校：《元和郡縣圖志》卷四〈關內道四〉，中華書局，1983年，第114頁。

[853] 唐耕耦、陸宏基：《敦煌社會經濟文獻真跡釋錄》第四輯，全國圖書館文獻微縮複印中心，1990年，第363頁。

年），唐朝以朔方節度使盧潘兼領涼州節度，反映出中央政府力圖強化朔方節度使在西北地區統治的願望。[854] 而新駐紮涼州為數兩千多人的鄆州天平軍，為朔方節度使提供了有力的軍方支持。基於涼州與靈武地區的策略連接地位，中央政權需要強化對朔方節度使的控制。「朔方節度，管兵六萬四千七百八人，馬二萬四千三百匹。衣賜二百萬匹段。統經略軍，靈武郡城內。管兵二萬七百人，馬三千匹。」[855] 敦煌文書S.1136〈沙州進奏院上本使狀〉載：「其張文徹、王忠忠、范欺忠、段意意等四人言：『路次危險，不用論節，且領取回詔，隨韓相公兵馬相逐歸去。平善得達沙州，豈不是好事者！』……其張文徹、王忠忠、范欺忠、段意意等便高聲唱快。又言：『趁韓相公兵馬去者。』」[856] 這表明韓相公統領有相當數量的兵馬，可以護送使節商旅透過靈州道，負責靈州道的暢通。大致在九世紀末期，朔方節度使已經將河西走廊完全納入督察的範圍之內，晚唐五代時朔方（靈武）韓氏在靈州道的保護經營上貢獻良多。[857]

據敦煌文書S.2589，党項在靈州道上經常抄劫貢使和商人，成為阻隔交通的主要勢力，靈州需要出兵護送使者經過該地區，但因邠、靈二州交惡，靈州不予出兵幫助。為避免被党項抄劫，貢使和商人不得不從邠州繞道走河州路至涼州。這表明當時有兩條路線可以前往長安：一條是涼州—靈州—邠州—長安；另一條是涼州—河州—邠州—長安。而前者是當時的主要通道，對於是否走靈州取決於靈慶地區是否安定，尤其是党項在此間活動的情況。五代時期西路党項劫掠過往商使，迫使後唐派兵數千前往接應貢使。另P.2992V〈朔方節度使檢校太傅兼御史大夫張狀〉載：

---

[854] 李軍：〈晚唐政府對河西東部地區的經營〉，《歷史研究》2007年第4期，第27—41頁。
[855] 〔唐〕李吉甫著，賀次君點校：《元和郡縣圖志》卷四〈關內道四〉，中華書局，1983年，第95頁。
[856] 唐耕耦、陸宏基：《敦煌社會經濟文獻真跡釋錄》第四輯，第370—373頁。
[857] 趙貞：〈敦煌所出靈州道文書述略——兼談朔方韓氏對靈州道的經營〉，《敦煌研究》2003年第4期，第52—57頁；趙貞：《歸義軍史事考論》，北京師範大學出版社，2010年，第209—232頁。

## 第五章　隋唐絲路的繁榮

今則前邠州康太傅及慶州符太保承奉聖旨，部領大軍援送貢奉使人及有天使去。八月廿一日得軍前大（太）傅書牒云與都監牛司空，已於八月十六日到方渠鎮，與都監商量，定取丹慊（慊）。近者，九月五日發離方渠，於六日平明至土橋子應接者。當道至八月廿二日專差軍將袁知敏，卻齎書牒往方渠鎮，諮報軍前，太傅已依此時日應副訖。見（現）亦齪兵士，取九月三日發赴土橋子接迎，於九日到府次。[858]

該文書的主要內容是後唐邠、靈、慶節度奉詔保護河西使節返回靈州時的行程安排。從日程安排來看，對於時間安排之細緻嚴密，說明當時靈州道上的党項抄掠對使節安全是極大的威脅，影響這一地區的交通安全，需要由邠州康太傅、慶州符太保率兵護送貢使、回鶻使節。

宣宗朝前後，党項勢力的日益膨脹，朝廷對此更為關注。會昌六年（西元846年）正月，李德裕在〈論鹽州屯集党項狀〉言，「党項久為劫盜，須示嚴刑……朝廷將欲剪除」[859]。大中五年（851年）五月，白敏中任檢校司徒、同平章事、邠州刺史、充邠寧節度觀察、東面招討党項等使。[860]〈白敏中墓誌銘〉中也提到，「大無所施設党羌平讓都統事，專治鄽土。募新卒七千人，增堡戍四十二所」[861]。《新唐書》卷二二一〈党項傳〉載：「宣宗大中四年，內掠邠、寧，詔鳳翔李業、河東李拭合節度兵討之，宰相白敏中為都統。」[862] 這表明党項問題已經上升到國家西北軍事策略的高度。〈白敏中神道碑〉詳細記載了党項問題，其中有「（仕）南而歸者，以

---

[858]　唐耕耦、陸宏基：《敦煌社會經濟文獻真跡釋錄》第四輯，第393－394頁。
[859]　〔唐〕李德裕著，傅璇琮、周建國校箋：《李德裕文集校箋》卷一六〈論鹽州屯集党項狀〉，河北教育出版社，2000年，第317頁。
[860]　〔後晉〕劉昫等：《舊唐書》卷一八〈宣宗紀〉，中華書局，1975年，第628頁。
[861]　王仁波：《隋唐五代墓誌彙編》陝西卷第2冊，天津古籍出版社，1991年，第100頁；周紹良、趙超：《唐代墓誌彙編續集》，上海古籍出版社，2001年，第1033－1034頁。
[862]　〔宋〕歐陽脩、宋祁：《新唐書》卷二二一上〈党項傳〉，中華書局，1975年，第6218頁。又載：「賊平，兼太子太傅，封夏國公，賜姓李。」拓跋思恭因參與鎮壓黃巢起義有功，被封公賜姓，夏州党項李氏開始崛起。

生還為樂」[863]之語，說明當地政治形勢異常複雜，隨時都會有生命危險，恰好印證了党項的「刮城門」之舉令「居人懼駭，鮮有寧日」。白敏中以丞相身分兼任平定党項的統帥，足以說明党項問題的嚴重性。根據村井恭子的研究，「鹽州及當道沿途鎮寨糧料等使」、「京西京北制置堡戍使」等職的設立，都與討伐党項軍事部署密切相關[864]。唐後期中央政府對待党項的態度從原來的寬容羈縻逐漸轉為嚴厲打壓，並將党項問題作為邊地安定的頭等大事。王仙芝、黃巢起義爆發後，因為西北地緣政治地位的下降，加之中央政府的政治重心東移，[865]中央政府不僅無暇顧及邊地党項問題，還積極利用夏州党項諸藩鎮的勢力來殲滅起義軍，盡施拉攏之策，無形中擴大了党項的控制區域和勢力，保護了絲綢之路的通暢。

## 三、和親：聯姻外衣下的經濟交流

### （一）隋唐時期和親概況

#### 1. 隋唐與突厥的和親

「大一統」是中國古往今來幾乎每個政治家追求的最高目標。隋文帝建立隋朝後，同樣希望能夠開創一個天下一統、中華一體的政治局面。隋朝建立後，北周末年嫁給突厥沙缽略可汗的千金公主曾上書隋文帝，「請為一子之例」。沙缽略上書隋文帝：「皇帝是婦父，即是翁，此是女夫，即是兒例。兩境雖殊，情義是一。今重疊親舊，子子孫孫，乃至萬世不斷，上天為證，終不違負。此國所有羊馬，都是皇帝畜生，彼有繒彩，都是此

---

[863] 〈白敏中神道碑〉錄文見孫芬慧〈渭南發現唐白敏中神道碑〉，西安碑林博物館編：《碑林集刊》第 10 輯，陝西人民美術出版社，2004 年，第 146 頁。

[864] [日] 村井恭子：〈唐宣宗時期的西北邊境政策試析〉，榮新江：《唐研究》第 16 卷，北京大學出版社，2010 年，第 291－292 頁。

[865] 杜文玉：〈唐末五代時期西北地緣政治的變化及特點〉，《人文雜誌》2011 年第 2 期。

## 第五章　隋唐絲路的繁榮

物，彼此有何異也！」[866] 隋文帝賜公主楊姓，改封為大義公主，將北周與突厥的和親關係繼承下來。隋朝與突厥的關係緩和後，沙鉢略可汗與隋主動立約，劃分邊界，希望成為隋朝的藩屬。突厥臣服大隋，鞏固了隋朝的大一統局面。後來隋煬帝對隋朝這種安定的政治局面甚為感慨：「往者與突厥遞相侵擾，不得安居。今四海既清，與一家無異，朕皆欲存養，使遂性靈。譬如上天，止有一個日照臨，莫不寧帖；若有兩個、三個日，萬物何以得安？比者，亦知處羅總攝事繁，不得早來相見。今日見處羅，懷抱豁然歡喜。處羅亦當豁然，不煩在意。」[867] 這種四海昇平的大一統局面正是得益於和親的積極推動。

由於千金公主暗結西部突厥突利可汗，引起隋朝的警覺，西突厥突利可汗向隋求婚時，裴矩告知「當殺大義公主，乃許婚」[868]。千金公主被殺後，按照約定，隋朝宗室女安義公主下嫁突利可汗。開皇十七年（西元597 年），突利可汗遣使前往長安迎接安義公主。安義公主在突厥生活了不到三年就去世了。開皇十九年（599 年）六月，義成公主嫁給啟民可汗。啟民可汗死後，按照突厥的習俗，其子始畢可汗娶義成公主為妻。武德二年（619 年），始畢可汗病亡，其弟處羅可汗又以義成公主為可賀敦。隋末，淮南公主避亂於突厥，嫁給始畢可汗長子突利。

李淵在太原起兵後，為了得到始畢可汗的援助，派李琛、鄭元璹帶「女妓遺突厥始畢可汗，以結和親」[869]。此次和親，李淵成功地得到了五百名突厥士兵、兩千匹戰馬的援助。貞觀四年（西元630 年），定襄縣主嫁給始畢可汗之孫阿史那忠。[870] 貞觀十年（636 年），唐太宗將高祖的

---

[866]　〔唐〕魏徵等：《隋書》卷八四〈突厥傳〉，中華書局，1973 年，第 1868 頁。
[867]　〔唐〕魏徵等：《隋書》卷八四〈西突厥傳〉，中華書局，1973 年，第 1879 頁。
[868]　〔宋〕司馬光：《資治通鑒》卷一七八隋文帝開皇十三年條，中華書局，1956 年，第 5543 頁。
[869]　〔後晉〕劉昫等：《舊唐書》卷六〇〈宗室傳〉，中華書局，1975 年，第 2347 頁。
[870]　〔宋〕歐陽脩、宋祁：《新唐書》卷一一〇〈阿史那忠傳〉，中華書局，1975 年，第 4116 頁。

第十四個女兒衡陽公主嫁給突厥阿史那社爾。[871]貞觀二十二年（648年），九江公主嫁給東突厥部落首領執失思力為妻。唐玄宗繼位後，後突厥默啜可汗派其子楊俄支前往長安求婚，唐玄宗將蜀王之女南和縣主許配楊俄支。毗伽可汗繼位後，連年向唐朝進貢請婚，但後因毗伽可汗被毒殺未能成行。開元十年（722年）十二月，唐玄宗冊封西突厥十姓可汗阿史那懷道之女為交河公主，將她嫁給西域的突騎施別種蘇祿（即忠順可汗）。

2. 隋唐與吐谷渾的和親

開皇十一年（西元591年），吐谷渾首領誇呂去世，其子世伏繼承汗位，以無素為使者代表「奉表稱藩，並獻方物」[872]，同時希望將吐谷渾公主嫁給隋文帝為妃，被拒。隋文帝於次年派刑部尚書宇文弼前往吐谷渾表示慰問。開皇十六年（596年），「會吐谷渾來降，朝廷以宗女光化公主妻之，以謇之兼散騎常侍，送公主於西域」[873]。次年，世伏死於吐谷渾內亂，其弟伏允成為吐谷渾首領，向隋朝上書請婚，請求將光化公主賜之為妻，得到允許。此後，吐谷渾與隋朝一直保持著朝貢關係。

隋朝滅亡後，由於伏允曾幫助唐朝出擊李軌並朝貢不斷，作為人質的伏允長子順被放回吐谷渾。唐太宗即位後，伏允為其子尊王向唐請婚，後因尊王裝病拒絕前往長安迎接公主，唐朝遂停止此次和親，並派中郎將康處直出使吐谷渾，對伏允「諭以禍福」。但伏允卻出兵唐朝的蘭、廓二州，並扣押唐朝鴻臚丞趙德楷。唐太宗大怒，於貞觀九年（西元635年）令李靖、侯君集等出兵吐谷渾，大敗吐谷渾，伏允自殺，其子順被殺。雖然順之子諾曷鉢被擁立為吐谷渾王，但由於年幼無力控制吐谷渾政權，吐谷渾陷入內亂。在唐朝的支持下，諾曷鉢逐漸穩定了吐谷渾局勢，諾曷鉢被唐朝封為河源郡王、烏地也拔勤豆可汗。為了強化和唐朝的關係，吐谷

---

[871]〔宋〕歐陽脩、宋祁：《新唐書》卷一一〇〈阿史那社爾傳〉，中華書局，1975年，第4114頁。
[872]〔唐〕魏徵等：《隋書》卷八三〈吐谷渾傳〉，中華書局，1973年，第1844頁。
[873]〔唐〕李延壽：《北史》卷六四〈柳虯傳附機從子謇之傳〉，第2289頁。

渾向唐朝提出和親。貞觀十三年（639年），諾曷鉢可汗親自到長安迎接公主。次年二月，弘化公主在淮陽郡王李道明和右武衛將軍慕容寶的護送下前往吐谷渾地。唐高宗即位後，冊封諾曷鉢為駙馬都尉，賜物四十段[874]。永徽三年（652年），弘化公主與諾曷鉢一起到長安省親，唐高宗將宗室女金城縣主嫁給諾曷鉢長子蘇度摸末[875]，並封其為左領軍衛大將軍。後來，唐宗室女金明縣主嫁給諾曷鉢次子闥盧摸末為妻。由於當時吐谷渾內外形勢複雜，特別是在龍朔三年（663年）之前，「吐谷渾頻與吐蕃相攻，無心也無力迎娶金城縣主。而麟德元年（664年）唐遣金城縣主出嫁，恰在吐蕃攻滅吐谷渾之後，這既是高宗原來對吐谷渾王室許諾的實現，又是對其走投涼州進一步歸附的慰撫，也應是不滿於吐蕃攻滅吐谷渾的一種反映。金城縣主於麟德元年（664年）的出嫁，不僅有許嫁時年齡尚幼的原因，也有深刻的政治背景」[876]。吐谷渾一直與唐朝保持著友好的和親關係，陝西西安出土的〈慕容曦皓墓誌〉記載，慕容曦皓的母親姑臧縣主嫁給了當時的青海國王，而姑臧縣主則是唐朝宗室之女。[877]武周時期，金城縣主之孫慕容神威娶魏王承嗣的孫女為妻。[878]

3. 唐朝與吐蕃的和親

唐蕃和親始於松贊干布時期，因為周邊的突厥與吐谷渾都迎娶了唐朝的公主，吐蕃贊普松贊干布「乃遣使隨德遐入朝，多齎金寶，奉表求婚」[879]，但被唐朝拒絕。松贊干布怒而興兵，進攻吐谷渾與唐朝邊地，遭到唐軍的偷襲而退兵。貞觀十四年（西元640年）冬，松贊干布派大相祿東贊攜帶黃金五千兩及其他珍玩作為聘禮向唐求婚。次年正月，文成公主

---

[874] 〔後晉〕劉昫等：《舊唐書》卷一九八〈吐谷渾傳〉，中華書局，1975年，第5300頁。
[875] 〔宋〕歐陽脩、宋祁：《新唐書》卷二二一上〈吐谷渾傳〉，中華書局，1975年，第6227頁。
[876] 靳翠萍：《唐與吐谷渾和親關係始末考》，《敦煌學輯刊》1998年第1期。
[877] 吳鋼：《全唐文補遺》第2輯，三秦出版社，1995年，第28－29頁。
[878] 靳翠萍：〈唐與吐谷渾和親關係始末考〉，《敦煌學輯刊》1998年第1期。
[879] 〔後晉〕劉昫等：《舊唐書》卷一九六〈吐蕃傳上〉，中華書局，1975年，第5221頁。

第四節　中原王朝與邊地民族的絹馬貿易

離開長安前往吐蕃，松贊干布在柏海迎接。文成公主入蕃，意義重大，影響深遠，雙方友好往來絡繹不絕。史載，唐蕃雙邊「申以婚姻之好，結為甥舅之國。歲時往復，信使相望」[880]，有力地促進了漢蕃經濟、文化等方面的交流。松贊干布去世後，尤其是文成公主去世後，唐蕃關係緊張，吐蕃時常侵擾唐朝邊地，戰爭連年。長安四年（704年），吐蕃贊普墀都松贊不幸死於對外征伐中，吐蕃政權內部動盪不安。為避免內憂外患的緊張局面，吐蕃攝政太后墀瑪類擁立孫子赤德祖贊即贊普位，並於705年派使臣前往長安請婚。其實，在此之前，在703年四月，墀都松贊就已派使者前往長安請婚，「又遣使獻馬千匹、金二千兩以求婚，則天許之」[881]，但後因贊普戰死而罷。由於唐蕃雙方均渴望和平罷兵，因此對此次和親均十分重視。吐蕃方面派出了多達千餘人的迎親使團，於景龍三年（709年）十一月到達長安，受到了唐中宗的隆重歡迎。唐中宗十分重視此次與吐蕃的和親，闡明雙方和親的重大意義：「聖人布化，用百姓為心；王者垂仁，以八荒無外。故能光宅遐邇，裁成品物。由是隆周理歷，恢柔遠之圖；強漢乘時，建和親之議。斯蓋御宇長策，經邦茂範。朕受命上靈，克纘洪業，庶幾前烈，永致和平。眷彼吐蕃，僻在西服，皇運之始，早申朝貢。太宗文武聖皇帝德侔覆載，情深億兆，思偃兵甲，遂通姻好，數十年間，一方清淨。自文成公主往化其國，因多變革，我之邊隅，亟興師旅，彼之蕃落，頗聞凋弊。頃者贊普及祖母可敦、酋長等，屢披誠款，積有歲時，思託舊親，請崇新好。金城公主，朕之少女，豈不鍾念，但為人父母，志息黎元，若允乃誠祈，更敦和好，則邊土寧晏，兵役服息。遂割深慈，為國大計，築茲外館，聿膺嘉禮，降彼吐蕃贊普，即以今月出發，朕親自送於郊外。」[882] 景龍四年（710年）正月，唐中宗親自送金城公主到始平縣

---

[880]　〔清〕董誥等：《全唐文》卷二一《親征吐蕃制》，上海古籍出版社，1990年，第102頁。
[881]　〔後晉〕劉昫等：《舊唐書》卷一九六〈吐蕃傳上〉，中華書局，1975年，第5226頁。
[882]　〔後晉〕劉昫等：《舊唐書》卷一九六〈吐蕃傳上〉，中華書局，1975年，第5227頁。

## 第五章　隋唐絲路的繁榮

（今陝西興平縣），並要求送行大臣們賦詩送別，將始平縣改為金城縣，以示對金城公主出嫁的重視與紀念。金城公主的入蕃，進一步密切了唐蕃的甥舅關係，成為漢藏關係史上又一座里程碑。（圖5-29）

圖5-29：文成公主入藏途經日月山今景

### 4. 唐朝與回紇（鶻）的和親

隋末唐初，回紇一直受到突厥的侵擾。貞觀年間，中央政府雖在回紇部的基礎上設立瀚海都督府，但仍然受到突厥的威脅。突厥衰落後，回紇首領骨力裴羅趁機聯合其他部落首領反抗突厥，擺脫了突厥的控制，建立了回紇政權，被唐玄宗冊封為懷仁可汗。天寶四載（西元745年），回紇滅後突厥，占領突厥故地。安史之亂爆發，唐朝向回紇求援，期望能夠「假蕃兵以張形勢」[883]，並派僕固懷恩等人出使回紇求兵。懷仁可汗同意出兵，為了強化彼此的關係，派渠領前往長安求親。唐肅宗冊封懷仁可汗

---

[883]〔後晉〕劉昫等：《舊唐書》卷一二一〈僕固懷恩傳〉，中華書局，1975年，第3478頁。

第四節　中原王朝與邊地民族的絹馬貿易

之女為毗伽公主，下詔敦煌王李承寀納其為妃。回紇出兵大力助唐平叛，協助唐軍收復了兩京。乾元元年（758 年），回紇毗伽闕可汗向唐求婚。為了能夠繼續得到回紇軍隊的幫助，唐肅宗將寧國公主許配給回紇可汗，並下詔闡明和親的意義。〈封寧國公主制〉載：「上緣社稷，下為黎元，遂抑深慈，為國大計。是用築茲外館，割愛中闈，將成萬里之婚，冀定四方之業。」[884] 從送親人選名單來看，唐肅宗非常重視此次和親。寧國公主到達回紇後，可汗派子骨啜特勒及其宰相帝德等率兵三千助唐。唐肅宗因和親以獲得回紇的援兵引起世人的指責，唐人戎昱在〈詠史〉一詩中寫道：「漢家青史上，計拙是和親。社稷依明主，安危託婦人。豈能將玉貌，便擬靜胡塵。地下千年骨，誰為輔佐臣。」[885] 這裡指出和親是唐肅宗的無奈之舉，目的是為了借兵平亂以鞏固統治。明代思想家王夫之指出：「肅宗若無疾復西京之大勳，孤處西隅，與天下懸隔，海岱、江淮、荊楚、三巴分峙而起，高材捷足，先收平賊之功，區區適長之名，未足以彈壓天下也。故唯恐功不速收，而日暮倒行，屈媚回紇，縱其蹂踐，但使奏效崇朝，奚惶他恤哉！決遣敦煌王以為質，而受辱於虜帳（指敦煌王李承寀去回紇借兵），其情然也。」這一論斷更是一針見血地指出了向回紇借兵帶來的嚴重後果，這也是唐朝統治者始料未及之事。

　　唐肅宗將寧國公主嫁給回紇毗伽闕可汗後，可汗又為少子請婚，肅宗將唐將僕固懷恩之女嫁給可汗少子。毗伽闕可汗死後，少子繼可汗位，是為登里可汗。登里可汗娶僕固懷恩之女為可敦。僕固懷恩之女後被唐冊立為娑墨光親麗華毗伽可敦。代宗繼立，繼續向回紇借兵，登里可汗出兵助唐討伐史朝義。唐、回紇聯軍「追躡二千餘里，至平州石城縣，梟朝義首而歸，河北悉平」[886]。光親可敦死後，登里可汗希望能夠迎娶僕固懷恩幼

---

[884]　〔宋〕宋敏求：《唐大詔令集》卷四二〈封寧國公主制〉，中華書局，2008 年，第 206 頁。
[885]　〔唐〕戎昱：〈詠史〉，《全唐詩》卷二七〇，中華書局，1980 年，第 3011 頁。
[886]　〔後晉〕劉昫等：《舊唐書》卷一九五〈回紇傳〉，中華書局，1975 年，第 5204 頁。

## 第五章 隋唐絲路的繁榮

女為繼室,代宗將僕固懷恩幼女封為崇徽公主。乾元(西元758年至760年)後,回紇恃功驕橫,回紇武義成功可汗多次上書唐朝請婚,[887]遭到唐朝拒絕。貞元三年(787年)的平涼劫盟事件對唐朝上下觸動很大,再次惡化了唐蕃關係,而宰相李泌也向唐德宗建議改變對吐蕃與回紇的政策,「臣願陛下北和回紇,南通雲南,西結大食、天竺,如此,則吐蕃自困,馬亦易致矣」[888]。加上各地藩鎮叛亂形勢複雜,藩鎮將領暗地與回鶻交好,藉助回鶻兵力打擊對手,回鶻達幹率領三千人來到幽州北部,朱滔以河南子女賄賂回鶻的使其攻擊東京,以接應朱泚。朱滔甚至還娶回鶻女為側室以密切與回鶻的關係,回鶻則同意出兵協助朱泚。[889]這種情形更為朝廷所擔憂,這就需要唐朝調整對回鶻的政策,同意和親。

為避免與回鶻起衝突,唐朝最終將唐德宗的第八女咸安公主於貞元四年(西元788年)嫁給武義成功可汗為妻。咸安公主嫁給回鶻可汗僅一年,武義成功可汗就因病去世,其子多邏斯繼汗位,為忠貞可汗,咸安公主便嫁給忠貞可汗。忠貞可汗剛繼位三個月便被毒殺,其子阿啜繼位,為奉誠可汗,咸安公主又嫁給奉誠可汗為妻。貞元十一年(795年),奉誠可汗去世,懷信可汗立,咸安公主又成為懷信可汗的可敦。元和三年(808年),在回鶻生活了21年的咸安公主去世,這位偉大而又悲情的公主為維護唐朝和回鶻的友好關係貢獻良多,可以說她將整個一生都獻給了唐朝與回鶻的和親事業。咸安公主去世後,唐憲宗「廢朝三日」,並冊贈其為燕國大長公主,諡襄穆,也稱燕國襄穆公主。白居易高度評價了咸安公主的和親之舉:「唯姑柔明立性,溫惠保身,靜修德容,動中規度。組紃之訓,既習於公宮;湯沐之封,遂開於國邑。及禮從出降,義重和親,承渥澤認

---

[887] 〔宋〕司馬光:《資治通鑑》卷二三三唐德宗貞元三年九月條,中華書局,1956年,第7501頁。
[888] 〔宋〕司馬光:《資治通鑑》卷二三三唐德宗貞元三年九月條,中華書局,1956年,第7502頁。
[889] 〔宋〕司馬光:《資治通鑑》卷二二八唐德宗建中四年條,中華書局,1956年,第7365 – 7366頁。

第四節　中原王朝與邊地民族的絹馬貿易

三朝，播芳猷於九姓，遠修好信，既申洽比之姻，殊俗保和，實賴肅雍之德。方憑福履，以茂輝榮，宜降永年，遽歸長夜。悲深訃告，寵極哀榮，爰命使臣，往申奠禮。故鄉不返，烏孫之曲空傳；歸路雖遙，青塚之魂可復。遠陳薄酹，庶鑑悲懷。」[890] 哀憫之情，躍然紙上。

咸安公主去世後，回鶻又多次向唐朝要求和親，但遭到唐朝拒絕。西元 813 年、817 年，回鶻可汗又兩次派遣使者前往唐朝求婚，均無果。由於「在都得到冊封的情況下，能否和唐王朝實現和親則是藩屬邊疆民族政權立威於周邊其他藩屬邊疆民族政權的有利條件之一」[891]，再加上此時的回鶻勢力已大不如前，因此迫切需要得到唐朝在政治上的支持，而和親背後蘊藏的巨大經濟利益也是一種推動。

直到西元 821 年崇德可汗繼位後，唐穆宗才下令將太和公主嫁給回鶻可汗。雙方對此次和親都十分重視，回鶻為避免吐蕃破壞此次和親，「出萬騎出北庭，萬騎出安西，拒吐蕃以迎公主」。唐朝文武百官均前往章京寺送行，唐穆宗則將公主一直送到通化門。太和公主的一生和咸安公主極其相似，但其命運更為悲情多舛，令人唏噓。寶曆元年（西元 825 年），崇德可汗去世，其弟毗伽昭禮可汗立，太和公主成為其可敦。後來，太和公主又成為彰信可汗、㿠馬及特勒可汗的妻子。回鶻被黠戛斯攻破後，太和公主為黠戛斯所虜，黠戛斯在護送公主入塞途中被回鶻烏介可汗所掠，並以此要挾唐朝，「質公主同行，南渡大磧。至天德界，奏請天德城與太和公主居」[892]。李德裕等人努力設計擊敗烏介可汗，奪回公主。公主回朝後，遭到唐武宗的責備，唐武宗認為其和親並未到達羈縻回鶻的政治目的：「先朝割愛降婚，義寧家國，謂回鶻必能禦侮，安靜塞垣。今回鶻所為，甚不循理，每馬首南向，姑得不畏高祖、太宗之威靈！欲侵擾邊疆，

---

[890]　〔清〕董誥等：《全唐文》卷六八一，上海古籍出版社，1990 年，第 3084 頁。
[891]　李大龍：《漢唐藩屬體制研究》，中國社會科學出版社，2006 年，第 516 頁。
[892]　〔後晉〕劉昫等：《舊唐書》卷一九五〈回紇傳〉，中華書局，1974 年，第 5214 頁。

# 第五章　隋唐絲路的繁榮

豈不思太皇太后之慈愛！為其國母，足得指揮；若回鶻不能稟命，則是棄絕姻好，今日已後，不得以姑為詞！」[893]

5. 唐朝與南詔的和親

唐朝建立後，和對其他邊地一樣，對西南地區推行羈縻州縣制度。武德七年（西元624年），唐朝檢校南寧州都督韋仁壽按照朝廷的羈縻政策，「將兵五百人循西洱河，開地數千里，稱詔置七州十五縣，酋豪皆來賓見，即授以牧宰，威令簡嚴，人人安悅」[894]。許多部落的民族首領成為羈縻州縣的行政長官，參與地方管理。在唐朝經營西南邊地之際，吐蕃勢力也積極向蒼山洱海地區擴張。為了遏制吐蕃，唐朝積極扶持南詔王皮邏閣，並配合南詔軍隊逐漸統一洱海諸部，使南詔成為西南地區勢力最大的地方政權。南詔崛起後，與唐在西南的經營產生矛盾。唐朝於天寶十載（751年）、十三載（754年）兩次對南詔用兵，但均以失敗告終。為避免腹背受敵，南詔轉而與吐蕃結盟，閣羅鳳被吐蕃封為「贊普鍾南詔大國」。後因不堪吐蕃壓迫，南詔於貞元十年（794年）又重新歸附唐朝。雙方關係雖有所緩和，但依然矛盾重重，特別是九世紀中期以後，雙方戰火連連，「中國為之虛耗，而其國中亦疲弊」[895]，都希望和平罷戰。於是南詔王酋龍派清平官趙宗政前往唐朝約盟求親。[896]乾符五年（877年）四月，酋龍子隆舜繼位，繼續派趙宗政往唐請求和親，但因其只稱弟而不稱臣遭到拒絕，於是雙方又起戰火。廣明元年（880年），西川節度使陳敬瑄提出與南詔盡快和親，以解決邊地危機。大臣盧攜向唐僖宗建言，指出和親的必要性與意義：「陛下初即位，遣韓重使南詔，將官屬留蜀期年，費不貲，蠻不肯迎。及（高）駢節度西川，招嗢末，繕甲訓兵，蠻夷震動，遣趙宗

---

[893]　〔宋〕司馬光：《資治通鑒》卷二四六唐武宗會昌二年十一月條，中華書局，1956年，第7968頁。
[894]　〔宋〕歐陽脩、宋祁：《新唐書》卷一九七〈韋仁壽傳〉，中華書局，1974年，第5617頁。
[895]　〔宋〕司馬光：《資治通鑒》卷二五三唐僖宗乾符四年二月條，中華書局，1956年，第8190頁。
[896]　〔宋〕歐陽脩、宋祁：《新唐書》卷二二二中〈南蠻傳中〉，中華書局，1974年，第6290頁。

## 第四節　中原王朝與邊地民族的絹馬貿易

政入獻，見天子，附驃信再拜；雲虔之使，驃信答拜。其於禮不為少。宣宗皇帝收三州七關，平江、嶺以南，至大中十四年（860年），內庫貲積如山，戶部延資充滿，故宰相敏中領西川，庫錢至三百萬緡，諸道亦然。咸通以來，蠻始叛命，再入安南、邕管，一破黔州，四盜西川，遂圍盧耽，召兵東方，戍海門，天下騷動，十有五年，賦輸不內京師者過半，中藏空虛，士死瘴癘，燎骨傳灰，人不念家，亡命為盜，可為痛心！前年留宗政等，南方無虞，及遣還，彼猶冀望。蒙法立三年，比兵不出要防，其蓄力以間我虞。今朝廷府庫匱，甲兵少，牛叢有北兵七萬，首尾奔衝不能救，況安南客戍單寡，涉冬寇禍可虞。誠命使者臨報，縱未稱臣，且伐其謀，外以縻服蠻夷，內得蜀休息也。」[897] 盧攜指出了唐朝所面臨的內憂外困，透過和親的手段羈縻南詔則是最佳方案。唐僖宗權衡再三，決定在南詔不稱臣的前提下將安化公主嫁給南詔王隆舜。但唐朝多次藉口拖延婚期，南詔多次遣使督促，直到中和三年（883年），唐僖宗才答應將公主嫁入南詔，在唐末農民軍起義的浪潮中終於完成了唐、南詔的和親。

（二）和親的意義及其對絲綢之路的影響

1. 密切了聯姻雙方的關係，為絲綢之路的通暢提供了相對安定的社會環境。

貞元三年（西元787年），回紇武義可汗屢次向唐朝和親，唐德宗一直未允許。大臣李泌從國家利益層面分析，認為和親利大於弊，如果不能應允回紇的請婚，那麼將會受到吐蕃與回紇的雙重威脅，而同意和親，則可以拉攏回紇共同對付吐蕃。唐德宗答應回紇和親的請求後，回紇可汗上書皇帝言：「昔為兄弟，今婿，半子也。陛下若患西戎，子請以兵除之。」[898] 咸安公主嫁入回鶻後，為雙邊友好關係作出了貢獻。唐朝方面曾因無力支

---

[897]　〔宋〕歐陽脩、宋祁：《新唐書》卷二二二中〈南蠻傳中〉，中華書局，1974年，第6292頁。
[898]　〔宋〕歐陽脩、宋祁：《新唐書》卷二一七上〈回鶻傳上〉，中華書局，1974年，第6124頁。

## 第五章　隋唐絲路的繁榮

付回鶻互市馬匹的馬價絹，以疏織短截來應對，使得雙邊關係陡然緊張起來。咸安公主從中調停斡旋，才使這一問題得以順利解決。

2. 促進民族間的文化傳播與交流。

禮部尚書江夏王道宗送文成公主入蕃，「贊普大喜，見道宗，儘子婿禮，慕中國衣服、儀衛之美，為公主別築城郭宮室而處之，自服紈綺以見公主。其國人皆以赭塗面，公主惡之，贊普下令禁之；亦漸革其猜暴之性，遣子弟入國學，受《詩》、《書》」[899]。除了跟隨文成公主入蕃的陪嫁人員外，唐朝又陸續派了一些養蠶、釀酒、碾磑等諸方面手工業者入蕃。顯慶二年（西 657 年），吐蕃贊普派遣使者獻金城，「城上有獅子、象、駝馬、原羝」，同時還獻有金甕、金頗羅等物品。金城公主入蕃，延續了唐蕃友好關係，並攜帶百工入蕃地，「帝念主幼，賜錦繒別數萬，雜伎諸工悉從，給龜茲樂」[900]。金城公主入蕃後，曾派人向唐朝請賜儒學經典，並引起朝廷大臣們的一番爭論，後來唐玄宗賜毛《詩》、《禮記》、《左傳》、《文選》各一部。[901] 在唐蕃關係緊張時，金城公主又努力推動雙方的議盟和談，「上書求聽修好，且言贊普君臣欲與天子共署誓刻」[902]，唐蕃順利會盟劃定疆界，雙邊友好關係得以保持延續。長慶元年（821 年），劉元鼎入蕃會盟，贊普「於衙帳西南具饌，饌味、酒器略與漢同，樂工奏〈秦王破陣樂〉、〈涼州〉、〈綠腰〉、〈胡渭州〉、百戲等，皆中國人也」[903]。中原文化在吐蕃開始傳播。吐蕃人民為了紀念文成公主，在文成公主入蕃途中的青海省玉樹藏族自治州的結古鎮南修建了文成公主廟。王忠先生對唐蕃使者往來進行了總結：自 634 年至 842 年，唐使入蕃 52 次，蕃使至唐 100

---

[899]　〔宋〕司馬光：《資治通鑒》卷一九六唐太宗貞觀十五年正月條，中華書局，1956 年，第 6164－6165 頁。
[900]　〔宋〕歐陽脩、宋祁：《新唐書》卷二一六上〈吐蕃傳上〉，中華書局，1974 年，第 6081 頁。
[901]　〔後晉〕劉昫等：《舊唐書》卷一九六上〈吐蕃傳上〉，中華書局，1975 年，第 5232 頁。
[902]　〔宋〕歐陽脩、宋祁：《新唐書》卷二一六上〈吐蕃傳上〉，中華書局，1974 年，第 6082 頁。
[903]　〔北宋〕王欽若等：《冊府元龜》卷九八一〈外臣部・盟誓〉，中華書局，1960 年，第 11532 頁。

第四節　中原王朝與邊地民族的絹馬貿易

次，平均一年零四個月唐蕃間就有一次使臣來往。出使的任務有和親、告喪、弔祭、修好、議盟、盟會、封贈、朝貢、求請、報聘、求和、慰問、約和、責讓等，除責讓外其餘皆為正常和友好關係。[904] 這種以政治任務為目標的往來，推動了雙方的經濟文化交流，也為西藏成為中華民族大家庭一員奠定了基礎。

3. 推動了邊疆地區的經濟開發與絲綢之路沿線城鎮的繁榮。

聖曆元年（西元 698 年），默啜可汗在向唐朝請婚時，還順便索要三千具農具、十萬斛穀種以及數萬斤鐵。為了獲得鉅額利潤，和親方常常會派出龐大的和親隊伍，攜帶大量物品，借和親的便利與沿途民眾進行貿易。回鶻「可汗已立，遣伊難珠、句錄、都督思結等以葉護公主來逆女，部渠二千人，納馬二萬、橐它千。四夷之使中國，其眾未嘗多此。詔許五百人至長安，餘留太原」[905]。唐朝方面在邊地開放互市，而互市地點也逐漸成為經濟貿易的中心，如涼州「為河西都會，襟帶西蕃、蔥右諸國，商旅往來，無有停絕」[906]。

4. 強化邊疆民族對唐王朝的認同心理，促進了民族融合。

貞觀年間，四[907]海昇平，漠北各部尊唐太宗為天可汗，並修築「參天可汗道」，以方便與唐朝的往來。唐太宗成為少數民族部落所公認的天下共主，四夷「慕義向風，盡為臣妾，納貢述職，咸赴闕庭」[908]。西元 648 年，王玄策出使天竺途中遭到中天竺的劫掠，松贊干布派兵協助王玄策討伐中天竺。唐高宗繼位後，松贊干布寫信給長孫無忌，說：「天子初即位，若臣下有不忠之心者，當勒兵以赴國除討。」[909] 這一番言論表明了吐蕃

---

[904]　王忠：《新唐書吐蕃傳箋證》，科學出版社，1958 年。
[905]　〔宋〕歐陽脩、宋祁：《新唐書》卷二一七下〈回鶻傳下〉，中華書局，1974 年，第 6129 頁。
[906]　〔唐〕慧立等：《大慈恩寺三藏法師傳》，中華書局，1983 年，第 11 頁。
[907]
[908]　〔清〕董誥等：《全唐文》卷二三〈命偵吐蕃制〉，中華書局，1983 年，第 111 頁。
[909]　〔後晉〕劉昫等：《舊唐書》卷 196 上《吐蕃傳上》，中華書局，1975 年，第 5222 頁。

擁護李氏王室的決心。少數民族政權領袖對唐朝統治者納貢輸款，實際上是一種對唐朝的認同，諸部族「尊奉天可汗」的舉動就將自身藩屬於唐王朝，有助於推動中華民族多元一體化格局的形成。

第四節　中原王朝與邊地民族的絹馬貿易

# 絲路五道全史，已過萬重山：
從張騫鑿空到阿拉伯貿易盛世，探索建構於絲路的國際互動

| 主　　　編：楊富學 | **國家圖書館出版品預行編目資料** |
|---|---|

發　行　人：黃振庭
出　版　者：崧燁文化事業有限公司
發　行　者：崧燁文化事業有限公司
E - m a i l：sonbookservice@gmail.com
粉　絲　頁：https://www.facebook.com/sonbookss
網　　　址：https://sonbook.net/
地　　　址：台北市中正區重慶南路一段 61 號 8 樓
8F., No.61, Sec. 1, Chongqing S. Rd., Zhongzheng Dist., Taipei City 100, Taiwan

電　　　話：(02)2370-3310
傳　　　真：(02)2388-1990
印　　　刷：京峯數位服務有限公司
律師顧問：廣華律師事務所 張珮琦律師

-版權聲明─────────
本書版權為山西教育出版社所有授權崧燁文化事業有限公司獨家發行繁體字版電子書及紙本書。若有其他相關權利及授權需求請與本公司聯繫。
未經書面許可，不得複製、發行。

定　　　價：580 元
發行日期：2025 年 08 月第一版
◎本書以 POD 印製

絲路五道全史，已過萬重山：從張騫鑿空到阿拉伯貿易盛世，探索建構於絲路的國際互動 / 楊富學 主編 . -- 第一版 . -- 臺北市：崧燁文化事業有限公司 , 2025.08
面；　公分
POD 版
ISBN 978-626-416-740-6( 平裝 )
1.CST: 世界史　2.CST: 東西方關係　3.CST: 絲路
711　　　　　　　114011541

電子書購買

爽讀 APP　　　臉書